Healing Our History

私たちの歴史を癒すということ

ワイタンギ条約の課題

ロバート・コンセダイン＆ジョアナ・コンセダイン◆著
中村聡子◆訳

The Challenge of the Treaty of Waitangi

Robert Consedine & Joanna Consedine

影書房

Healing Our History: The Challenge of the Treaty of Waitangi

First published by Penguin Random House New Zealand Ltd.
This edition published by arrangement with
Penguin Random House New Zealand Ltd. through
Japan UNI Agency, Inc., Tokyo

私たちの歴史を癒すということ

ワイタンギ条約の課題

最愛の娘であり、姉であり、友である
故スザンヌ・エリザベス・コンセダインを偲んで
(1970-1993)

最愛の友であり、同僚であり、精神的指導者であり、
ニュージーランド・メリット勲章の受賞者でもある
故ドクター・イリハペティ・メレニア・ラムズデンを偲んで
ンガーイ・タフ部族およびランギターネ部族出身
(1946-2003)

そして

正義のために数世紀にわたって闘争を続けたアイルランドの祖先と、
世界各地のすべての先住民族に敬意を表して

目次

第1部：歴史

第2部：癒し

〈日本の読者のために〉

*本書は、*Healing Our History: The Challenge of the Treaty of Waitangi*（私たちの歴史を癒すということ：ワイタンギ条約という課題）の第3版（２０１２年／初版は２００１年）の全訳である。

***「ワイタンギ条約」について**：１８４０年にニュージーランド北島のワイタンギにおいて、先住民族マオリと英国との間で締結された条約。「主権」や土地、資源、文化等について取り決めがなされた。しかし、同条約に明記されたマオリの権利は19～20世紀にかけてほとんど守られることはなく、組織的な植民地化が進んだ。入植者によってマオリの土地や資源は奪われ、共同体は分断され、人権は無視され、生活は困窮し、後の抵抗運動につながった。詳細は本文を参照されたい。

***英国（the Crown）について**：イングランド法学において、国王（the Crown）は、そのあらゆる側面における国家そのものとされる。君主制を採用しない国では、「国」（the State）や「人民」（the People）にあたる。このような背景から、本書では、煩雑さを避けるため、ほとんどの箇所において「the Crown」を単に「英国」と訳出した。文脈上、特に「国王」という性質を強調したい場合には、括弧書きで「英国（the Crown）」と表記した。

***コモンロー（Common Law）について**：英国法において発生した法概念で、一般的には、慣習や判例によって発達した英国における法理を意味するが、その定義は時代によって異なる。

*原則として、原著者による本文中の補註は（　）内に、訳者による補註は〔　〕内に記した。

*原書で巻末にまとめられていた原註は、脚註（左注）とした。

*本書を読むに際して参考となる基本用語やマオリの言葉などが、巻末（４０６～４０７頁）に「用語集」としてまとめられているので参照されたい。

*原書に付録（Appendix）として収録されていた法律文書等は割愛した。代わりに当該の原文が掲載されているウェブサイトと検索方法を示した（４０４頁）。また原書の索引（Index）も省いた。

（編集部）

謝辞

〔この「謝辞」において、人物名は、読者による文献等の検索を容易にするため、あえてカタカナ表記とはせず、アルファベット表記のままとした〕

本書の執筆と改訂にあたり、多くの方々が時間や知識やリソースを惜しみなく提供してくださった。特に、出版までの間、ずっと私たちに愛情を持って接してくれた妻のトリッシュには深く感謝したい。彼女は、私たちが執筆できる環境を整え、原稿を管理し、文献リストを完成させ、脚注をチェックするなど、揺るぎないサポートと能力でもって私たちを支えてくれた。

友人であり同僚でもある Frances Hancock 氏の寛大さ、指導、研究への協力、編集・執筆能力によって、私たちは大いに助けられた。ここに心からの感謝を表したい。

ワイタンギ条約教育ネットワークにおいて、歴史に関する並外れた知識をご提供いただき、この最新版の序文の執筆を快く引き受けてくださった David V. Williams 教授に深く感謝したい。

執筆の過程でシスター Pauline O'Regan が授けてくださった叡智に感謝したい。

特に、2003年に亡くなった Irihapeti Ramsden 氏（ンガーイ・タフ部族およびランギターネ部族出身）は、10年以上にわたってワイタンギ・アソシエイツのアドバイザー兼メンターを務めた人物である。彼女は、本書の執筆者であるロバートと共に、ニュージーランド中のさまざまな場所でパラレルワークショップの進行役を務めてきた。Irihapeti が、私たちの活動を継続的に見直すために、深い洞察力、知識、知恵、専門的なフィードバックを惜しみなく提供してくれたことは決して忘れないし、そのことに心から感謝したい。

本書の制作にあたって、調査、査読、編集、執筆にご協力いただいたすべての方々に感謝したい。以下にその方々の名前を列挙する。Consedine 家の Bernadette、James、Noel、Marie、Ivan Snook 氏、Bernadette & Dara O'Hagan 氏、gkisedtanamoogk 氏とそのご家族、シスター Helen Goggin、Marie McCrea 氏、Reverend Maurice Gray 氏、Louise Tankersley 氏、Kevin Burns 神父、John O'Connor 神父、Paul Moon 教授、Jim McAloon 准教授、Paul Dalziel 教授、Moana Jackson 氏、Deborah Wai Kapohe 氏、Colin McGeorge 博士、Murray Fastier 氏、Carol Mutch 氏、Katherine Peet 氏、Ruth Millar 氏、Adrienne Alton-Lee 博士、Myra Kunowski 氏、Brendon Hokowhitu 博士、Hirini Matunga 教授、Geoffrey Leane 氏、Sean Brosnahan 氏、Kathie Irwin 博士、Mark Sheehan 博士、Mike Reid 博士。

また、個人的にも仕事上でもお世話になり、すでに故人となった次に挙げる家族、友人、同僚たちのことは決して忘れない。Paul Reeves 卿、Michael King 氏、Michael Consedine 氏、John L'Estrange 氏、Margot Hamblett 氏、Joe O'Hagan 氏、シスター Monica Stack、シスター Teresa O'Connor。

John Truesdale 氏には、常に技術的なサポートと、物理的な原稿作成においてお世話になった。長年にわたって私たちの仕事を見事にサポートしてくれたことに心から感謝の意を表したい。

Suzanne McNabb 氏、Trish O'Donnell 氏、John Faisandier 氏には、長年にわたるワイタンギ条約教育へのコミットメントと、個人としてあるいはプロとして私たちをサポートしてくださったことに感謝したい。また、ニュージーランド中の条約教育者ネットワークからいただいた励ましの言葉とコミットメントにも感謝したい。

これまでワイタンギ・アソシエイツが提供してきた条約教育ワークショップを支援してくださったさまざまな組織やコミュニティグループの多くの方々に感謝の意を表したい。

この本の執筆と改訂版の制作中に私たちをサポートしてくれた家族や友人の皆さん、私たちは皆さんに出会えて本当によかった。私たちは実に幸運だった。

ペンギングループ（ニュージーランド）の元出版部長である Geoff Walker 氏が、本書の可能性を最初に見出し、執筆中には、前向きで心強いフィードバックを寄せてくださり、継続的にサポートしてくださったことに心から感謝したい。また、コミッショニング・エディターの Jeremy Sherlock 氏をはじめとするペンギン社のチームにも感謝したい。そして、最初の編集者であり、編集作業の初期段階において高度なスキルと的確な助言でサポートしてくださった Rachel Scott 氏にも感謝したい。

注：本書に記載されている見解は、あくまでも著者の見解であり、協力していただいた方々の見解を必ずしも反映しているものではない。

序文――第3版出版に寄せて

1970年代に、私はタンザニアで4年間を過ごした。そのとき、「ニュージーランドの独立記念日はいつですか？」とよく尋ねられた。タンザニアの政治的独立は、1961年12月9日に達成された。50年前の記念すべきその日にダルエスサラーム〔タンザニアの最大都市〕にいた友人たちが、オークランドでイベントを開催したばかりである。私はその直後である今日、この序文を書いている。現地では今でも毎年ウーフールー〔自由〕をこの日に祝う。年に一度の重要なお祭りだ。ニュージーランドの独立記念日についての質問に、私はどう答えただろうか。この質問に明確なかたちで答えるのはとても難しいと感じた。そう聞いても、ニュージーランドの読者の皆さんは驚かないかもしれない。しかし、ニュージーランドが「独立した」正確な日付がはっきりしないというのは、1970年代の東アフリカの人々にとってはまさに驚きだった。では、あなた方の建国記念日は何日ですか？　とさらに尋ねられた。ワイタンギデーの重要性と1840年2月6日に起こった出来事について説明すると、ニュージーランド人は、英国による植民地化時代の到来を祝い続けているように見える、と言われることが時々あった。アオテアロア〔マオリ語でいうところのニュージーランド国〕・ニュージーランドで暮らす多くの人々は、ワイタンギデーにはそれ以上の意味があると思いたいところだろう。しかし、私に向けられたタンザニア人の目が、未だに私の心に問いかけてくる。この問題は、すべてのニュージーランド人、特に外国から入植した白人であるニュージーランド人が取り組まなければならない課題なのではないだろうか。

本書の副題は「ワイタンギ条約の課題」であり、ワイタンギデーの意味と重要性に関する疑問に取り組む人に読んでほしい本であることは明らかだ。まさにこの本は、ロバート・コンセダインとジョアナ・コンセダインが完成させた改訂第３版である。新版が求められるということは、この国での暮らしと幸福において、ワイタンギ条約がどのような位置づけにあるのかという、ロバートとジョアナが私たち全員に投げかけた問いに、すでに多くの人々が取り組み始めていることを示す何よりの証でもある。この新版は、多くの人々にとって貴重な資料となるだろう。特に個人的な物語と植民地時代の歴史的事実とを統合するワークショップに、頭と心を使って取り組もうとしているパケハ（先住民族であるマオリによるマオリ以外の入植者たちに対する呼称）にとってはなおさらのことである。本書がターゲットとしているのは、まさにそうしたパケハたちである。著者が序論で述べている通り、本書の目的は、「ニュージーランドにおいてワイタンギ条約教育の注目度を高め、その必要性を強調すること」である。

しかし、この本には教材以上の価値がある。メインタイトルである『Healing Our History（私たちの歴史を癒す）』の意味は重く、明快である。この本は、歴史的事実をいくつか紹介した上で、過去をほじくり返すのはやめて、そのままそっとしておこうという偽善的な期待を許すものではない。また、実際「皆ひとつの国の国民」なのだし、そうあるべきなんだという、一部の人たちが望むイメージを強化するための本でもない。「癒し」という言葉は強力だ。癒しは、グループとしての、コミュニティとしての、個人としての、多くの人々の献身的な努力なしに達成できるものではない。ロバート・コンセダインは、世界各地を訪ね、さまざまな文化との出会いを経験するなかで、個人の経験はより大きな社会的・歴史的文脈と密接に関係しているということを理解した人物である。各章は、彼が人生において、さまざまな時期、さまざまな場所、さまざまな状況で体験した出来事から話は始まる。彼はそうした経験を通じて、また読者はこの本を読むことにより、植民地主義の歴史を振り返り、我が国〔ニュージーランド〕における ワイタンギ条約の適切な位置づけについて考え直すきっかけを得ることができた。それは、植民地時代とそれに続く歴史の中で、ワイタンギ条約が見すごされてきたにもかかわらず、あるいは、見すごされてきたからこそ、実現したのかもしれない。彼の次の言葉がそのことを如実に物語っている。「1970年代、コルソで働いていた私の関心は海外に向かっていたが、1981年に刑務所に入ったときに受けた衝撃から、貧困や人種差別に対する自分のそれまでの考え方すべてに疑問を持ち始めた。なぜ私は、ニュージーランドの植民地化やマオリに何が起こったのかということについて、ほとんど何も知らなかったのか?」

ワイタンギ条約の教育活動において、これが絶対だという唯一の方法はない。実際、著者は、教育活動にはどのようなかたちが可能か、またどうあるべきなのかということを巡って厳しい対立があったと振り返っている。同じ出来事について異なる結論を出す他の関係者による別のバージョンもあり得るということに疑いの余地はないだろう。また、ニュージーランドにおける植民地時代の歴史は、どれも一筋縄ではいかないものばかりだ。また、全員がアイルランド系カトリックとつながりがあるわけでもない。しかし、自分がどこから来たのかを明確に示すことで、本書の著者たちは、私たちに非常に貴重な資料と理解に至る道筋を提供してくれている。この本は、初版と第2版において、多くの人々から役に立ったという声が寄せられている。今回の改訂版は、この国の人々の歴史やアイデンティティに関する会話に参加するにはどうすればよいかと考えるより多くの人々にとって、きっと親しみやすい学びの手段になるだろう。

この本が扱う癒しへの思いは、決して表面的なレベルで安易な道を提供しようというものではない。多くの困難な問題が未解決のままである。ワイタンギ条約のワークショップに参加すれば、すぐに世界が変わるだろうか？　いや、そんなことはない。最後に、２０１１年11月に参加したチャタム島のテ・コピンガ・マラエ〔マオリの集会所、聖地〕で行なわれた集会で考えたことを紹介して、この短い序文を終えたいと思う。旧約聖書の詩篇に精通している人は、85篇の特に10節の説得力のある一節を思い起こすだろう。その中で示された重要な概念には、さまざまな英訳が施されている。ジョン・ポール・レデラックが和解と新たな関係の構築に関する作品で使用した訳は次の通りだ。「慈悲と真理とが出会い、正義と平和とが口づけをした」〔あえて日本国内における定訳を使用せず、この文脈にあった拙訳を採用〕。真理には、過去を部分的にではなく、完全に説明することが必要であり、真理はさまざまなかたちで経験し得るということを認めなければならない。慈悲には、癒しと赦しが必要だが、それらは決して性急に求められるものではない。人の不完全さや弱点を見とがめて、貶めるところに赦しを見出すことはできない。正義には、説明責任を誠実に果たし、行動や行為を変えることが必要である。平和は、他の３つの要素が満たされて初めて達成されるものであり、正義や真理や慈悲をそれぞれ単独で主張する人たちの小細工によって得られるものではない。

キアカハ、キアトア、キアマナワヌイ〔勇気を持って粘り強く歩み続けよう〕

２０１１年12月

オークランド大学教授　デイビッド・V・ウィリアムズ

まえがき

２０１０年4月20日、ニュージーランドは、まれに見る政治的英断〔あるいはプラグマティズム〕により、「先住民族の権利に関する国際連合宣言」に署名した〔付録3参照〕。これがひとつの分岐点となった。この文書には、植民地化されたすべての国家が目指すことのできる、予言的な一連の目標が記されている。これは、これからも研究が進み、政治的・法的にも実施されていく世界的な指標である。拘束力はないが、各国は実施に向けて具体的な目標を設定することができる。この文書を国際法に発展させることもできる。これは、さまざまな地域で生じた先住民族の権利を求める闘争を、次の段階へと引き上げる、先見性に満ちた文書である。

ニュージーランド史上これほど重大な瞬間があったにもかかわらず、２０１１年、同国のＡＣＴ党〔ニュージーランドの自由至上主義政党〕の党首は、反マオリ的な「人種特権」という考え方を保持し、ワイタンギ条約に基づくあらゆる国家運営を非難した。右派の政治家たちは、２つの文化的伝統を反映した政策を支持しない。彼らは、「皆ひとつの国の国民であることに変わりはない」というレトリックを使う。これは、アオテアロア・ニュージーランドにおける構造的な白人至上主義を維持するための合い言葉だ。

このようなレトリックは、マオリ党と政権与党である国民党〔本書執筆当時の政権与党〕との間の創造的、協力的、互恵的な関係とは対照的であると言えるだろう。大きな進展があったにもかかわらず、どのパケハ政党も、マオリの権利とアファーマティブ・アクション・プログラム（積極的格差是正措置）について説明してこなかった。

インドの活動家であり、ブッカー賞受賞作家でもあるアルンダティ・ロイは、政治的なレトリックが横行するなかで、ニュージーランドの政治家に関しても次のような警告を発している。「人間の荒れ狂う巨大な感情を、自分たちの狭い目的のために操れば、たとえ自分たちの思うような結果をすぐに得ることができたとしても、最終的にはどうしようもなく悲惨な結果を招く可能性がある」[*1]。

「マオリ特権」と言われる問題は、より深い問題を提起した。なぜパケハたちは、自分たちが既に享受している膨大な特権を「当たり前」だと考えるのか？　植民地時代の恩恵を主に受けたのは誰か？これらの疑問については、第10章の「白人特権――隠れた恩恵」で議論する。明らかなのは、マオリを支援するための政策は、ヨーロッパからの入植者に多大な利益をもたらした歴史的文脈で考えなければ、決して理解することはできないということだ。歴史学者の故マイケル・キングがよく言っていたように、「文脈がすべて」なのである。

この本の細部にわたる改訂を進めるなかで、２つの大きなテーマが浮上してきた。ひとつは「白人特権」についてであり、もうひとつは、過去20年間に生じたワイタンギ条約を巡る関係性の劇的な改善である。この変化はエキサイティングで、生産的なものだ。ワイタンギ条約に関する問題は、今や政治的な議題の頂点にしっかりと位置づけられている。これは、ワイタンギ条約問題がこれまで以上に物議を醸す可能性があることを意味する一方で、喜ばしいことでもある。議論は、二極化する傾向にあるもの

＊1　Arundhati Roy, *Power Politics*, p. 137.

の、多くの分野で成熟も見られる。また、現場では非常に多くの将来を見据えた活動が行なわれている。都会、小さな町、コミュニティグループ、大規模組織など、あらゆるところで、パケハであれ、マオリであれ、何千人ものニュージーランド人が集まって、非常に豊かな包括的関係性を新たに築こうとしている。互いに顔を合わせ、互いに理解し合うことで、国全体が豊かになろうとしている。

この本のすべての版の制作において、娘のジョアナが常に私の傍らで仕事をしてくれた。しかし、物語の中の「一人称」で語られた部分はすべて、私（ロバート）自身の経験を記したものである。また、第2章から第5章と、第10章は、私が単独で執筆した。この本は、私が、さまざまな社会正義を求める場面で50年以上にわたって得てきた知識、分析、考察の集大成である。また、私の活動に対して寄せられた多くの質問に対する回答であり、私が携わっているワイタンギ条約教育活動に対する好意的な反応でもある。

この本は、条約教育ワークショップを主催するリーダーのためのハンドブックではない。他の分野のプロの教育者と同様、条約関係のワークショップリーダーにも、さまざまな専門的なスキルや知識が求められる。この本は、マオリの文化について書かれたものではなく、マオリの視点で書かれたものでもない。この本は、条約教育の重要性を周知するために書かれたものである。今でも、個人的レベルで、あるいはマオリとパケハのネットワークや社会システムのあらゆるレベルにおいて、２００以上に上る組織やコミュニティグループの支援を受けている。

この本で紹介された歴史は、この本に書かれた文脈と精神に限定されるものである。私は、自分の個人的な人生に関わりのある歴史的側面に焦点を当ててきた。これは、参加者が自分の個人的な物語と、その人が属している国の物語とを統合するという、ワークショップのプロセスの中心的な特徴をモデルにしたものである。私は、ニュージーランド社会のあらゆる階層に向けたワークショップを実施するなかで、参加者が、ニュージーランドの植民地時代の歴史を、歴史的・世界的な植民地化のプロセスの一部として捉えることにより、ニュージーランドという国を一定の文脈の中で捉えることができるようになるということに気づいた。本書において私はさまざまな歴史を引用したが、その大半は参考文献に記載されている。本書の著者たちは、これらの注目すべき歴史を補完するという意味において、何らかの貢献ができたのではないかと考えている。

本書は、人々が十分な情報を得て、あらゆる文化的背景を持つ人々を大切にするための変革を後押しできるよう、すべてのニュージーランド人に、自国の植民地時代の歴史を学ぶ責任を引き受けるよう提案するものである。癒しへの一歩を踏み出すためには、先住民族に何が起こったのかを正しく認識し、理解する必要がある。人々がこの困難な課題に立ち向かうためには、さまざまな方法が考えられる。私は、本書が、自ら考え、振り返り、行動するためのきっかけとなるよう願っている。また、最近の研究、特に先住民族を先祖に持つ人たちが行なった研究から、より専門的な情報を得ようという機運が高まることも期待している。ニュージーランドにおける最近の政治的、経済的、社会的な環境の変化を考えれば、人種差別のない包摂的な社会を希求するには十分すぎるほどの理由がある。

ロバート・コンセダイン
ワイタンギ・アソシエイツ・リミテッド
(Robert Consedine Waitangi Associates Ltd
PO Box 35089 Christchurch
robert@waitangi.co.nz
www.waitangi.co.nz)

イントロダクション――長い旅のはじまり

1981年、クライストチャーチ

「金庫を爆破したことはあるか?」と尋ねる声がした。向かいのベッドに目をやると、マオリの若者が横になり、新聞を読んでいる。アディントン刑務所で過ごす初めての夜、寝支度をしていた私は、精神的に疲れ切っていた。ただ、まったくなじみがない場所というわけでもなかった。そこは子どもの頃、刑務所訪問のボランティアをしていた父に連れられてよく来た場所だった。それにしても今日はものすごく骨の折れる1日だった。ようやく投獄してもらえたのだ。

「ジェリーってんだ」向かいのベッドからまた声が聞こえた。「やー、ジェリー。僕は金庫なんて一度も爆破したことないよ」と答えながら、私は怯えていた。30年近く前、ミッションスクールの向かいにあったデイリー〔コンビニを小さくしたような町角によくある小売店〕からキャンディをくすねるのをやめて以来、犯罪の世界と隣り合わせになったのはこの日が初めてだった。まもなく、ジェリーがカンタベリー地方で最も有名な金庫破りだということがわかった。彼のあだ名はジェリグナイト〔プラスチック爆薬〕だ。

「聞いてるぜ、おまえらのこと。でかしたな!　あいつら、痛い目に遭わせてやれってんだ。あんたもここの生活にじき慣れるさ」。彼は姿勢を正しながら、牢名主の風格で続けた。「ここで生きのびたいならいい、よく運動して、健康でいることだな」。これこそがまさに経験者の言葉なのだろう。

「そうだな。でも今日はもうくたくただ。腹も減ってるし、少し寝ないと……」

私は自分のしたことが信じられなかった。私たちはその日の朝まで、2日間にわたる抗議活動を行なっていた。ニュージーランドで開催されるラグビーの試合に、人種差別的な南アフリカ共和国のチームが来ることになっていたからだ。私たち4人はこれに抗議して投獄された。高度な訓練を受けた21人の活動員のうち、4人を刑務所に送りこむという入念な計画が実行されたのだ。非暴力の平和的な抗議活動の末、投獄され、ハンガーストライキをやって世間の注目を集めようというのが私たちの目論みだった。この計画は完璧にうまくいった。私たちは、クライストチャーチのラグビー協会の外壁に組まれた足場に登り、自分たちをそこにくくりつけた後、そこに集まっていた民衆に向かって「スプリングボックスのニュージーランド遠征を阻止する！」と大声で宣言したのだった。スプリングボックスとは、チームメンバー全員が白人という人種差別的な南アフリカのラグビーチームで、2週間後にはニュージーランドを訪れることになっていた。私たちは、南アフリカ共和国とニュージーランドの国旗を燃やしながらそこに立っていた。

路上には、スプリングボックスツアー反対運動のバックアップチームが待機しており、世間の注目を集めるこの政治活動において、各人が自分の役割を果たしていた。マスコミに対応する者、演説をする者、チラシを配る者、募金を集める者など非常によく組織されていた。国旗を焼き払う際には風向きが変わったときに備えて、消火器も用意していた。建物を焼き払うことは、この団体の計画にはなかったからだ！

まもなく道路は封鎖され、長い警棒とボルトカッターを持った32名の警官たちが建物を取り囲んだ。

私たちを逮捕しようと足場を登ってくる警官たちには、こちらから手を差し伸べた。これは非暴力的な抗議であり、警官も含め、誰もけがをすべきではないと決めていたからだ。そして、私たちは「建造物不法占拠」の罪により、立っていたその足場の上で逮捕された。

私たちは指紋を採取され、写真を撮られた後、地方裁判所の判事の前に連行されるまでの間、中央警察署に留置された。予想した通り、判事は誓約書と引き替えに保釈を認めた。そこで、私たちは次の計画を直ちに実行に移した。クライストチャーチにある国民党本部へと赴き、自らの血で建物に「有罪」と書いたのだ。道路は警察によって再び封鎖され、今度は器物損壊の罪で逮捕された。

このとき私は、ニュージーランドで中産階級の白人男性が刑務所に入るのがいかに難しいのかを実感した。私たちを逮捕するためにやってきたはずの警官たちは、投獄を少しも望んではいなかった。またもや500ドルの保釈金と誓約書で保釈しようとしたのだ。しかし今回は、私たち自身が誓約書への署名を拒んだため、もはや警察には投獄する以外の選択肢は残されていなかった。

刑務所では予期せぬ衝撃を受けた。最初に気づいたのは、刑務所がマオリの囚人でいっぱいだということだ。ハンストをしながらの刑務所での退屈な日課にも慣れ、人の話に耳を傾け、そこから何かを学ぶこと以外、ほかにすることは何もなかった。私はマオリの受刑者たちの話を記録し、彼らの行動や警備員とのやりとりを観察し始めた。彼らの話のほとんどが、家族との別離、失業、虐待、暴力、低い自尊心、個人的・組織的な人種差別にまつわるものであることに愕然とした。それは私にとって、ほとんど初めて耳にしたと言っていいほどのニュージーランドの一面であった。

私たちは2週間食べ物なしで過ごしたのち、刑務所から出て行くよう命じられた。このハンストは、ロンドンのBBCや北米、南アフリカ、ヨーロッパのニュースメディアの一部でとり上げられ、ニュージーランド、オーストラリア、南アフリカ、アイルランドをはじめ、世界中から支援のメッセージが寄せられた。私たちの政治的行動は成功裏に終わり、その後数週間にわたって、何万人ものニュージーランド人が南アのスプリングボックスツアーに反対して結集することとなった。

私は、獄中で非常に多くのマオリに出会った時の衝撃を忘れることができなかった。今回私は南アの人種差別に抗議したわけだが、明らかに同じことがニュージーランド内でも起こっていたのだ。私は、1960年代後半に大学を拠点とするマオリの若者たちによる過激な運動「ンガー・タマトア」が勃発して以来、マオリの人々の不満を意識するようになっていた。また、1975年のデイム・フィナ・クーパー率いる大規模デモや、1978年にオークランド郊外で起こったバスティオンポイントの占拠も、そうした意識を高めるきっかけとなっていた。

このラグビーツアーの反対運動があった頃から、私自身を含め、ニュージーランドのパケハたちは、マオリの活動家たちが提起した課題と向き合うようになった。[*1] 彼らがパケハに突きつけた要求は次の3つである。第一に、パケハが自らの歴史、文化的アイデンティティ、文化的価値を学ぶこと。第二に、ニュージーランドの植民地時代の歴史、特にワイタンギ条約が持つ意味に対する認識が欠如していることに関して、パケハが責任を持つこと。第三に、パケハが属する体制側の文化に異議を唱えるための手続きを制定することである。彼らのメッセージは明確だった。まずパケハは、自分自身と、そこに所属する人々を教育するところから始めよ、というものだ。マオリが公平に扱われるためには、パケハが変わらなければならなかった。多くのパケハがこうした抗議を真剣に受け止め、ニュージーランドの歴史について改めて学び始めたのだ。

私はニュージーランドの植民地時代の歴史を知って大きな衝撃を受けた。1840年にワイタンギ条約〔植民地時代に英国とニュージーランドの先住民族であるマオリとの間で締結した条約〕が締結されて以来のこの国の歴史は、組織的な植民地化の過程で政府がマオリに対して行なってきた、不誠実な約束、詐欺行為、盗みや暴力に満ちあふれていた。政治的・経済的システムのあらゆるレベルで、マオリは疎外されていた。その過程でマオリは分裂し続け、それによって問題が悪化したことは間違いなかった。

これまで、国は、マオリを支援するために多くのことを試みてきたが、それらの政策の多くは、基本的に父権主義的で同化主義的なものだった。また、このような歴史が他の多くの国々の植民地化の歴史と共通していることにも気づいた。これは、私たちが正面から向き合い、理解し、認識し、癒すべき歴史である。

私はこのことを知って以来、自国を見る自らの目に疑念を抱き、その見方を変えることになった。私を含む大半のパケハは、パケハのやり方こそが「普通」のやり方だと思いこんでいたのだ。私は、これまでパケハが享受してきたこうした社会的枠組みに異議を唱えるプロセスを生み出すための、パケハの大規模なネットワークの一員になった。ワイタンギ条約について人々を教育するこの新たなネットワークは、マオリに対する説明責任を果たしつつ、多数派であるパケハと協力することに焦点を当てたさまざまな実験的教育プログラムを、試行錯誤しながら開始した。このプロセスには、自分たち自身に対する教育を続けることが含まれていた。

これらの教育プログラムは、１９８０年代後半までには改良され、非常に双方向的で効果の高い２日間のワークショップのかたちをとるようになっていた。これは、パケハの間で横行していた、植民地時

＊１　マオリとパケハの定義については用語集（４０６〜４０７頁）を参照のこと。

代の歴史、文化、文化遺産、人種差別、先住民族の主権と自己決定権などに対する理解不足に対処し、豊富な情報に基づいた理性的な議論を行なうための出発点となるよう考案されたものだった。このプログラムは、今日のワイタンギ条約ワークショップの基礎をなすものだ。

このワークショップのプロセスは、変化を推し進めているのは先住民族だが、多数派であるパケハ文化の役割が重要であるという考え方に基づいたものだ。1980年代半ば以来、ニュージーランド社会のあらゆる階層において、何万人ものニュージーランド人がこのワイタンギ条約のワークショップを経験することとなった。少なくともこのワークショップは、マオリの要求に対してパケハの間に生じていた恐怖感を、かなりの程度取り除いてくれる。またうまくいけば、ワイタンギ条約で交わされた誓約を尊重するよう、人々を政治的に動かす力にもなる。

このワークショップモデルは今も進化し続けており、変化に対応し、変化を生み出すための総合的な方法を提供している。何千人ものニュージーランド人が、その効果を認めている。それはこのワークショップが、参加者一人ひとりの個人的経験に基づき、植民地時代の歴史に関して得た新たな情報が、各人の人生の物語に統合されることを目指すものだからだ。人々の頭と心の両方に働きかけることは、このワークショップモデルの成功にとって非常に重要なことである。

本書において「パケハ」と「マオリ」という言葉を使うのは、ワイタンギ条約のワークショッププロセスから他の文化圏の人々を排除しようという意図があるからではない。単に私が、ニュージーランドにおいて多数派の文化を形成しているのは西洋人であると認識しているからにすぎない。ワイタンギ条約は、ニュージーランドの最初の住民であるマオリと関係を持つすべての文化圏の人々にとってのベースとなるものだ。多文化社会は「ワイタンギ条約に基づく正しい関係」[*2]の成果であり、これは、先住民族との条約が存在するいかなる国においても検討可能な枠組みである。

本書の目的は、ニュージーランドにおいて、ワイタンギ条約教育に対する注目度を高め、その必要性を強調することである。歴代政府、従来の教育制度、主流メディアが、国民に十分な情報を提供してこなかったことにより、癒しのプロセスが遅れ、ニュージーランド人は二極化してしまった。私は、すべてのニュージーランド人に、自国の植民地時代の歴史について学び、その今日的な影響を理解するよう勧めたい。ニュージーランドの将来について有意義な議論を行なうためには、この問題について十分な情報を得ることが極めて重要である。

また本書は、グレン・コルクホーン博士が「歴史上最も偉大な文化的復活」と呼んだものを称え、ニュージーランドで実施されている条約ワークショップモデルを、植民地時代の歴史とその現代的な影響に直面する他の国々において、どのように適用することができるかを明らかにするために執筆されたものでもある。私はこのワークショップモデルを、カナダおよびオーストラリアにおいても実施した経験から、それが可能であることを確信した。また、これらの問題に直面している国々は互いに学び合うことができるだろうし、私が言葉を交わしたワークショップ参加者や反人種差別の教育に携わる人々も私と同意見である。

本書は「歴史」と「癒し」の2部構成になっている。いずれの部にも、私自身の人生から得たエピ

……………

＊2　「正しい関係」という言葉に対する理解を深めてくれたオークランド大学のフランシス・ハンコック博士に心から感謝したい。これは、正義に基づく関係、すなわち、すべての要素がバランスの取れた状態にある関係を描写するために用いられる神学的用語である。

ソードを盛りこんだ。これらの経験は必ずしも時系列で提示されているわけではなく、各章のテーマを説明する目的で挿入されたものだ。

歴史

第1部では私自身の個人史と、アイルランド、ブリティッシュコロンビア（カナダ）、オーストラリア、ニュージーランドの植民地時代の歴史的側面について検証する。

第1章では、アイルランドのカトリック系パケハとしての自らのアイデンティティの形成について述べる。子どもの頃の価値観が私の中から消えたことは一度もない。むしろ、私の中に強く根づいた「有言実行」という責任感は、そうした子ども時代の価値観によってさらに強められた。

先住民族におよぼす植民地化の影響を意識するようになったのは、1970年代に開発途上国を訪ねたことがきっかけである。第2章では、世界各地の植民地化の特徴を説明するため、アイルランド、カナダ、オーストラリアの植民地時代の歴史を断片的に紹介する。増え続けるワークショップの参加者たちも気づいている通り、条約関係と国家としてのアイデンティティの問題は、植民地化された多くの国々において議論のさなかにある。

第3章では、植民地化の過程でキリスト教宣教師たちが果たした役割と、その行動が先住民族に与えた影響について探る。第4章では、ニュージーランドの植民地時代の歴史と、マオリと英国（原文は「the Crown」だが、以下単に英国と表示する。詳細は「日本の読者のために」を参照のこと）との間で締結されたワイタンギ条約の行方について概説する。マオリによる持続的な政治的抗議活動を背景に、政府の新たな政策と裁判所の見解によって、英国とマオリの関係に対して新たなアプローチが採られるようになった。ワイタンギ条約を巡るこうした方向性の変化については第5章で議論する。第6章では、今日、成人したニュージーランド人の多くが、この国の植民地時代の歴史についてあまり知らされていない理由を、教育制度の役割と、いわゆる情報の空白地帯を検証することによって明らかにする。

癒し

本書の第2部では、私たちの歴史を癒すために必要な、個人や社会全体で取るべきステップについて検討する。

第7章は、私がワイタンギ条約の教育に携わるようになった経緯と、ワイタンギ条約教育者としてどのように活動しているのかというところから話を始める。ワークショップ参加者が自らの立ち位置を探り、自分なりの結論を出し、ワイタンギ条約の議論に自信を持って参加するために採用された戦略について説明する。第8章では、各人の物語を大切にし、その物語と自らのアイデンティティ形成とを関連づけることの重要性について考察する。第9章では、ワイタンギ条約の教育において、マオリとパケハがまずは別々のワークショップに参加する「パラレルプロセス」がなぜ最善の方法なのかということについて考察する。

第10章では、「白人特権」という複雑な課題を提起する。これは、パケハが何世代にもわたって努力なしに享受してきた、いわゆる隠れた恩恵である。マオリの土地と資源の所有権がパケハに譲渡されたため、何十年にもわたる政府の政策によって、マオリの経済基盤が破壊される結果となった。第11章では、和解への道を切り開くために、痛みや傷の存在を認め、許しに至るプロセスの強みとその限界について論じる。オーストラリア、カナダ、そしてニュージーランドの例をとり上げ、これらの国々で癒しのプロセスがどのように進展しつつあるかを示す。

最終章では、マオリとの今後の関係について、ニュージーランドが直面している問題のいくつかを紹介する。これらの問題が、この国のアイデンティティの核心に近づけば近づくほど、すべてのニュージーランド人をワイタンギ条約の議論に巻きこんでいくことが必要になってくる。そうしなければ、この問題は決して解決することはないだろう。世界中の先住民族が植民地支配の足かせから自由になることを主張しているし、ニュージーランドのマオリは持続的な政治活動を通じて、先住民族が深く傷つき、未だに苦しみ続けていることを警告し続けている。彼らの苦悩はメディアで報道されている政治活動だけでなく、健康状態の悪さ、犯罪率の高さ、教育水準の低さ、失業率の高さなど、社会統計にも目を覆いたくなるような状況として表れている。

苦難のなかを生きのびた先住民族たちは、多数派に属する人々が過去の不正を正し、彼らの先祖との間で交わした条約を尊重するよう要求している。彼らは、政治を活発に動かし、現代の政府が、植民地時代の歴史を支えてきた違法性と向き合い、具体的な政治的措置を取るよう求めている。彼らは政府を相手に裁判を起こし、英国の法律を用いて、植民地時代に横行した土地の収奪への補償を要求している。こうした権利を否定し続ければ、ニュージーランドも、他の国々と同様、将来に紛争の種を残すことになるだろう。今こそ、この大きな課題に応えるべき時であり、私たちの世代がこれを成し遂げなければならない。ニュージーランドの歴代政府は、ワイタンギ条約教育の実施を一貫して怠ってきた。歴史的な不満を解消し、先住民族やその他の市民に対して正義を成し遂げるためには、これまでの失策に対処する必要がある。ワイタンギ条約教育は、公正かつ公平な社会的関係の構築にとって欠かせないものだ。

第1部　歴史

「もう過ぎたことだからという理由で犯罪を覆い隠してはならない。
歴史は知識である。
知識は分断を越えるための架け橋である。」

——デボラ・ワイ・カポへ「ボーダーレス」
〔ニュージーランドの歌手、デボラが作曲した歌〕

第1章　信仰、ジャガイモ、人を温かく迎え入れる心

クライストチャーチ、アディントン

私は間に合わないのではないかとびくびくしつつ、全身ずぶ濡れになりながら真っ暗な校庭を横切った。顔も手も冷え切っていた。教会の裏口からそっと入ろうとすると、すでに灯りは消えていた。信者席をかすかに照らしていたのは、祭壇上で明滅する聖なる赤いランプだけだったが、側廊を歩くには十分な明るさだった。まるで神の「現臨（リアルプレゼンス）」（キリストの実在）を守る衛兵たちのように静かに立ち並ぶ修道女たちの黒い影が目に入った。彼女たちは毎朝早くから実物大以上のマリア像の前にひざまずき、祈りを捧げていた。時折聞こえる咳払いやロザリオを繰る音が不気味なほどの静寂を破る。ここは、ニュージーランドのクライストチャーチ郊外にある、労働者階級が暮らすアディントンという町において再現されたルルドであり、ファティマであった（ルルド（フランス）もファティマ（ポルトガル）も共に聖母が出現したとされるカトリックの巡礼地）。

私は、地元のカトリック教区でミサの侍者を務める10歳の少年として、いつもの朝を迎えていた。夏でも冬でも6時に起床し、カトリック教会の伝統的儀式であるミサを、ラテン語で捧げる司祭に仕える

ため、自転車で教会に通っていた。私はミサの内容を一字一句暗記していた。８歳の時、必要なラテン語はすべて、友人のアイヴァン・スヌークから教わった。祭服に身を包み、祭壇のキャンドルに火を灯すと、周囲と一体となったように感じられた。

ようやく現れた司祭が「父と子と聖霊の御名によって」と唱えると、ミサが始まり、私たちは厳かな典礼の儀式に入った。司祭、侍者、そしてミサに参列する人々は、それぞれが自分の役割を完璧に理解し、ローマカトリック教会が定めた祈りを唱えていた。私は神に仕える仕事をしているのだという気持ちから、自らの重要な役割に誇りを感じていた。

１９４０年代から１９５０年代にかけてのアディントンは、子どもたちにとって刺激的であると同時に、試練の多い町でもあった。アディントンでは常に何かが起こっていたが、子ども時代を過ごすのにこれほど興味深い町は、世界中を探してもあまり見当たらないだろう。この町には、２軒のホテル、精神病院、拘置所、競馬場、イベント会場、製粉所、兵舎、屠殺を待つ家畜たちを収容する家畜小屋、そして私の父を含む大勢の男たちが働くアディントン鉄道の作業場があった。

19世紀末の25年間、アディントンには、アイルランド出身のカトリック信者たちの暮らすカトリックのゲットーがあった。[*1] そこに暮らす多くの人々は、カトリック刑罰法とジャガイモ飢饉の影響で、アイルランドから弾き出された貧しい移民の子孫だった。クライストチャーチは英国の階級制度に基づいて設立された都市であったため、英国プロテスタントの信者たちが支配者階級を占め、アイルランド人は、アディントンの町で周縁に追いやられた存在として暮らしていた。

父はよく、アディントンはクライストチャーチの中でも特異な存在なんだということを、ことも無げに話していた。父は、「我々」アイルランド人が仕事を得ることの難しさについて教えてくれた。アイルランドのカトリック教徒は、社会からの逸脱者であり、自力で生きていくしかないということを自覚していた。カトリック教徒たち自身、いい仕事が得られるとは思っていなかったし、たとえいい仕事が得られたとしても、昇進は期待できなかった。父も鉄道の整備所で一度も昇進したことはなかった。求人広告における「アイルランド人は応募に及ばず」という不文律はクライストチャーチの社会にかなり浸透していた。私は、人生とはそんなものだと、そうした状況をただ素直に受け入れていた。

カトリック関連の施設が私たちの社会生活の中心をなし、教会、司祭館、ホール、学校、修道院が教区の中心部にまとまっていた。その近くには「堕落した女たち」のためのマグダラ山の家、知的障害児のためのセント・ジョン・オブ・ゴッドの家、2軒の孤児院、そしてコミュニティ全体を支えながら祈りの生活を送るカルメル会修道院があった。アディントンは、どのような事態にも対応できそうな町だった。

私たちコンセダイン家のルーツは、労働者階級のアイルランド系カトリック教徒であり、そのアイデンティティは強い絆で結ばれた大規模家族の中で育まれてきた。私はアイルランド系パケハの4世である。1860年代初頭、曾祖父が、ニュージーランド南島の西海岸にやってきたのだ。私たちは7人家族で、母フレダと父ラング、そしてマイケル、私、ジェイムズ、ノエル、マリーの5人きょうだいであった。生活は質素で、困難なときもあったが、神様が常に見守ってくださると信じていた。ノエルが5歳で髄膜炎になったとき、父はカルメル会修道院を訪ね、彼のために祈ってくれるようシスターたちにお願いした。私たちは彼の死を覚悟していたが、彼は死ななかった。父は「神よ、カルメル会修道院

……………………

＊1　Lyndon Fraser, *To Tara via Holyhead*, p. 111.

の祈りに感謝します」という祈りを捧げる一方で、驚いたことに、徹夜で息子の面倒を見てくれた2人の医師のことはほとんど頼りにしていなかったのだ！

アディントンでは、少なくともあからさまなセックスはなかった。私は、きょうだいたちがどのようにして生まれてきたのかをまったく知らなかった。みな、ある日、突然この世に現れたのだ。実際、こんなに大勢の労働者階級のアイルランド系カトリック教徒たちがいったいどこから来たのか、謎だった。私は、女性は、街にあるリュイシャムという病院に赤ちゃんを迎えに行くのだと信じることにした。かつて神父に質問したこともあったが、「大人になったらわかるよ」と言われた。それどころか、「ある行為」をすると失明すると警告されてしまった。1回のキスが10秒以上におよぶことも大罪であった。

私たちは教区の司祭が統治する環境で暮らしていたため、非常に多くのことを期待されていた。自分が何者で、何のために日々奮闘しているのかということについての誇りは持ち合わせていたものの、それと引き替えに、書かれたものであるかどうかを問わず、生活上のルールが際限なく課せられていた。聖母マリアが私たちの手本だった。神がモーセに与えた十戒、イエスによる山上の垂訓、7つの大罪、教会や教区司祭による戒め（修道女たちによって尾ひれをつけられたもの）が、私たちの生活のあらゆる側面を支配していた。学校では完璧さを追求するためにあらゆる手段が講じられた。少しでも疑われれば、教室のドアのそばに威嚇的に吊されていた最も簡単な解決策、すなわち革紐が使われた。女の子たちはその革紐で折檻されてよく泣いていたし、男の子たちは誰が最も厳しい折檻に耐えられるかを競い合った。子どもたち一人ひとりが最高の理想に応えようと必死になってもがくなか、永遠の苦しみという天罰に対する恐れが教区全体を覆っていた。

文化的ルールも厳格だった。教会は掟を破る者には厳しく、守る者には協力的であった。誰がカトリック教徒で、誰がそうでないのかを皆知っていた。カトリック教徒でない人にはとても礼儀正しかった。それはつまるところ、彼らが将来のカトリック信者、すなわち信者候補だったからだ。プロテスタント信者との限られた交友関係は認められていたが、プロテスタント信者とのデートはおろか、結婚などもってのほかであった。カトリック教会外で結婚したり、子どもを公立校に通わせたりすることは、重大な背信行為だった。

しかし、仲間うちであれば多くの恩恵を受けることができた。連帯感が強く、すべての人に手当が行き届いていた。困っている信者がいれば、教区が一丸となって助けた。コミュニティ全体で子どもたちを育て、愛し、支えた。老いも若きも、カトリックのコンサート、テニス、卓球、サッカー、そしてクライストチャーチで最高のダンスイベントに参加することができた。

その見返りとして、各家族に対する教会からの要求に限りはなかった。男性には教区内を整備するための作業が期待され、環境整備のための新たなプロジェクトに頻繁に駆り出された。父は余暇のほとんどを、アディントンのカトリック教区内の大工として働くために費やした。報酬を期待したことはなかったし、実際に受けとったこともなかった。教育は苦難から抜け出すための手段であると考えられていたため、保護者や教師たちは、カトリックの学校をあらゆるかたちでサポートするため、長時間働いた。募金で集められたお金は、教会、学校、修道院の資金となり、国からは一銭も受けとらなかった。カトリック学校のネットワークは、労働者階級の親たちからの寄付と、宣教活動の一環としてほぼ奴隷状態で働く教師たちによって支えられていた。

教会で行なわれる毎年恒例のバザーが募金活動の目玉であり、修道女たちの唯一の大きな収入源であった。女性には焼き菓子や手芸品を提供することが求められた。男性は屋台を出し、大量の鶏肉やハムやウイスキーをオークションにかけて販売した。父権的な司祭からの称賛の言葉が、何カ月もの重労働に対する何よりの報酬であった。それは、司祭が喜べば、神も喜ぶという単純な図式だった。

アイルランド系カトリック信者の子孫の、政府の役割に対する見方は非常に明確であった。祖先から受け継いだ知識として、国からは何も得られないことを知っていたので、そのことを前提に動いていた。これまでに発明されたありとあらゆる違法な募金活動が、遅かれ早かれ、私たちの教区内でも採用されていたようだ。偶然か否かは別として、地元の警官は常にカトリック教徒のようだった。お目こぼしは、警官たちの間の重要な引き継ぎ事項であり、そうした募金活動が行なわれている間は別の場所を巡回するのが常だった。違法な募金活動や課税回避は、道徳的に正当な行為だと考えられていた。

大人も子どもも私たちの周りに住んでいる人々は皆、一生懸命働くのが当たり前だった。女性たちは料理や掃除をし、服や菓子を作り、手芸や編み物をこなし、瓶詰め食品やジャムを作り、石鹸やジンジャービアを作った。男性は日中、ほとんどは低賃金で雇用主の元で働き、帰宅後や土曜日には、近所の人や家族や教会のために働いた。しかし、ミサが行なわれる日曜日には決して働かなかった！　子どもたちは家事や家庭菜園を手伝った。また、学費の支払いに充てるため、機会あるごとにジャガイモを収穫して現金に換えた。私たちは販売用の野菜や果物を収穫するための農園も管理していたので、いつも忙しくしていた。

アディントンの町にとって1年で最もエキサイティングな週は、ショー・アンド・カップウィーク〔11月中旬、今でもクライストチャーチで開催され、100万人以上の来場者を誇る農業祭で、農業見本市や競馬が開催される〕だった。私たち家族のショーデーは、毎年1・25エーカーの空き地に3千本のトマトの苗を植えるところから始まった。鍬入れ、除草、害虫駆除剤の散布、支柱立て、水やり、芽かきなどの作業により、おいしい野菜を育てることを覚えた私たちにとって、ガーデニングは生涯の習慣となった。

私の両親は信じられないほど懸命に働いていた。多大な奉仕精神でもって、助けを必要とする人々のために心を砕いた。父はよく「私たちより困っている人がいるんだ」ということを口にしていた。彼は労働者階級で、お金はほとんどなかったが、母が絶望的な気持ちになるほど、人に物を与え続けた。彼は「山上の垂訓に従って生きる」ことを信条としていた。そのため、刑務所やサニーサイド病院（地元の精神病院）に入院している人や、一人暮らしの人たちをよく家に連れてきた。母はこうした訪問者を歓迎し、テーブルに食事を用意してもてなした。人を温かくもてなす精神はこの地域の文化でもあった。そこでは、どんな人でも、職業が何であれ、人々は受け入れられ、歓迎されていると感じることができた。私の場合は、父と共に地元の刑務所や精神病院を訪ねたり、貧困層の男性を埋葬したりするなかで、幼い頃からさまざまなかたちの貧困を目の当たりにしてきた。

クライストチャーチに住んでいた私たちは、父方の家族と過ごすことが多かった。よく家族皆で集まり、ピアノを囲んで歌ったり、小さなコンサートを開いたりした。母はピアノが弾けたので、誰もが歌えるものと信じて疑わず、皆に歌うよう勧めたため、私たちは半強制的に歌わされた。来客があると決まって、「ロバート、そこの角に立って『この家に恵みを（Bless This House）』を歌ってちょうだい」とのお達しが飛んできた。私はこうして家で独唱を披露したり、学校のコンサートでリード役を務めたりすることによって、自信をつけていった。表舞台に立つことが大好きで、それはとても楽しく、良い思い出でもある。音楽と歌が私の人生を支えてくれた。

母方の家族はオークランドに住んでいた。毎年「鉄道会社の社員の家族」には、国内どこでも鉄道で旅することができるフリーパスが与えられていたため、オークランドに住む親戚たちと毎年夢のような休暇を過ごすことができた。私たちの旅には冒険心がつきものだった。リトルトン〔クライストチャーチの外港として建設されたニュージーランド南島東岸の港町〕からウェリントン〔ニュージーランドの首都で北島最南端部に位置する〕まで、ヒネモア号か、ランガティラ号のいずれかで夜間の船旅をし、その後、ウェリントンからオークランドまではわずかしかない夜行の特急列車を利用した。幹線のタウマルヌイ〔ニュージーランドの北島中央部の小さな町〕では、停車中に乗客たちが駅舎に急いで買いに走る、かの有名な鉄道パイを食べることもできた！　オークランドに到着すると、私たち5人家族は、各親戚の家に、長いときには6週間も滞在させてもらった。私はその休暇中、独り立ちしたような自由な感覚を満喫することができた。オークランドは、アディントン出身の労働者階級の子どもたちにとっては夢のような場所だった。親戚の中には農場を持つ者もあれば、マヌカウ港とワイテマタ港にヨットを停泊させている者もいた。またジム叔父さんは、あのV型8気筒エンジンを搭載したフォード製の車を持っていて、ほんとにかっこよかった！

私はいつも、アディントンに住んでいる人たちは、皆自分の家族と同じような生活をしているのだと信じていた。例えば、ジム・エイモスだ。彼はうちの裏庭の向こう側に住んでいて、日曜日にはミサに参列し、鉄道整備基地で父と一緒に働いていた。彼は1日の仕事を終えると、リンカーンロードにあるアディントンの屋外イベント会場にやってきて、地元ラグビーチームのマリストシニアズやニュージーランドのリーグチームを指導していたのだが、私はこのことの重要性をほとんど理解していなかった。彼はラグビーの元国際選手で、1952年のニュージーランドチームによるオーストラリア遠征、翌年のホームシリーズ、また1954年にフランスで開催された第1回ワールドカップで代表監督を務めた人物だ。そんな大成功を収めた彼も、ツアーが終わると、必ず鉄道整備基地に戻って仕事をしていた。

すぐそこの角にはボブ・スチュアートが住んでいた。農務省に車で通勤していた彼は、トラムの停留所でいつも母を拾い、シトロエン〔フランス車〕で街中まで送ってくれた。彼の控えめで温かい奉仕の精神は、低所得で5人の子どもを養うのに四苦八苦していた母の支えになっていた。母にとって、車を持つことは遠い夢だった。ボブは、余暇には、オールブラックスのキャプテンを務めていた。一流のラグビープレーヤーとしての長いキャリアを持つ彼は、1953〜54年のオールブラックスのイギリス・フランス遠征において32歳でキャプテンに選ばれた。ボブ・スチュアートは、ニュージーランドのラグビー界に、キャプテンの指導力を改めて認識させた人物だと言われている。彼の弟のケビンもオールブラックスの選手だった。もうひとりの弟、ジョンはカンタベリーの代表選手だった。こんなスチュアート一家も、毎週日曜日には私たちと一緒にミサに参列していた。

1954年にはエイモス氏とスチュアート氏は2人ともフランスにいた。エイモス氏がニュージーランドのリーグチームのコーチを務め、スチュアート氏がオールブラックスのキャプテンを務めていたというのは、自分にとっては今さらながらたいへんな驚きである。リーグやラグビーに対する地元住民の関心は計り知れなかった。子どもだった私たちは、自分たちが貧しいということを知らなかったのと同じくらい、ジム・エイモスとボブ・スチュアートがアディントンの外では有名人なのだということを知らなかった。2人ともすぐその角を曲がったところに住んでいたし、それは私たちの家のすぐ近くでもあった。彼らは同じ教区内に住む、ただの親切なご近所さんにすぎず、私たちの町ではそのように扱われていた。

私は、高校に進学する頃には、人生に勝ち誇ったような気分になっていた。小学校ではサッカーの最優秀選手だったし、アディントン・コンベント・スクールでは優等生だった。養鶏場でアルバイトをしていたこともあり、そのあたりでは一番裕福な家の子のように感じていた。ボクシングにも自信があった。これはアディントンの少年たちの間に根強く残る伝統だ。ボクシングのスキルを磨くことが当たり前のように期待され、教区内のホールでは毎年大会が開かれていた。私は8歳までにはボクシング技術を習得し、相手をノックアウトできるようになっていた。実際に誰かをノックアウトしたことはないが、身の安全を守るという意味において、ボクシングのスキルを身につけたことは生涯の大きな自信につながった。私は自分の長所をある程度知っていたが、ひけらかさないように気をつけていた。自慢すると軽蔑されるからだ。私は楽観的で、希望に満ち溢れ、強いアイデンティティを持った青年に成長していた。自分に誇りを持つよう教えられていたのだ。

クライストチャーチの北部にあるセントビーズカレッジは、街の中心にある英国国教会系のクライスツカレッジと肩を並べるカトリック系の高校だった〔両カレッジは13～18歳が対象〕。両校はスポーツにおいても、学業においても、ライバル校であり、そこには執念に近いものがあった。私たちはあらゆる面でプロテスタントよりも優れていなければならず、相手の得意分野においてさえも負けるわけにはいかなかった。セントビーズ校に通うことが中流階級への第一歩であり、シティ進出への重要な足がかりでもあった。

私は、セントビーズカレッジに進学することを当然のように期待されていた。兄のマイケルは奨学金を獲得して同校に通っていたが、私にとっては、この学校に通うこと自体が間違った選択であった。アディントンの子どもたちは主に職人や労働者階級の出身だったが、セントビーズカレッジは中産階級の子息を対象にしているようだった。私はすさまじい孤独感にさいなまれ、周囲になじむことができなかった。突然、労働者階級出身であることを自覚し、それがいかに自分にとって不利なことであるかを思い知らされた。生まれて初めて、自分の居場所がないという感覚を味わった。社会の周縁に追いやられ、疎外されるという感覚がどのようなものであるかを味わった。その後、クライスツカレッジと同様、セントビーズカレッジ内にも、クライストチャーチの階級社会を支え、１９５０年代の抑圧的で暴力的な、狭い固定観念とも言えるある種の伝統的教育観を反映した文化があることに気づいた。私は高校生活にすぐに嫌気がさし、これまでどおりアディントン地域との強いつながりのなかで生活することに生きがいを感じていた。

学校の外には、延々と続く夏の日々で満たされた私の青春時代があり、学校よりそっちのほうがずっと大切だった。昼間は地元の養鶏場で何エーカーもの草を刈って鶏たちに配ったり、何千個もの卵を集めて洗って箱に詰めたりしていた。仕事が終わると家に帰り、いつものようにテーブルに用意されている夕食をとり、その後は日が暮れるまでテニスをした。冬の生活も同じように充実していた。週３回の卓球、土曜日の午後のサッカー、土曜日の夜のスペンサーストリートの有名なダンスイベントの合間に、学校や宿題をこなした。私たちは、アイルランド系の卓球クラブを結成した。その中には、私たちのチームの最高のプレーヤーであり、ニュージーランドの未成年者部門でタイトルを獲得したポール・アイブスもいた。

高校を卒業すると、純粋な解放感で満たされた。私は、アディントンで育った時のような強いアイデンティティを持って人生を歩み続けたいと思った。自分の中には、人生で何が起こっても大丈夫だという強い感覚が、子ども時代に育まれていた。この感覚が、世界中を旅する私の人生を支えてくれた。しかし、私の中にはもうひとつの種が植えつけられていた。それは、自分と異なる人々や文化について、また世界において公正とは何か、正義とは何かということについて、もっと知りたいという気持ちだった。

私は、友人のニール・ウィリアムソンが率いるカトリック・ユース・ムーブメント（ＣＹＭ）に参加し、それまで身につけてきた福音の価値観に照らして世界を理解し始めるためのツール、着目点、分析方法を教わった。私はＣＹＭが拠り所としていた「観察・判断・行動」という方法によって、世界に対する自らの見方を形成し、宗派を超えた青少年運動と関わることができた。１９６０年代半ば、ＣＹＭに7年間在籍した後、私はローマとブリュッセルに代表として派遣され、解放運動に携わる人々のネットワークと出会った。私の哲学的、精神的な物の見方は、このときに力強く形成されていった。

私の生きがいは、相変わらずスペンサーストリートにあるダンスホールだった。１９６０年代初頭、ビートルズやローリング・ストーンズが世界を席巻している頃、ダウンビート、ダイナ・リー、フィル・ガーランド&プレイボーイズ、レイコロンブス&インベイダーズ、マックス・メリット&ミーティオーズ、ジョニー&レベラーズが、クライストチャーチのダンスの中心地となっていたアディントンにあるホールでは大人気だった。私は司会進行役としてミュージック切り替えの指示を出し、小競り合いを収め、バンドが30分ごとに入れ替わる間を軽妙なトークでつないだ。土曜日の夜には、定員３５０人のところ、１２００人もの人々がホールに詰めかけ、午後8時から真夜中まで踊り続けた。ダンスホール内やその周辺での飲酒は法律で禁じられていたが、なかにはすでに酔っ払って現れる人もいて、喧嘩になることもあった。警察は通常、最後の1時間だけ巡回にきたが、逮捕者が出ることはまれだった。うちの場合、父親は入り口で入場券をチェックする係だったし、その他の家族は入場料の支払いを避けようと裏口や窓から忍びこんでいた！

私は子どもの頃を思い出すと力が湧いてくる。自分は大切にされていると感じていたし、自分には帰属意識があったし、居場所があった。私にとってアディントン全体がまさに庭のようなものだった。この地域一帯に存在するコミュニティの一員としての感覚を確かに共有することができていた。アディントン内であれば、どこの通りであれ、誰の家かを言い当てることができた。オニール、ハーネット、キャンベル、ヌーナン、クラーク、デイリー、ケリー、スチュワート、スコット、マクロイ、コークリー、キャリー、フォウク、アイヴス、マキルハットン、ギルモア、マッキャン、ワーターズ、リーミング、スローン、ホーガン、スヌク、トンプソン、カミング、オコナー、マクグレード、オーエンズ、オグレイディ、ケイヒル、コステロ、スチュアート、マホニー、エイモス、ブロスナハン、プーラー、ウォーレン、スローン、マクギニーティ、ダウドール、グラバー、モラー、マーサー、ニールなど、尊敬すべき立派な人たちが大勢いた。町内で偶然知り合いに出くわすことも多く、それによって私の安心感はさらに強まった。

一般的に、労働者階級のアイルランド系カトリックの家庭で育った人たちについては暴力や貧困の話がよく聞かれるが、私の子ども時代の幸せな思い出はそうしたものとはかけ離れていた。国際的に有名な書籍『アンジェラの灰』の中で、フランク・マクコートが、アイルランドでの厳しい子ども時代について語っている。私の子ども時代は、それとはまったく違っていた。周りに暴力や貧困が皆無だったというわけではなく、皆、誰が酒飲みなのかを知っていたし、家庭内や学校内で体罰を加えるのが誰なのかも知っていた。しかし、私が個人的にこの種の暴力を受けたケースは非常に限られていた。

振り返ってみると、私は子どもの頃、マオリの人々を意識したことも、彼らと接触したこともほとんどなかった。私たちの教区にはマオリの男性がひとりいたが、彼が別の文化を持っているとは思いも寄らなかった。小学校では、クラスでたった2人のマオリの子どもだったランギとテリーが逃げ出すたびに、よく探しに行かされた。誰も彼らが逃げ出す理由を知らないようだったし、私にもまったくわからなかった。しかし、私たちが教えられていたことや、学校が提供していた文化的枠組みを今思い返してみると、その答えは明らかだった。この国のアイデンティティという概念について、私にはまだ学ぶべきことがたくさん残されていたのだ。

第2章　歴史の断片――アイルランド、カナダ、オーストラリア

ロバート・コンセダイン

1973年、バングラデシュ

猛烈な暑さと卒倒しそうなほどの悪臭があたりに立ちこめていた。空腹と絶望を抱えながら必死で叫ぶ大勢の人々に囲まれて、私たちは立ち往生していた。荒れ狂う群衆が両手を拡げ、手にした書類を左右に振りながらこちらに向かって押し寄せてくる。私は身の縮むような思いがして、ますます気が動転した。どうすればここから逃げ出せるだろう?

私たちは、バングラデシュ北部のランプールの西にある大規模難民キャンプにいた。[*1] そこの赤十字本

＊1　バングラデシュは世界で最も貧しい国のひとつである。ニュージーランドの南島よりも小さい領土に1億人以上の人々が暮らしている。1971年、地元民による自治権拡大要求がパキスタン軍政府によって拒否された後に、それまでパキスタンの東部を形成していた領域から誕生した国である。建国を確認するための内戦は100万人以上の死者を出し、これによりインドに大量の難民が放出されることとなった。

部となっていた小さなプレハブ小屋から出てきたばかりだった。赤十字の職員は慎重に人混みをかき分け、私たちのところまで辿り着こうとしていた。そして私たちに向かって、群衆を刺激しないよう、何もせずただじっとしていろと叫んだ。そこにいた大勢の人々は、私たちは国連の派遣職員で、自分たちをキャンプから救い出し、出国用のパスポートを発行するために来てくれたのだと信じていた。どんなに交渉しても、彼らは私たちを解放しようとはせず、状況は変わりそうになかった。

危険な状況だった。赤十字の職員が、私たちに急な動きをしないようアドバイスしてくれた。少し話し合った後、キャンプの真ん中に停めてあるジープの方に移動し、その荷台に登ってじっとしているよう指示された。群衆がキャンプの出口を封鎖した。

赤十字のドライバーは、逆向きに停めてあったジープを発進させ、群衆の中へゆっくりと車を進めると、群衆は後ずさりし始めた。ジープの後方に人がいなくなると「しっかりつかまって頭を下げていてください」と関係者が指示した。突然、運転手はシフトレバーをひっぱたいてバックに切り替えると、危険きわまりないスピードでバックした。不意打ちを食らった群衆は、それに気づいて追いかけ始めたが、すぐにあきらめた。ジープは高速のままバックでゲートをくぐり抜け、キャンプを離れると、突然方向転換して滑走路へと向かった。そこで待機していた6人乗りの飛行機でダッカに向かうためだ。私たちはそこで1泊して、翌日、国境を越えてコルカタへ向かうことになっていた。*2

私たちは単気筒エンジンの赤十字の小型機で離陸し、ガンジス川を下ってダッカへと向かった。とても湿度が高く、風のない日だったため、高度約3千フィートを飛行中、飛行機の両側のドアを大きく開けたまま、膝にはしっかりとシートベルトを締めていた。モンスーンの季節を目前に控え、洪水が差し迫っていた。

私たちの心配に追い打ちをかけるように、経験豊富なパイロットが、前方に真っ黒な雷雲があると指摘し、熱帯暴風雨に見舞われる前にダッカに到着したいと伝えてきた。しかし、そうはいかなかった。

突然、パイロットが叫んだ。「ドアを閉めろ。ベルトをしっかり締めて、頭を下げろ！」そしてSOS信号を発すると、機体を傾け、一番近い比較的固い地面に向かって突っこんだ。飛行機をどうにかコントロールしつつ、ハリケーンに近い恐ろしい状況をくぐり抜け、機体を地面に打ちつけながら着陸し、突然停止した。パイロットは脱出するよう叫び、私たちは飛行機が吹き飛ばされて粉々にならないよう左右の翼をつかんで地面に固定した。

私たちが巨大な放牧地の真ん中で、びしょ濡れになりながら飛行機の翼を必死に押さえて立ちすくんでいると、遠くからガラガラという音が聞こえてきた。顔を上げると、木立ちの中から装甲車やジープが現れた。1台のジープが停車し、インド人将校が飛び出してきて、機敏に敬礼すると、私たちはベンガル軍の演習地内に着陸したのだということを伝えてきた。そして部下に飛行機を固定するよう命じた。陸軍がダッカまで送ってくれるという。私たちは、厳重な警護のもとホテルに連れて行かれた。

ダッカでは、もうひとつショックなことが私を待ち受けていた。ホテルに着くと、ニュージーランドで母が急死したと告げられたのだ。何万人もの人が早死にするこの国で、この知らせを自分の中でどう受け止めていいのかわからなかった。翌日コルカタに到着し、空港で物乞いをする人たちを目にした私は、あまりのカルチャーショックに呆然としながら通りを歩き始めた。そして、質素な宿泊施設を見つ

……………………

＊2　ダッカはバングラデシュの首都である。そこは貧困の度合いがあまりにもひどいため、よく国連から「世界の胃袋」と呼ばれている。

け、再び通りに出ると、道端に横たわっている人たちや、すでに死に絶えている人々をまたぎながら、「マザーテレサの死を待つ人々の家」へと向かった。死がそこら中にあふれているようだった。

マザーテレサの家には、毎日のように路上から人々が運びこまれ、ある程度の尊厳を持って死を迎えていた。巨大な倉庫のような建物の中で、何百人もの人々が低いストレッチャーの上に横たわり、「神の愛の宣教者会」のチームがその世話をしていた。私はその傍らで母の死について考え、母の豊かで愛に満ちた人生を神に感謝すると共に、貧困によってあまりにも恵まれない人生を強いられた何百万人もの人々のことを思った。

母がクライストチャーチで埋葬されたその日に、マザーテレサの慈善団体本部で、私の友人でもあり同僚でもあるジョン・カーナウ神父が執り行なったカトリックのミサに出席できたことに心から感謝した。彼女の人生を記念するミサが、何百人もの「神の愛の宣教者」たちが見守るなか、大きなコンクリートの礼拝堂で執り行なわれたのだ。建物内に祭壇以外の家具は一切なく、私たちはコンクリートの床にひざまずいた。その瞬間、私は自分がこれまでいかに恵まれた特権的境遇にあったかを痛感したのだった。

意識の高まり

この旅は国連主催の視察だった。ノーマン・カーク首相〔当時のニュージーランドの首相〕は、ジョン・カーナウ神父と私に、バングラデシュ北部の難民キャンプを訪問し、ニュージーランドが食糧と医療援助を提供する最善の方法を決定するよう要請した。使われなくなった線路脇には、推定7万5千人のビハリ難民が、貨車やその場しのぎのシェルターで暮らしていた。

私たちは、コルカタを皮切りに、ニューデリー、ボンベイ、そして最後にプーナへと移動しながら、国連のトレーニングコースに参加した。このコースでは、開発援助に対する考え方が、自己決定を重視する新たな方向へと大きく舵を切ったことが紹介された。開発をデザインするのは助けを必要としている人々自身であり、外部の力によって解決策を押しつけるのではなく、自らの力で将来を決定する必要があることに焦点を当てたものだった。1970年代初頭には、援助国側が「解決策」を押しつけるような国際援助は機能しないことが明らかになっていた。1960年代初頭にジョン・F・ケネディ大統領が唱えた10年間におよぶ第三世界に対する開発援助は、完全な失敗に終わった。第三世界諸国はより貧しくなり、人々の暮らし向きは悪化したのだった。

このときの経験が私に大きく影響し、先住民族に与える植民地化の影響をさらに深く認識するようになった。これまでの常識では、植民地化が進歩をもたらし、文明を広め、近代的な統治システムを導入することによって先住民族に利益がもたらされると考えられていた。しかし、これらの国々から得られた証拠によれば、「進歩」の恩恵を受けたのは植民地化の推進を手助けしたごく一部の人だけで、そうした人々は富を得て、それを維持していた。一方、大多数の人々は、深刻な貧困と依存から抜け出すことができないままだった。

アイルランド、カナダ、オーストラリアを訪ね、それらの国々の歴史を改めて読み返してみることで、こうした見方が私の中でさらに強まった。この3カ国は第三世界ではないにもかかわらず、多くの先住民族が、植民地化によって社会的・経済的に壊滅的な打撃を受けた結果、第三世界のような状況で暮らしている。なぜこのようなことが起こったのか？　どのような仕組みで植民地化は推進されてきたのか？

植民地化の役割

植民地時代は、15世紀末、アメリカ、アジア、アフリカを征服したことで得られた戦利品の上に築かれた欧州列強の国力増大によって始まった。[*3] これらの大陸から資源を搾取し、富を得ることで、植民地化が進み、資本主義が世界のシステムとして発展していった。J・M・ブラウトは「資本主義がヨーロッパに集中したのは、植民地主義によってヨーロッパ人が自分たちの社会を発展させる力と、他の地域での発展を阻止する力を手に入れたからである」[*4] と述べている。

すでに承認された主権者の管轄下にある領土を取得することに関して、何もルールが存在しなかったため、ヨーロッパの列強諸国は「発見したことを主張すること、所有を象徴する行為、教皇勅書、競合国や現地の首長や君主との条約締結、入植地の整備、武力による直接的な征服」など、あらゆる手段を使って主権を主張しようとした。[*5]

18世紀に大英帝国が台頭すると、植民地化の「第2段階」が始まった。1947年にインドが独立するまでの間に、大英帝国は世界の4分の1の地域と5億人以上の人々をその支配下に収めた。[*6]

植民地化の背景にある経済的な動機は変わらなかった。植民地化は、豊富な資源と新たな市場、そして貿易機会をもたらした。また、植民地は余剰人口の受け皿にもなった。カナダ、オーストラリア、ニュージーランドなどの新たな植民地では、「母国」に利益をもたらすような経済構造が整備され、天然資源の開発や植民地に投下した資本を回収するための手段として、安価な労働力が利用された。大英帝国の場合、主に英国の貧しい労働者階級が、植民地での労働力となった。たとえ労働者階級であっても、入植すれば誰でも本国よりはましな暮らしができるというのが売りだった。そして、新たに出現した入植者経済は、先住民族を疎外し、彼らの資源を無断で奪うことによって発展していった。

しかし、その原動力は資本主義だけではなかった。植民地化の背景には、ヨーロッパ文明は非常に優れたものであり、同文明を世界中に広めることが人類の発展につながるという信念があった。先住民族の征服は、「白人」至上主義を維持することによって達成されたのだ。オーストラリアのように「黒人」が住むヨーロッパ以外の国々は、「野蛮で、未開拓で、紛争解決のための法が存在しない」状態だと見なされていた。[*7]

アイルランド、カナダ、オーストラリアはいずれも植民地化された国だが、植民地化のプロセスはそれぞれ異なっている。以下の事例研究は、アイルランド、カナダ（ブリティッシュコロンビア）、オーストラリアの歴史の断片を紹介したものである。これらはすべての経緯を要約することを意図したものではなく、植民地時代から受け継いだ現代的諸問題を解釈し始めるための枠組みを提供するためのものである。

ある植民地化の過程で学んだことが、別の植民地化の過程に応用されるということはよくあることだ。アイルランドは「植民地化の発祥地」と呼ばれているが、メアー＆コナー・クルーズ・オブライエン夫妻〔アイルランドの歴史学者兼政治家〕は、「アイルランドを征服したことで、世界の大部分の地域を植民地化するための心理的・物質的な基盤と予行演習の場が提供されることとなった[*8]」と述べている。例え

＊３　J. M. Blaut, *The Colonizer's Model of the World*, p. 51.
＊４　同書 p. 206.
＊５　Kent McNeil, *Common Law Aboriginal Title*, p. 110.
＊６　Robin Neillands, *A Fighting Retreat: The British Empire 1947–1997*, p. 17.
＊７　Richard H. Bartlett, *The Mabo Decision*, p. 1X.

ば、1863年にはニュージーランドにおいて、英国に対して反乱を起こした人々の基本的人権を停止する反乱制圧法が制定されたが、これは1797年にアイルランドで可決された法律に基づくものである。

アイルランド――「大人たちは私たちに嘘をついた」[*9]

数年前、私たち家族は、ジョー&バーナデット・オヘイガン夫妻に招待された。今は亡きジョーは、シン・フェイン党の軍事組織であるアイルランド共和軍の元メンバーで、生涯を獄中生活と逃亡生活に費やした。[*10] 彼が国際的に有名になったのは、1973年10月31日にダブリンのマウントジョイ刑務所からアイルランド共和軍をみごとに脱獄させたことがきっかけだった。刑務所内の運動場の上を旋回していたヘリコプターが、国内で最も重要なアイルランド共和軍の3名を連れて飛び去ったのだ。これはセンセーショナルな脱出劇として報じられた。ジョーとバーナデット、そしてその6人の子どもたちは、正義を求めて通算59年間を刑務所で過ごした。そのうちのひとりであるダラは、新たな北アイルランド議会の元議員であり、政治学で博士号を取得した人物である。ダラとの面談中、私たちは、ジョーとバーナデットにまつわる個人的な話やその家族の長年にわたる経験を交えながら、英国の植民地化政策に対するアイルランドの800年間におよぶ抵抗の歴史を共に振り返った。オヘイガンの社会正義への情熱と献身は、彼らの人生に計り知れないほどのリスクをもたらした。

植民地化と反乱

アイルランドには、9千年以上前から人が暮らしていた。[*11] ローマ人によって侵略されたことはなかったが、長年確執の絶えない氏族、王、伯爵、首長など、政治的に互いに独立した部族によって支配されていた。紀元８００年頃から始まった約４００年間にわたるヴァイキングの襲撃がきっかけとなって、アイルランド内には国際貿易の要となる数多くの都市が発展した。[*12] 時が経つにつれ、ヴァイキングたちは去っていったが、中にはアイルランド人たちの間に徐々に溶けこんでいく者もあった。１１７２年、イギリス人教皇エイドリアン１世は、英国王ヘンリー２世にアイルランドの統治権を与えた。１５４１年にヘンリー８世がアイルランド国王に就任したことを宣言するまでは、ノルマン人（後にイギリス人）による征服が一貫性のないかたちで続いた。

しかし、英国王室からさまざまな布告があったにもかかわらず、英国による支配は安全とは程遠い状態におかれ、反乱や抵抗運動が絶えなかった。研究者のセオドア・W・アレンは次のようにまとめている。「13世紀初頭から、アイルランドのアルスター地方に入植が開始される１６０９年までの4世紀以上にわたって、アイルランドにおけるイングランドの歴史は、社会統制上の３つの戦略が失敗した歴史である」[*13]。アルスター地方への入植は、英語を話す入植者が、ゲール語を話すアイルランド市民に取って代わるこ

……………………

＊8　Maire and Conor Cruise O'Brien, *Ireland: A Concise History*, p. 55.
＊9　アイルランド人のシンガーソングライター、シネイド・オコナーによる歌「Famine（飢饉）」の一節。
＊10　Tim Pat Coogan, *The I.R.A.*, p. 404.
＊11　Peter Harbison, *Pre-Christian Ireland: From the First Settlers to the Early Celts*, p. 19.
＊12　Else Roesdahl, *The Vikings*, pp. 221–30.
＊13　この過程に関する詳細は次を参照のこと。Theodore W. Allen, 'Social Control and the Intermediate Strata: Ireland' in *The Invention of the White Race: Racial Opposition and Control*, Vol. 1, p. 53.

とを目論んだ最も重要な戦略のひとつだった。この計画は、イギリスからアイルランドに十分な数の人々が移住するのを資金面から支援し、最終的にはアイルランド全体を征服する上で必要な、自立した民兵を組織することを目的としていた。そのため「ケルト系アイルランド人のエリート階級や知識階級は、〔入植地域内への〕立ち入りが禁止されていた[14]」という。実際には、アイルランドの借地人は、経済的な理由から入植地内に入ることが許されており、アイルランドのカトリック教徒とイギリスのプロテスタント教徒の間の宗教的な対立は、土地をめぐる絶え間ない争いによって拍車が掛かった。

アイルランドは、1530年に始まった反乱の後、1601年にスペインから援助を受けたにもかかわらず敗北した。これにより、次のような図式が永続化することとなった。「プロテスタント系イングランドの圧倒的に優位な力によって支配されるカトリック系アイルランドという構図である。宗教によって、国民同士の敵対感は高まり、激しさを増し、そうした感情は持続されることとなった。イギリス人の不安感がより強力な対策を生み出し、それがさらにアイルランド人を刺激し、イギリス人はさらに強力な対策でもって対抗するという悪循環に陥ってしまった[15]」。

ペナルロー（カトリック刑罰法）

この弾圧を象徴するのが、ペナルロー〔カトリック教徒に対して厳しい刑罰を課す法律〕として知られる一連の反カトリック法である。その一部は1770年代に修正されたが、英国議会で廃止されたのは1829年になってからのことである。これらの法は、英国の大法官と最高裁判事が考案した原則に基づいて運用されていた。その原則とは、抑圧と処罰を目的とする場合以外は、「法律は、アイルランドのローマ・カトリック教徒として存在するいかなる人間も想定していない[16]」というものだった。

ペナルローは、アイルランドの市民生活、家庭生活、精神生活のあらゆる面を規制していた。[*17] このペナルローは、主にカトリックの信仰心を問題にするのではなく、カトリック教徒が財産を所有したり、産業界で雇用主になったりするのを防ぐのが目的だった。[*18] カトリック教徒は、法律業務に従事することも、軍職や公職に就くことも禁じられていた。彼らは教師になることも、大学に行くこともできなかった。カトリック教徒は「プロテスタントから土地を購入したり、相続したり、贈与を受けたり」することができず、土地の賃貸期間も制限されていた。[*19] 18世紀半ばには、アイルランドのカトリック教徒が保有する土地面積は、全国土のわずか７％にまで落ちこんだ。[*20]

プロテスタントの規則は、カトリック教徒であるアイルランド人家庭の親子の絆を断ち切ることを特に重視していたと、研究者アレンは指摘している。最も非道なペナルローは、プロテスタントの大家が女性の入居者に対して行使した性的財産権にほかならない。カトリック教徒であるアイルランド家族をこのように徹底的に否定することが、19世紀初頭になってもまだ、家主の特権として賃貸契約に規定された事例があった、とアレンは証言している。[*21]

…………………………

＊14　同書 p. 59.
＊15　Maire and Conor Cruise O'Brien, 前掲書 , p. 61.
＊16　Theodore W. Allen, 前掲書 , p. 82.
＊17　Noel Ignatiev, *How the Irish Became White*, p. 35.
＊18　Maire and Conor Cruise O'Brien, 前掲書 , p. 78.
＊19　同書 p. 77.
＊20　Noel Ignatiev, 前掲書 , p. 35.

1798年、プロテスタント教徒のウルフ・トーンが率いた蜂起が失敗に終わったことで、英国のさらなる抑圧へとつながり、英国議会はアイルランドに対して完全な覇権を主張することとなった。プロテスタント教徒が蜂起を指揮したということに重大な意味があった。このアイルランドの反乱は、プロテスタント教徒に対するものではなく、アイルランド国内に居ることがほとんどない、英国在住の支配者階級に向けられたものであることを示したからだ。その100年後も闘争は続いた。アイルランド国民土地連盟の創設者であるプロテスタント民族主義指導者、チャールズ・スチュワート・パーネルは、カトリック教徒とプロテスタント教徒に対して、それぞれの信条にかかわらず、不当な家主には団結して対抗するよう呼びかけた。[*22]

一方、新興のカトリック中産階級の多くは、英国の思惑通り入植者側に加わっていた。英国は1798年の蜂起を残酷なまでに粉砕した後、最終的には、1829年までにペナルローの大部分を廃止し、1869年にはアイルランド国教会を解体するという戦略をとった。アイルランドの中産階級が英国による社会的な支配構造に組み込まれていくなかで、英国の政策は、人種的抑圧から国家的抑圧へと転換していった。この方針は1793年には定着し、1829年までには法的な後ろ盾を得て、1843年には実務レベルで定義されるに至った。[*23]

合同法

1801年に制定されたイギリス本国とアイルランドの合同法は、アイルランドの最終的なイギリスへの吸収を象徴するもので、「反抗的と言われるアイルランド人と祖国大英帝国との間の忠誠心と連帯感」[*24]を強化することを目的とした同化政策であった。1831年には、この政策を推進する主要機関として、国費による国民学校制度が創設され、教科書では、大英帝国の要は、英国とアイルランドの密接な関係であると強調された。[*25] 一方、学校の外では、アイルランド人は相変わらず疎外され、人種差別が強まっていたため、抵抗が続いていた。

人種差別は、アイルランドの植民地化において極めて重要な役割を果たした。新聞では、アイルランド人は猿のような顔をした怠惰な酒飲みで、人間以下の存在として描かれていた。また、あらゆる点で劣った別の人種だと考えられていた。「イギリス人は正直者だが、アイルランド人は嘘つき。イギリス人は勤勉に働いて豊かになったが、アイルランド人は貧困に甘んじる怠け者。勤勉なイギリス人に対し、無法者のアイルランド人。男らしいプロテスタントに対し、臆病で不道徳なカトリック信者というように常に対照的なかたちで描かれた[*26]」。同様のステレオタイプ的な見方が、オーストラリア、カナダ、ニュージーランドなどの先住民族に対しても展開された。こうした見方を流布することにより、入植者たちは、資源を支配することを正当化することができたのだ。

……………………

*21 Thoeodore W. Allen, 前掲書 , p. 87.

*22 Robert Kee, *The Laurel and the Ivy: The Story of Charles Stewart Parnell and Irish Nationalism*, p. 290.

*23 この間の過程については次を参照のこと。Theodore W. Allen, 前掲書 , p. 92.

*24 John Coolahan, 'The Irish and Others in Irish Nineteenth-century Textbooks' in J. A. Mangan (ed.), *The Imperial Curriculum: Racial Images and Education in the British Colonial Experience*, p. 55.

*25 同書。

*26 Hazel Waters, 'The Great Famine and the Rise of Anti-Irish Racism', *Journal of Race and Class*, p. 98.

ジャガイモの凶作による大飢饉 1845〜52年

アイルランド史上、最大の分岐点とも言われるこの飢饉は、アイルランドの精神に、今日でもはっきりとわかるほどの傷跡を残した。直接的な原因はジャガイモの連作障害で、これは予測できたことだが、アイルランドは、プロテスタント支配者層のニーズを満たすために組織されていたため、英国政府はこの飢饉に対応しようとしなかった。[27]アイルランドは、1830年代までに、イギリス人口のうち200万人の食糧を賄うことで産業革命に貢献していたが、アイルランド国内の開発は後れをとるように仕組まれていた」[28]。イギリス政府は、アイルランドにおいて自由市場経済政策を続けたため、結果的にジャガイモの連作障害が飢饉にまで発展してしまった。[29]飢饉への初期対応が遅れるなか、ようやくアイルランドに救援物資が届いた時には、すでに手遅れだった。すでに減少し始めていたアイルランドの人口は、飢饉やそれに伴う病気の発生、また他国への移住によって、人口の3分の1以上を失うことになった。[30]結果的に同国の人口は、15年間で280万人減少したと推計されている。

北アイルランドの創設

その後の数十年間は、アイルランドにとって激動の時代だった。1921年にアイルランドと英国の間で結ばれた条約により、「アイルランド自由国」は大英帝国の自治領として、カナダ、オーストラリア、ニュージーランド、南アフリカと同じ憲法上の位置づけを得ることになった。英国（the Crown）の代表は、自治領の総督と同じ方法で任命され、アイルランド議会の議員は、憲法と「アイルランド自由国」に忠誠を誓い、「国王ジョージ5世とその相続人および後継者に忠実であること」を誓うことになっていた。「アイルランド自由国」は、英国の公的債務の一部を負担し、一定の防衛施設を英国軍に提供し、戦時には英国のいかなる要求にも応えることとされた。さらにこの条約は、「北アイルランド」に「ダブリン議会」の法域から離脱する権利を与えた。[*31]

これらの規定はいずれも、アイルランドの共和的な願望とはまったく相容れないものだった。

この条約上の取り決めが結局は国を分断し、血なまぐさい内戦をもたらすこととなった。最終的には、英国がこの条約上の取り決めを守ることができなくなった結果、アイルランド北部と「アイルランド自由国」との間に人工的な境界線が設けられ、多くのカトリック教徒が、ロンドンが支配するプロテスタント国家の中に永久に閉じこめられることになってしまったのだ。[*32]

今日のアイルランドの分裂は、国民の民主的な願いが否定されたとき、その国にいったい何が起こる

……………………

*27　Tim Pat Coogan, *The Troubles: Ireland's Ordeal 1966-1996 and the search for Peace*, p. 10.

*28　Hazel Waters, 前掲書 , p. 98.

*29　Maire and Conor Cruise O'Brien, 前掲書 , p. 105.

*30　１８４１年の人口は約８２０万人だったが、１８４２年から１８５０年にかけて１００万人以上が死亡した。また１８４７年から55年の間に１８０万人以上が移住し、１８４７年から１８５１年にかけては６万５千世帯が家主から立ち退きを命じられた。以下を参照のこと。Cecil Woodham-Smith, *The Great Hunger*, p. 26, および Christine Kinealy, *This Great Calamity: The Irish Famine 1845-1852*, pp. 168, 298, 218.

*31　Tim Pat Coogan, *The I.R.A.*, pp. 27-28.

*32　北アイルランドの創設の詳細については、次を参照のこと。Anthony Carry, *Was Ireland Conquered? International Law and the Irish Question*, pp. 135–66.

のかを示す生きたモデルである。もしアイルランド条約の条件が尊重されていたなら、「北アイルランド」が創設されることはなかっただろう。国際法の教授であるアンソニー・カーティは、この条約の中で非常に重要な条項は、「境界線をできるだけ住民の希望に沿うかたちにすること」[*33]だったと主張している。しかし、人々の願いは無視されてしまった。[*34]国際平和賞受賞者でウェストベルファストのコミュニティワーカーでもあるデス・ウィルソンは、「北アイルランド」は、アイルランド人の自治への欲求に応えて創設されたものではないと述べている。

アイルランドでは、いかなる政治的信条を持つ人も、「北アイルランド」の創設を歓迎していなかったし、望んでもいなかった。「北アイルランド」の創設は、苦境に立たされた英国本土の内閣が、アイルランドに対して課した便宜的な政策だった。大英帝国政府は、アイルランド北東部に、英国に対して変わらぬ忠誠を誓う親英政権を樹立することにより、アイルランドにおける自らの利権を先に確保した上で、南部に別の政権の樹立を許したのである。この南部の政権は、英国の利益を脅かすつもりも、そのような力もないものだった。そのため、英国がアイルランド内の独立区内に保有していた戦略的港湾はもはや不要となり、1938年、大英帝国政府はこれらの港湾から撤退した。[*35]

続く差別

アイルランド北部のカトリック教徒に対する差別は、1960年代初頭の公民権運動へとつながった。1920年代に全人口の3分の1、1980年代には全人口のほぼ半分を占めるようになったカトリック教徒だが、法律と偏見によってほぼすべての責任ある立場から排除されていた。[*36]1960年代までには、住宅供給、雇用、投票、政治的職位が密接に結びつくようになっていた。プロテスタントに有利なように選挙区を定期的に変更するゲリマンダリングによって、カトリック教徒が3分の2の票を持っていても決して選出されることはなかった。地方自治体では、約22万のカトリック票が政治的に無意味なものにされてしまった。[*37]

結局、アイルランドの大都市デリーが火種となって、この問題は表面化することとなった。1960年代初頭、カトリック教徒の数はプロテスタント教徒の2倍以上に達していたが、プロテスタントは、ゲリマンダリングによって、12対8議席で選挙に勝った。プロテスタントが住宅の割り当てを担当し、自分たちに有利になるよう、カトリック教徒には住宅を与えなかった。このパターンは、雇用などの他の分野でも同じだった。[*38] しかし、当然そうした行動はすべてプロテスタントに仇となって返ってきた。1969年、暴動を鎮圧するため、英国軍が送りこまれ、そこから現代の北アイルランド問題が始まったのだ。[*39] そしてその後の30年間にわたる紛争で、4千人近くが命を落とすことになったのである。

……………………

＊33　同書 , p. 136.
＊34　同書 , p. 135.
＊35　Desmond Wilson, *Democracy Denied*, pp. 18–19.
＊36　同書 , p. 31.
＊37　Tim Pat Coogan, *The Troubles*, p. 37.
＊38　同書 , p. 38.
＊39　同書 , p. 38.

経済問題

アイルランド問題は常に、表面的には宗教問題として語られるが、実際には経済問題である。カトリック教徒とプロテスタント教徒の多くは、この闘争における互いの共通点をかなり前から認識していた。デス・ウィルソンによれば、英国の戦略は常に、カトリックの中産階級とプロテスタントの中産階級の間に生じる利益的な癒着を防ぐことだったという。プロテスタントの中には、「自分たちが迫害されているから英国本土政府に反抗するのではなく、商業、工業、社会の首根っこをつかんで利益をむさぼるロンドン〔英国本土の支配者階級〕の存在さえなければ、自分たちはもっと豊かになれるはずだ」と考えて英国に反抗する者もいたからだ。[*40]

英国議会は、カトリック教徒に対する差別が続いていることに干渉しないようにしていた。実際、1922年には英国下院の議長決裁で、北アイルランド問題を提起することが禁じられるまでに至った。[*41] 1960年代になっても、北アイルランドに関して議論された時間は、年間合計で2時間にも満たなかった。

メディアが英国民に向けて報道する際の自発的あるいは強制的な検閲は今も続いているため、英国の世論形成は著しい制約を受けている。印刷媒体やBBCテレビでは、少数の勇敢なジャーナリストの努力にもかかわらず、多くの記事や番組が、現在進行中の問題だという理由で、日の目を見ることができない。政府は、警察国家によるテロ、拷問、違法殺害を棚に上げたまま、英国軍に好意的な報道を行なうよう絶えず圧力をかけているため、英国の世論は、アイルランド共和国軍の見解を敵視するよう仕向けられている。ティム・パット・クーガン〔アイルランドのコラムニスト〕は、このメディア政策を次のように要約している。

民族主義的な立場への支持を喚起するような素材の放映を許すことには消極的であり……治安部隊〔英国軍〕を悪者に仕立て上げるような情報や、IRA〔アイルランド共和軍〕がコミュニティからある程度支持されていることや、人間的な顔を持っていることを伝えるようないかなる報道を許すことにも消極的である。*42

こうした検閲措置は1988年10月19日にピークに達し、英国内務大臣は、シン・フェイン、共和主義シン・フェイン党、およびアルスター防衛同盟の代表者が直接発言することを禁止すると発表した。*43

歴史学者のフィリップ・ファーガソンは、将来に対して悲観的な見方をしている。「北アイルランドはすでに英国国家に組みこまれており、英国がこれを手放す可能性は低い。英国の支配者階級がアイルランドのこの部分に固執するのは、この地域から完全に撤退することは、英国国家そのものの崩壊を意味するからだ」*44。最近、スコットランド議会が創設されたが、これは明らかに英国国家の解体の兆候である。ファーガソンの言う通りかもしれないが、今日では双方が軍事的解決はあり得ないとはっきり認識している。限界はあるものの、北部の有権者の71％、そしてアイルランド共和国の94％が、現在の和

*40 Desmond Wilson, 前掲書 , p. 25.
*41 Tim Pat Coogan, *The Troubles*, p. 25.
*42 Tim Pat Coogan, *The I.R.A.*, p. 363.
*43 同書 , p. 371.
*44 Philip Ferguson, 'Ireland: The End of National Liberation' in *New Zealand Monthly Review*, No. 353, 1996.

平プロセスを支持している。[*45] これだけの支持があるということから、関係性が新たな転換点を迎え、夜明けが訪れることに対する期待感を垣間見ることができる。

カナダ、ブリティッシュコロンビア州——否認から認識へ

1997年、私は、カナダのブリティッシュコロンビア州のビクトリアで開催された「A Gathering of Nations〔ネーションズ集会〕」という先住民族に関する教育会議で、基調講演とゲストワークショップリーダーを務めた。この会議には、「ヨーロッパの入植者の視点」から見たニュージーランドの条約に関連する話を紹介し、歴史を癒すことにおけるヨーロッパ人の責任という概念について話し合うために招待された。そこには、ブリティッシュコロンビア州の各地から、学校長、学校教師、先住民族研究の講師、先住民族との関係に関する教育に携わるさまざまな人たちが集まっていた。なかにはカヌーや水上機を使って遠隔地から訪れた人もいた。

私はそこで行なわれたあるワークショップのことをよく覚えている。驚いたことに、参加者から出された質問や問題が、ニュージーランドの条約ワークショップの冒頭で参加者から提示される典型的な質問と酷似していたのだ。それは、先住民族による抗議行動、土地に対する権利の主張、言語、文化、条約、入植者のアイデンティティ、出身国とのつながりの欠如などに集中していた。発言者本人も含め、ヨーロッパ系カナダ人の多くが、自分たちの歴史やカナダの植民地化の歴史についてほとんど知らないと吐露する人もいれば、実際、よく知っている人たちもいた。私は、参加者たちのさまざまな知識と、ブリティッシュコロンビアとニュージーランドの植民地時代の歴史に関する私自身の情報を活用して、両国の類似点と相違点を浮き彫りにした。私にとっては、ニュージーランドの条約ワークショップモデ

ルを紹介すると同時に、ブリティッシュコロンビアの歴史について学ぶための良い機会となった。

ヨーロッパと接触する前の先住民族の生活

紀元前９０００年以上前に、ブリティッシュコロンビアとして知られるカナダの一部に辿り着いた人々がいた。時が経つにつれ、言語、歴史認識、文化、精神性、時の洗礼を受けて生きのびた法の数々、精巧な資源管理体制、関係性や地理的条件の変化によって40以上の種族に分かれていった。これらの種族は８つの語族に分類され、その方言の数は数百にのぼる。これは、当時ヨーロッパで使われていたとされる方言の数を上回るものである。[*46]

最新の推定によれば、ヨーロッパ人と接触する前のブリティッシュコロンビアの先住民族の人口は30万人から40万人であったとされる。[*47] ヨーロッパ人との接触は、この人口に壊滅的な影響を与え、１００年間で80％も減少した。[*48] 人類学者のウィルソン・ダフは、先住民族の人口は１９２９年に２万２千６０５人にまで落ちこみ、[*49]「他に例を見ない最も恐るべき災難は、１８６２年の天然痘の流行で、先住民族

……………………

＊45　Fintan O'Toole, 'Are the Troubles Over?' in *The New York Review*, 5October 2000, p. 12.

＊46　Cheryl Coull, *A Traveller's Guide to Aboriginal B.C.*, p. 1.

＊47　Frank Cassidy, 'Aboriginal Land Claims in British Columbia', in Ken Coates (ed.), *Aboriginal Land Claims in Canada: A Regional Perspective*, p. 11. 現在、カナダの全先住民族の40％以上がブリティッシュコロンビア州内に居住している。ニュージーランドと同様のパターンで、先住民族の人口は減少していった。

＊48　Olive Patricia Dickason, *Canada's First Nations: A History of Founding Peoples from Earliest Times*, p. 206.

＊49　Wilson Duff, *The Indian History of British Columbia, Vol. 1: The Impact of the White Man*, p. 45.

約１００万人で、そのうち17万25人がブリティッシュコロンビア州に住んでいる。[*51] 先住民族の人口はの約３分の１が死亡した」と述べている。[*50] カナダの総人口は約３２００万人である。

ヨーロッパとの接触の初期段階

スペイン人とイギリス人がカナダに辿り着いたとき、彼らが目にしたものは「誰でも手に入れることができる荒野であって、（先住民族の）複雑な社会は目に入らなかった」。[*52] ヨーロッパ人は一般的に先住民族を野蛮人と見なし、彼らの主権や財産権さえも否定した。[*53]

まもなく植民地主義のお決まりのパターンが始まった。貿易商、入植者、猟師、冒険家たちは、ファーストネーション〔カナダに住む先住民族のうち、イヌイットもしくはメティ以外の民族〕の故郷であるカナダに流れこんできた。宣教師たちは、大英帝国の価値観や固定観念がそこら中に散りばめられたキリスト教の教義を携え、「先住民族」に教えを説き、増え続けるヨーロッパ人入植者たちのニーズに応えるためにやってきた。

入植者と先住民族の関係はどちらかと言えば平和的で、新たに訪れた入植者と先住民族との間には、新しいアイデアや技術の交換、貿易のチャンスなど、ある程度の相互利益が生じていた。しかし、入植者や宣教師たちは、「母国」が介入することによって自分たちの利益がさらに確実なものになるのではないかと考え始めた。当時、ヨーロッパからもたらされた病気が先住民族社会の機能に急速に影響し始めるなか、彼らは本国に対し、「先住民族」のための法と秩序、安定した統治機構と医療支援を求めたのだった。

1763年の王室布告

1763年の英国の王室布告により、先住民族と入植者の間の協力と共生という大義名分のもと、つかの間の基盤が築かれた。

この布告は、フランスが、カナダやその他の領土を英国に割譲したことを確認し、先住民族の主権と土地に対する権利を肯定しつつも制限することで、損失の大きいインディアンとの戦争を避けようとするものだった。[*54] 同布告では次のように述べられている。

「我々」がつながりを持ち、我々の「保護」の下に居住している「インディアン」の「民族」または「部族」が、我々の「属領」および「領土」のうち、我々が割譲または購入したのではなく、彼らまたは彼らのいずれかの者に「狩猟地」として留保している部分の「保有」において、妨害や干渉を受けないことが、我々の「利益」および我々の「植民地」の「安全」にとって、公正かつ合理

……………………

＊50　同書, p. 42.
＊51　Statistics Canada, *2001 Census: Analysis Series, Aboriginal Peoples of Canada: A Demographic Profile*.
＊52　Cheryl Coull, 前掲書, p. 1.
＊53　Olive Patricia Dickason, 前掲書, p. 13.
＊54　同書, p. 233.　1763年の英国王室布告は、アッパーカナダ〔現在のカナダのオンタリオ州に存在していたイギリスの植民地〕にのみ適用された。1841年に制定された連合法では、アッパーカナダはカナダ西部となり、ロワーカナダ〔現在のカナダのケベック州に存在していたイギリスの植民地〕はカナダ東部となった。カナダ自治領は1867年に創設された。

的であり、不可欠である。[*55]

西部の広大な土地は、王室からの特別な許可がない限り、ヨーロッパの入植者は立ち入り禁止とされ、「インディアン・カントリー」として留保されていた。この布告により、これらの土地は先住民族に属し、英国（the Crown）に割譲されていないことが認められ、英国が権利を主張する前から存在する土地に対する権利は先住民族にあることが確認された。また、入植地において、インディアンが売却を希望する土地を取得できるのは英国（the Crown）だけだということが明記された。[*56] このような政策のもと、北米における植民地化が始まった。[*57]

この布告は、「我々の『王室の意志と希望（Royal Will and Pleasure）』」に基づき、「我々のさらなる『希望』が明らかとなるまでの間」ということで取り決められたものだった。しかしこの布告は、何百年、何千年にもわたってインディアンが占有してきた土地に対するインディアンの「利益」に対する認識はある程度見受けられるものの、かなりの曖昧さと王室による父権主義的な施しの精神に満ちていた。その後の1世紀にわたる先住民族の権利問題への対処と同布告の再解釈は、この曖昧さと施しの精神によって方向づけられることとなったのだ。[*58] この布告の発布後10年の間に、大きな政策転換があった。その政策の重点は、インディアンの忠誠と相互保護を確保するという方針から、インディアンをヨーロッパ文化に積極的に同化させ、ヨーロッパ人の入植者の増加に備えて彼らを立ち退かせるという方向へとシフトした。この新たな方向性が、その後１００年間におよぶ入植者政府の政策を決定づけることとなった。

ブリティッシュコロンビアにおける植民地政策

ブリティッシュコロンビアの最初の2名の総督の政策によって、ヨーロッパ人入植者に対しては道が開かれる一方で、先住民族の権利は蔑ろにされ始めた。ダグラス総督は、1850年から1854年にかけて、バンクーバー島の南岸と東岸の比較的小さな土地をめぐって、特定のインディアン・グループと14本の条約を締結した。[*59]「ダグラス条約」として知られるこれらの条約は、先住民族の権利を認めつつも、それらの権利の消滅を巧みに狙ったものだった。[*60]そのなかで、ニュージーランドの先例を手本とした条約があった。この条約に署名したセイリッシュ族とクワクワケイワク族には、村の敷地と区画済みの囲われた畑を保持する権利、占有者のいない土地で狩りをする権利、そして「従来通りの漁業」を行なう権利が付与された。それ以外の先祖伝来の土地は、「永遠に白人に」譲り渡されることとなった。[*61]

……………………

＊55　Shin Imai, *The 1997 Annotated Indian Act*, p. 322.

＊56　Hamar Foster, 'Canada: Indian Administration from the Royal Proclamation of 1763 to Constitutionally Entrenched Aboriginal Rights' in Paul Havemann (ed.), *Indigenous People's Rights in Australia, Canada and New Zealand*, p. 355.

＊57　Caren Wickliffe, *Report on Indigenous Claims and the Process of Negotiation and Settlement in Countries with Jurisdictions and Populations Similar to New Zealand's*, report for the Office of the Parliamentary Commissioner for the Environment, p. 32.

＊58　Hamar Foster, 前掲書 , p. 355.

＊59　Robin Fisher, 'With or Without Treaty: Indian Land Claims in Western Canada' in William Renwick (ed.), *Sovereignty and Indigenous Rights: The Treaty of Waitangi in International Contexts*, p. 54.

＊60　同書。

＊61　Hamar Foster, 前掲書 , p. 360.

このダグラスの政策により、先住民族は「カナダの他の人々よりも少ない権利、少ない土地、少ない保護」に甘んじることを余儀なくされたのだった。[*62]

ダグラスの後を引き継いだトラッチ副総督はさらに攻撃的だった。彼はインディアンを人間ではなく獣と見なし、[*63]植民地社会に未来はなく、ヨーロッパ人入植者に道を譲るべきだと信じていた。[*64]トラッチは先住民族の権利を否定し、これまでにブリティッシュコロンビアのインディアンが土地を所有したという事実は一切ないとあからさまに主張した。彼は、「前総督ダグラスによる、土地をめぐるインディアンとの取引記録を改ざんし、インディアンの特別保留地を削減する政策を導入した。またインディアンは、土地に対する先買権という選択肢をも失うこととなった」。[*65]トラッチの政策は間違っており、卑劣かつ違法であったが、彼の影響は長く続き、ブリティッシュコロンビア州でこれ以降、条約が締結されることはなかった。[*66]1871年に同州が連邦に加盟すると、同州は先住民族の権利を無視し、条約締結への要求を回避するための政策を打ち出した。[*67]

カナダ連邦政府の影響

ブリティッシュコロンビアが1871年にカナダ連邦に加盟すると、連邦政府は既存の法律をこの地域にも拡大した。1860年代は弾圧、人種隔離、積極的な同化政策の時代だったが、1867年の英領北アメリカ法は、植民地連合（連邦政府、州、領地から成るカナダ連邦国家）を設立し、その政府に「インディアンとインディアンのために留保された土地に対する管轄権」を割り当てた。1869年に制定された「インディアン漸進的参政権付与法（The Act of Gradual Enfranchisement of Indians）」と「インディアン問題管理改善法（Better Management of Indian Affairs）」は、ほとんどのインディアン部族に参政権付与のための登録（基本的にはカナダの市民権）を要求したが、連邦政府に投票する権利は、インディアンとしての地位を放棄することに同意した人々にのみ与えられた。当然、多くのインディアンがこの登録に抵抗し、公民権を奪われることとなった。この法律は、インディアンをあたかも責任能力のない後見人が必要な人であるかのように扱うことで、保留地に居住するインディアン（バンドと総称される）を支配する権限を政府に与えるものだった。*68

１８７６年、連邦政府は、インディアンに影響をおよぼす既存の法律を統合するため、初めての包括的なインディアン法を制定した。この法律により、政府が任命したインディアン問題事務局長には、ますます広範な裁量権が与えられることとなった。こうした権限を使って、その後の数十年間にわたり、インディアン文化を抑圧し、インディアンが競争力のある取引を行なうことを妨げ、インディアンによる金銭の使用をコントロールし、インディアン居留地を侵食していった。１９１１年には、「インディアン部族の同意なしに都市部近くの居留地を撤去する」ことを許す規定が同法に追加された。おそらく

*62 Paul Tennant, *Aboriginal Peoples and Politics: The Indian Land Question in British Columbia 1849–1989*, p. 37.

*63 同書 , p. 39.

*64 Robin Fisher, 前掲書 , p. 55.

*65 同書 , pp. 55–56.

*66 James S. Frideres, *Native Peoples in Canada: Contemporary Conflicts*, p. 53.

*67 Frank Cassidy, 前掲書 , p. 13.

*68 初期の参政権付与問題に関する詳しい議論については、次を参照のこと。Olive Patricia Dickason, 前掲書 ,pp. 251–72.

最も悪名高き事例は、ブリティッシュコロンビア州の貴重な居留地から、1万9千ヘクタール以上を強制的に「撤去」したものだった。[*69]

厳しさを増す圧政

このような法律が先住民族に与えた影響は甚大だった。その結果、生活の基盤となっていた土地を大量に失い、富、資源、伝統的な生活様式も徐々に侵食されていった。また先住民族の文化や精神性は衰退し、社会的・政治的仕組みが加速度的に崩壊していった。こうした状況が積み重なって、種族としての健康や幸福が脅かされ、第二世界的な生活環境が多くのインディアン居留地で展開されることになった。

さらに1927年にはインディアン法が改正され、先住民族（ファーストネーション）が「土地に対する訴えを行なうために資金調達を行なったり、弁護士を雇ったりすること」が違法とされた。[*70] このため、1951年にインディアン法が再び改正されるまでは、事実上、先住民族が訴訟を起こしたり、裁判所に救済を求めたりすることができなかった。また、その間、議会からも締め出され、有意義な政治的活動が阻害された。ブリティッシュコロンビアの先住民族に投票権が与えられたのは1951年になってからのことである。

こうして先住民族たちが投票権と法的措置をとる権利を取り戻すと、現場では先住民族たち自身がイニシアチブを取り始め、法廷では土地に対する権利と自治権の回復を追求するようになった。[*71] ブリティッシュコロンビア州のニスガ族は、1880年代に開始した土地の権利を求める運動を再開するために、1955年に部族評議会を設立した最初のグループである。その結果は、「1973年の原告カルダー対被告ブリティッシュコロンビア州司法長官」の判例となって結実した。その中で最高裁判所は、

「先住民族の所有権という概念は、そのような所有権が政府によって認識されていたかどうかにかかわらず、カナダの法律の一部である」と宣言した。[*72] １９７０年代半ば、連邦政府は土地の所有権を求める訴えを認める政策を提示し、１９８２年には憲法法（Constitution Act）を可決し、先住民族、条約、土地に関する訴えを裁決する権利を保証した。[*73] このようにしてようやく前進し始めたのだ。

１９９１年には、「ブリティッシュコロンビア・クレイム・タスクフォース〔ブリティッシュコロンビア訴訟特別委員会〕」と「トリーティ・クレイム・プロセス〔条約訴訟手続き〕」が創設された。それ以来、ブリティッシュコロンビア州政府は、先住民族の固有の自治権を認めている。自治権には、自分たちの問題を管理すること、自分たちの管轄区内で権限を行使すること、税金を管理すること、交渉に決着がついた分野において法律を制定すること、土地や天然資源を管理すること、同州政府以外の政府と交渉することなどが含まれる。こうした権限には、健康、教育、福祉プログラムが含まれる場合もある。[*74] １９９７年には、

……………………

＊69　Hamar Foster, 前掲書 , p. 364.

＊70　Caren Wickcliffe, 前掲書 , p. 33.

＊71　Hamar Foster, 前掲書 , p. 366.

＊72　同書 , p. 367.

＊73　Paul Havemann (ed.), *Indigenous Peoples' Rights in Australia, Canada and New Zealand*, p. 45. この政策はカルダーの主張を認め、「法律に取って代わられたり、条約によって消滅したりしない先住民の権利に基づく主張は、承認および補償を行なうために考慮し得る」とした。

＊74　この情報は、先住民省（ブリティッシュコロンビア州）発行の *Treaty Negotiations in British Columbia* のウェブサイトから取得した情報を要約したものである。

ブリティッシュコロンビア控訴裁判所の「原告デルガムクフ対被告ブリティッシュコロンビア州」の判決では、先住民族の所有権に対する請求権は、決して消滅していないことが明確に認められた。[*75]

しかし、時はすでに遅く、甚大な被害が広まっていた。

- 2006年、居留地で暮らす6歳未満の先住民族の子どもの貧困率は、49％であった。2007年のブリティッシュコロンビア州の子どもの貧困率は、カナダ国内で最も高かった。
- 子どもの貧困は家族の貧困でもある。貧しい子ども（7万9千人）の大半は両親のいる家庭で暮らしている。[*76]
- ブリティッシュコロンビア州の先住民族人口は全人口のわずか4％であるが、全囚人数の20％を占めている。先住民族の囚人が仮釈放を受ける確率は、先住民族ではない犯罪者よりも低い。[*77]
- 2010年にブリティッシュコロンビア州の児童擁護団体が確認した乳児死亡数のうち、先住民族の乳児死亡数が71％を占めていた。[*78]
- インディアンは、先住民族ではないカナダ人よりも劣悪な社会的・経済的状況に置かれている。カナダのほとんどの居留地の社会的・経済的状況は厳しい状態にある。[*79]

さらに、居留地に住むインディアンは、その社会的地位にかかわらず、45％の人が、読み書きができない。[*80]

これらの統計は、故郷とあらゆる権利を剥奪され、国家のコントロール下に置かれた人々に関するものであり、憂慮すべき事態である。土地の権利に関する訴えが決着したことで利益が得られる可能性は出てきたものの、実はまだ何も解決していない（第11章参照）。カナダの先住民族の生存を確保するには、さらに多くの課題を解決しなければならない。

オーストラリア——テラ・ヌリウス〔無主地〕にかこつけた略奪、そして「歴史健忘症」から「気づき」へ

１９９４年、私はクライストチャーチのンガーイ・タフ部族の代表団の一員としてシドニーで開催されたマボ会議に出席した[*81]。この会議はニュージーランドとオーストラリアの合同集会で、オーストラリア史上初めてアボリジニの所有権の存在を認めた画期的なマボ判決の意味を考えるために計画されたものだ。２日間にわたる緊迫した議論のなかで、先住民族の所有権と鉱業問題に関するさまざまな意見が的確に表明された。しかし、会議の後の公式晩餐会で、私はこれとは大きく異なる態度に遭遇した。オーストラリアの鉱山会社のオーナーたちと同席したのだが、彼らのアボリジニに対する発言は、ここには書くことができないほどひどいものだった。鉱山業者とアボリジニの人々の間の利益をめぐる長年

＊75　*Delgamuukw v. British Columbia*, Court of Appeal File, 1997, website.

＊76　'2009 Child Poverty Report Card – BC Campaign', First Call: BC Child and Youth Advocacy Coalition: www.firstcallbc.org.

＊77　'Behind Bars in Canada', Prison Justice Day Committee, Vancouver, 2005/2006

＊78　Rabble.ca, 31 January 2011.

＊79　*Aboriginal Poverty Law Manual*, pp. 3–4, website.

＊80　Glen Coulthard, *Colonization, Indian Policy, Suicide, and Aboriginal Peoples*, p. 2, website.

＊81　Native Title and the Trans Tasman Experience Conference (Mabo) Papers, Sydney, 24–25 February 1994.

の衝突は、かつてないほど悲惨なものになっていた。しかし、こうした長年の対立は、オーストラリアの植民地化の歴史が招いた必然の結果である。

テラ・ヌリウス宣言による征服

１７８８年に採択されたテラ・ヌリウス（無主地＝所有者の定まっていない土地）というフィクションは、オーストラリアは誰のものでもないという考え方に基づいたものだ。それはいわば「白地」だった。ヨーロッパの列強国は、政治的組織と認識可能な権威システムを持たない国であれば、合法的に自分たちのものにすることができると考えていた。[*82] １７８８年2月7日にシドニー湾にファーストフリート（最初の植民船団）の一員として囚人と看守が到着したとき、英国の役人は英国旗を掲げ、ニューサウスウェールズの主権と2百万平方キロメートル以上におよぶ領土の所有権を宣言した。[*83] この主権宣言は、入植が進むにつれてオーストラリアの他の地域にも拡大していった。

植民地の開拓が進むにつれ、囚人は安価な労働力の重要な供給源となった。軽犯罪で有罪判決を受けたイギリス人、アイルランド人、スコットランド人の貧困層の多くが、労働力としてオーストラリアに送致された。イギリスの貧困層は、陸軍や海軍に入隊し、輸送や進駐の役割を担うため、囚人に同行した。将来の問題の種、すなわちイギリスで必要とされていない余剰人員を他国へ強制的に送致したのは、母国内の反乱を回避するためであった。

フロンティア紛争で殺害された2万人のアボリジニ

入植者の増加に伴い、土地の需要は急増し、入植者には、先住民族であるアボリジニの合意なしに土地が与えられた。[*84] 数百の部族に分かれて暮らしていた50万人近くのアボリジニが、1600世代以上にわたって4万年前から占有してきた土地の所有権を失ったのだ。[*85] オーストラリアの歴史学者、ヘンリー・レイノルズは、一定の根拠を示し、2万人のアボリジニがフロンティア紛争で殺害され、土地を奪われたと推測している。[*86] 抵抗する者は内陸部に追いやられて銃殺された。これに対し、オーストラリアの侵略と入植に際して、アボリジニに殺害された入植者は約2500人であった。[*87]

入植者たちは、アボリジニには土地の所有権がなく、土地を柵で囲って耕すというヨーロッパ的な農法を採用していないから農民ではないという理由で、アボリジニの土地の没収を正当化した。この基準によれば、アボリジニたちは土地を生産的に利用していないと判断された。英国では、もちろん大部分の土地が無人でフェンスも施されていないが、そうした状況でも「完全に誰かの所有地であるか、所有権が定まっていない土地」という理由で所有が正当化されていた。「英国における荒れ地の所有権は、最高級の農地の所有権と同じくらい確固たるものだった。耕作の義務はなかった」。[*88] 実際、アボリジニは財産権を認識していたし、高度な土地利用システムを運用していた。[*89] しかし、ヨーロッパ人と接触し

＊82　Henry Reynolds, *The Law of the Land*, p. 12.
＊83　同書, p. 7.
＊84　Richard H. Bartlett, *The Mabo Decision*, p. V.
＊85　Henry Reynolds 前掲書, p. 8.
＊86　Henry Reynolds, *Frontier: Reports from the Edge of White Settlement*, p. 53.
＊87　Henry Reynolds, *Why Weren't We Told? A Personal Search for the Truth About our History*, p. 113.
＊88　Henry Reynolds, *The Law of the Land*, p. 19.

てからは、次第に土地を失い、社会から閉め出され、あらゆる分野で絶えず疎外されるようになっていった。

疎外される生存者たち

植民地の社会、経済、政治体制の進展に伴い、多数派の価値観が社会のあらゆる側面に浸透し始めた。教育制度は、アボリジニの人々を「白人社会」オーストラリアに同化させるだけでなく、アボリジニに対する「白人」たちの見方を一定方向に固定するためにも利用された。

19世紀末のほとんどの教科書や社会では、アボリジニはヨーロッパの人々に比べて、知的にも社会的にもはるかに劣った人種だとされていた。唯一の争点は、同情すべきか、軽蔑すべきかという点だった。イデオロギーレベルにおいて、アボリジニをこのように描写することで、英国によるオーストラリア大陸の占領を正当化することができた。[*90]

「白人社会」オーストラリアでは、植民地時代の歴史から都合の悪い部分が削除され、美化されていった。そのなかで、植民地化がアボリジニの人々に与えた壊滅的な影響は忘れ去られていった。

1800年代のオーストラリアの歴史的記録において、アボリジニは重要な位置を占めていた。しかし、1900年から1960年代の記録では、「アボリジニはオーストラリアの歴史から事実上抹殺された」[*91]とレイノルドは指摘している。アボリジニの人々は「人民」とは見なされず、1967年まで市民権さえ与えられなかった。

ジェノサイド（大量虐殺）

入植から約123年後の1911年、オーストラリアのアボリジニの人口は3万1千人[*92]にまで減少し、土地の収奪、病気、社会的秩序の破壊など、あらゆる事象が彼らに大きな被害をもたらした。しかし、意図的なジェノサイドが行なわれていたことも、次第に明らかになりつつある。ある時期、一部の州ではアボリジニの絶滅を非公式に容認していたし、すべての州において、アボリジニ文化を壊滅することが目標とされていた。[*93] 当時の政治家たちの言葉がすべてを物語っている。それは、「繁殖をコントロールすることでアボリジニを根絶やしにする」、「子どもたちの血を漂白する」、アボリジニの人々を「文明化」し、「キリスト教に改宗させる」といったものだ。

シドニーのマッコーリー大学にある比較ジェノサイド研究センターの歴史学者、コリン・タッツ博士は、歴史学者はジェノサイドという言葉の使用を避ける傾向にあるとコメントしている。その代わり、

……………………

*89　同書, p. 13.

*90　Stewart Firth and Robert Darlington, 'Racial Stereotypes in the Australian Curriculum: The Case Study of New South Wales' in J. A. Mangan (ed.), *The Imperial Curriculum: Racial Images and Education in the British Colonial Experience*, pp. 82–83.

*91　Henry Reynolds, *Why Weren't We Told?*, p. 94.

*92　Colin Tatz, *Genocide in Australia*, AIATSIS Research Discussion Paper, No. 8, p. 10, website.

*93　オーストラリアにおけるジェノサイドについて、特にクイーンズランド州に焦点を当てた有益な議論として、次を参照のこと：Alison Palmer, *Colonial Genocide*.

アボリジニの歴史について執筆する際には、「鎮圧、殺害、浄化、排除、撲滅、飢餓、毒殺、射殺、斬首、不妊化、追放、除去」などの言葉が使われる。[*94]

タッツは、1948年国連総会でジェノサイドの定義について、次のように主張している。

オーストラリアは、少なくとも3つ、あるいは4つのジェノサイドという罪を犯している。1つ目は、基本的に私的なジェノサイドである。19世紀に入植者と乱暴な警察官が行なった物理的な殺害で、この間、国家は、植民地当局というかたちで（ほとんどの場合）黙認していた。2つ目は、20世紀に国が公式に実施した政策であり、アボリジニの子どもたちを、「アボリジニであることをやめる」と明確に意思表示しているグループに強制的に移動させる慣習。3つ目は、いわゆる「あいのこ」とされたアボリジニを、生物学的に根絶しようとする20世紀の試みである。4つ目は、オーストラリアがアボリジニを保護するために行なった行為が、実際にはアボリジニに深刻な身体的・精神的被害を与えていたという「プライマ・フェイシー」ケース（相手方が反証できなければ勝訴となる状態にある事件）である。……〔例えば〕アボリジニの女性に対して本人の同意なしに避妊手術を行なうといったことが行なわれていた。[*95]

「拘留中のアボリジニの死に関する王立委員会」の責任者である勅選弁護士ハル・ウットゥンは、マボ会議の基調講演で代表団に対し、1800年頃の平均的なアボリジニは、平均的なヨーロッパ人とおそらく同じくらい裕福な生活を送っていたと考えられると述べている。実際、アボリジニの人々は、東ヨーロッパの人々の10人中9人よりも快適な生活を送っていたという。[*96] 200年後、アボリジニの人々は、植民地化によって社会が破壊されたことによる当然の帰結として、ヨーロッパ社会の周縁で下層階級として暮らしている。

以下に、現代におよんだその帰結の一部を紹介する。

・アボリジニの人々が初めて市民として認められたのは１９７１年になってからのことである。
・２００６年には、51万７千１７４人がアボリジニおよび／またはトレス海峡諸島民と認定され、人口の２・５％を占めた。32％が主要都市に、10％は遠隔地に、16％はかなりの僻地に住んでいる。
・２００４～２００５年現在、アボリジニは非アボリジニに比べて、感染症の罹患率が大幅に高い。A型肝炎（11・７倍）、B型肝炎（５・４倍）、サルモネラ症（４・３倍）、クラミジア感染症（７・９倍）、結核（１・６倍）、髄膜炎菌感染症（７・８倍）などである。
・アボリジニの人々の寿命は母集団に比べ17年短く、近年では他国の先住民族に大きく遅れをとっている。
・教育は改善されているものの、アボリジニの人々の収入は、非アボリジニの人々よりも62％少ない。

＊94　Colin Tatz, 前掲書 , p. 2.
＊95　同書 , p. 6.
＊96　Hal Wootten, *Eddie Mabo's Case and its Implications for Australia*, (Mabo) Papers. p. 2.

・2008年、アボリジニの人々が投獄される確率は、他のオーストラリア人の13倍（西オーストラリアでは20倍）だった。少年に関して言えばさらに厳しい状況で、ヨーロッパ人では1千人あたり3人であったのに対し、アボリジニでは1千人あたり44人であった。*97

未来に向けて

今日、「知らない」という理由では、もはや何も正当化することはできない。最近起こった2つの出来事は、オーストラリアの白人たちに、歴史的事実を突きつけた。1つ目は1992年の歴史的なマボ判決である。*98 2つ目は1997年の報告書「盗まれた世代」で、そこには、200年間に2万人から10万人のアボリジニの子どもたちが、親から強制的に引き離されていたことが描写されている。*99 これらの出来事が示す歴史を理解し、癒すという課題を無視することは、4万年の文明をほぼ破壊してしまった惨状をさらに悪化させ、その悪事に加担することと同じである。

結論

植民地化が世界各地の先住民族に与えた影響を軽視することはできない。先住民族たちは、ヨーロッパから持ちこまれたさまざまな病気に対して抵抗力がなかった。18世紀後半には英国が、19世紀初頭には米国陸軍が、アメリカの先住民族に対して天然痘を生物兵器として使用した。*100 ある推定値によれば、「ジェノサイドと呼ばれるさまざまな政策を通じて」過去500年間に死亡したネイティブアメリカンの数は7千万人に上ると言われている。*101 最悪の場合、先住民族を組織的に絶滅させてしまった植民地もある。

植民地化が進み、土地と権限の喪失が常態化するなかで、先住民族の社会、経済、政治システムは解体されていった。歴史学者のリンダ・トゥヒワイ・スミスは次のように結論づけている。

> ひとたび最初の侵略が成し遂げられると、先住民族との約束をすべて反故にした。先住民族の存在、土地、領土、自決権、言語や文化的知識の継承、天然資源、先住民族独自の文化的環境において生活するための仕組みなど、あらゆるものに対する先住民族の権利の正当性を否定する政策が実施された。*102

植民地化が今日の先住民族にもたらした影響は、社会統計上明らかである。多くの国において、彼らの健康状態は悪く、短命で、雇用率や学歴が低いという状態が続いている。先住民族の服役率や貧困率やホームレスになる確率は、そうでない国民よりも高い。

それでも多くの先住民族文化が植民地化の嵐をくぐり抜け、今なお息づいている。しかし、先住民族の社会的、経済的、政治的システムが被ったダメージにより、そうした文化の近代的な発展が妨げられてしまったことに変わりはない。21世紀を迎えた今でも、歴史的かつ現代的な不正に対して絶え間ない

………………………

＊97　‘A Statistical Overview of Aboriginal and Torres Strait Islander Peoples in Australia’, Australian Bureau of Statistics, 2008.

＊98　マボ判決については第11章で議論する。

＊99　Peter Read, *A Rape of the Soul So Profound* provides an insight into this tragedy.

＊100　M. Annette Jaimes, *The State of Native America: Genocide, Colonization and Resistance*, p. 7.

＊101　人口統計の説明については、次を参照のこと：Oren Lyons et al. (eds), Exiled in the Land of the Free, p. 48.

＊102　Linda Tuhiwai Smith, *Decolonizing Methodologies: Research and Indigenous Peoples*, p. 1.

闘いを続ける先住民族の人々は、先住民族との約束である条約を遵守すること、先住民族のコモンロー上の権利を認めること、自己決定権を支持することを政府に要求している。

これらの正当な要求に応える必要がある。そうしなければ、フィジー、ソロモン諸島、ブーゲンビル島、マーシャル諸島、テ・アオ・マオイ（フランス領ポリネシア）、ベラウ（パラオ）、東ティモール、西パプア（イリアンジャヤ）、ロンゲラップ、ハワイなどで最近勃発している暴力的な事態を招くことになる。*103

いかなる国にとっても、恒久的に疎外された集団を抱えることがプラスになることは決してない。究極的には、植民地時代の歴史の不正を正すために、多数派に属する人々が、先住民族と連帯して行動することが期待される。

今後の課題は、「先住民族の権利に関する国連宣言」を実行に移すことである。46箇条におよぶ先見性のあるこの宣言は、次のように述べている。「先住民族の政治的、経済的および社会的構造並びにその文化、精神的伝統、歴史および哲学に由来する先住民族の固有の権利、特にその土地、領土および資源に対する権利を尊重し、促進することが緊急に必要であることを認識し……すべての民族をしてその政治的地位を自由に決定し、経済的、社会的および文化的発展を自由に追求することを可能ならしめる自決の権利の基本的重要性を確認する」。*104

……………………

*103 Zohl de Ishtar (ed.) Pacific Women Speak Out for Independence and Denuclearisation.

*104 「先住民族の権利に関する国連宣言」は２００７年9月13日の国連総会で採択され、ニュージーランドは２０１０年4月19日にこれに署名した。

第３章　宣教師による征服――キリスト教と植民地化

ロバート・コンセダイン

１９９２年、インディアン居留地　バーント・チャーチ

目が覚めると、外はまだ暗く、静かだった。しかし、やがてこの小屋のどこからか、物音が聞こえてきた。「ロバート、朝よ、起きて」。友人であり同僚でもあるフランシス・ハンコックの優しい声だ。夜明けを迎え、創造の恵みに感謝する「日の出」の儀式が始まるという。私は起き上がって急いで身なりを整え、外へ出た。

ワンパノアグ族のキーセッドゥタナムークは、小屋の裏にあるテントの近くで火をくべていた。まもなく彼の妻と、私たちのホストであり、ミクマク族の一員であるミーグマハンもこれに加わった。キーセッドゥタナムークは儀式を始めるにあたり、火の中でスイートグラスを燃やした。その後、私たちの存在を余すところなく癒す方法として、立ち上る煙に身体を浸した。美しい詠唱が波のように押し寄せ、さっきくべた火が私たちの冷たい手足を温めてくれている間に、周囲の木立から太陽が顔を覗かせた。

正午までにはその儀式もすっかり終わり、太陽が真上にのぼる頃、私たちは軽食をとった。そして日が沈むと、また眠りに就いた。

私がバーント・チャーチ居留地とも呼ばれるエスゲンオーポットゥイーディッシュを訪ねたのは秋のことだった。そこはカナダのセントローレンス湾の端にあるニューブランズウィック州に位置し、ワバナキ連邦の5部族のうちのひとつであるミクマク族の先祖伝来の土地だった。かつて1992年の北米を巡る視察旅行中にも、この場所に招かれたことがあった。当時の私の目的は、ファーストネーション〔カナダに住む先住民族のうち、イヌイットもしくはメティ以外の民族〕やアフリカ系アメリカ人と交流し、彼らの歴史、条約、植民地化、ジェノサイド〔大量虐殺〕と生き残りについて、また人種差別や人間の歴史について話し合うことだった。

私は、ミーグマハン、キーセッドゥタナムーク、そしてエスゲンオーポットゥイーディッシュに住む彼らの家族やコミュニティを訪ね、さらに国境を越えてアメリカのパッサマクオーディとペノブスコットの居留地も訪ねた。

ワバナキ族の人々と過ごしたことで、私は単純にもうひとつのあり方というものを知ることができた。彼らは、地球の自然なリズムと密接に結びついた生き方をしており、あらゆるプロセスに常に創造主の存在を認めていた。私のホストは、土地やそこに住むすべての生き物と、季節や1日の時間の流れとの間に横たわる生き生きとした関係について教えてくれた。子どもの名前に鳥や動物の名前をつけることもあるし、家の周辺に特定の動物が現れると、特別な意味があるという。例えば、クマは知恵に満ちた存在で、クマが来るということは何か目的があると考えられていた。特定の時間に鷲が頭上に現れることにも大きな意味があった。鷲の羽は、ワバナキの人々にとって神聖なものだからだ。

エスゲンオーポットゥイーディッシュでふと気づくと、西欧社会は創造のサイクルに従って生きていないため、常に自然と対立することになるのだと考える人々に囲まれていた。そこからあらゆる問題が生じるのだという。キーセッドゥタナムークは、ワバナキの人々の歴史的闘争について語ってくれた。現在、カナダと米国の領土とされている特定の土地や地域は、かつてワバナキの人々が長年にわたって占有してきた土地であり、後に両国が略奪したものだ。両国の国境は、アメリカ独立戦争末期の１７６３年に結ばれたパリ条約によって設けられたものだった。この条約は、当時も今も国境上の土地に住むワバナキ族連合政府の参加や承認なしに、締結されたのだった。

現在、ワバナキ族が直面している問題のひとつは、１７９４年に英国と米国の間で締結された「友好条約」をカナダ政府が守らないということだ。通称「ジェイ条約」として知られるこの条約で特に重要なのは、国境の両側に住むインディアンに、両国の領土や国土を内陸航行によって自由に行き来する権利を保証している点である。米国は、カナダのインディアンが生活や労働を目的として、ビザや許可証なしに米国に自由に入国する権利を認めているが、カナダ政府は米国で生まれたインディアンに対して同様の権利を認めていない。[*1]

寄宿学校での暴力行為

キーセッドゥタナムークと過ごすなかで、私に最も大きな影響を与えたのは、植民地化においてキリ

…………

＊1　Lee Cohen, *Miingignoti-Keteaoag Legal Issues*, website. For a copy of the Jay Treaty and case law, see Shin Imai, The 1997 *Annotated Indian Act*, pp. 318–20.

スト教が果たした役割に関する話だった。私がカトリック教徒であるということを知ったホストファミリーは、代々語り継がれてきたあらゆる物語を話し始めた。それは、神父や修道女が生活を支配するカトリック系の寄宿学校で起こった出来事であり、彼らが受けた扱いに対する恨みに満ちた物語だった。それらは、容赦のない殴打を受けたこと、自分たちの文化が否定されたこと、家族がばらばらにされたこと、生活様式が破壊されたことなどであった。これらの残酷な出来事が、まるで昨日の出来事のように語られ、ホストファミリーの顔には明らかな苦悩が浮かび上がっていた。それを見て、私は彼らの話は本当だと悟った。

このような暴力行為を行なっていたのは、カトリック教会だけではない。カナダ政府は1880年代になってからも、ローマカトリック教会、英国国教会、長老派教会、合同教会が運営する連邦加盟（1867年）前の寄宿学校モデルを、全面的に採用していた。北米の他の地域でも、インディアンの子どもたちは親から強制的に引き離され、メソジスト、英国国教会、長老派教会の寄宿学校に入れられた。1920年までには、7歳から15歳までの先住民族の子どもたちはすべて寄宿学校に入ることが義務づけられた。

その目的は、すべての原住民をヨーロッパ文化に同化させ、言語や精神性を含む「異教徒的な生活様式」を排除することだった。そのためには、病気、転居、あからさまな殺人により、先住民族の文化を破壊するという方法がとられた。殴打、性的虐待、レイプ、拷問は当たり前だった。1907年、ピーター・ブライス博士は、先住民族の子どもたちがヨーロッパからもたらされた結核などの病気に意図的に感染させられ、平均死亡率は40％に達していたと報告している。こうした学校は「死の収容所」と呼ばれ、最大5万人の生徒たちが命を失ったとされている。*2

こうした学校制度の目的は、インディアンの子どもたちを魂の救いとなるキリスト教に改宗させ、文化的アイデンティティを剝奪し、家族の絆を断ち切り、「疑似白人」に仕立て上げること、すなわちインディアンの子どもたちを「造り替える」ことだった。[*3] あるサスカチュワン州の歴史家に言わせれば、このシステムは「先住民族にとって悪夢」であった。[*4]

寄宿学校制度は、計り知れないほどの苦しみと永続的な被害をもたらした。連邦政府が出資していた139校の閉鎖は、1970年代に開始された。最後の学校は1996年まで運営されていた。1991年7月、オンタリオ州のアルゴマ・カレッジで開かれた英国国教会系寄宿学校の同窓会で、自らも元宣教師であり、ガーデンリバー居留地のオジブワ族の首長、ダレル・ボワソノーは、寄宿学校は文化的ジェノサイドというひとつの実験だったと述べている。彼は、インディアンたちが歴史的被害を克服するためには、癒しのプロセスが必要だと強く主張した。「そのプロセスの一環として、自らの生活と幸福をコントロールする必要があった。すなわち、そうした自己実現を行なうためには、先住民族教育をコントロールする力を、先住民族の手に取り戻す必要があった」[*5]と述べている。

1999年、カナダ政府は、予備的な対話を経て、文化的に適切な、包摂的かつ安全な場において、

……………………

＊2　'Hidden From History – The Canadian Holocaust', www.hiddenfromHistory.org.
＊3　J. R. Miller, *Shingwauk's Vision: A History of Native Residential Schools*. これらの情報は同書の第14章に記述されており、その章では寄宿学校制度について冷静な評価がなされている。
＊4　同書, p. 438.
＊5　同書, p. 9.

元寄宿学校生の体験とその影響、そしてその帰結を認めるための「真実和解委員会」を設立した。[*6] 2008年には、カナダの首相が、元インディアン寄宿学校生全員に対して正式に謝罪した。[*7]

カトリック教会と植民地化

カトリック教会の権力乱用に関する話は枚挙にいとまがない。1967年、私はローマで開催された100カ国以上の一般信者が参加する会議に出席した。教皇パウロ6世は、教会の教えに対する助言を人々から得るために、この国際会議を招集したのだが、避妊の問題に関しては、人々の声を完全に無視した。数年後、私はキリスト教、特にカトリック教会の役割を研究しながら、この時のことを思い出した。そして自らが発掘した情報によって800年前に連れ戻された感覚に陥り、さらに驚かされた。

13世紀のカトリック教会は、福音伝道という使命のほかに、先住民族の植民地化と財産権の収奪において極めて重要な役割を果たしていた。いわば世俗的な意味での世界的な権威主体だった。1243年から54年に在位した教皇イノセント4世は、当時としては比較的穏健な立場をとっていた。[*8] 彼は、すべての人間には基本的人権があり、そのなかには、一定の財産権と支配者を選択する権利が含まれていると主張した。しかし、こうした権利は、教会の使命のために副次的に与えられるべきであるとされた。彼は、世俗社会の正当性は認めたものの、それはキリスト教社会に対して優先されるべきものではなかった。自分には、イエス・キリストの代理人として、すべてのキリスト教徒だけではなく、信者ではないすべての人に対しても権威があると強く主張した。このため、彼は他国の問題にも介入することができると考えたが、それはあくまで間接的なかたちでという意味だった。

この教皇の見解は大いに物議を醸した。より伝統的な立場で彼に反対する人々は、伝道の最終責任者である教会には、議論の余地のない絶対的な権威があり、教皇には非キリスト教社会の問題に直接介入する権利があると主張した。カノン主義者のホスティエンシスはこの考えをさらに推し進め、教皇は、キリスト教宣教師を支持する軍事行動を正式に許可することができると主張した。このような考え方が、植民地支配をイデオロギーの側面から正当化し、その後のヨーロッパの拡大を支持することになった。

カトリック教会は、自分たちはどの国においても「先住民族」を保護する役目を担っていると信じていたにもかかわらず、伝道目的が植民地化目的の下位に位置づけられるようになった。ローマ教皇の方針は実利的であった。カトリック教会は、「先住民族」をキリスト教に改宗させる権利を得る代わりに、新たな領土に侵攻する欧州列強国を支持したのだ。15世紀には、教皇エウゲニウス４世（１４３１～47）が、カナリア諸島で伝道し、その地を文明化する権限をポルトガル人に与えた。その後継者であるローマ教皇ニコラウス５世（１４４７～55）は、アフリカ諸国に侵攻し、先住民族から財産を取り上げ、奴隷にすることをポルトガル人の手にゆだねた。また、１４９３年には、教皇アレクサンデル６世が、「インテル・カエテラ」として知られる教皇勅書を公布し、スペインによるアメリカ侵略を承認し、

＊６　'Truth and Reconciliation Commission – Canada', www.trc.ca.

＊７　Stephen Harper, *The Canadian Press*.

＊８　私は、Michael Stogre S. J. 神父の影響力のある著書 *That the World May Believe: The Development of Papal Social Thought on Aboriginal Rights* に非常に助けられた。上記に紹介した要約と解釈は、完全に私の個人的な見解によるものだ。これらの問題に関連する著書として次の二冊がある。*Slavery and the Catholic Church: The History of Catholic Teaching Concerning the Moral Legitimacy of the Institution of Slavery* by John Francis Maxwell および *Popes, Lawyers and Infidels* by James Muldoon.

サラセン人〔イスラム教徒〕、異教徒、その他の不信心者、そしてどこにいようとキリストに敵対する者であれば、その王国、公国、郡、領土およびその他財産を自由に侵略し、探し出し、捕獲し、征服すること……そしてその人たちを奴隷にすることを完全に許可した。[*9]

この勅書は、当時の植民地化勢力、特にスペインとポルトガルの行動を正当化する上で非常に有効であった。

先住民族を改宗する権利と引き換えに、植民地の侵略を支援するというローマ教皇の方針に異を唱える者がなかったわけではない。最も恐るべき有名な強敵は、バルトロメ・デ・ラス・カサス神父（1474〜1566）で、先住民族を含むすべての人々の権利を熱心に主張した。彼もまた先住民族征服の一翼を担ってはいたものの、彼自身はあまり暴力的ではないやり方を望んでいた。[*10]しかし、先住民族の尊厳を守ろうとする彼の主張は最終的には否定され、疎外されてしまった。[*11]

先住民族の権利に関する教皇の社会教説の最高峰に位置するものとして、1537年に教皇パウロ3世（在位：1534〜49）が書き残した「サブリミスデウス」と呼ばれる重要文書がある。この中で彼は、すべての人間には教義を受ける権利と能力が具わっていると断言している。アボリジニも人間であり、カトリックの教義を理解し、それを受け入れることを望んでいると主張した。彼は、政治的主権の問題については沈黙を守り、スペインが統治することの正当性を問うことはなかった。[*12]その後、アボリジニの宗教は、曖昧で役に立たないものであり、キリスト教への改宗の重大な妨げとはならないとして、無視された。依然として、植民地化を推進する者たちと教会の利益が最優先だったのだ。やがて同教皇は、スペインの貪欲な征服者からアメリカのインディアンたちを守るために利用できたかもしれない教会の制裁措置を破棄してしまった。これは、教会の布教活動と、王室からの後ろ盾を得るシステムを維持しようとする圧力との間の緊張関係を反映した動きだった。

その後400年にわたって、教会の宣教師と入植者は手を取り合って、新たな土地を征服し、帝国を拡大していった。大多数の宣教師たち（カトリックとキリスト教の他の宗派の宣教師たち）は、伝道は文明化と同義であるという、文化に縛られた神学を信奉していた。宣教師と植民地管理者は、ヨーロッパの文化や宗教を世界中に広めようとしていた。J・M・ブラウトが指摘するように、「宣教師は布教活動を行なう地域の人々に対して、大きな愛と尊敬の念を抱いていたかもしれないが、非キリスト教徒たちの文化と精神が、ヨーロッパのキリスト教徒の文化や精神に匹敵するものだとは考えていなかったようだ」[*13]。イエズス会の歴史家、ポール・プルーチャは、「当然のことながら、宣教師たちはどこへ行ってもキリスト教のために信仰の自由を求めて懸命に闘ったが、この信仰の自由に先住民族の宗教は含まれていなかった」と指摘している[*14]。

＊9　John Francis Maxwell, 同書 , p. 56.

＊10　George E. Tinker, *Missionary Conquest: The Gospel and Native Cultural Genocide*, p. 19.

＊11　Bartolomé de Las Casas, *In Defense of Indians*. これは、当時としては非常に珍しい文書であった。〔邦訳書に『インディアスの破壊についての簡潔な報告』（岩波文庫）などがある。〕

＊12　Michael Stogre, 前掲書 , pp. 82–84.

＊13　J. M. Blaut, *The Colonizer's Model of the World: Geographical Diffusionism and Eurocentric History*, p. 24.

＊14　Francis Paul Prucha, *The Great Father: The United States Government and the American Indians*, p. 519.

文化的ジェノサイド

オーセージ族でもあり、チェロキー族でもある、異文化への布教活動に詳しい准教授、ジョージ・ティンカーは『Missionary Conquest〔伝道活動による占領〕』という著書の中で、アメリカのインディアン社会で布教活動を行なっていたいかなる宗派のキリスト教宣教師たちも、文化的ジェノサイドの協力者だったと述べている。彼は文化的ジェノサイドを「ある民族を規定し、その生命の源となっている文化的完全性や価値体系を、組織的に破壊、侵食、弱体化することにより、ひとつの民族を効果的に壊滅させること」だと定義している。[*15] 彼は、キリスト教の宣教師たちが善意からであったことは確かだが、「インディアンの文化と部族の社会構造を破壊し、教えを説いた人々に悲惨な貧困と死をもたらすことに加担した」と主張している。[*16] ティンカーは、インディアン部族の多くは、イエス・キリストの福音によって解放されることはなかったと結論づけている。[*17] キリスト教宣教師に遭遇し、その影響を受けた他の地域の先住民族に関しても同じことが言えるかもしれない。

アメリカ、カナダ、ニュージーランド、オーストラリアなどのキリスト教宣教師たちは、先住民族の伝統宗教を禁止する法律の制定を積極的に支持した。米国では、宣教師たちがその影響力を駆使して、1890年に先住民族のさまざまな儀式を非合法化する法律の制定を促進し、「プレーンズのサンダンスとホピのスネークダンスを行なうことは、とりわけ罰せられるべき犯罪である」とした。[*18]

カナダの宣教師たちは、ポトラッチの儀式〔裕福な家族や部族の指導者が家に客を迎えて舞踊や歌唱を伴う祝宴でもてなし、富を再分配することを目的とした習慣〕を、インディアンがキリスト教に改宗する際の最大の障害と見なしていた。またこの儀式に不可欠な贈与の習慣は、西洋の経済的慣行や私有財産の理想を脅かすものだと見なされた。[*19] ポトラッチは、沿岸部のインディアン社会の特徴だった。これらの集会では、政治的地位が決定され、部族の決定が行なわれ、富が分配され、伝統的な儀式やダンスが行なわれた。これはごちそうを食べながら執り行なう集まりであり、人目につくほど困窮している人を招くことがこの饗宴の重要な要件であった。１８８４年、カナダ議会はインディアン法を改正し、ポトラッチを違法とし、違反者には6カ月の禁固刑を科した。この法律は後にさらに改正され、キリスト教の集まりを除くすべてのインディアンの集まりをポトラッチと認定することを可能にした。この法改正においても、ポトラッチに参加した人たちには、逮捕や禁固刑が科せられた。[*20] カナダ議会がインディアンの伝統的な宗教の実践を禁止する法律を撤回したのは、１９５１年になってからのことである。

ニュージーランドでは、１９０７年に「トフンガ抑制法」が制定され、マオリの伝統的なヒーリングと宗教が違法とされた。[*21] この法律は、マオリの政治家が立案・推進し、論争があるなかで可決されたものである。20世紀初頭には、西洋から持ちこまれた新たな病気を伝統的な手法で治すことができないことを憂慮するマオリも現れ始めたため、一部のマオリはこの法律を支持していた。この法律は次に掲げ

……………………

*15 George E. Tinker, 前掲書 , p. 6.
*16 同書 , p. 4.
*17 同書 , p. 5.
*18 同書 , p. 7.
*19 Paul Tennant, *Aboriginal Peoples and Politics: The Indian Land Question in British Columbia 1849–1989*, p. 7.
*20 同書 , pp. 51-52.
*21 Raeburn Lange, *May the People Live: A History of Maori Health Development 1900–1920*, pp. 242–62.

る者たちに狙いを定めたものだった。

「迷信や信じやすい性質につけこんで、自分の周りにマオリを集める者、病気の治療や治癒または将来の出来事の予言において超自然的な力を持っていると公言したり、偽装したりして、マオリを誤解させたり、誤解させようとするすべての者」[*22]

しかし、この法律は不当な目的でも利用された。上記条文の後半部分によって、当局は、マオリの預言者ルア・ケナナを逮捕し、黙らせることに成功した。マオリの千年紀に関する彼の預言には、ニュージーランドからヨーロッパの入植者を追い出すという内容が含まれていたからだ。[*23]またこの法律には、マオリの方法論を非合法化し、癒し、環境、芸術、そして精神世界と世俗的なものとのつながりに関するマオリの知識の正当性を損なう効果もあった。この法律は1962年に廃止された。

オーストラリアに至ってはさらにひどい状況だった。キリスト教会は、2世紀以上にわたって、オーストラリアのアボリジニに対する組織的な抑圧とジェノサイドの先頭に立っていた。1823年には、アボリジニの人々をキリスト教に改宗させ、「衣服、祈り、仕事、産業の習慣を教える」のが政府の方針となった。[*24]この政策は、4万年以上にわたってアボリジニを支えてきた精神性と真っ向から対立するものだった。この法律を施行するにあたり、多くのキリスト教宣教師は、オーストラリア政府の実質的なエージェントとして機能し、広範な権限を積極的に引き受け、アボリジニを蔑視する父権的な精神を助長した。一部の地域では、宣教委員会が唯一の市民当局となり、立法権限を行使し、学校、診療所、寄宿舎、刑務所、農場などの地元の機関を設立・運営した。宣教師の権限は、法を犯した者を告発し、投獄するだけでなく、彼らのカウンセリング、収入の管理、習慣の禁止、大人および子どもに対する唯一の法的後見人としての役割を果たすところにまでおよんだ。[*25] このようにして、地球上の最古の文明のひとつは略奪されたわけだが、オーストラリアのキリスト教会がそのことにおいて果たした自らの役割と向き合い始めたのは、ごく最近になってからのことである。

カトリック思想の新たな方向性

先住民族の権利に関するカトリックの考え方に変化が見え始めたのは、１９５８年に教皇ヨハネ23世が選出されたときだった。ヨハネ23世は、先住民族の政治的主権と自己決定権を支持した。彼の指導のもと、１９６０年代初頭に開催された第二バチカン公会議では、キリスト教史上初めて、信教の自由に対するすべての民族の権利が認められた。これ以降、各人の文化を維持する権利が、カトリック教会によって初めて明確に認められることになった。１９７１年、教皇パウロ６世の在位中に、「世界における正義」と題されたシノド文書はさらに進んで、解放と伝道の関係を明確にし、「正義のために行動し、世界の変革に寄与することが、福音伝道の本質的側面であることは我々にとって明らかである」とした。[*26]

……………………

＊22　Mason Durie, *Whaiora: Maori Health Development*, 2nd ed., p. 44.
＊23　同書 , p. 45.
＊24　Anne Pattel-Gray, *Through Aboriginal Eyes: The Cry from the Wilderness*, p. 79.
＊25　Colin Tatz, *Genocide in Australia*, AIATSIS Research Discussion Paper, No. 8, p. 19, website.
＊26　Synod of Catholic Bishops, *Justice in the World*, p. 6.

私と同世代の多くの人々が正義を求める自国内の闘争に参加するようになったのは、キリスト教におけるこのような将来の方向性を示す考え方に変化が見られたためでもあった。

考え方は進歩したものの、第二バチカン公会議の文書「信教の自由」の中にもまだ、現実に対する歪んだ見方を助長するような主張が見受けられた。例えば同文書において、「何人も信仰を強制されることはない」[*27]と宣言した。このような宣言が、（カトリック）教会の教えであることに以前から変わりはないというのが、長年人権を否定してきたカトリック教会の歴史をさらに複雑なものにした。マイケル・ストーグレ神父は「1950年代後半になっても、教皇は依然として宗教的自由に対する権利を否定していた」[*28]と述べている。

第二バチカン公会議後の数十年間で、インカルチュレーション（文化の受肉）の神学が、カトリック教会内の解放神学者や宣教師たちの間で次第に受け入れられるようになっていった。インカルチュレーションとは、キリストのメッセージを特定の文化の枠組みの中で理解するプロセスである。インカルチュレーションの目的は、人間と宇宙の生命を守り、植民地化の過程で否定されたもの（例えば、インディアン、アフリカの奴隷、女性、身体、自然など）の中にも精神が宿るということを認めることである。興味深いことに、こうしたアプローチに関する議論は、植民地化の初期段階からあった。神学者であり社会学者でもあるリチャード・パブロは、「多くの宣教師、また先住民族の一部の思想家たちは、植民地化に対抗する考え方として、インカルチュレーションを提唱し、それによって、特に絶滅の危機に瀕している先住民族の生命と自然の生命を保護し得ると考えていた」と論じている。[*29]

1978年に選出された教皇ヨハネ・パウロ2世が、歴史上はじめて先住民族の独自性を認識したのは画期的なことだった。同教皇は、1988年の世界平和デーのメッセージで、先住民族から土地を奪うことは、彼らの滅亡を促進し、最終的には彼らを絶滅させることであり、「民族虐殺に等しい」と述べた。[*30] しかし、多くの先住民族にとって、この声明はあまりにも短く、あまりにも遅すぎた。カトリックの教えとバチカンの実際の行動とのギャップが、カトリック教会に対する信頼に大きな影響を与えた。教皇ヨハネ・パウロ２世は、キリスト教が先住民族に与えた被害を不誠実なかたちで認める一方で、宣教師たちは先住民族に、「あなた方の生活様式における精神的・文化的な宝を愛することと、それらに感謝を捧げること」を教えたのだと同時に主張することによって、教会に対する信頼を失墜させた。[*31] このような主張は、教会が、先住民族の文化や宗教を積極的に破壊し、棄損する役割を担ってきたことをまったく認めていないということを意味し、先住民族にとって、屈辱的な発言以外の何物でもない。

今日、ラテンアメリカのいたるところで、多くのカトリック信者が、多大な個人的犠牲を払いながら、人類の解放を求めて先住民族と共に闘っている。１９８１年にサンサルバドル教区の大司教オスカル・ロメロが暗殺された事件は、貧しい人々に寄り添う多くの教会指導者の運命を象徴していた。１９８９

＊27　Michael Stogre, 前掲書 , p. 152.

＊28　同書。

＊29　Richard Pablo, 'Inculturation Defends Human, Cosmic Life'. *National Catholic Reporter*, 19December 1997, website. カトリック教会とインカルチュレーションについては、Ivan Illich による次の優れた考察を参照のこと。*The Church: Change and Development* and an inspiring vision in Vincent J. Donovan, Christianity *Rediscovered. An Epistle from the Mesai.*

＊30　Michael Stogre, 前掲書 , p. 254.

＊31　同書 , p. 211.

年、エルサルバドルで、6人のイエズス会の司祭、そしてその娘と家政婦が殺害された。そのイエズス会の司祭たちはUCAエルサルバドル〔イエズス会が運営するセントロアメリカナ・ホセ・シメオン・カーニャス大学〕の教員で、数十年におよぶエルサルバドルの内戦を解決する取り組みにおいて主導的な役割を果たしていた。彼らは頻繁に、貧しい人々に対する人権侵害に反対の声を上げていたのだ。1995年の国連真実和解委員会は、アメリカ陸軍米州学校の卒業生19人を、このイエズス会員殺害事件と関連づけた。[*32] このように、個々のカトリック教徒の間ではキリストの教えを実践する信仰心に満ちた行動が見られるにもかかわらず、公式のカトリック教会は、南米諸国における組織的利益に固執し、依然として圧政者側としっかり歩調を合わせている。バチカンは、正義のために闘って死んでいったカトリック教徒に対する決定的な侮辱行為として、6名のラテンアメリカ出身の枢機卿をトップの座に据えた。彼らのバックグラウンドは、右翼軍事政権との密接な個人的支援関係であり、「解放の神学〔社会的抑圧や経済的な貧困の視点から考える神学〕」に反対する立場である。[*33]

前進するために

歴史をおおまかに振り返っただけでも、カトリック教会とキリスト教が、概して植民地化のお先棒を担いでいたことがわかる。ヨーロッパ人の優越性を肯定するイデオロギーを提示することにより、多くの先住民族の土地を侵略したことを正当化したのだ。カトリックの宣教師たちは、ローマ教会の支援を受けて、植民地化のプロセスを加速し、それを揺るぎないものにすべく手を貸すと同時に、先住民族の生活様式を根こそぎ破壊するような制度を確立した。また、多くのカトリック宣教師たちは、植民地化を進める政府の代理人となって意欲的に活動した。カトリック教会は、「世界を破壊する植民地主義に対抗するような預言」を行なうこともできたはずだが、実際にはそのことに対して沈黙を貫くどころか、帝国拡大のために自ら進んでパートナーとなる道を選んだのだった。[*34]

カトリック教会は、宣教師たちを聖人に認定し続ける前に、伝道の歴史を再評価すべきである。布教した相手から拒絶されるような人物を、聖人に認定すべきだろうか？　教皇ヨハネ・パウロ2世は現在、北米インディアンの権利と尊厳を守るために献身的に活動したとされるフランシスコ会のフニペロ・セラ修道士を、聖人に認定しようとしている。セラ神父は18世紀にカリフォルニアのネイティブアメリカンの間で活動していた人物だが、当時、宣教師による体罰やむち打ち、また手錠や足枷つきのさらし台の使用は当たり前だった。[*35]カトリック教会では英雄視されているセラだが、政府から給与を支給されていたため、アメリカ先住民族を罰することは、彼らを征服・同化させるためには必要だと信じていた人物でもある。セラがカトリックに改宗させようとしていた人々の子孫は、現在、彼の歴史的な位置づけ

＊32　フロリダ州のフォートベニングにあるアメリカ陸軍米州学校は、暗殺者の学校として広く知られており、米国政府からの資金で運営されている。同校は、軍事司令官に拷問、暗殺部隊、その他の残虐行為を含む訓練を行なっており、ＣＩＡの秘密作戦の主要拠点のひとつとなっている。毎年1万人以上のアメリカ人がこの学校の閉鎖を求めて抗議行動を行なっている。第三世界の司令官の訓練におけるアメリカ陸軍米州学校の役割を十分に分析し、文書化したものとして、Jack Nelson-Pallmeyer による『*School of Assassins*〔暗殺者のための学校〕』がある。

＊33　*National Catholic Reporter*, 2 June 2000, website.

＊34　Vincent J. Donovan, *The Church in the Midst of Creation*, p. 4.

＊35　George E. Tinker, 前掲書 , p. 56.

について異議を唱えており、彼を聖人とすることに強く反対している（ローマ教会は、最終的に、教皇フランシスコが初めてアメリカ合衆国を訪問した２０１５年にセラを聖人として認定した）。

もちろん、見直しを迫られているのはカトリック教会だけではない。キリスト教のすべての宗派は、先住民族の文化を棄損するという役割を自分たちが担っていたということについて、現実的な評価を行なうべきであり、実際多くの宗派がそうし始めている。ニュージーランド、オーストラリア、カナダでは、公式レベルではいくつかの重要な反省声明が出されたが、これらの国のキリスト教徒たちの大半は、自分たちの歴史をほとんど認識しておらず、植民地化と宣教師たちが担った役割にまつわる神話の上に安住し続けている。私たちが過去と向き合い、実際に起こった出来事を認識し、すべての民族を解放するための闘争に再びコミットするためには、まだまだ多くのことを成し遂げていかなければならない。

カトリック教会は、信頼できる謝罪と真の癒しを行なうための前提条件として、犯した罪をすべて正直に告白しなければならない。教会指導者の中には、過去の不正について個人的に謝罪した人もいるが、組織としての謝罪にはほど遠い。最近のバチカン文書である「記憶と和解――教会と過去の種々の過ち」のような中途半端な謝罪ではどうしようもない。[*36] 教会は、この文書において、反ユダヤ主義をキリスト教信者の弱点として非難しているが、教えを説いた組織側の責任は何も追及していない。ユダヤ人がキリストを殺害したという認識に基づく反ユダヤ主義という長年にわたるカトリックの歴史を軽視している。[*37] 歴史学者のラウル・ヒルバーグは、４世紀から15世紀にかけて存在したユダヤ人の権利を侵害する20本の教会法についてまとめている。それらはナチス政権下での一部の法律にも匹敵するような内容であった。[*38] これは、ユダヤ教の指導者であるレオン・クレニッキが「４世紀のコンスタンティヌス時代から現代に至るまで、ユダヤ人に対する迫害に連続性があることを認める」と主張する理由でもある。[*39]

「不実なユダヤ人」（キリストを殺した者）という言葉が、教皇ヨハネ23世によって聖週間の典礼から削除されたのは1959年になってからのことである。1965年の第二バチカン公会議において、キリストの死に対してユダヤ人が責任を負うという考えはようやく正式に否定された。ヨハネ・パウロ2世は、歴史的な関係を癒そうと、個人的に熱心な活動を続けてきた。ナチスによるホロコーストにおいて、教皇ピウス12世が果たした役割に関する論争が続くなか、この歴史に関する詳しい調査は今も続いている。*40

カトリック教会の弱点は、「教えを説く権威」である組織が間違っているはずはない、間違うのは個

……………………

*36　*New York Review*, 25 May 2000, pp. 19–20. 原文は、Joseph Cardinal Ratzinger のウェブサイト「International Theological Association, Vatican」で閲覧可能。

*37　John Dominic Crossan, *Who Killed Jesus?*

*38　Raul Hilberg, *The Destruction of the European Jews*, pp. 10–12.

*39　Rabbi Leon Klenicki, Commentary on *The Holocaust Never to be Forgotten: Reflections on the Holy See's Document We Remember*, p. 29.

*40　John Cornwell, *Hitler's Pope: The Secret History of Pius XII*; Michael Phayer, *The Catholic Church and the Holocaust: 1930–1965*; Maureen Fiedler and Linda Rabben (eds), *Rome Has Spoken: A Guide to Forgotten Papal Statements and How They Have Changed Through the Centuries*; James Carroll, *Constantine's Sword: The Church and the Jews: A History*; Henri de Lubac, *Christian Resistance to Anti-Semitism: Memories from 1940–1944*; David I. Kertzer, *The Popes Against the Jews: The Vatican's Role in the Rise of Modern Anti- Semitism*; Daniel Jonah Goldhagen, *A Moral Reckoning: The Role of the Catholic Church in the Holocaust and its Unfulfilled Duty of Repair*; Susan Zuccotti, *Under His Very Windows: The Vatican and the Holocaust in Italy*.

人だけであるという考え方にある。こうした固定観念は、教会は「知的あるいは道徳的過失によって、本質や核心が侵害されない完璧な社会である」という組織モデルに基づいたものである。「(このモデルは)構造的な罪が組織内で行なわれているにもかかわらず、そのことはありのままに告白されなければならないということを理解できないでいる」[41]。こうした固定観念を理論的に支えるのが、「教義の連続性」というカトリックの原則である。何世紀にもわたって教会が説いてきたいかなる道徳的教義も、絶対に正しくなければならないという原則が、教会指導者の考え方を助長してきた[42]。教会の制度が間違っていたのかもしれないということを少しでも受け入れれば、教会が道徳的に優位であるという主張の根幹を揺るがしかねないからだ。

奴隷制度に関する教義にも同じような傾向が見られる。6世紀以来、カトリック教会は、「奴隷制度という社会的、経済的、法的な制度は、主人の所有権が正当な権利であり、奴隷が物質的にも精神的にも適切にケアされている限り、道徳的にも正当なものである」と説いていた[43]。この教えは、奴隷制度を支持するカトリックの広範な文書や教義の連続性の原則などによって支えられていた。１９６５年の第二バチカン公会議において、ようやくこの教えが初めて「公式に修正された」のだ。

カトリック教会は、このほかの現代的な課題にも向き合わなければならない。20世紀後半の世界的な貧困の拡大は、世界史上例を見ないレベルに達している。このような貧困は、人的資源や物的資源の不足によるものではない。それは、世界の資源のほとんどを、約７５０のグローバル企業の支配下に集中させた植民地化の当然の帰結である[44]。情け容赦のない私的財産の蓄積に基づくグローバルシステムに固執することは、「貧しい人々を優先する選択を行なう」というイエスの福音を公言する教会に、大きな課題を突きつけている。リチャード・パブロは、カトリック教会はインカルチュレーションとグローバリゼーションのどちらかを選択しなければならないと主張する。「教会がインカルチュレーションを選択すれば、必然的にグローバリゼーションに反対することになる」[*45]。グローバリゼーションの論理に従う教会は、疎外されたり、排除されたりしている人に手をさしのべることはできない。標準化され、西洋化され、中央集権的で、同調的で、感覚の麻痺してしまった教会が、疎外されている人々に辿り着くことは決してないだろう。そうした人々に手をさしのべることができるのは、第二バチカン公会議の約束を守る、地元の人々の暮らしの現実に根差した、地元の教会だけである。

パラドックスを抱えて生きる

私は、より公正で、より有機的なつながりを持った世界を、一生涯探し求めてきた。私もまた、何百万人ものカトリック教徒と同じく、人権と社会正義に関する教えを通じて、私自身を含む多くの人々を勇気づけてきた教会というパラドックスを抱えて生きてきた。問題は、教会の権力乱用によって、そうした教えがしばしば曖昧になってしまうことだ[*46]。このような教会のあり方は、私が訪ねたすべての国に

……………………

＊41　Elizabeth A. Johnson E. S. J., ‘Galileo’s Daughters’ in *Commonweal*, 19 November 1999, p. 18.
＊42　John Francis Maxwell, 前掲書 , p. 13.
＊43　同書 , p. 10.
＊44　Michel Chossudovsky は、現在の世界経済システムに関して優れた分析を行なっている：*The Globalisation of Poverty: Impacts of IMF and World Bank Reforms*.
＊45　Richard Pablo, ‘The South Will Judge the North: The Church Between Globalisation and Inculturation’ in Gary MacEoin (ed.), *The Papacy and the People of God*, p. 134.

おいて、イエスの福音に触発されたカトリック教徒たちが、多大な個人的リスクを背負いながら、人類の発展と解放のために尽力していた様子とは著しく矛盾する。

１９９３年、先住民族グループがローマ教皇に「インテル・カエテラ（教皇勅書）」の撤回を求める請願を行なったが、これは失敗に終わった。１９９４年の万国宗教会議では、60人以上の先住民族代表が「ビジョン宣言」を起草した。その内容は、「我々は、ローマカトリックのヒエラルキーに属する人々に、教皇ヨハネ・パウロ2世を説得して、１４９３年5月4日のインテル・カエテラ・ブル（教皇大勅書）を正式に取り消し、我々の基本的人権を回復するよう求める」というものだった。２０００年10月には、先住民族のグループがバチカンの階段で抗議活動を行ない、自分たちの立場を強く主張した。請願書を受けとったバチカンの代表者は、同情的ではあるが、あいまいな態度を示したと伝えられている。[*47]

教皇アレクサンデル6世による「インテル・カエテラ」の公布から５００年以上が経過し、世界の先住民族は、１９９３年に教皇ヨハネ・パウロ2世に提出した請願書に対する回答を今もまだ待ち望んでいる。彼らは「キリスト教帝国とその教義を広めるために、自分たちの国と民族を征服する」ことを呼び掛けた文書の正式な撤回を求めているのだ。[*48] 彼らは、この大昔の教皇文書と、先住民族からの土地の収奪や9千６００万人以上の先住民族の死との間に直接的な因果関係があると考え、「この教皇大勅書は、私たちの宗教、文化、そして私たちの生存に壊滅的な被害を与えてきたし、今も与え続けている」ということの請願書を支持するよう世界中の全司教に呼びかけている。[*49]

こうした状況は、現在のローマ教皇のもとで再び悪化している。教皇ベネディクト16世（本原書の執筆当時の教皇）の考えと先住民族が直面している現実との間には、計り知れないほどのギャップがあるのだ。同教皇は、２００７年にラテンアメリカを訪ねた際、「カトリックは先住民族たちを浄化した」と発言した。[*50] このような知的不誠実さによってこれほどまでに歴史を否定したことには唖然としてしまう。

2005年の時点で、この請願書は、ローマ教皇庁歴史委員会で審査されることになっている。バチカンからは、「インテル・カエテラ」は「もはや法的に有効ではない」と見なされているという発言以外に、何の反応もない。教皇が「インテル・カエテラ」を正式に破棄すれば、先住民族が500年間耐え忍んできた隷属の終結を宣言する象徴的な出来事となり、極めて重要な平和的行為となるだろう。[*51]

しかし、カトリック教会のあらゆる機能を中央集権化し、補助的なものを除いて、すべての役割から在家信者を排除しようとする現在の動きは、第二バチカン公会議が想定した包摂的で創造的な変化にとって、ましてや先住民族との関係を今後良好なものにしていく上で、適切だとは言いがたい。

このように痛ましいことの多い世の中にあって、神学者であり社会心理学およびコミュニケーション

……………………

＊46　ローマカトリック教会のバチカンの権力構造内の腐敗に関する現代的分析としては、ピューリッツァー賞を受賞した作家 Garry Wills による *Papal Sin: Structures of Deceit* が詳しい。この本によれば、どの時代の教皇にも、それぞれ独自の悪徳がつきまとっていたという。中世の教皇制が政治的権力を追い求めたのに対し、ルネッサンスの教皇制は富を貪欲に追い求めた。Wills は、現代の教皇制における構造的な罪の特徴は、知的不誠実さであると主張している。

＊47　*National Catholic Reporter*, 27 October 2000, website.

＊48　*Declaration of Vision: Toward The Next 500 Years*, p. 1, website.

＊49　同書 , p. 1. Valerie Taliman, *Revoke the Inter Cetera Bull*, website も参照のこと。

＊50　'The Black Commentator', David A. Love Alternet, 18 June 2007.

＊51　Tony Castanha, *Address on the Revocation of the Papal Bull 'Inter Caetera'*, website.

論の学者でもあるジョーン・チッティスターの考察は、私たちに勇気を与えてくれる。

虚無感、憂鬱、疑念、疲労感など、我々がどのように感じようとも、我々は神を求めて彷徨っているのだ……全き真実は未だ語られず、福音は、福音を伝える責任を担う人々から未だに拒絶されている。しかし、何をもってしても、このことに気づいた人の行く手を阻むことはできない。それはイエスの時代に何度も実際に起こったことだ。現代においてそのようなことが起こらないとどうして言えるだろうか?　現代もきっとそうなるだろう。*52

＊52　Joan Chittister, *Called to Question: A Spiritual Memoir*, p. 174.

第４章　神話を打ち砕く

ロバート・コンセダイン

１９９０年２月６日、ワイタンギ〔マオリの人々と英国との間で条約が締結された場所の地名で、ニュージーランド北島北部に位置する〕

それはひどく暑い日で、周囲には緊張感が漂っていた。いたるところに配備された警官が、身体検査をしたり、バッグをチェックしたり、プラカードやその他の抗議資料を没収したりしながら、群衆ににらみを利かせていた。この日の戦略の最終確認を行なうため、さまざまなグループが集結し、あたりは早朝から人で溢れかえっていた。マスコミのクルーたちは、ニュースになりそうなシーンを求めて、最終準備に余念がなかった。何らかの衝突が予想されていたからだ。

この日はワイタンギ条約締結１５０周年記念日だった。多くの人々が、英国（the Crown）に同条約の尊重を求めてマオリと連帯して立ち上がるべく、ワイタンギに集まっていた。私は、これもひとつの経験だと、前日は大勢の人々と共に路上で一夜を明かした。

ワカ〔マオリの伝統的カヌー〕や海軍のフリゲート艦、そして帆船が遠くに姿を現し、落ち着きのない群衆が政府関係者たちを待ち構えていた。マオリの抗議者たちは、パケハの支援を受けて、英国（the Crown）との対決に対しても準備ができていた。一行は警官によって条約締結地から排除されていたが、一部の人々はどうにか敷地内に入ることができた。それ以外の人たちは、条約締結地に辿り着くための橋を封鎖した。

ついにクイーン・エリザベス2世と政府関係者がボートで到着した。女王と政府関係者が条約締結地へと向かうなか、誰かが女王に濡れたTシャツを投げつけたため、警察が介入した。非難の怒号のなかで逮捕が行なわれたが、式典は続行され、政府関係者たちが席に着き、スピーチが始まった。

その直後、マオリの抗議者たちが、「条約を守れ」、「ティノ・ランガティラタンガ〔無条件の権限行使〕」、「土地を返せ」と連呼し始めた。その間も要人たちのスピーチは続いた。抗議者集団は、各人が1枚の大きな布を掲げながら2列に並んで立っていた。高く掲げられたその布には、誰もが読めるような大きな字で「条約を尊重しろ」と書かれていた。独創的で、人目を惹く、壮大な抗議活動だった。

スピーチを行なう公式関係者のひとりであるファカフイフィ・ヴェルコー牧師が立ち上がり、英国（the Crown）はマオリの人々を疎外している、と英国を公けに非難した。それは非常に特別な瞬間だった。ワイタンギ・デー〔2月6日、1840年の条約締結を記念する祝日〕の式典に向けて計画されていた抗議者による行動が次々と実行された後、公式関係者のひとりが英国（the Crown）を直接非難したのだ。大勢の群衆が歓声を上げるなか、政府関係者は硬い表情のまま座っていた。

1990年はニュージーランドの歴史にとって重要な年だった。政府は、条約締結150周年を記念して、条約関連のさまざまなプロジェクトに3千万ドルを費やした。1990年のワイタンギ・デーは、多くのパケハにとって、自国に対する歴史認識、特に条約で約束されたことを歴代政府が守ってこなかったことに対する気づきの出発点となる象徴的な日となった。マオリの人々の怒りは、スピーチや抗議行動にはっきりと表れていた。

どのような歴史を経て、このようなことになってしまったのか？　なぜこんなにも抗議が多いのか？　私は悪役を探しても無駄だということを肝に銘じた。何が起こったのかを知ることが重要な手がかりとなるだろう。私が学んだのは、ワイタンギ条約の締結以来、マオリの人々は、世代を超えて自国の植民地化に抗議してきたということだった。抗議行動は、さまざまなかたちで行なわれてきた。ロンドンの女王や王への手紙、代表団を送りこんだこともある。国会への請願、政府の権限や正当性に対する直接的抗議、マオリ戦争〔１８６０～72年にマオリと入植者との間に生じた土地売却をめぐる武力闘争〕における武装抵抗、パリハカ〔北島西部に位置するタラナキ山の麓の村〕での非暴力・不服従の抗議、デモ、ピケ、道路や橋の封鎖、さまざまな宗教的または政治的運動、訴訟、枢密院への訴え、マオリ党の結成、建物や所有地の占拠、言語、教育、司法、健康、ニュースメディアにおいてマオリのシステムも創造的なかたちで開発した（これらはしばしば自発的に始まった）。数え上げれば切りがないほどの抗議行動を続けてきたのだ。そして、メッセージは皆同じ、「条約を尊重しろ」ということだった。

ヨーロッパ人と接触するまで

マオリはヨーロッパ人よりも何百年も前にニュージーランドに辿り着き、この国の最初の住人となった人々だ。物理的な環境に急速に順応し、周りの土地や自然と深く結びついた文化を発展させた。やがて、人と人との交流を通じ、親族関係を土台にした社会へと進化した。彼らは部族の生き残りと発展をかけて、社会システムを構築した。各ハプ〔準部族、親族〕は、高度な口承制度を通じて維持され、独自の慣習を厳格に実践した。各ハプの主権は、慣習に基づく法体系に根差したものであった。司法、土地、健康、教育といった問題への対処方法においては、部族間で大きな共通点が見られる一方、相違点も認められた。このような世界に、最初のヨーロッパ人が到来したのだ。

ヨーロッパ人との接触

1642年12月13日、オランダの探検家アベル・タスマンは、ニュージーランドのサザンアルプスを目撃した。タスマンと船員たちは、これをスターテン・ランツと名づけた後、北に向けて航海を続け、ファウルウィンド岬を通りすぎ、フェアウェル・スピット〔ニュージーランド南島北端のネルソン地区に位置する〕に到着したところで、ヨーロッパ人として初めてニュージーランドのマオリと出会った。しかし、この出会いは、ヘームスケルク号から下ろされた長いボートがマオリのカヌーに突っこまれたことにより、3名の乗組員が死亡し、1名が致命傷を負うという事態へと発展した。この事件は、ヨーロッパで仰々しく報道され、ヨーロッパ中に広まった。マオリは殺人者とされ、ニュージーランドは危険な場所だと見なされた。この印象が、その後、この地を訪れる人々の認識と行動に影響を与えることとなった。

1769年10月6日、ジェームズ・クック船長と共にエンデバー号で航海を続けていた軍医の使用人、ニコラス・ヤングが、トゥランガ・ヌイ〔ポバティ湾〕〔ニュージーランド北島東岸に位置する〕を発見した。エンデバー号は6カ月間、ニュージーランドの海岸線を巡り、次々と港に停泊し、地元の集落を訪ね、マオリの人々を船内に招き入れた。クック船長やジョゼフ・バンクス卿の記録によれば、マオリは「体力があり、活動的で健康的だ……男性は、大きめのヨーロッパ人くらいのがっしりとした体格で、形の良い立派な手足を持った活動的な人々であった」。[*1] 人類学者のアン・サーモンドは、ヨーロッパ人と接触する前のマオリは、17世紀のヨーロッパ人より健康的だった可能性があり、「当時のヨーロッパ人の寿命は、ヨーロッパ人が到来する前のマオリとだいたい同じくらいだったが、総じて病気にかかりやすく、かなり頻繁に栄養失調状態にあった」と指摘している。[*2] 18世紀のマオリの平均寿命は、ヨーロッパの富裕層の平均寿命と同程度で、「スペインやイタリアなどの平均寿命をはるかに超えていた」。[*3]

エンデバー号がニュージーランドに寄港してからは、「クックの詳細な地図」に導かれて、ヨーロッパ船が次々とニュージーランドに到着するようになった。[*4] １７７０年と１７７３年には、クック自身もニュージーランドを再訪している。科学的探査は、フランス、スペイン、ロシア、オーストリア、北アメリカからの来訪者によってさらに90年間続けられた。１７００年代後半から、ニュージーランド沿岸を探索した最も重要なヨーロッパ人グループは、捕鯨船とアザラシ猟船で、マオリと交流し、自由に行き来していた。１８００年頃になると、木材労働者や貿易商と共に長期滞在者も到着し始めた。[*5]

……………………

＊１　Anne Salmond, *Two Worlds: First Meetings between Maori and Europeans 1642–1772*, p. 270.
＊２　同書 , p. 48.
＊３　Ian Pool, *Te Iwi Maori: A New Zealand Population Past, Present and Projected*, p. 237.
＊４　Anne Salmond, 前掲書 , p. 122.
＊５　James Belich, *Making Peoples: A History of the New Zealanders*, pp. 116–21.

当時のマオリとヨーロッパ人の関係は、総じて友好的であり、互恵的なものだった。マオリはまだ、自分たちの生活を自分たちでコントロールし、独自の習慣を維持していた。初期の入植者たちは、マオリの非常に巧みな漁法に驚いた。ある漁場は海岸から77キロメートルも離れたところにあった。[*6] ほかにも、大規模に展開される慣習的漁法や高度な技術の利用、そして商業的意欲を示す証拠もある。[*7] エンデバー号に乗船していた植物学者のジョゼフ・バンクスは、漁業用の網は700~900メートルにもおよぶと記している。また初期の航海者であるL・J・ニコラスは、1814年にさかのぼる記録の中で、「彼らの網はヨーロッパで使用されているものよりもはるかに大きい……村人総出で1つの網を作ることも珍しくなかった」と結論づけている。[*8]

プロテスタント宣教師の到来

次にニュージーランドにやってきた重要なグループは、1814年に、文化的信念とキリスト教的理想主義を携えてイギリスから到来した聖公会とメソジスト派の宣教師たちだった。サミュエル・マースデン牧師がベイ・オブ・アイランドに到着したことで、イギリス人宣教師との正式な接触が始まった。従来の説では、1814年にマースデンがニュージーランドでキリスト教の礼拝を行なった最初の宣教師とされているが、実際は、その45年前の1769年のクリスマスには、すでに最初の礼拝が行なわれている。[*9]

1840年にワイタンギ条約が締結されるまでの間、プロテスタントの宣教師たちは通常の布教活動を行なっていた。教会や学校を建て、マオリ語で説教したり、教えたりしていた。プロテスタントのイギリス人宣教師たちにとって、マオリ語に堪能であるということが、効果的な布教活動を行なう上できわめて重要だった。彼らは1820年頃からマオリ語を記録し始め、1830年代までには、マオリ語版の聖書がコミュニティ内にかなり普及していた。

ニュージーランドに初めて馬や牛、羊や家禽を持ちこんだのは宣教師たちだった。クック船長が持ちこんだジャガイモやその他の野菜は、主にマオリによって栽培され、ニュージーランド全域で入手可能となった。シドニーの商人たちは、亜麻、木材、農産物などの取引をマオリとの間で行なっていた。サミュエル・マースデン（そして彼と同時代の人々）は「商業が産業を促進し、産業が文明をもたらし、文明開化が福音の道に通じると信じていた」[*10]ため、こうした産業を推奨していたと見られる。

プロテスタント宣教師たちがワイタンギ条約の締結を推進したことについては、1840年以前に強引な土地取得が行なわれていたという観点からも考察する必要がある。1841年に土地請求委員会の審理が行なわれるまでは、当初、聖公会の宣教師たちは、マオリから24万ヘクタールを正当なかたちで購入したと主張していた。その後、この請求を8万7千800ヘクタールにまで減らし、同委員会はそ

……………………

＊6　Mason Durie, *Te Mana, Te Kawanatanga: The Politics of Maori Self-Determination*, p. 151.

＊7　同書, p. 151.

＊8　Waitangi Tribunal, Wai 22: Muriwhenua Fishing Report, pp. 42–44.

＊9　Michael King, *God's Farthest Outpost: A History of Catholics in New Zealand*, p. 32. Michael King によると、カトリックのミサは、12月17日にダウトレス湾に停泊したフランスの商船サン・ジョン＝バティスト号に乗船していたフランスドミニコ会の司祭、ポール・アントワヌ・レオナー・ドゥ・ヴィルフェックス神父によって行なわれたという。

＊10　Anne Salmond, *Between Worlds: Early Exchanges Between Maori and Europeans 1773–1815*, p. 407.

のうちの2万7千ヘクタールについて宣教師たちの言い分を認めた。[*11] 別の入植者や土地の投機家たちも数万ヘクタールの権利を主張した。しかし、荒れ地はすでに英国の土地と見なされることになっていたため、同委員会の決定に実質的な効力はなく、マオリの所有者に土地が返還されることはなかった。1840年代には、聖公会のセルウィン司教、ヘンリー・ウィリアムズ牧師、ジョージ・グレイ総督の間で、聖公会宣教師の土地の所有権を巡って激しい論争が行なわれた。ウィリアムズ牧師はマオリへの土地の返還を拒否したため、聖公会宣教協会の職を解任された。[*12] 多くの人々がニュージーランドで経済的に盤石な基盤を築くことができたのは、先祖による疑わしい土地取得のおかげだということに留意する必要がある。

ニュージーランドのある歴史学者は、英国の帝国主義政策の先陣を切ったのは、これらのプロテスタント宣教師たちであったと結論づけている。

宣教師たちが知らず知らずのうちに英国の帝国機関の構成要員として力を発揮するようになったことは、彼らが英国中心のキリスト教的考え方を抱いていたということと大いに関係する。それは、君主制、大英帝国、義務、文明化などの概念がすべて絡み合う混沌とした宗教的策謀であった。[*13]

内戦

1820年、ンガー・プヒ部族の首長、ホンギ・ヒカが、宣教師トーマス・ケンドールのゲストとして英国を訪問し、そこでマスケット銃の小さな武器庫を手に入れた。この時すでに始まっていたハプ（準部族）間の内戦は、ホンギ・ヒカが帰還した後に激化した。弁護士Ｒ・Ｄ・クロスビーの推計によれば、１８１０年から１８４０年の間に5万人から6万人のマオリが殺され、奴隷にされ、移住を余儀なくされたという。[*14] しかし、クロスビーもその研究を頼りにしていた人口統計学者のイアン・プールは、「戦争の有無にかかわらず、『平常時』における当時の30年間の推定死亡者数は10万人であった」と指摘している。[*15] 一方、歴史学者のジェームズ・ベリッチは、当時の平常時の死亡者数を約2万人と推計している。[*16]

いずれにしても、絶え間ない襲撃の犠牲者は結局こうした内戦に耐え切れず、多くのハプ（準部族）はより安全な場所を求めてさまようことになった。この新しいかたちの内戦により、部族同士の団結は困難になった。弱い部族は大きな打撃を受け、その後、自衛のためにワイタンギ条約のような外的仕組みに目を向けざるを得なくなった可能性もある。

タラナキ地区に出自を持つイウィ（部族）であるテ・アティ・アワ部族には、ンガーティ・ムトゥンガ部族とンガーティ・タマ部族という2つの大きなハプ（準部族）があった。１８３５年、この二大ハ

……………………………

＊11　Dom Felice Vaggioli, *History of New Zealand and Its Inhabitants*, p. 111.
＊12　Neil Benfell, 'Martyr to the Cause' in Robert Glen (ed.), *Mission and Moko: The Church Missionary Society in New Zealand 1814–1882*, p. 106.
＊13　Paul Moon, *The Origins of the Treaty of Waitangi*, p. 35.
＊14　R. D. Crosby, *The Musket Wars: A History of Inter-Iwi Conflict 1805–45*, p. 17. これらの推定値は、この期間の人口減少に基づいて算出されたものである。
＊15　Ian Pool, 前掲書 , p. 44.
＊16　James Belich, 前掲書 , p. 157.

プは、モリオリ族が400年以上にわたって居住してきたチャタム諸島の領有権を強く主張し、暴力的で悲惨な事件を引き起こした。モリオリはマオリよりも前にニュージーランドに到着した別の人種で、後にマオリによって追い出されたのだという話は、ニュージーランドに最も根強く残る神話のひとつである。[*17] 植民地政策を推進する政府は、ワイタンギ条約締結後、マオリから土地などを収奪し、彼らを疎外し始めてからというもの、植民地化を正当化するために、この神話を利用してきた。実のところ、モリオリは、マオリと同じポリネシア人で、たまたまレーコフ、すなわちチャタム諸島に住んでいただけだ。モリオリの祖先は、ニュージーランドのマオリの祖先と同じ民族である。「モリオリ」という名称もヨーロッパ人とマオリが接触した後に使われるようになったもので、マオリ語とは異なるものの、マオリ語と非常に関連のあるモリオリ語において、「マオリ」を意味する言葉であった。

当時、ンガーティ・ムトゥンガ部族とンガーティ・タマ部族の男女と子ども500人が、チャタム諸島に渡った。彼らはヨーロッパの船をチャーターしたが、旅の途中で多くの人が病気になった。モリオリ族は、彼らが到着した時点で簡単に殺すこともできたが、モリオリの平和主義の伝統に則り、逆に彼らをもてなした。[*18] これに対し侵略者たちは、マスケット銃や棍棒や斧でモリオリの人々を殺し始め、土地を要求した。モリオリは3日間の会議の末、「自分たちから殺害行為を行なうことはしない」という長老たちの決断を支持することにした。

この決断の末路は悲惨だった。モリオリは、侵略されてまもなく300人が命を落とし、さらに1300人が無念の死を遂げたと推計されている。1862年時点のモリオリの生存者はわずか101人であった。[*19] この侵略以前でさえ、ヨーロッパ人がもたらした麻疹、インフルエンザ、性病により、モリオリの人口は1835年までに少なくとも400人減少し、約1600人になっていた。

不当な扱いの極めつけは、先住民族土地裁判所が1870年に下した判決である。この判決により、原告マオリにはチャタム諸島の1万5千520ヘクタールの領有が認められたが、モリオリには240ヘクタールしか認められず、モリオリの完全な敗北に終わった。このとき、タラナキにおいて、「モリオリは、40年前にまさに自分たちを殺害・征服し、今やアホウドリの羽をエンブレムにしているその人たちと対決しなければならなかったのだ。アホウドリの羽は、元々モリオリが、ヌヌク（平和主義）の信奉者として平和主義を掲げ、身に着けていたものだ[*20]」。いったい何という皮肉だろう。

ヨーロッパ人の増加

1830年代になると、さまざまなヨーロッパ人がニュージーランドにやってくるようになった。マオリとの取引を目的とした商人もいれば、入植者やオーストラリアから脱走してきた囚人、密航者などもいた。ニュージーランドの港町、コロラレカ（ラッセル）〔ニュージーランド北島北端近くに位置する〕は、無法地帯と化し、アルコールや売春などで混乱していたため、宣教師たちの目には太平洋の地獄のように映ったようだが、それでもイギリスのどの港町よりもましな状態だったのだろう。1830年代には

＊17　この短い要約は Michael King 著の『*Moriori*』を基にしたものである。
＊18　この平和主義の伝統は、16世紀後半、長期間、集団が生き残る上で必要な人口を確保するために醸成された考え方であった。
＊19　Michael King, *Moriori*, p. 64.
＊20　同書, p. 135.

千隻の船がここに到着したと推定されている。1840年までには、ニュージーランドに住むヨーロッパ人の数は2千人ほどになっていた。

ワイタンギ条約締結時のマオリの人口については、推計によってかなりの開きがある。一部の推計では20万人とされているが、これは1800年代初頭の人口だった可能性が高く、その後、準部族間の争いやヨーロッパから持ちこまれた疫病によって、マオリの人口は大幅に減少していた。最も信頼できる推計値はイアン・プール教授によるもので、同教授は1874年と1857~58年の国勢調査を基に7万人から9万人と推定している。この推計によれば、1840年のマオリの人口は、おそらく当時ニュージーランドにいたヨーロッパ人の人口の約50倍だったということになる。[*21]

当時、ニュージーランドには、入植者としてフランス人とイギリス人という二大勢力があった。フランス人は1830年代初頭にニュージーランドの2~3カ所に上陸し、土地と主権についてマオリと交渉し始めた。1830年代後半になると、彼らはニュージーランドに対する明確な植民地化計画を打ち出し、南島の権利証を起草した。[*22]その後10年の間に、ニュージーランドのさまざまな問題への対処を求める英国に対する圧力は次第に高まっていった。特に法と秩序の問題や、他国(フランスおよびアメリカ)からニュージーランドに関心が寄せられていることに対する懸念は強かった。また、部族を統合するための国家的な統治形態の確立に関して、マオリ社会内部で議論が続いていること、そして貿易や国内各地での商取引、またその他のヨーロッパ的な生活様式に、いかにうまくマオリを組みこんでいくかといったことが人々の懸念材料だった。[*23]

英国による権利の主張

１８３３年、英国はオーストラリアのニューサウスウェールズ州の法律をニュージーランドにも適用し、英国籍を持つジェームズ・バスビーをニュージーランド駐在員として任命した。１８３４年には、バスビーが、北部マオリの首長たちに対し、マオリによる国際的な取引を可能にする１本の旗を寄贈した。その1年後、彼は植民地局の助けを借りずに、北部の準部族から34名の指導者を集め、後に「ニュージーランド部族連合」として知られるようになる組織を形成し、自ら作成した「ニュージーランド独立宣言」（付録1参照）と題した文書に署名するよう首長たちを説得した。

この独立宣言において、ニュージーランドは「連合部族」の名のもとに独立した国家であり、「法律を制定し、司法を治め、貿易を規制するために、毎年ワイタンギで会合を持つ議会、すなわち立法機関」として設立されたと宣言された。[*24]

この宣言の主な目的は、ホキアンガ川沿いに主権と独立国家の樹立をフランス国に代わって宣言したシャルル・ド・ティエリー男爵というフランス人の動きを事実上反故にするためであった。[*25] しかしバスビーは、入植者の間で無法状態が続いていたため、マオリの窮状、ひいては植民地全体の行く末を人道的な観点からも憂慮していた。

…………………

＊21　Ian Pool, 前掲書 , p. 238.

＊22　Peter Tremewan, 'The French Alternative to the Treaty of Waitangi' in *NZ Journal of History*, p. 100.

＊23　Claudia Orange, *The Treaty of Waitangi*, pp. 11–13.　１８３１年、マオリはウィリアム４世に対し、ヨーロッパ人の行動をコントロールするために、ニュージーランドに代表者を派遣するよう請願していた。

＊24　John O. Ross, 'Busby and the Declaration of Independence' in *NZ Journal of History*, p. 84.

＊25　同書 , p. 83.

メイソン・デューリーは、「1835年に意図していたのは、マオリの国民国家を建国することであり、当時支配的であった排他的な部族的慣習から脱却し、連合体としての統治方法を導入することであった」と指摘している。[*26] 貿易機会が急増するなか、部族間の結束力を高めることにメリットを感じるマオリがいる一方で、すでに存在する主権に対して外国から承認を得る必要はないと考え、部族間の団結に消極的なマオリもいた。

英国政府はこの宣言を正式に認め、マオリを正式に保護することとなった。デューリーによると、「マオリの立法議会は一度も実現しなかったが、この宣言はマオリ国家を証明するものとして英国で認められ、他国から入植者が到来した際には、マオリによる統一戦線を支える役割を果たした」[*27]という。

またバスビーは、入植者の到来に伴ってマオリの有病率が高まっていることに危機感を募らせ、ニューサウスウェールズ〔オーストラリア南東部〕の総督に、ニュージーランドを保護国とするようすぐに勧告した。1837年に英国下院に提出されたこの報告書の中で、先住民族がヨーロッパ人の入植の影響で絶滅する可能性があると指摘されたことから、「先住民族委員会」はすぐにその懸念を支持した。また、奴隷制反対運動も、マオリを保護するために英国が介入することを望んでいた。

ニュージーランド独立宣言は、英国駐在員が署名した、ニュージーランドの複数の独立した部族の主権を認める国際的な宣言である。これを受けて、1834年には、ワイタンギ条約の先駆けとして、独立国家として貿易を行なう権利を象徴した旗が採択されることとなった。[*28] ニュージーランドの学者であるランギヌイ・ウォーカーは、「ワイタンギで、イギリス人駐在員ジェームズ・バスビーと25人の首長が立ち会うなか、英国国旗の横にこの旗を掲げる式典が執り行なわれ、ニュージーランドにおけるマオリの主権が認められたことが示された」と結論づけている。[*29] 一方、この時、もうひとりの代表者であるニューサウスウェールズのウィリアム・ホブソン総督は、インドの植民地化で実施された「工場計画」に似た、ニュージーランド向けの計画を打ち出していた。[30] 歴史学者クラウディア・オレンジは、当時、新たな植民地での活動を正当化する方策を模索していた英国にとって、何らかの条約の締結は必要だったと指摘している。[31] メイソン・デューリーはさらに次のように述べている。

5年前の1835年に署名された独立宣言がなければ、ワイタンギ条約の締結は起こり得なかったかもしれない。当時、マオリの主権と独立をすでに認めてしまっていた英国には、自分たちの意思をマオリに押しつけることを正当化する何らかの仕組みが必要だったのだ……[32]

……………………

＊26　Mason Durie, *Te Mana, Te Kawanatanga*, p. 2.
＊27　同書 , p. 53.
＊28　テ・ファカコタヒタンガ・オ・ンガ・イウィ・オ・アオテアロア（マオリ議会）が提供し、アオテアロア・ニュージーランドのWEA連盟がネットワーク・ワイタンギ・オタウタヒ（クライストチャーチ・ワイタンギ・ネットワーク）と連携して配布した文章。
＊29　Ranginui Walker, *Ka Whawhai Tonu Matou: Struggle Without End*, p. 88.
＊30　Claudia Orange, 前掲書 , p. 24.「……工場は、インドにおける英国の初期の貿易工場にならって設置すればいい。まずは2～3箇所の土地を購入し、英国の管轄下に置く。そして首長との条約においてこれを確認すればいい」。バスビーはすでにこの考えを破棄していた。
＊31　同書 , p. 27.
＊32　Mason Durie, *Te Mana, Te Kawanatanga*, p. 176.

一方、英国の認可のもとに運営されていた「ニュージーランド・カンパニー」は、豊富な英国資本と、遥か彼方の楽園に安価な土地と豊富な原材料、無限の取引チャンスがあるという風聞に支えられ、功利主義的な独自の植民地化計画を進めていた。他方、当時の英国国内は危機的状況にあり、人口過多と抜き差しならない貧困状態とが、入植希望者の移住を後押ししていた。

1840年の条約締結を間近に控え、ついに植民地局は、英国の代表者としてホブソン領事を任命し、ニュージーランドに戻って条約交渉を行うよう命じた。マオリも、イギリス人入植者たちの無法状態に対処するため、英国の介入を求めていたのだ。歴史学者のポール・ムーンが主張するように、ホブソンが当初、総督ではなく領事として任命されたのは、英国政府側に「ニュージーランドにおける英国の支配の範囲を縮小」しようとする意図があったからかもしれない。[*33] 植民地局は、ホブソンに具体的な指示を出していた。それは、双方が完全に理解し、「首長たちの自由で知的な同意」に基づく条約締結を交渉すること、マオリ側に主権を譲る意思がある場合に限り、英国が主権を獲得すること、マオリが自分たちのための土地を十分に確保し、不利益を被らないことを条件に、土地を入手することであった。彼の指令は明確で、「ニュージーランドの土地と主権がマオリにあることに議論の余地はなく、それは英国政府によって厳然と認められている」というものだった。[*34]

主権か、統治か？——ワイタンギ条約

1840年2月の第1週に、北部のマオリの首長たちは、キャプテン・ホブソン、英国人駐在員ジェームズ・バスビー、英国のその他代表者のほか、ヘンリー・ウィリアムズ牧師やその他宣教師たちと会談するため、ニュージーランドの北島北部のワイタンギに招かれた。この会合の目的は、英国とマ

オリの首長との間の条約締結を進展させることであった。

2月3日、ホブソンは、秘書のフリーマンとバスビー駐在員の協力を得て、条約を英語で起草した。その英文の条約では、ニュージーランドに対する集団的「主権」が首長たちにあることが認められていた。その上で、首長たちがその主権を英国に譲ることに同意し、その見返りとして、土地、財産、森林、漁場を争いのないかたちで「所有すること」が保証され、首長が希望する土地については、両当事者が合意した価格で、英国に独占的な先買権を付与すると規定されていた。またマオリには、英国臣民が持つすべての権利と特権が与えられるとされた。[*35]

聖公会の宣教師ヘンリー・ウィリアムズ牧師とその息子エドワードは、この英語版をマオリ語のある方言に一晩で翻訳した。しかし、この2つのバージョンの間には重要な違いがあり、マオリ語版はより受け入れやすいかたちで書かれていた。[*36] マオリ語版では、マオリの署名者たちは、自分たちの土地に対するカワナタンガ（統治権）を英国に与え、英国は、マオリの土地や村に対する首長たちのティノ・ランガティラタンガ（無条件の権限行使）と「すべての財宝」を保護することが保証されていた。また英国は、マオリの人々を保護することを約束し、英国民と同様の市民権と義務をマオリの人々にも適用する

＊33　Paul Moon, 'Three Historical Interpretations of the Treaty of Waitangi' in *Electronic Journal of Australian and New Zealand History*.

＊34　Paul Moon, *Hobson: Governor of New Zealand 1840–1842*, p. 48.

＊35　Paul McHugh, *The Maori Magna Carta: New Zealand Law and the Treaty of Waitangi*, pp. 373–85.

＊36　M. P. K. Sorrenson, 'Treaties in British Colonial Policy: Precedents for Waitangi' in William Renwick (ed.), *Sovereignty and Indigenous Rights: The Treaty of Waitangi in International Contexts*, p. 29.

とした。

この時、マオリが、自分たちが考えている以上のものを譲り渡していたのは明らかだった。条約のマオリ語版の最終稿は、署名を行なうため、2月6日に首長たちに提示された。マオリの中には、自分たちの権限や土地に関して騙されるのではないかと、英国の動機を非常に疑い、当初は条約を締結するというアイデア自体を完全に拒絶する者もいた。英国の代表者やプロテスタント宣教師たち、そして条約賛成派の首長たちは、条約に反対する首長たちを説得するため、多くの安心材料を提示した。イギリス人が入植することによる利点が強調される一方で、マオリの独立性に対する影響は軽視された。

特にホブソンは、英国の女王には、マオリに対する愛情と保護しなくてはならないという気持ちがあること、女王が望んでいるのは土地ではなく、自国民（英国民）をしっかりと統治し、犯罪者を処罰する権限を掌握することだと、マオリに繰り返し伝えた。またホブソンは、土地が強制的に奪われることは決してなく、女王による統治は常に真理と正義に基づいて行なわれると強調した。*37 そして、プロテスタントのイギリス人宣教師たちも、ワイタンギ条約は、女王本人の願いであり、彼女の愛の行為であると説明した。1840年までに多くのマオリがキリスト教と深く関わっていたため、こうした説明には説得力があった。*38 マオリの中には、宣教師たちの説得にほだされ、条約は両国民の間の新たな協定であると解釈した者もいた。

交渉の途中でカトリック司教ポンパリエが介入し、人々が自分の選んだ宗教を自由に信仰できることを約束するよう求めた。激しい議論の末、英国国教会、ウェスリアン（メソジスト派）、ローマカトリックに対する信仰、そしてマオリの慣習は、総督によって保護されることを約束するという声明が起草された。*39

マオリを説得することを目的としたこれらの主張は、英国の介入を正当化する一方で、全体像を明らかにするものではなかった。植民地局は、ホブソンに対し、マオリの人々には話の半分だけ伝えるようにと明言していたのだ。

ホブソンは、マオリの首長らに対し、英国が特にマオリのために介入するのは、マオリを守る手段がほかにないからだと説明するよう指示されていた。植民地局は、英国が介入する目的のひとつは、無法なヨーロッパ人やその他の入植者、特にフランスからマオリを守り、国内に平和をもたらすためであると説明した。しかし実際のところは、ニュージーランドにいるイギリス人入植者と彼らが生み出した利益を守るためでもあった。ホブソンは、後者の点を強調するよう指示されていたわけではなかったし、ニュージーランドの植民地化を組織的に進めるという政府の新たな意図について説明するよう指示されていたわけでもなかった。*40

「主権」の意味がきわめて重要であったことは明らかである。英国の法律上、領土に対する英国王室（the British Crown）の主権は排他的かつ不可分であり、権限を共有することは不可能であった。英国王室

＊37　Claudia Orange, 前掲書 , pp. 60–64.　Orange は、マオリに対して行なわれた保証内容の概要を示している。
＊38　James Belich, 前掲書 , p. 219.　Belich は、1850年代までに60％以上のマオリが、自分たちは名目的にはキリスト教徒だと考えていると記している。
＊39　Claudia Orange, 前掲書 , p. 53.
＊40　Peter Adams, *Fatal Necessity: British Intervention in New Zealand 1830–1847*, p. 166.

は誰とも主権を共有していなかった。[41] 一方、マオリの首長たちは、英国に主権を譲る立場にはなかった。そもそも「主権」という概念は、ヨーロッパの法的・政治的枠組みのなかで位置づけられたものであって、マオリの世界観とは全く異なる前提に基づいていた。首長たちは、それぞれのコミュニティを代表してワイタンギで行なわれた調印式に出席していたのかもしれないが、彼らはヨーロッパ人が「主権」と呼ぶものを「譲り渡す」権限を持っていたわけではない。ポール・ムーンは次のように述べている。「いかに地位の高い首長でも、自分の『ハプ（準部族）』の同意なしにたったの1エーカーも処分することはできなかった[42]」。

これほど欺瞞に満ちた状況で、なぜマオリは署名したのだろうか？ クラウディア・オレンジ博士は、この欺瞞について次のように説明している。

首長たちは、巧みな言葉で説き伏せられ、署名に応じるよう仕組まれた。国際法で認められていた主権の問題には触れず、ニュージーランド国内で機能する主権の理想的なかたちとして提示されたのだ。マオリの権限はいずれにしても共有されたかもしれないが、ホブソンの説明のほうが、バスビーの説明よりも若干効果的だったのだろう。彼の説明によれば、英国の管轄権は、問題を起こす厄介なパケハたちを管理するのが主な目的であって、マオリの権限はむしろ強化される可能性があるとされたのだ。[43]

この条約に署名したマオリの人々は、英国と権限を共有することにより、英国との新たな関係構築を期待していた可能性が高い。英国は入植者を統治し、マオリは従来通り自分たちのコミュニティ、土地、その他財宝に対して完全な権限を行使し、自分たちの問題は引き続き自分たちで管理するのだと理解した。厄介なヨーロッパ人との間の土地問題が適切に管理され、部族間の闘争が収まり、貿易による利益が拡大すると期待していたのだ。マオリにとってこの条約は、成文書というだけではなく、口頭による合意でもあった。ワイタンギで話し合われたことはすべて、新たな関係の理念や意図にとって不可分であった。

ワイタンギにおいて、約43名のマオリが、この条約のマオリ語版に署名した。*44 なかには、タイヌイ部族のテ・フェロフェロと、トゥファレトア連合のテ・ヘウヘウという最も重要な2人の首長をはじめ、署名せずに立ち去る者もいた。ランギヌイ・ウォーカーは「条約の真意はガバナンスという言葉で隠されていたが、テ・ヘウヘウは直感的にその真意を理解したのだ」と述べている。*45 テムズ地区のタライアやタウランガ地区のトゥパエアを含むその他の首長たちは、自分たちの問題は引き続き自分たちで完全に管理することを望んだため、総督によって自分たちの管理権が制限されることを恐れて署名を拒否した。ワイタンギに出席していたある首長は、ホブソンから受けとったブランケットの贈り物を「部族内の50名が署名した手紙を添えて後に返上した。彼は自分の名前を条約から削除してほしいと申し出たが、

---

*41 P. G. McHugh, 'Constitutional Theory and Maori Claims' in I. H. Kawharu (ed.), *Waitangi: Maori and Pakeha Perspectives of the Treaty of Waitangi*, p. 37.
*42 Paul Moon, 'Three Historical Interpretations' 前掲書。
*43 Claudia Orange, 前掲書 , p. 56.
*44 同書 , p. 62.
*45 Ranginui Walker, 前掲書 , p. 97.

ホブソンはこれを非常にいやがり、聞く耳を持たなかった」[*46]。その他の首長たちには、同条約に署名する機会はまったく与えられなかった。

結局、条約のマオリ語版は、7カ月の間に、ニュージーランド全土で5人の女性を含む512人のマオリによって署名された。ほとんどの人は、ワイタンギで提示された英語版を見ることも、それに署名することもなかった。ワイカトヘッズ〔ニュージーランド北島北部〕では、33名のマオリの名前が英語版の条約に「添付され」、マヌカウ〔ニュージーランド北島オークランド〕ではさらに6名の名前が追加された。[*47] 1840年5月、ホブソンは、北島については割譲された領土に対する権利に基づき、英国の主権を宣言した。続いて南島については、首長の一部がすでに条約に署名していたにもかかわらず、同年6月、発見権に基づいて英国の主権を宣言した。双方の理解が異なっていたことは明らかである。両者は条約の異なるバージョンと異なる世界観に基づいて行動していたのだ。

1840年10月、英国はニュージーランドに対する主権を獲得したとロンドンで「公示」した。翌年5月には、開封勅許状により、ニュージーランドは英国直轄の独立した植民地となった（すなわち、オーストラリアのニューサウスウェールズ州からは切り離された）。その後、ホブソンは、総督としての新たな任務に就くための宣誓を行なった。「英国が正式にマオリの統治権と主権を継承したのはこの時だ。しかし、そこにマオリの署名はひとつもなく、この主権がマオリにおよぶことに対するマオリからの信任もないままだった」[*48]。

約束は守られるより破られることの方が多い

植民地化は急速に進められた。総督が次々と任命され、入植者が大勢到着し始めた。マオリの人口が入植者の大量流入と疫病によって減少し続けたことにより、1858年には、入植者の人口がマオリの人口と肩を並べるまでになった。

ワイタンギ条約の英語版でマオリに約束したことを尊重しようと本気で試みたのは、第2代植民地総督のロバート・フィッツロイ（在任期間1843～45年）であった。フィッツロイは、自分たちの方が文化的に優れていると強く信じていたが、以前からマオリの権利を擁護してきた人道的理想主義者だった。しかし、彼は就任早々、十分な財源もないのに、植民地開発を行なわなければならないという不可能な責務を担わされていることに気づいた。彼は、英国の名誉と同条約で交わされたマオリとの約束を守ることが正しいと信じていたが、入植者からの期待の高まりや、ニュージーランド・カンパニーからの強大な圧力によって、財政はますます逼迫していった。

フィッツロイは、この財政危機に対処するため、植民地局の許可なしに、先買権の放棄、貨幣の印刷、直接税の導入などの政策を実施した。[*49] 彼は、マオリの利益を守ることと、入植者が土地をより安く手に入れられるようにすることの両方を目指したが、これらの政策はたいていの場合、両立することは困難であった。彼は、ニュージーランド・カンパニーによる画策により、2年後にはロンドンに呼び戻されることとなり、それが宣教師や人道主義者たちにとって大きな痛手となった。ニュージーランド・カン

……………………

＊46　Claudia Orange, *An Illustrated History of the Treaty of Waitangi*, p. 36.
＊47　Ruth Ross, *The Treaty on the Ground in The Treaty of Waitangi: Its Origins and Significance*, p. 17.
＊48　Paul Moon, 'Three Historical Interpretations' 前掲書 . p. 4.
＊49　Paul Moon, *FitzRoy Governor in Crisis 1843–1845*, pp. 187–209.

パニーは、条約上の英国の義務や主権者としてのマオリをほとんど無視して、組織的な植民地化という目標を達成しようと躍起になっていた。[*50] フィッツロイの後任として、宣教師に批判的で、ニュージーランド・カンパニー寄りの考え方を持つジョージ・グレイが総督に就任した。

１８４６年以降、立法措置において、反マオリ、反条約の傾向が強まっていった。新総督は、１８４６年に先住民族土地購入法を制定し、英国の先買権をすぐに復活させ、ワイタンギ条約の規定を真っ向から覆した。またこの法律によって、土地を賃貸することが禁止され、木材や亜麻の取引が制限されたため、マオリは土地を所有しても経済的に意味がなくなり、土地の売却を余儀なくされた。

マオリはワイタンギ条約に署名する際、英国の先買権は保護規定であり、英国に優先交渉権を与えることにより、基本的には悪徳なヨーロッパ人からマオリを守るための仕組みだと理解していた。しかし実際のところ、英国は先買権を使ってマオリの土地を低価格で購入し、その多くを入植者に高価格で売却して、急速に成長する植民地のインフラ整備のための資金を調達していたのである。大半のマオリは、最初は入植者を歓迎し、賃貸契約に相当するものだと信じて自ら進んで土地の売却に応じていた。しかし、マオリの人々が、土地の私有化は永久に自分たちのものではなくなることを意味するのだということを初めて知ったのは、後になってからのことである。[*51]

マオリはまもなく、英国が自らにとって有利なかたちで法律を利用し、偽装を含むあらゆる手段でマオリから土地を奪い始めたことに気づいた。土地弁務官であるケンプが行なった土地の購入は、英国が購入した土地の中では最大規模のものだった。１８４８年、英国は南島の８００万ヘクタール（国土のほぼ3分の1）をンガーイ・タフ部族から2千ポンドで購入した。その見返りとして、ンガーイ・タフ部族は、自分たちの村や家、庭や自然の食料資源を保持した上、さらにかなりの土地を確保できるというのがこの取引の条件だった。しかし、この条件は守られなかったばかりか、英国はンガーイ・タフ部族に通知することなく、同意を得ることもないまま、さらに土地を入手するためにこの取引に対して巧みな操作を行なった。これにより、ンガーイ・タフ部族の土地は大幅に減らされ、残された土地は「以前の広大な領土に比べれば、見るも無惨な残骸」となってしまった。*52

１８５２年には、「ニュージーランド憲法法（New Zealand Constitution Act）」が定められ、ニュージーランドで初めて国会が誕生した。投票権は土地に対する個人の所有権に基づいて付与されたが、マオリの土地は共同で保有されていたため、マオリの人々を政治的権力から排除する結果となった。この法律の第71条では、マオリが国の特定の地域に対して権限を行使することが（マオリのルールが適用される先住民族地区を創設することによって）認められていたにもかかわらず、歴代の入植者政府はこの条項の実施を拒否していた。

土地を期待してニュージーランドに多くの入植者が押し寄せるようになった１８５０年後半には、売却に対するマオリの抵抗は強くなっていた。入植者側が少数派であるうちは、植民地政府が英国のルールをそう簡単に行使することはできなかったが、入植者側が人口の過半数を占めるようになり、土地の

*50　Dean Cowie, 'To Do All the Good That I Can: Robert FitzRoy, Governor of New Zealand 1843–1845', unpublished thesis, p. 177.

*51　Waitangi Tribunal, *Wai 45: Muriwhenua Land Report*, pp. 11–40. このレポートでは、土地の所有権と土地の売却に関するさまざまな理解の仕方について深く掘り下げている。

*52　Waitangi Tribunal, *Wai 27: The Ngai Tahu Report, Vol. 1: Summary of Grievances, Findings and Recommendations*, p. 52.

ロールするようになった。[*53]需要が供給を上回るようになると、英国はしばしばマオリの意向に逆らって、土地の取得方法をコントロールするようになった。[*53]

1858年には、タイヌイ連合〔マオリの部族連合〕の中にキングムーブメント〔マオリ王擁立運動〕が台頭し、主権の共有に基づくマオリとパケハの平行議会を提案して、さらなる土地の売買を阻止しようとした。[*54] 入植者たちが運営していた国会は、マオリが独自の議会を設立しようとしたこのような動きやその他の反対運動を認めようとせず、マオリの土地を買収することを続けるための強制的な仕組みの開発に乗り出した。こうなると、戦争は避けられない状態だった。1860年にワイタラ〔ニュージーランド北島のタラナキ地方東北部にある小さな町〕で起きた一連の出来事は、マオリの指導者が売却を拒否している土地を、英国が奪おうとしたことがきっかけだった。こうした出来事がきっかけとなり、ニュージーランドの歴史学者、クラウディア・オレンジが「主権戦争」と呼ぶところの、いわゆる「土地戦争」〔日本では「マオリ戦争」とも呼ばれる〕の時代へと急速に突入していった。[*55]

また同時に、1862年には「先住民族土地法」が制定され、マオリの多くの土地所有者たちは、延々と続く法廷審問において自らの所有権を証明しなければならなくなったため、その費用を捻出するために、結局は土地を売らなければならなかった。また土地の真の所有者であったとしても、別の人から所有権の申し立てがあることを知らず、マオリが誰も異議を唱えなければ、申し立てた人の所有権が認められることもあった。1865年に設立された先住民族土地裁判所〔マオリの人々の間では「土地収奪裁判所」として知られている〕は、マオリからの同意の有無に関わらず、またマオリの伝統的な慣習に反して、土地に対するマオリの所有権を移管し、私有地化するための機関と化した。土地に対するマオリの所有権を、部族名義ではなく個人名義にすることを目的としたこの法律により、入植者の土地の取得は容易になり、部族制度の力は破壊されることとなった。

「先住民族土地法」以外にも、1860年代には特筆すべき2つの法律が制定された。1863年に制定された「ニュージーランド定住法」は、マオリが反乱を起こしていると見なされた場合は、その土地が「反乱者」のものであるかどうかにかかわらず、英国がその土地や財産をマオリから没収することを可能にした。1856年、グレイ総督は、マオリを制圧するために英国から連れてきた2万8千人の帝国軍の助けを借りて、130万ヘクタールをこの法律によって没収した。この定住法は、1863年にアイルランドで制定された「反乱鎮圧法」を手本にして制定されたものである。この法律のもとでは、英国に対して反乱を起こしたと見なされる者の基本的な権利は剥奪され、財産の没収や死刑が科された。主にこれらの法律の恩恵を受けたのは、英国（the Crown）と土地の投機家たちだった。

一方、植民地政府にとっては、マオリの土地を個人名義に変更したことで、別の問題が生じた。選挙権には財産資格（土地の所有権）が必要であり、マオリの土地が共同で所有されている間は投票できないことになっていた。しかし、多くの所有権を個人名義にしたため、マオリに選挙権を与える結果となってしまったのだ。これに対し、植民地政府は、1867年にマオリ用に4議席を設けることで対応した。これらの議席が設けられたことにより、ヨーロッパ人男性が支配する政治システムの中に、ごく少数のマオリの代表を送りこむことができるようになった。しかし、この議席の主な目的は、マオリが政治的

＊53　Waitangi Tribunal, *National Overview*, Vol. I, p. 9.
＊54　Claudia Orange, *The Treaty of Waitangi*, pp. 142–43.
＊55　同書, pp. 159–84.

に大きな力を持つことを妨げることだった。財産資格によって投票権を得られたマオリはごくわずかだったからである。

また1877年には、マオリのウィ・パラタという人物が、ウェリントンの聖公会牧師に対し、以前に教会を建設する目的で贈与した土地の返還を求めて訴えを起こした。教会は、結局建設されなかったからだ。しかし、裁判所は、ワイタンギ条約が当時はまだ法律に組みこまれていなかったため、同条約は法的には無効であるという判決を下した。この判決は、英国法に明確に組みこまれていた先住民族のコモンロー上の権利を完全に反故にするものであった。このコモンロー上の権利とは、ある国の最初の居住者は、その国で占有していた土地に対して自然権を有することを保証するものだ。この驚くべき判決は、ワイタンギ条約、1852年に制定された「ニュージーランド憲法法（New Zealand Constitution Act）」、1860年代に制定された複数の植民地法に完全に反していた。[*56] しかし、この判決が、その後100年間のさまざまな法解釈に影響を与えることになった。

マオリの土地は驚くべき広さと速さで収奪されていった。1860年代後半には、南島の1400万ヘクタールと北島の約300万ヘクタールのほぼすべてが英国に買収された。1899年までには、さらに450万ヘクタールが先住民族土地法に基づいて取得された。[*57] 土地に関する法律や慣行が混乱していたため、政府は1891年に、マオリの土地法の運用状況を調査するために、ウィリアム・リースを委員長とする調査委員会を設置した。最終報告書の作成者たちは、「高名で幅広く活動している弁護士たちが宣誓して行なった証言によると、立法府が先住民族の土地所有権に混乱と無秩序な状態をもたらすことを意図していたのだとすれば、これ以上の成功は望めなかっただろう」と結論づけている。[*58] イタリア人修道士のドム・フェリーチェ・ヴァッジョーリは、19世紀末のニュージーランドの様子を観察して書籍を出版したが、英国人入植者に対してあまりにも批判的な内容であったため、最終的には発禁処分となった。彼は次のような非常に生々しい表現を残している。「法曹界は、入植者の強欲さと貪欲さに加担し、先住民族土地裁判所では、何のためらいもなくマオリをしゃぶり尽くしていた」[*59]。

土地の収奪に対するマオリの抵抗は続き、１８９０年代にはそれが別のかたちで表面化した。１８９４年、コタヒタンガ・モ・テ・ティリティ・オ・ワイタンギ（１８９１～97年）と呼ばれるマオリ議会が、マオリの権利を求める法案を議会に提出しようとした。この法案は、ワイタンギ条約のマオリ語版に従って、マオリの土地、漁場、牡蠣や貝の養殖場、干潟、その他マオリの食糧資源を、マオリ自身が管理することを求めたものである。この法案が提出されると、パケハの議員たちは定足数を満たすことを拒否し、議場を後にした。その２年後、パケハ議会はこの法案を正式に否決した[*60]。

１８６７年、マオリにかたちだけの代表権を認め、その政治力を制限する措置として、マオリには４議席が割り当てられた。この数字がすべてを物語っている。マオリの国会議員は１人あたり１万２千５００人の有権者を代表することになる一方、パケハには合計72議席が割り当てられ、パケハの国会議員

…………………………

＊56　Richard Boast et al., *Maori Land Law*, p. 8.

＊57　Waitangi Tribunal, *National Overview*, Vol. 1, p. 9.

＊58　Peter Spiller, Jeremy Finn and Richard Boast, *A New Zealand Legal History*, p. 150.

＊59　Dom Felice Vaggioli, 前掲書 , p. 285.

＊60　Royal Commission on Social Policy, *The Treaty of Waitangi and Social Policy*, Discussion Booklet, No. 7, pp. 10–11. マオリの議会の概要については、Lindsay Cox, *Kotahitanga: The Search for Maori Political Unity* を参照のこと。

は1人あたり3500人の有権者を代表していた。人口比に基づけば、マオリは15議席を与えられてしかるべきだったが、それは決して実現しなかった。1896年にマオリの4議席が再確認された際、定義の変更により、混血者はマオリの選挙区かパケハの選挙区のどちらかを選ぶことができるようになった。しかし、マオリの議席数については、選挙代表委員会による改定項目から除外されていた。そのため、ヨーロッパ人の選挙区は5年ごとに人口増加に応じて見直されるのに対し、マオリの選挙区は据え置かれることになった。マオリの候補者が一般議席に立候補する権利が法的に認められたのは、1967年になってからのことである。[*61]

20世紀に入ると、土地の取得はさらに進んだ。1900年から1930年の間に200万ヘクタール以上の土地が購入されたが、そのほとんどが1909年に制定された「先住民族土地法」のもとで行なわれた売買だった。歴史学者のアラン・ウォードは、このような土地の買収が進められた時期について次のように述べている。「この頃には、ほとんどのマオリのコミュニティにはすでにわずかな土地しか残されていなかった。ちょうどマオリの人口が安定または増加傾向にあったとされる時期であり、マオリの指導者たちは、残りの土地のほとんどを保持して農業を営み、そのために国からの支援を受けたいという希望をはっきりと表明していた」と指摘している。[*62] 1975年、マオリは土地を求めて、北はテ・ハプア〔ニュージーランド北島最北端〕から南はウェリントン〔ニュージーランド北島最南端〕まで大規模なデモ行進を行なったが、マオリがこの時点で保有していた土地は120万ヘクタールにも満たなかった。マオリが売却を希望し、マオリの生活の維持には不要な土地だけを先買権に基づいて英国が取得すべきだとしたホブソンに対する植民地局からの指示は、多くの人々から長い間忘れられていたのだった。

マオリ――奪われ、疎外された人々

マオリはかつて、急速に変化する世界に巧みに適応し、勤勉で、活力のある、経済的に存続可能な起業家精神に満ち溢れた社会を形成していた。しかし、ワイタンギ条約締結から１９７０年代半ばまでの間に、自国で収奪され、疎外され、脅かされ、不本意にも少数民族という存在へと追いやられてしまった。マオリは先祖伝来の土地で、よそ者扱いされ、娯楽、観光、スポーツ、軍隊にしか役立たないと見なされ、ニュージーランドを、異民族と世界最高の関係を築いた南太平洋のパラダイスとして売り出すときにだけ、重宝がられる存在になってしまった。

１８４７年、ジョージ・グレイ総督は「教育布告」を行なった。これは、入植を促進し、パケハの制度を確立・強化し、マオリに同化を促すことを目的とした継続的な政策の始まりだった。この布告は、メソジスト教会、聖公会、カトリックの伝道団体などに補助金を出し、マオリの子どもたちを収容する寄宿学校を運営させ、彼らを村から連れ出して、文化的に異質な環境に置くことによって、「宗教教育、産業訓練、英語教育」を施すというものだった。[*63]

その後、１８６０年代末頃になると、マオリの子どもたちを「文明化」し、単純労働あるいは肉体労

…………………………

＊61　M. P. K. Sorrenson, *A History of Maori Representation in Parliament*, report of the Royal Commission on the Electoral System: Towards a Better Democracy, pp. 83–84.

＊62　Waitangi Tribunal, *National Overview*, Vol. 1, p. 8.

＊63　M. P. K. Sorrenson, 'Maori and Pakeha' in W. H. Oliver (ed.), *The Oxford History of New Zealand*, p. 171.

働を行なう者に育て上げることを目的とした「ネイティブ・スクール」が設立された。秩序と規律、大英帝国への敬意、実用的なスキルの向上などに重きが置かれ、マオリの文化的価値はほとんど顧みられることがなかった。「彼らの目的は、生徒たちの知的な発達ではなく、十分な学校教育を施すことにより、法に従う市民を育て上げることだった」。[*64] 授業は英語で行なわれ、マオリの子どもたちの多くは、教室や遊び場でマオリ語を話すと体罰を受けた。こうした習慣が20世紀に入ってからもかなりの間続いた。これにより、マオリの人々の間では、文化の源である自分たちの言語を維持するという意欲が失われていった。その一方で、植民地化の影響により、多くのマオリの親たちは、学校では英語を教え、マオリ語を禁止するよう議会に嘆願していた。その上、マオリの大半の人々が子どもたちにマオリ語で話しかけようとしなかったため、子どもたちの英語の習得は急務であった。英語は、英語圏で成功するための手段だと見なされていたのだ。

歴代政府は、マオリの社会的基盤を執拗に破壊するような法律を制定し、政策を実施した。例えば、1864年に制定された「先住民族指定保護地区法」により、英国は、先住民族指定保護地区を、パケハの農民にわずかな賃料で貸し出すことができるようになった。1890年代には、マオリのコミュニティ内の野良犬が家畜にとって脅威であるとされ、その数を減らすために、マオリは「犬税」の支払いを強制され、支払わない場合は懲役や重労働の罰則が課せられた。[*65] 1890年代初頭、リーズ委員会〔オークランドの弁護士、ウィリアム・リー・リースが率いるマオリ土地法に関する政府の調査委員会〕の要請に応じて、先住民族土地購入法（1892年）、先住民族土地購入・取得法（1893年）、先住民族土地（権利の検証）法（1893年）、先住民族土地裁判所法（1894年）など、次々とさまざまな法律を制定していった。[*66] 歴史学者のティム・ブローキングはその結果を次のようにまとめている。

コタヒタンガ、キンギタンガをはじめ、ジェームズ・キャロルを除くすべてのマオリの国会議員の断固たる反対にもかかわらず、１８９０年代には、国と約40万人の個人が、マオリの土地（２７０万エーカー）の大半を取得してしまった。このようにして、かろうじて耕作可能な土地までもが収奪されていたことを考えれば、１９００年までに、一級クラスの土地の大半がマオリの手を離れていたことは間違いないだろう。[*67]

マオリ社会を弱体化させ、マオリの人権を蹂躙しようとする英国の決意を示す究極の事例として、パリハカの話がある。１８７０年代、タラナキ地区のマオリは、霊感の強いテ・フィティ・オ・ロンゴマイとトフ・カカヒの指導のもと、ひとつのモデルとして、ヨーロッパ式の住宅と、販売用の野菜や果樹を収穫しつつ、自給自足が可能な畑を備えたひとつの村を立ち上げた。聖書の教えに感銘を受けたテ・フィティは、信者に節制と平和を説き、マハトマ・ガンジーより50年も早く、独創的な非暴力的戦術を展開したのだった。

………………………

＊64　Judith Simon (ed.), *Nga Kura Maori: The Native Schools System 1867–1969*, p. 17.
＊65　James Belich, 前掲書 , p. 268.
＊66　Richard Boast et al., 前掲書 , p. 83.
＊67　Tom Brooking, ‘“Busting Up” the Greatest Estate of All: Liberal Maori Land Policy 1891–1911’ in *New Zealand Journal of History*, p. 78.

その村の土地は、1860年代に自分たちが合法的に没収したものだという信念に基づいて行動していた英国は、パケハの測量士を送りこみ、売却に備えてその村を杭で取り囲んだ。マオリの女性たちはテ・フィティの指示のもと、夜な夜な戸外へ出て杭の位置を変更した。またテ・フィティは、土地を耕して作物を植えたり、道を塞ぐための柵を作ったりするよう農民たちに指示した。

この動きに対し、1870年代末から1880年代にかけて、英国は、パリハカにあったこの土地（最終的には80万ヘクタール）の没収を迅速に進めるべく、ニュージーランド史上最も恥ずべき法律を制定した。この法律により、ワイタンギ条約で保証されていた人身保護令状請求権が停止され、マオリは裁判なしで無期の重労働を科せられるようになった。英国は1589名の兵士を派遣して村を破壊し、テ・フィティの信奉者636人を逮捕し、最終的には、タラナキ地区とウェリントンのマウントクック地区の刑務所はその逮捕者で埋め尽くされることになった。歴史学者のショーン・ブロズナハンは、215人の囚人は4つのグループに分けられ、ダニーデンに送致されたと記録している。その囚人たちとは、パカコヒ（パテア地区）〔ニュージーランドの北島のタラナキ地方東南部にある小さな田舎町〕の74名の男性（1869〜72年）、イースト・コーストの5名（1871〜75年）、テ・フィティとトフの支持者136名（1879〜81年）であった。そしてテ・フィティとトフ自身も、1882年にダニーデンで18日間を過ごしている。*68 囚人たちはダニーデンのいたるところで重労働を強いられた。ンガアティ・ルアヌイ部族〔タラナキ地方のイウィ（準部族）〕の調停調書には、囚人のうち18名が釈放前に命を落としたと記録されており、「監獄の環境は厳しく」、「口伝によると、囚人は洞窟に収容されていた」とされる。*69

1890年代になると、入植者たちは、マオリはいずれ絶滅する人種だと考えるようになった。19世紀初頭には20万人とされていたマオリの人口は、19世紀末にはわずか4万5千人にまで減少する一方、ヨーロッパ人の人口は77万人にまで増加していた[*70]。マオリの生活環境はひどいものだった。衛生設備のないその場しのぎのキャンプで暮らしていたため、乳幼児の死亡率が高く、感染症にもかかりやすかった。医療支援はほとんどなく、伝統的な治療も最低限の効果しかもたらさなかった。当時影響力のあった医師で、実業家でもあったドクター・アルフレッド・ニューマンは、「この人種が絶滅するのはそれほど残念なことではない。彼らは急速に、いともたやすく消滅しようとしており、より優れた人種に取って代わられようとしている」と述べた[*71]。彼の日和見主義的な傲慢さは、科学を含む当時の一般的な考え方を反映したものであり、パケハの植民地文化に浸透していたヴィクトリア朝時代の人種差別的な意識に根差したものだった[*72]。

また、マオリは、マオリ以外の人々が受けていた政府の援助を断られることも多かった。１８９４年

＊68　２００２年12月17日の Robert Consedine に宛てた手紙の中で、ダニーデンの囚人に関する研究の利用を寛大にも許可してくれた歴史学者の Sean Brosnahan 氏に感謝の意を表したい。また、Bill Dacker, *Te Mamae Me Te Aroha, The Pain and the Love: A History of Kai Tahu Whanui in Otago, 1844–1994*. にも感謝したい。

＊69　Office of Treaty Settlements, *Deed of Settlement of the Historical Claims of Ngaati Ruanui*, p. 30.　パリハカに関しては２冊の本がある。*Days of Darkness: Taranaki 1878–1884*（Hazel Riseborough 著），と *Ask That Mountain: The Story of Parihaka*（Dick Scott 著）である。また優れたビデオもある。*The Ploughmen of Taranaki*.

＊70　Ian Pool, 前掲書 , p. 61.

＊71　John Stenhouse, 'A Disappearing Race Before We Came Here' in NZ *Journal of History*, p. 126.

＊72　同書 , p. 140.

に制定された「入植者向け融資法」では、低利の融資を利用できるのはパケハの入植者のみとされた。20世紀に入る頃には、年配のマオリの大半は、年齢を証明できないということと、生活に必要な土地は十分保有しているということを理由に、新たに導入された老齢年金の受給対象から外された。第1次世界大戦後、パケハの帰還兵たちは、政府が実施する抽選に応募して農場を取得することができたが、マオリの帰還兵たちは、マオリのコミュニティがすでに土地を保有しているという理由で、それらの抽選から排除された。*73 大恐慌の際には、マオリには、マオリの失業男性は、パケハの男性の半分しか失業手当をもらうことができなかった。これは、マオリには生活を支えるための土地資源があるということを理由にした措置だった。しかし、このような措置は、マオリにパケハと同じ市民権を保証したワイタンギ条約の第3条に違反している。

第2次世界大戦末期までは、マオリの75%はまだ部族の集落、多くはマラエ〔部族の聖地・集会場〕の周辺に暮らしていたが、戦争、農村の貧困、職探しのための移住をきっかけに、急速な都市化の時代が始まった。*74 また、政府はマオリが製造業や組立工場で働くことを奨励していた。1960年代半ばには、マオリの60%以上が都市部に住むようになっていた。*75 しかし、マオリの人々の幸福度は依然として低く、1961年の「ハン・レポート」〔当時のニュージーランド上級公務員J・K・ハンによる報告書〕では、マオリの健康と社会状況について、改善は見られるものの、依然として悲惨な状況にあるとされている。同報告書では政府の新たな統合政策が示され、「全体的なパケハの枠組みの範囲内で、マオリタンガ〔マオリ文化〕の維持を支持する」とされた。*76 しかし、政府側の美辞麗句とは裏腹に、数々の統合政策は、事実上、マオリをパケハ社会に吸収するという根強い同化政策を推進するものだった。

例えば、1960年までは、マオリの子どもに対する責任は、通常マオリの大家族と地域社会が共に担っていた。しかし１９６２年以降は、統合政策のもと、１９５５年の養子法に基づいて養子縁組が行なわれるようになり、これが従来マオリの大家族が果たしてきた役割に取って代わった。「この法律は、養父母は実父母に完全に取って代わるべきだという考え方に基づいたもので……赤ん坊の出自に関するすべての記録は永久に封印された」[*77]。このような変更は、１９６２年にマオリ土地裁判所から、養子縁組に関する権限が除外されたことによって可能となったものだ[*78]。こうした「養子縁組」により、長期的な影響に対する認識が欠如したまま、それまで開かれたコミュニティで責任をもって行なわれていた子育てが、秘密のベールに包まれたパケハの閉鎖的なシステムに移行されることとなった。しかし、このような歴史を経てもなお、マオリの社会では、今もファナウンガタンガ〔親族のつながりや友情や勤労を通じた帰属意識〕を大切にする文化が脈々と受け継がれている。

ここで重要なことは、植民地政策によるマイナスの影響とその帰結である。マオリは国民国家的構造から著しく排除され、ティノ・ランガティラタンガ〔無条件の権限〕を行使する権利や経済基盤を失い、

＊73　Claudia Orange, *The Treaty of Waitangi*, p. 231.
＊74　Mason Durie, Te Mana, *Te Kawanatanga*, p. 95.
＊75　Ian Pool, 前掲書 , p. 153.
＊76　Augie Fleras and Paul Spoonley, *Recalling Aotearoa: Indigenous Politics and Ethnic Relations in New Zealand*, p. 115.
＊77　Andrew Armitage, *Comparing the Policy of Aboriginal Assimilation: Australia, Canada and New Zealand*, p. 164.
＊78　同書 , p. 168.

その結果、貧困に陥ったのだ。一般的に、入植者の繁栄は、マオリからの収奪の上に成り立っている。しかし、マオリは、体制派であったヨーロッパ社会の支配下にあったにもかかわらず、この165年の間にさまざまなかたちで国民国家に対応し、これに参加してきた。[*79] ジゼル・バーンズ教授は、ワイタンギ審判所の活動に対する批判のなかで、次のように指摘している。

ワイタンギ条約の請求手続き以外の歴史研究において、もはや「致命的な影響」という見方はほとんど姿を消した。歴史学者たちは、植民地主義のマイナス面や破壊的な影響を否定しているわけではない……が、マオリの政治・社会システムは、変化する環境やその長期的な影響に対して、ダイナミックに、非常に巧みに適応し、次第に実用的になっていったという主張を、説得力のあるかたちで行なっているのだ。[*80]

しかし、同審判所は調査委員会であり、その役割は、申し立てを受けて調査し、証拠を吟味し、さまざまな可能性を天秤にかけて判断し、勧告を行なうことによってひとつの問題に答えを出すことだ。マオリの主張の多くは新しいものではないが、審判所は、多くの場合、マオリの人々が初めて公式に語り、人々がその話に耳を傾け、記録することができる公けの場である。マオリが起こしたさまざまな政治的活動を見れば、彼らの怒りや不満が19世紀から20世紀にかけてずっと存在していたということは明らかである。これらの政治的活動は、彼らの不服が生じた時点に始まったものだ。ンガーイ・タフ部族が初めて苦情を申し立てたのは1849年のことである。なにも今日のスタンダードで当時の問題を審議しようというわけではない。これらの問題は、その当時、提起され、明らかになったものだ。ワイタンギ審判所は、証拠を吟味し、どのような判決を下すことができるかを審議する場だ。タイヌイ部族は広大な土地を没収された。ワイタラ地区への政府の非難はいわれのないものであった。ンガーティ・ファートゥア部族も土地を奪われた。マオリにはコモンロー上の権利が保証されていたにもかかわらず、それが守られてこなかったのだ。難しいのは、事件から何十年も経った今、その補償をどのように行なえばよいのかという点である。

私たちの世代において重要なことは、「帰結」に目を向けることである。ヨーロッパの国家を押しつけられたマオリは、その地位を維持することができなかった。彼らは、ワイタンギ条約で再確認されたはずの祖先の権限を無条件に行使する権利――ティノ・ランガティラタンガ――を主張し続けてきた。逆に、英国はマオリの権威を無慈悲に破壊し続け、弱体化を目指す政策を採り続けてきた。その典型的な例が、19世紀に、集落（カインガ）、準部族（ハプ）、部族（イウィ）、地区、あるいは特定の目的に沿ってマオリの人々が設立した数多くの委員会である。これらの委員会の主な目的のひとつは、先住民族土地裁判所を廃止し、自分たちの土地の所有権について決定する権利を自分たちの手に取り戻すことだった。しかし、マオリは「この権利を否定され続け、マオリの習慣は歪められ、ワイタンギ条約で保証された部族の所有権が否定され続けた結果、密かにまた効率的にマオリの土地を収奪する制度に服従させられたのだ[*81]」。

……………………

＊79　Paul Monin, *This is My Place: Hauraki Contested 1769–1875*, p. 4.

＊80　Giselle Byrnes, *The Waitangi Tribunal and New Zealand History*, p. 113.

＊81　Vincent O'Malley, Agents of Autonomy: Maori Committees in the Nineteenth Century, p. 13.

歴代政府の政策が、マオリの助言や抗議をほとんど無視し、マオリの生活をシステマティックに破壊することで、マオリの社会構造を侵食していったことに疑いの余地はほとんどない。

ワイタンギ条約締結から172年が経過した現在〔2012年現在〕、マオリに所有権がある土地は140万ヘクタール強で、ニュージーランドの国土の約5・5%である。*82 元々マオリが所有していた約2700万ヘクタールに比べてあまりにも少ない。

マオリは、社会統計上、望ましくない項目において大きな比率を占めている。最高の失業率、最悪の健康状態、最高の若者自殺率、最高の犯罪率や投獄率、さらには最低の住宅保有率などである。民族としての生存が長年脅かされ、法廷では（最近まで）法的権利が否定され、政治的な権力も制限されていた。そうしたなか、2004年に行なわれたマオリの抗議行動は、民族としての生き残りをかけたものだった。2万人のマオリが砂浜や波打ち際を歩き、長い歴史を持つマオリ独自のやり方、すなわち先祖と同じやり方で抗議活動を行なったのだ。*83 それはまるで先祖たちが残したデモ行進の足跡を、文字通り辿るかのような光景であった。

……………………

＊82　Chief Judge W.W. Isaac, Ministry of Justice, Wellington, July 2011.

＊83　この章の最後の部分については、歴史家の Jim McAloon 氏の協力と助言に感謝したい。注：結論はあくまでも筆者が出したものである。

第5章　神話との闘い

ロバート・コンセダイン

1970年代——クライストチャーチ

クライストチャーチの街中のはずれに、古くて荒れ果てた教会がある。外壁は、カンタベリーのラグビーチームの色であるスカーレットレッドとブラック、内壁はスーパーマンレッドとブルーに塗装されている。外壁からはコンクリートの漆喰が剝がれ落ち、錆びた雨どいからは雨漏りがする。第2次世界大戦以来、この建物には、ニュージーランドを代表する非政府組織である国際援助・開発機関「コルソ」が入居している。トレイド・エイド、カトリック・オーバーシーズ・エイド、メディカル・エイド・アブロードなど、その他の多くの組織はすでに退去してしまった。

1970年代、私はこの場所で、カンタベリー、ウエストコースト、ネルソン、マールボロ地区を対象に、コルソのオーガナイザーを務めていた。建物などは決して満足のいく状態ではなかったが、献身的で活気に満ちた何百人ものボランティアの人たちに恵まれ、コルソの国際開発援助プロジェクトのための資金調達に奔走したのはまさにこの場所だった。私たちの主な目的は、海外での開発援助と緊急支援であったが、発展途上国の貧困について、ニュージーランドの人たちを教育するための意識向上プロジェクトにも注力していた。

ニュージーランドでのこうしたプロジェクトへの注目度を高めようと、著名人にも協力してもらった。パウロ・フレイレやイヴァン・イリッチなどの教育者、ティッサ・バラスリヤやハンス・キュングなどの神学者、バヌアツのウォルター・リニや東ティモールのジョゼ・オルタなどの解放運動の指導者たちが、クライストチャーチを訪れた。国連のユニセフ親善大使であるハリウッド俳優のダニー・ケイ、カントリーミュージック歌手のテックス・リッター、トム・T・ホールなどもこの街を訪れ、ユネスコへの募金活動に協力してくれた。マザー・テレサも実際にこの街まで足を延ばし、私たちに希望を与えてくれた。「パイン・ツリー」ことコリン・ミーズ〔ニュージーランドの非常に有名なラグビープレーヤー〕やオールブラックス〔ニュージーランドのラグビーナショナルチーム〕は、さまざまな募金活動を支援するため、私たちの「強制連行」に快く応じてくれた。ノーマン・カーク首相も時折立ち寄り、すべての人類にとっての公平な正義というビジョンのもと、私たちを励ましてくれた。

そんなふうに私たちが慌ただしく活動するさなか、マオリの活動家、ダン・ミハカが訪ねてきた。それも一度ではない。コルソのサポーターたちに対する彼の問いかけは直球そのものだった。なぜ第三世界の不正に注目するのに、ニュージーランド国内のマオリの窮状に目をつぶることができるのかというのだ。オークランド大学でのンガー・タマトア〔「若き戦士」という意味を持つマオリの活動家グループ〕の活動や人種問題および差別問題に関するオークランド委員会の活動以降、ニュージーランドの歴史について考えさせられたのは、これが初めてのことだった。しかし、具体的な知識はほとんどなく、子どもの頃に聞かされた話をほぼ鵜呑みにしていた私は、当時、この問題がよくわからなかった。ようやく状況の深刻さに気づき、対応の必要性を感じるようになったのは、１９８１年のスプリングボックスツアーの運動に参加してからのことである。

人々が気づき始める

１９６０年代後半、マオリが直面していた課題は非常に深刻なものだったに違いない。それは、ニュージーランドの植民地時代の歴史についてほとんど知識がなく、国内に人種差別があることをほぼ否定している大多数の人々の意識をどのようにして高めていけばよいのか、という問題だった。マオリは冷淡なメディアとも戦わなければならなかった。大方の報道は、ニュージーランドは世界一良好な人種関係を築いており、マオリはかなり恵まれているという多数派の従来の見解を反映したものだった。１９６０年代と言えば、多くの西欧諸国で抗議活動が始まった時代だが、ニュージーランドも例外ではなかった。マオリの人々も、１８４０年以来のワイタンギ条約にまつわる長年の強い不満を、ニュージーランドの人々に警告するという困難な活動に着手し始めたのだ。

社会が著しく変化するなかでマオリが直面している困難な状況は、決して目新しいものではなかった。奴隷制廃止論者、参政権拡張論者、女性運動、労働組合運動、平和運動、さらには歴史上のあらゆる解放運動も、同様の課題と向き合ってきたからだ。人々は、変革を求める情熱を抱きつつも、不正に立ち向かうためにどこまでやるのかということは、自分で決めなければならない。アイルランドや南アフリカの抗議活動では、非暴力闘争と武装闘争の両方が展開された。しかし、現代のマオリの闘争手段は、そうした運動とは対照的に、常に非暴力的だった。

ンガー・タマトアによる政治活動、1975年のグレート・ランド・マーチ〔マオリによる土地問題を巡る抗議デモ〕、バスティオンポイントの占拠、ワイタンギ行動委員会の活動などにより、マオリの抗議活動に対する認知度は飛躍的に高まった。誤った報道が多かったものの、これらの活動がメディアでとり上げられるようになり、ニュージーランド社会に大きな変化をもたらした。ニュージーランドの植民地時代の歴史、政府の政策や裁判所の判決の影響、ワイタンギ審判所やマオリ専用の行政機関が設置された背景などに関するパケハたちの認識は高まりつつあった。多くのパケハたちは、ワイタンギ条約の憲法上の位置づけや、ニュージーランド社会におけるマオリの「タンガタ・フェヌア〔先住民族〕」としての地位について大きな論争があるということを、より理解するようになっていった。

マオリの抗議の主な焦点は、近年〔1967年〕になって成立した破壊的な法律によって奪われた土地に関するものだった。*1

しかし、これがすべてのマオリに当てはまるというわけではない。土地を売るという選択をするマオリもいる。

1970年代初頭、マオリの抗議活動はワイタンギ・デー〔2月6日、1840年の条約締結を記念する祝日〕に集中していた。ンガー・タマトアは、「ワイタンギ条約が守られるまで、マオリはワイタンギ・デーを喪に服する日とする」と宣言した。*2

ワイタンギ・デーのマオリの抗議活動は、その後30年にわたってさまざまなかたちで行なわれてきた。2000年には、ヘレン・クラーク首相が、1953年以来ワイタンギで行なわれてきた式典への出席を拒否し、その代わりに、アカロア〔ニュージーランド南島バンクス半島にある町〕の近くにあるオヌク・マラエ〔マオリの聖地、集会所〕で行なわれた式典に出席した。21世紀に入ると、英国（the Crown）とマオリの間の論争はさらに激化した。2004年には、ワイタンギにおいて、ヘレン・クラーク首相が「雑踏に巻きこまれ」、野党の党首であるドン・ブラッシュは「泥の塊で顔を殴られた」と報じられた。[*3] 2人とも、多くのマオリの願いに敵対的な演説を行なっていたのだ。政府はその前年に発表した「協議のための政府提案」において、2003年に控訴裁判所が逆の判決を下していたにもかかわらず、前浜と海底〔foreshore and seabed 砂浜と少し海水がかぶるあたりを指す〕は「一般的に英国（the Crown）に帰属するもの、

……………………

＊1　Richard Boast et al., *Maori Land Law*, p. 103. マオリの活動家であるエヴァ・リカードは、マオリにとっての土地の意味を、あるテレビのドキュメンタリー番組で次のように説明している。「フェヌア（Whenua）は土地を意味します。フェヌアは土地であり、誕生する前の子どもに栄養を与えることができる母親の胎盤でもあります。子どもが生まれると、その胎盤は敬意と尊厳をもって扱われ、地中に埋められ、マオリの人々の大地の母であるパパトゥアヌク（Papatuanuku）に捧げられます。こうして大切に扱われた胎盤が、今度はその大地から子どもたちを育むことになります。なぜなら、私たちの食べ物や暮らしは大地に由来するからです。これにより、『これがあなたの小さな土地です。あなたが世界のどこを彷徨っていたとしても、私はずっとここにいます。そして人生の終わりには、あなたはパパカインガ（Papakainga：故郷）に戻って来ることができるのです。死に際には、この大地があなたを迎えてくれることでしょう』と子どもに言って聞かせることができます。マオリの人々にとっての土地の霊的な意味合いはこういうことなのだと思います」（テレビドキュメンタリー「Te Matakite o Aotearoa: The Maori Land March」）。

＊2　Ranginui Walker, 'The Treaty of Waitangi: as the Focus of Maori Protest' in I. H. Kawharu (ed.), *Waitangi: Maori and Pakeha Perspectives of the Treaty of Waitangi*, p. 276.

＊3　*New Zealand Herald*, 7 February 2004, website.

または所有されるものであり」、公有地になるだろうと宣言していた（第10章参照）。[*4] ブラッシュ博士の演説もまた、多くのマオリの人々の感情を逆なでするような内容で、人種差別的であるとさえ思われた。[*5] 元労働党閣外大臣であったタリアナ・トゥリア率いるマオリ新党の出現により、ワイタンギ条約の問題とその交渉が議会選挙の争点となり、マオリとパケハが二手に分かれて争うこととなった。[*6]

1975年のランドマーチ〔土地問題をめぐるデモ行進〕——テ・ループ・オ・テ・マタキテ〔マオリ語で先見の明のある人々の意〕

それは、目を見張るような象徴的出来事であった。1975年9月13日、シドゥ・ジャクソン、ウィナ・クーパーらが結成したランドマーチ「テ・ループ・オ・テ・マタキテ」は、ニュージーランドの最北端にあるスピリッツ・ベイで始まった。伝説によれば、マオリの死者の魂は、祖先が眠るハワイキ〔マオリがニュージーランドに来る前の先祖の故郷〕への長旅を始める前に、ここスピリッツ・ベイでひと休みすると言われている。

水辺からスタートしたデモ隊には、途中で他の人々も加わった。そして、ニュージーランド最北端のマラエ〔マオリの各部族の聖地、集会所〕であるテ・ハプアに集結した。物資や負傷者、老人を運ぶため、トラック2台とバス1台が同行した。

ニュージーランド人はそれまで、植民地時代の歴史に関して想像を絶するような無知のなかで生活してきたのだが、このデモがメディアに取り上げられたことで、1カ月におよぶデモ行進は、何万人ものニュージーランド人の目にとまることとなった。29カ所のマラエに立ち寄り、深夜まで議論を交わしながら行進するランドマーチを目の当たりにしたパケハたちは、その意味をなかなか理解できなかったが、マオリにとっては、政治的に非常に影響力のある出来事となった。それは、テ・フェヌア・オ・テ・イウィ、すなわちマオリの土地が疎外されていることに対する止むことのない抗議だった。スローガンは明確で、「マオリの土地をこれ以上1エーカーたりともパケハに渡さない」というものだ。[*7] ランギヌイ・ウォーカー〔マオリ研究を専門とするニュージーランドの学者〕はその影響を次のように要約している。「植民地化に対する果てしない闘いが続くなか、ランドマーチ以降は、ニュージーランド中のマオリが、ひとつの目的に向かって、近代では前例のないほど強力に結束して政治的に行動するようになった」。[*8]

10月13日、デモへの参加者たちは「マオリの土地に対する永久的支配権」を求めて、ウェリントンと国会議事堂に集結した。これは重大な訴訟参加〔当事者以外の利害関係のある第三者が他人の訴訟に参加すること〕であり、これ以降、ワイタンギ条約が現代の政治的課題として、再び議論の俎上に上るようになった。

……………………

＊4　*The Foreshore and Seabed of New Zealand, Protecting Public Access and Customary Rights: Government Proposals for Consultation*, p. 9.

＊5　Don Brash, *Nationhood - Don Brash Speech Orewa Rotary Club*, website.

＊6　タリアナ・トゥリアは、２００４年5月17日、政府の前浜・海底政策に抗議して労働党議員を辞職。その後、２００４年7月7日にマオリ党が結成され、タリアナ・トゥリアが党首に選出された。彼女は補欠選挙において、90％の得票率で７０５９票の過半数を獲得し、テ・タイ・ハウアウル選挙区の代表として国会に返り咲いた。

＊7　Ranginui Walker, *Ka Whawhai Tonu Matou: Struggle Without End*, p. 214.

＊8　同書。

1976～78年　バスティオンポイント――法の枠を踏み越えた闘い

土地を取り戻すための闘争は、大規模なランドマーチの後に激化した。その2年後、政府がバスティオンポイントにある24ヘクタールの公地を分割する計画を立てたことをきっかけに、その土地が長期間にわたって占拠され、人々の注目を集めることとなった。この抗議行動の発端は、約１４０年前の土地に関する不服申し立てにまで遡る。

ニュージーランド最大の都市であるオークランドは、かつてオラケイ地区のンガーティ部族が所有するワイテマタ港のほとりに位置する漁村であった。１８４０年、英国は唯一の土地管理者としての権力を行使し、結果的にそれが将来の土地取引のひとつのモデルになった。初代総督であったホブソンは、オークランド地峡の１２１５ヘクタールを２４１ポンドで購入し、その後9カ月以内にそのうちの17ヘクタールを2万4千２７５ポンドで転売したのだ。*[9] ンガーティ部族は当然ながらこれに不満を持ち、まだ手元に残っていた２８５ヘクタールの土地を、保有し続けることにした。彼らの抗議行動は、１９７６年までは常に合法的なものだった。

１８６８年に先住民族の土地裁判所が初めて介入して以来、ンガーティ部族は、１００年以上にわたる１９７６年まで、常に法律の範囲内で抗議活動を続けてきた。彼らは、マオリ土地裁判所で8回、最高裁判所で4回、控訴裁判所で2回、補償裁判所で2回の訴訟を起こし、委員会や調査委員会に6回出頭し、15回の議会請願を行なっていた。１９７６年から１９７８年にかけて行なわれた活動家たちによるバスティオンポイントの「占拠」は、マオリの一部が部族として法の枠組みを踏み越えた初めてのケースであった。[*10]

この抗議の先頭に立ったのはジョー・ホークという人物である。１９５１年、まだ少年だったジョーは、オカフ湾でパパカインガ（先祖代々の村）が焼かれるのを目撃している。この非人道的な行為は、政府がとった一連の失策のなかでも最たる事件で、当時の政府は過去の失策を隠蔽するためにこの土地を手に入れようと躍起になっていた。１９７８年5月25日、５０６日におよぶ占拠の後、ニュージーランド軍の支援を受けた６００人の警官は、英国国有地に故意に侵入した罪で２２２人の抗議者を逮捕した。ロバート・マルドゥーン首相の指示による陸軍と警察の出動は、メディアで大きくとり上げられ、国中の反響を呼んだ。これは、ニュージーランドとして恥ずべき象徴的な出来事となった。ランギヌイ・ウォーカー教授は、これを「かつての誇り高きタマキ・マカウラウの所有者を、植民地政策の名のもとに抑圧した悲惨な出来事」と表現している。[*11] ウォーカー教授は、「英国（the Crown）が、ルア・ケナナ（マオリの預言者で地権活動家）やテ・フィティ（パリハカ村の精神的指導者）やテ・コオティ（マオリの精神的指導者）を抑圧するようなことをしてきたのだという考えに至った人は、ほとんどいなかった。まして、マオリは権力に怖じ気づいたわけではないのだということに気づいた人はさらに少なかった」と結論づけている。[*12]

*9　Paul Temm, *The Waitangi Tribunal: The Conscience of the Nation*, p. 62.
*10　同書 , p. 64.
*11　Ranginui Walker, *Ka Whawhai Tonu Matou*, 前掲書 , p. 215.
*12　同書 , pp. 218–19.

ワイタンギ行動委員会

１９７０年代後半から１９８０年代にかけて、人々はワイタンギ行動委員会の抗議活動に嫌悪感を抱くようになった。[13] １９７９年、同委員会は、ハカ（マオリの民族舞踏）のパロディを長年行なってきたオークランド大学の工学部の学生グループに抗議するため、「奇襲部隊」を結成した。同委員会は解決策を見出すため、学生グループとの交渉を試みていたが、学生たちの行動が文化的に不快であることを認識させることができなかった。このため同委員会は、学生たちのパフォーマンスに「奇襲」をかけ、彼らが身につけていたハカのスカートをはぎ取ったのだった。

反マオリのメディアは、この襲撃は不良グループによる暴力事件だという誤報を流した。抗議者たちは暴動の罪で起訴され、コミュニティからの強い支持があったにもかかわらず、有罪判決を受け、社会奉仕活動に従事するよう言い渡された。このため、保守的なマオリの指導者たちも、この抗議者たちを支持し、工学部の学生たちの侮辱的な行動に異を唱えた。ランギヌイ・ウォーカーは、「ヘ・タウア（復讐者）が工学部の学生たちのハカパーティを攻撃したことで、ニュージーランド社会の人種差別の生々しい現実が見事に浮き彫りとなった。このような現実が、マオリとパケハは調和して暮らす一国の国民だというイデオロギーによって長い間覆い隠されてきたのだ」と述べている。[14] ワイタンギ行動委員会は、ワイタンギ・デーへの注目を集めるため、マオリとパケハの両方から支援を受け、「ワイタンギ条約は詐欺だ」や「ワイタンギの詐欺師」といった激しいスローガンを掲げて抗議活動を続けた。

この頃から、ニュージーランド中で行なわれていた地方自治体に対する抗議活動に、より多くのマオリが参加するようになった。固定資産税の未払いを理由とした土地の没収、マオリのコミュニティが建物を建てることを妨げるための区画規制、沿岸域やマオリの保護区を公地にする試みなどに抗議した。中でも最も顕著だったのは、エヴァ・リカード率いるタイヌイ部族による抗議だった。彼らは、テ・コプア・ファインガロア（ラグラン）にある土地の所有権を取り戻そうとしていた。第２次世界大戦中、英国は緊急用の滑走路としてこの土地を取得したが、その後、一度も使用されることなく、ラグラン地方議会の管理下に置かれた。そして、ラグラン・ゴルフ・クラブにリースされ、先祖伝来の墓地がゴルフ場として使われるようになったのだ。長い抗議活動の末、最終的に、その土地の一部が返還されることとなった。

１９８１年の南アフリカ共和国のスプリングボックスツアー

１９８１年に行なわれたスプリングボックス〔南アフリカのラグビー・ナショナルチーム〕のニュージーランド遠征に対する抗議活動は、国民を活気づけ、多くのパケハにとって新たな目覚めのきっかけとなった。その20年前、１９６０年には「ノー・マオリ、ノー・ツアー〔マオリを参加させないなら、ツアーはやめろ〕」というキャンペーンがメディアや世間の関心を集めていた。これは、オールブラックスからマオリを排除するよう求めていた人種差別的な南アのスポーツ当局に、ニュージーランドが協力するのをやめさせようとする運動だった。１９６０年代後半になると、南アのさまざまな黒人グループから完全なボイコットを求める声が上がったことで、南アのアパルトヘイト的なスポーツ政策が注目されるよ

＊13　同書, pp. 200–21. グループや関係者の詳細が記述されている。
＊14　同書, p. 225.

うになった。ニュージーランドでも、最初は少数派であったマオリとパケハで構成されるグループが、次第にその数を増し、アパルトヘイト的なすべてのスポーツツアーの中止を要請するキャンペーンへと発展していった。1973年、ノーマン・カーク首相は、法と秩序を脅かすとして、人種によって選抜された南アのラグビーチームによるニュージーランド遠征の中止を宣言した。その結果、彼が率いる労働党は選挙で苦戦することになった。1981年、ラグビー管理団体と国民党政府が、計画されていたツアーの続行を決定したことで、国が二分された。多くのニュージーランド人が街頭で抗議活動を行ない、何百人もが逮捕され、さまざまな罪で起訴された。このツアーは、家族やコミュニティを分断した。

反アパルトヘイト、反ツアーキャンペーンは、第1次世界大戦前の反軍国主義同盟による抗議活動以来、ニュージーランドでは前例のない市民行動や法律違反につながった。[*15] このキャンペーンは、行きすぎた状況に対し、断固として立ち向かい、大きな社会的混乱を引き起こすだけの力がニュージーランド人にあることを示す結果となった。多くのマオリとパケハが、ニュージーランドのひとつの分岐点となるこの問題に協力して立ち向かい、一緒になってこの抗議行動を支えた。この出来事がきっかけとなり、ニュージーランド社会の根底にあった人種差別の生々しい現実が再び白日のもとにさらされ、人々は自国についてより深く考えるようになった。

このような政治的抗議活動が行なわれるなかで発表された2つの主要な公式の報告書は、人種関係への関心の高まりを象徴している。1979年に人権委員会が作成した「ニュージーランドの異人種間における調和」と、人種関係調停委員会がその2年後に作成した「レイス・アゲンストゥ・タイム〔解決が急がれる人種問題〕」は、ニュージーランドにおける異人種間の関係が転機を迎えていることを、次の通り示している。「多文化的ユートピアというニュージーランドの神話は、現実的に揺らぎ始めている……私たちは今、文化的対立を現実世界において目の当たりにしているのだ」。*16

新たな方向性――ワイタンギ審判所

ワイタンギ条約を追認することが、マオリの要求の新たな焦点となった。マオリは、ワイタンギ条約が法律上も憲法上も有効だというのであれば、法廷でもっと自分たちの請求を追求することができるはずだと主張した。マオリ問題担当大臣のマティウ・ラタが提唱したワイタンギ条約法は、1975年に労働党政権によって制定され、ニュージーランドにおけるワイタンギ条約の歩みに新たな時代をもたらした。この法律によって、ワイタンギ審判所が設立されたのだ。同審判所は、マオリまたはマオリのグループが、ワイタンギ条約の原則に反するとして申し立てた、英国による「将来の」作為または不作為について審理するための調査委員会であるとされた。ワイタンギ条約法は、ワイタンギ条約の原則を定義するものではなく、ワイタンギ条約の英語版とマオリ語版の両方を参照して、その意味と効力を決定する独占的な権限を、同審判所に与えるものであった。同審判所は、審議の結果を報告し、政府に勧告することとされた。

歴史学者のマーシャ・ステンソンは、20年以上にわたって審判所が行なった多くの決定から、共通す

*15　Ian McGibbon, *The Path to Gallipoli: Defending New Zealand 1814–1915*, pp. 201–202.
*16　Andrew Trlin, 'Changing Ethnic Residential Distribution and Segregation in Auckland' in Paul Spoonley et al. (eds), *Tauiwi: Racism and Ethnicity in New Zealand*, p. 172.

る一連の基本原則が次の通り見出されたと述べている。

- ワイタンギ条約において基本的に合意したことは、立法権限とマオリの利益を守る義務の交換であった。
- ワイタンギ条約はパートナーシップを意味するもので、お互いに誠意を持って行動する義務がある。
- ワイタンギ条約は、新たな状況に対応するために修正することができる。
- マオリとパケハの両方のニーズを満たすためには、双方ともに妥協が必要である。
- ワイタンギ条約違反に対する救済措置の原則は、ワイタンギ条約のパートナーとして、合理的かつ誠実に行動するという英国の義務に起因する。*17

最初の10年間、ワイタンギ審判所が果たした功績はわずかであったため、多くのマオリは、ワイタンギ審判所はパケハのトリックのひとつにすぎないと考えていた。同審判所の審判員のひとりであるポール・テムは、1982年にワイタンギ審判所への赴任が決まったとき、審判所は「1年に1日か2日しか開かれない」と思っていたという。*18 しかし、審判所はこの最初の10年間にいくつかの重要な勧告を行ない、最終的には、ニュージーランド人全員にとって利益となるような実用的な成果をもたらした。

1983年のモトゥヌイ訴訟では、伝統的な漁場やサンゴ礁が産業廃棄物や下水によって汚染されたことが問題となった。1984年のカイトゥナ訴訟は、ロトルア市が漁業の質に影響を与える可能性がある処理済みの汚染水を、カイトゥナ川に流すという提案を行なったことに対する訴えであった。ワイタンギ審判所はこの2つの請求を支持し、水路に汚染水が排水された場合、原告の精神的・文化的価値が損なわれる可能性があることを認めた。しかし、同審判所の勧告は穏やかで和解的なものであり、双方が受け入れられる現実的な解決策を目指したものだった。モトゥヌイ訴訟では、「当面の解決策として、モトゥヌイ沖での排水を一時中止することとした」[19]。また、カイトゥナ訴訟では、「ロトルア・シティ・コーポレーションが、ロトルア湖とカイトゥナ川を避けて廃水を処理するための代替地を調査する」[20]よう勧告された。

１９８６年にワイタンギ審判所が発表した「テ・レオ・マオリ（マオリ語）」に関する報告書が、議論に新たな楔を打ちこんだ。この報告書には、歴代政府がテ・レオ・マオリを根絶しようとしたこと[21]、マオリの言語が脅かされていること[22]、マオリのコミュニティが言語を維持・発展させようとする努力を続

……………………

＊17　Marcia Stenson, *The Treaty: Every New Zealander's Guide to the Treaty of Waitangi*, pp. 24–25.
＊18　Paul Temm, 前掲書 , p. 3.
＊19　M. P. K. Sorrenson, 'Towards a Radical Reinterpretation of New Zealand History: The Role of the Waitangi Tribunal' in I. H. Kawharu (ed.), *Waitangi: Maori and Pakeha Perspectives of the Treaty of Waitangi*, p. 164.
＊20　同書 , p. 166.
＊21　Waitangi Tribunal, *Wai 11: Te Reo Maori Report*, p. 9.　１８６７年に制定された「ネイティブ・スクール法」では、マオリの子どもたちの教育に使用する言語は英語のみと定められていた。
＊22　マオリ語の危機的状況を示す統計がこのことを物語っている。１９１３年時点では、マオリの子どもの99％はまだマオリ語を話していた。しかし、同化政策に関するハン・レポートは（予言者が自ら事を成就するかのように）、１９６０年には、マオリ語を「古代マオリの生活の遺物」（p.9）と表現した。１９９０年代後半には、マオリ語を流暢に話すマオリは10％にも満たなくなった。

けていることなどが記されていた。この報告書では、テ・レオ・マオリは、マオリ文化に欠かせない、ワイタンギ条約で保護されたタオンガ（宝物）のひとつであると解釈された。この審判所の報告書を受けて、1987年には、テ・レオ・マオリを公用語とし、あらゆる法的手続きにおいてマオリ語を話す権利を認める法律が制定された。しかし、この法律は、審判所の勧告と同様、問題の抜本的な解決にはならず、公的機関とのやりとりにおいてマオリ語を話すことや、公文書、公的通知、新聞が英語とマオリ語の両方で発行されることなどの具体的な規定は設けられなかった。しかし、この法律によって、マオリ語を生きた言語として使用することが促進され、マオリ語を公用語として導入するために、国に助言と援助を行なうための「テ・タウラ・フィリ・イ・テ・レオ・マオリ」（マオリ語委員会）が設立されることとなった。

審判所の権限拡大

第4次労働党政権は、ワイタンギ条約問題を巡るマオリの運動が10年にわたって続いていたため、そうしたマオリからの得票を狙って、1985年にワイタンギ条約改正法を成立させた。この法律により、ワイタンギ審判所の地位は向上し、英国に対する訴訟を遡って調査する権限が同審判所に与えられた。1985年、ンガーティ部族は、オラケイ地区の280ヘクタールにおよぶ土地に対する訴えをワイタンギ審判所に持ちこんだ。この訴えは、同審判所に初めて持ちこまれた歴史的請求（ヒストリカル・クレイム。1992年9月21日以前に発生した問題に関連する請求）で、バスティオンポイントでの抗議活動とその後の2度におよぶ土地占拠の後に浮上したものだ。1987年、同審判所は、オラケイ地区のンガーティ部族を救済するため、一連の勧告を行ない、その後1991年に政府によってその一部が実施された。[*23] 勧告は控えめな内容だったが、達成可能なものであった。その内容は、一部の土地を返還するが、その土地の大部分は公用の保護区のままとすること、マオリが英国から借り入れていた20万ドルの借金を帳消しにした上で、マオリに対して３００万ドルを支払うというものだった。この支払い額は、失われた土地の価値に基づいて算出されたものではない。その大部分はすでに個人所有となっており、支払い提示額をはるかに超える価値があったと見られる。実際には、「オラケイに戻ることを望む部族の経済的基盤、すなわち帰還を希望する人々に適切な住居を提供するために必要な」最低限の金額が算出されたのだった。[*24] この支払い額は、英国が奪ったもののほんの一部の返還にすぎなかったが、寛大にも、同部族はこの勧告を受け入れた。

２００６年に制定されたワイタンギ条約改正法では、ワイタンギ審判所への同条約に関する歴史的請求の提起は、２００８年９月１日で締め切ると規定された。２００８年８月５日から９月１日までに、同審判所がそれまでに受けとった請求件数を上回る１８００件以上の請求が持ちこまれた。これらの新たな請求のうち５２９件が登録され、２００９年６月19日現在、同審判所に登録されている請求件数は２０３４件となった。すべての請求は、１９７５年制定のワイタンギ条約法の第６条の基準を満たしていなければならない。

ワイタンギ審判所はこれまでに、１１５件の請求に対する報告書を含む１６６件を公示し、43件の調

＊23　この請求の歴史に関する詳しい報告については次を参照のこと。Waitangi Tribunal, *Wai 9: The Orakei Claim Report.*

＊24　M. P. K. Sorrenson, 前掲書 , p. 173.

査を含む51件以上の包括的報告書と地区報告書を提示している。これらの報告書は、土地、魚、水路、電波、動植物、石油、前浜と海底、主権に対する権利などに関するワイタンギ条約違反を対象としたものである。２０１１年9月時点で、英国は、マオリの請求者グループとの間で41件の和解証書に署名しており、かなりの数の証書が完成に近づいている。19件の和解案が立法措置を通じて実行に移された。まだ和解に至っていない請求者グループも、そのうちの多くは英国との和解交渉や事前交渉に積極的に参加している。

最も重要な国家的報告書は、２０１１年に発表された「Wai 262」レポートである。この報告書は、ワイタンギ審判所設立以来初めての「政府として」の報告書で、不服申し立ての段階を超えて将来の関係をどのように築いていくかということを検討したものである。ワイタンギ審判所は、英国とマオリの関係をパートナーシップと捉えている。同審判所は、「ワイタンギ条約を単に反故にされた契約と見なすのではなく、今や、国家として場当たり的に修復していく段階から、持続的な関係構築に向けて厳粛な約束を交わす段階へとシフトしていくべきである」としている。[25] 同審判所は「マオリの文化が強いときには、ニュージーランドもうまくいくのだという認識が広がりつつある」とコメントしている。[26]

歴史的請求を解決するための英国側のガイドラインは次の通りである。

- 英国は、過去の不正、すなわち１９９２年9月21日以前の英国の作為または不作為が原因で生じた不服を明確に認めるものとする。「ただし、包括的和解については、請求者グループや請求者グループのメンバーは、１９９２年9月21日以降の英国による作為または不作為についても、先住民族の所有権や慣習上の権利の持続的存在に基づく請求などを行なうことができる。また英国は、そのような請求や、所有権や権利の存在に異議を唱える権利を留保する」。[*27]

- ワイタンギ条約に関する和解は、さらなる不正を生じさせるものであってはならない。
- 英国には、すべてのニュージーランド人の利益になるよう行動する義務がある。
- 和解を永続的なものにするには、すべての請求者グループに対して公正かつ公平でなければならない。
- 和解は、マオリのニュージーランド国民としての権利に影響を与えるものでも、ワイタンギ条約や法律に基づくマオリの現在の権利に影響を与えるものでもない。
- 和解においては、財政的・経済的な制約や、英国の補償金支払い能力を考慮する。

英国のガイドラインを補完するために、ニュージーランド政府は、２０００年に６つの交渉原則を策定した。これは、公正で、永続的で、最終的で、タイムリーな交渉が行なわれるようにするためのものである。６つの原則とは、誠実性、関係の回復、請求間の公平性、正当な補償、透明性、そして政府による交渉である。請求者グループと政府は、交渉に備えた請求の準備、事前交渉、交渉、批准および実施という4段階を経ることになる。最終的に双方が大筋で合意し、基本合意書に署名した後、和解証書

……………………

＊25　Wai 262 Report Summary, www.waitangitribunal.govt.nz.
＊26　Wai 262 Report Summary, www.waitangitribunal.govt.nz.
＊27　この情報および下記の情報は、次から得たものである。Office of Treaty Settlements, *Healing the Past: Building a Future: A Guide to Treaty of Waitangi Claims and Negotiations with the Crown* (Summary Edition).

の草案が提示され、批准され、署名され、統治主体が設立され、法律が制定される。和解証書には、歴史を踏まえた説明、英国が自らの違反を認めること、謝罪、財政的、商業的、文化的な補償に関する内容が含まれる。

ワイタンギ条約における歴史的請求の多くは、以下のような土地の損失に関わるものである。

- 後に調査・立証された条約締結前の購入（「オールド・ランド・クレーム」）、英国による購入、ワイタンギ条約締結後に英国がマオリの土地を購入する先買権を放棄している間に行なわれた民間による購入など、１８６５年以前の土地取引。
- １８６３年に制定された「ニュージーランド定住法」に基づく、英国によるマオリの土地の没収。
- １８６５年以降のさまざまな先住民族土地法またはマオリ土地法に基づく取引。

最近、北島中央部に関する審理において、迅速な方法が新たに導入された。ロトルア、タウポ、カインガロアの各部族は、「１５０件の請求について、徹底的な調査や審理よりも、迅速・公正かつ透明性のある公的手続き」を求めた。今後、請求者は徹底的な審理か、この迅速な手続きかのどちらかを選ぶことができるようになる。[*28]

こうした審判手続きには、多くの建設的な目的がある。ひとつは、多くの部族や準部族が、請求を立証するために、審判に先立って自分たちの歴史を調査するという点だ。もうひとつは、マオリの人々が、ワイタンギ条約締結以来初めて、敬意を持って聞いてもらえる公式な場で、自分たちの歴史を語り、不服を表明する機会を得ることができたという点である。マオリの文化を尊重したプロセスが採用され、現在では、同審判所の審理は地元のマラエ〔マオリのコミュニティの中心にある聖地、集会所〕で行なわれるのが通例である。このような方法は、長年の不服を解消するために必要な癒しをもたらすプロセスとして役に立っている。

もうひとつの利点は、ニュージーランドの植民地時代の歴史の大部分を記録した審判報告書が作成されることであり、多くの場合、これが史上初の公式記録となる。審判報告書は、非常に包括的で、索引やレイアウトも充実しており、ストーリー性があり、詳細に述べられているという点において、たいへん優れている。これらの報告書は、今後何世代にもわたって貴重な資料となるだろう。また、国民間のワイタンギ条約に関する議論を促し、マオリの慣習法や先祖代々の法律を考慮し、同条約にまつわるさまざまな問題に対して、慎重に考慮された見解を政府に提供するという役割も果たしている。

審判手続きの欠点

しかし、審判所の手続きには大きな欠点がある。歴史学者のポール・ムーンは、ワイタンギ審判所には独立性がなく、政府が「審判所の運営に対して、政治的にあからさまに関与している」ことが主な欠点であると指摘している。[*29] ワイタンギ審判所が保守的な政治的枠組みの中で運営されていることは明らかであり、その時々の政治情勢を認識し、その範囲内で活動しなければならない。また、調査結果が画期的な勧告を生み出す可能性を秘めていたとしても、勧告は穏やかなものとなりがちで、「体制派であ

＊28　Waitangi Tribunal, *Te Manutukutuku*, Haratua, 2004, p. 3.
＊29　Paul Moon, 'The Creation of the Sealord Deal' in *Journal of the Polynesian Society*, p. 150.

るパケハ社会に、大きな痛みや費用を生じさせないかたちで実行できる」解決策を提示する場合が多い。[*30]

ワイタンギ審判所の勧告は、外来種の森のほか、余った鉄道用地や国有企業用地に関するもの以外は、一般的に英国を拘束するものではない。[*31] 英国は、ワイタンギ条約に関わる請求を認めるかどうか、またどのように認めるかを検討する際に、ワイタンギ審判所の勧告を無視することもできる。同審判所は、英国が保持する主権に議論の余地はないという前提のもとで機能することが求められている。

法律上、ワイタンギ審判所は、英語版とマオリ語版の条約の内容が異なっていても、両者を考慮しなければならない。同審判所は、マクネア卿の著書『条約法』において、「別段の定めがない限り、いずれかの版が他方に優先するということはないが、他方の版を参照して一方の版を解釈することは許容される」[*32]という見解を支持している。この見解は、複数の版を持つ条約に齟齬が生じた場合、先住民族の言葉で書かれた版を優先するという国際法のコントラ・プロフェレンテムの原則〔考案した当事者に不利に解釈する原則〕に反する。アメリカの最高裁判所は、100年以上も前に、アメリカ先住民族との条約を解釈する際の指針として、この原則を提示している。同最高裁判所は、1899年の判決において、条約は「インディアンにとって自然に理解される意味で」解釈されるべきだと述べている。[*33]

ワイタンギ審判所のようなれっきとした政府の委員会が、大半のマオリが署名したわけでもなく、実際に目を通したこともない条約の英語版を考慮する必要があるというのは驚きである。また、1980年代半ばに政府がワイタンギ審判所を設置した第一の目的は、物理的な抗議行動を紙面上の記録に変えてしまうことで、揺らぎかけていた英国の正当性を再び揺るぎないものにするためだったと言われている。ジェーン・ケルシーはこのような見方について、「ヒョウの斑点が一生変わらないように、植民地化を推進する側の体質が根本的に変わることは決してない。ただ別の方法で獲物を狙うようになるだけだ[34]」と説明している。ワイタンギ審判所や政府による手続きが最近遅々として進まないという現実がこのことを如実に物語っている。また同審判所は、マオリ社会のより急進的な人々を疎外する一方で、マオリとのパートナーシップという幻想を作り出してきた[35]。

ワイタンギ審判所は、ワイタンギ条約の原則を定義し、解釈するにあたり、条約の英語版とマオリ語版だけでなく、当時の署名者の意図や合意、また同条約が締結された歴史的背景や、現代的な法解釈も参考にしている。このように、ワイタンギ条約が締結された当時の環境を考慮することにより、当時の意味と現在における影響をより深く理解することができる。しかし、英語版がマオリ語版と同等の地位を有するという考えについては、マオリやその他の多くの人々が支持していない。

ワイタンギ審判所は常に資金不足の問題を抱えており、訴訟手続きの遅延や請求の滞留が生じている。さらに、英国は、カナダのブリティッシュ・コロンビア州政府のように、和解金を長期分割支払いとす

……………………

＊30　M. P. K. Sorrenson, 前掲書 , p.171.

＊31　Richard Boast, 'Maori Land and the Treaty of Waitangi' in Richard Boast et al., *Maori Land Law*, p.276.

＊32　M. P. K. Sorrenson, 前掲書 , p. 161.

＊33　同書 , p. 162.

＊34　Jane Kelsey, 'From Flagpoles to Pine Trees' in Paul Spoonley et al., *Nga Patai: Racism and Ethnic Relations in Aotearoa/New Zealand*, p. 178.

＊35　Augie Fleras, 'Politicising Indigeneity: Ethno-politics in White Settler Dominions' in Paul Havemann (ed.), *Indigenous Peoples' Rights in Australia, Canada and New Zealand*, p. 210.

ることで、より多くの救済金を支払うという方法もとっていない。

マオリ経済

2011年の「マオリ経済サミット」のために作成された「マオリ経済タスクフォース報告書」によると、2010年のマオリの企業の資産総額は369億ドル以上で、2006年の推定値より204億ドル増加している。この増加は、より確実な推定根拠、資本財価格の上昇、資産規模の実質的な増加によるものだ。

マオリ経済とは、マオリが所有する資産と収入であると定義することができる。これには、集団で所有する信託や法人、マオリが所有する事業やサービス提供会社、マオリが所有する住宅、マオリが稼ぐ賃金や給与などが含まれる。[*36]

2010年、マオリの企業は、生産活動において103億ドルの付加価値を生み出し、そのうち営業余剰利益は33億ドルであった。また、資本支出は14億ドルであった。資産の内訳は、信託が40億ドル、その他のマオリの企業が67億ドル、自営が54億ドル、マオリが雇用主となる事業が208億ドルとなっている。[*37] マオリ経済は現在、ニュージーランドの経済生産の約5％を占めている。[*38]

マオリは、ニュージーランド国内の漁獲枠の37％、1990年以前の森林の36％を管理している。また、農業は引き続きマオリの経済の重要な部分を占めている。[*39] しかし、ニュージーランド・ヘラルド紙のフラン・オサリバンによれば、「マオリの企業が資本市場にアクセスできるかどうかということに対しては、ガバナンス上の取り決め、財産に対する権利および権限、商業的価値の創造という3つの基本的な問題に対する捉え方が引き続き影響している」という。[*40]

教育面での成果には希望が持てる。近年、マオリの教育水準は着実に向上しており、２００６年には約20万人のマオリが中等教育または高等教育を修了している。[*41]

今日、マオリ経済は、ニュージーランド経済におけるいくつかの産業において重要な位置を占めている。マオリ経済を示すＢＥＲＬモデル〔ニュージーランドの民間経済研究所モデル〕によれば、マオリの主要産業として16の分野が特定されている。ただし、マオリ経済は伝統的に３つのＦ、すなわち水産業（Fisheries）、林業（Forestry）、農業（Farming）に集中している。[*42]

市場経済の影響

１９８４年に労働党が政権をとったことで、伝統的に保護されてきた経済が世界経済に向けて開かれることになった。その結果、労働党は、市場の完全な合理性を信じる哲学的信念に基づいた経済政策を自発的に受け入れ、実行した。この政策転換によって、貿易障壁が引き下げられ、多くのニュージーランド企業が破壊され、外国からの投資が促進され、従来の政府部門は、国営事業の民営化を最終目的と

＊36　‘Maori Economic Development, Te Ohanga Whanaketanga Maori’, NZIER 2003, Wellington, p.7.
＊37　Maori Economic Task Force – Summit Papers 2009, 2011, Te Puni Kokiri.
＊38　*National Business Review*, 19 December 2010.
＊39　*National Business Review*, 17 September 2011.
＊40　*New Zealand Herald*, 17 September 2011.
＊41　Te Puni Kokiri – Fact Sheet, Wellington, May 2010.
＊42　BERL Economics, 22 December 2010.

した収益法人へと変貌した。政治評論家のブルース・ジェソンは次のように論じている。

1984~85年にグローバル市場への参入障壁が引き下げられて以来、投機的金融が生産性の高いニュージーランド経済を破壊し、それによって社会全体が骨抜きにされてしまった。金融業者の手段は理にかなっていて、むしろ非常に合理的なのかもしれないが、彼らの目的は、私利私欲以外の観点からすれば、狂気の沙汰だと言っても過言ではない。*43

一部のマオリの指導者や多くのパケハたちが、労働党の経済政策は、1985年に制定されたワイタンギ条約改正法に真っ向から対立するものだと考えた。しかしこの時、マオリは、ワイタンギ条約に関する訴えを英国と協力して解決するよう奨励されていた。またその一方で、国営企業は、国有資産の余剰分を、外国人を含め、最高額を提示した入札者に売却する権限を持っていた。それらがひとたび売却されてしまえば、マオリが請求できる資産はほとんどなくなってしまう。その上、英国にはワイタンギ条約を遵守する義務があるが、国内外を問わず民間企業にはそのような義務はないと言われていた。学者のジェーン・ケルシーは、この矛盾を次のようにまとめている。

政府の政策の構造的目標は、資源と管理を英国から民間部門に移すことであった……国が民営化を通じて資源を移転したり、権限委譲を通じて権力を移管したりすれば、国はワイタンギ条約上の責任を果たしたり、責任を問われたりする能力を放棄することになる。英国の手元には、マオリがランガティラタンガ〔自決権や主権〕を行使できるようなものはほとんど残らないだろう。そうしたなか、マオリの経済的、政治的な困窮状態が続く一方で、英国はキャピタルゲイン〔資産価値の上昇による利益〕をより確実なかたちで手にすることになる。[*44]

このような民営化政策は、１９８６年に制定された「国有企業法」によって具体化された。この法律により、政府の旧省庁から土地を引き継ぎ、利益を上げて運営することが求められる新たな国有企業は、英国の土地（Crown land）を民間に売却することが可能となった。ひとたび私有地になれば、その土地はワイタンギ審判所における請求の対象とはならない。ニュージーランドの国土面積２７００万ヘクタールのうち、３００万ヘクタールがランドコープ〔ニュージーランドの農業を中心とした国有企業〕に、88万ヘクタールがフォレストコープ〔ニュージーランドの林業を中心とした国有企業〕に譲渡されることが目論まれていた。[*45]

この法案には、マオリからの強い反発があったため、政府はワイタンギ審判所からの助言を受け、同法の修正案としてワイタンギ条約に関する条項を挿入した。第9条には次のように書かれている。「この法律のいかなる部分も、ワイタンギ条約の原則と矛盾する方法で英国が行動することを認めない」。しかし、この条項は、結局のところ、国有企業が英国の土地を処分することを認めた第27条と矛盾していた。

＊43　Bruce Jesson, *Only Their Purpose is Mad: The Money Men Take Over New Zealand*, p. 12.
＊44　Jane Kelsey, *A Question of Honour? Labour and the Treaty 1984–1989*, p. 45.
＊45　Department of Maori Studies, Massey University, *Te Kawenata o Waitangi: The Treaty of Waitangi in New Zealand Society*, p. 87.

1987年、ニュージーランドのマオリ評議会は、いわゆる国有企業問題に関し、控訴裁判所に訴えを起こした。同裁判所は、ワイタンギ審判所の申し立ての対象となる可能性のある英国の土地を、民間に譲渡することに反対する判決を下した。控訴裁判所はさらに、国有企業法の第9条は、マオリの請求権者の保護において、ほかのすべてに優先されるものであり、国有資産の譲渡はワイタンギ条約の原則に反し、違法であると述べた。その後、政府は、ワイタンギ条約国営企業法（1988年）を制定し、ワイタンギ審判所で請求の対象となる可能性のある国有企業に譲渡された英国の土地（Crown land）を保護した。これにより、同審判所は（そのような場合に限り）、マオリの所有者に土地を返還するよう、英国に対して拘束力のある勧告を行なう権限を有するようになった。すべての土地の権利証には、将来生じる可能性のある請求を保護するため、手続き差し止めを通告する但し書きが付されることとされたが、国有企業は同審判所に申請してこの通告を解除することもできた。

ワイタンギ条約の原則

現代的論争の特徴のひとつは、ワイタンギ条約の原則の出現である。この原則が、将来を見据えた創造的変化のための幅広い枠組みを提供していることが、ひとつの強みである。一方、議会は抜け目なくこれらの原則を正確に定義することを控えてきた。控訴裁判所、政府、ワイタンギ審判所、ニュージーランド・マオリ評議会から、それぞれ異なる原則が提示されている。

1987年、控訴裁判所は次のように述べている。

- ワイタンギ条約では、マオリのランガティラタンガ（自決権や権限行使権）の保護と引き換えに、英国が主権を獲得することが定められている。

- ワイタンギ条約では、合理的かつ誠実に行動するための協力と義務が求められている。
- ワイタンギ条約では、英国が統治する自由が定められている。
- ワイタンギ条約は、マオリの人々が自分たちの土地や水を可能な限り利用できるよう、マオリの人々を積極的に保護する義務を英国に授けている。
- 英国には、ワイタンギ条約に対する過去の違反を是正する義務がある。
- ワイタンギ条約では、マオリが自分たちの資源やタオンガ（不動産、所有物等）に対するランガティラタンガを保持し、市民としてのすべての権利と特権を持つことが定められている。
- ワイタンギ条約は、マオリに、合理的な協力を行なう義務を授けている。[*46]

1989年に労働党政権が諸原則を定め、1990年に国民党政権がこれを次のように修正した。

- 統治の原則（カワナタンガ）
- 自治の原則（ランガティラタンガ）
- 平等の原則
- イウィ（部族）と政府の間の合理的な協力の原則
- 補償の原則

＊46　Marcia Stenson, 前掲書 , pp. 21–22.

しかしこれらの原則は、政府が再定義したものであるという点に留意する必要がある。ワイタンギ条約に元々含まれていた規定ではない。マオリに相談して決定されたものでもない。重要な一歩にすぎない。以下は、ニュージーランド・マオリ評議会が提示した原則である。

- ワイタンギ条約に対する過去の違反を償う義務
- 土地に対しては土地で返還する義務
- マオリの生活様式の保護
- マオリに相談する義務
- 両当事者は同等の地位にあること
- タオンガ（不動産、所有物など）に関するマオリの価値観を優先すること[*47]

これらの原則は常に進化している。裁判所とワイタンギ審判所の両者から表明されたワイタンギ条約の原則に関する優れたガイドが、２００１年にテ・プニ・コキリ（マオリ開発省）から公表された。[*48]

裁判所の役割

国有企業訴訟における控訴裁判所の判決は、裁判所による条約の解釈に新たな方向性を示したものであり、ワイタンギ審判所のこれまでの知見に基づいたものであった。この判決とその後の判決により、ワイタンギ条約に関して以下の原則が生まれた。これらの原則に議論の余地はあるものの、過去の決定を大きく前進させるものであると言えるだろう。

- 主権は、マオリの利益を守ることと引き換えに英国に割譲されたものであること。
- 英国が統治するための自由（マオリの合理的な協力を必要とする）は、ティノ・ランガティラタンガ〔マオリによる自治権や権限行使権〕を積極的に保護する義務とバランスがとれていること。
- ワイタンギ条約は、パートナーシップに似た信託関係を樹立し、英国に対して、合理的に、高潔に、また誠実に行動し、それによって十分な情報に基づいた決定を下し（それはしばしば何らかのかたちでの協議を必要とする）、過去のワイタンギ条約違反を是正するという義務を課すこと。

裁判所が今後の訴訟においてワイタンギ条約を適用する際に、同条約を再び解釈し直すということが続く可能性もあるため、これらの原則を不変のものと見なすことはできない。しかし、これらの原則は、裁判所とワイタンギ審判所においてかなり定着してきている。

裁判所の理解が深まっているのは、ワイタンギ条約が「ニュージーランドの基盤に不可欠」であり、「ニュージーランド社会組織の一部」であるためだ。[*49] 裁判所の判決により、ワイタンギ条約は「変化す

……………………

*47　同書 , pp. 22–23.
*48　Te Puni Kokiri, *He Tirohanga O Kawa Ke Te Tiriti O Waitangi: A Guide to the Principles of the Treaty of Waitangi as Expressed by the Courts and the Waitangi Tribunal.*
*49　同書 , p. 85.

る新たな状況に適用することができる生きた道具」と見なされるべきであり、「重要なのは、ワイタンギ条約の精神と、前向きで永続的な同条約の役割」であることは明らかだ。憲法学者であるフィリップ・ジョセフは、今後は「何よりも精神的な寛容さが求められる」[*50]と述べている。マオリはワイタンギ条約に署名する際、自分たちのすべての資源や財物に対するティノ・ランガティラタンガ〔マオリによる自治権や権限行使権〕を保持することを期待していたのだ。

裁判所は、市民が、正義、敬意、尊厳、公正さをもって扱われる場所である。しかし、私たちも気づいている通り、ほとんどのマオリのコミュニティや個人は、これまでそのように扱われてこなかった。法学者のポール・マクヒューによれば、1877年のウィ・パラタ事件に対するプレンダーガスト判事の判決、すなわち「ワイタンギ条約は法的に無効である」[*51]という判決によって、「ワイタンギ条約のもとでのマオリの地位と権利が司法的に消滅した」という。マクヒューはさらに、「その判決が司法にもたらした最も重大な帰結は、英国の絶対的な主権を揺るぎないものとし、ワイタンギ条約がその主権にいかなるかたちでも影響を与えることができないということを明確にしたことだ」[*52]としている。

ニュージーランドの裁判所は、プレンダーガストの判決から100年を経てようやく、ワイタンギ条約の中でマオリに対して厳粛な約束が行なわれたことを認めた。しかしわざわざワイタンギ条約を持ち出さなくても、裁判所には常にコモンローを遵守するだけの権威があったはずだ。にもかかわらず、裁判所はこの問題にめったに介入しようとはしなかった。裁判所は独立しているとは言い難く、特定の利害関係者に積極的に奉仕し、マオリを追放する機関となり、土地所有者である裕福なパケハと共謀して、英国が行なった不正な土地取得を正当化した。国会は法律を作る場であり、それを解釈し執行する自由は裁判所にあるはずだ。しかし、英国による明らかな不正行為や違法行為を容認してきたこれまでの裁判所の振る舞いを見る限り、これは説得力のない主張である。マオリ社会は、過去の偏った裁判所の判決が残した負の遺産を背負ったまま生き続けている。この国の裁判制度は、マオリに対して説明責任を果たさなければならない。裁判所が公平性と独立性を示すことができれば、それは大きな前進となるだろう。

１９８０年代半ばには、ニュージーランドの政治的変化が裁判所に影響を与え、長年にわたって求められてきた司法の公平性と独立性が芽生え始めた。カナダ人のダグ・サンダース教授は、その変化による影響を次のように捉えている。

カナダやオーストラリアと同様、ニュージーランドの法廷記録も悲惨なものだった。しかし、この国の人々の考え方が変化したため、裁判所もそれまでの人種差別的な考え方をあきらめなければならなくなった。司法が尊重されるようになったのは、１９８７年の国有企業訴訟以降のことで、その後の漁業権に関する司法判断においてもこのことが確認されている。司法の姿勢の変化は、ワイタンギ条約の原則を尊重することを義務づけていた限定的な法律の規定をはるかに超える広範なものであった。マオリの権利に対する認識に大きな変化が生じたのだ。[*53]

……………………

＊50　Philip A. Joseph, *Constitutional and Administrative Law in New Zealand*, pp. 59–60.　前述の引用は、そこに引用されている裁判所の判決に基づいたものである。

＊51　P. G. McHugh, 'From Sovereignty Talk to Settlement Time: The Constitutional Setting of Maori Claims in the 1990s' in Paul Havemann (ed.), 前掲書 , p. 447.

＊52　同書 , p. 449.

マオリが求めていた司法の独立性がようやく示されたのは、２００３年のニュージーランドの前浜と海底をめぐる控訴裁判所の歴史的な判決（第10章を参照のこと）だったと言われている。

英国の政策と財政パッケージ

１９８９年、英国は、ワイタンギ条約に関する英国の行動の指針として、一連の原則を策定した。この原則は、英国の統治権を強化し、ランガティラタンガを自決ではなく、自己管理と定義し直し、過去の条約違反に対する補償を支持し、合理的な協力の義務と、法のもとの平等を推進するものだった。しかし、多くのマオリは、これは、英国がワイタンギ条約を再構成して英国の力を強化しようとするものであり、現状維持のための新たな試みだと考えた。

その数年後、「財政パッケージ」と呼ばれる提案がなされたことで、より多くの訴訟が危機的状況に追いこまれることになった。この提案は、すべての歴史的請求を、完全かつ最終的に解決するために、請求権を持つすべての部族に総額10億ドルを分配するというものだった。支払いは10年にわたって行なわれるとされた。3年を費やして作成されたこの提案は、１９９４年12月8日にジム・ボルジャー首相によって発表されたが、ニュージーランド中のマオリから完全に拒否された。[*54]

英国は、その後数カ月かけてマオリの意見を聞くつもりだったと主張しているが、この提案の中には、マオリの土地請求権の総額に政府が上限を設けることや、保護地や国有資源の所有権に関する提案など、言語道断と言わざるを得ない内容が含まれていた。さらに、この提案からは、秘密主義と一方的宣言の臭いがして、英国の誠意のなさと、公表されていない動機を窺い知ることができた。[*55] 多くのマオリは、これはマオリに対するさらなる侮辱以外の何ものでもなく、１５０年にわたる盗み、詐欺、屈辱に満ちた歴史をわずかな金額で解決しようとしていると考えた。

現在では、この「財政パッケージ」は、マオリの請求に誠意を持って対処するためではなく、パケハの有権者たちをなだめるために作られたものだというのが大方の見方である。

この「財政パッケージ」が全面的に拒否された後、２大部族であるタイヌイ部族（１９９５年）とンガーイ・タフ部族（１９９８年）が和解に応じた。[*56] この時すでに、１９９２年の全マオリ商業漁業和解金１億７千万ドルは決定されていた。[*57] ２０１１年９月現在、英国がマオリの権利請求者グループと交わした和解証書は41件で、かなりの数の証書が完成に近づいている。また19件の和解案が立法化された。まだ和解に至っていない権利請求者グループの大半は、英国との和解交渉や事前交渉に積極的に参加している。２０１１年９月22日現在の和解証書に含まれる金銭的・商業的補償額は、額面で12億５４２３万３１８９ドルとなっている。

……………………

＊53　Douglas Sanders, *State Practice and the United Nations Draft Declaration on the Rights of Indigenous Peoples,* conference paper.

＊54　Wira Gardiner, *Return to Sender: What Really Happened at the Fiscal Envelope Hui.*

＊55　Department of Maori Studies, Massey University, 前掲書 , p.47.

＊56　商業漁業とンガーイ・タフ部族の集落の分析については、第11章を参照のこと。

＊57　１９９２年の漁業和解金１億５千万ドルは、３年間（1992/93、1993/94、1994/95）にわたって支払われた。この漁業和解案には、新規漁獲割当の20％の譲渡も含まれており、これには2千万ドルの目安額が提示されているため、和解案の総額は1億7千万ドルと推定される。Office of Treaty Settlements, *Quarterly Report to 30 June 2004*, p. 11.

近年、英国のワイタンギ条約和解政策に大きな変化は見られない。[*58]

ワイタンギ条約に関する和解の目的については、一般の人々の間に今でもかなりの混乱がある。多くのニュージーランド人は、英国は納税者から集めた金を、こうした和解政策を通じて、マオリへの特別支援というかたちで分配していると考えている。すなわち、和解は、過去の不正に対して申し立てられた不服に対する賠償だということが理解されていないのだ。和解金を受けとった人々がその金で何をするかは、彼らが決めることである。なぜなら、それは彼らの金だからだ。彼らが受けとった金の使途まで英国が決めるとしたら、これまで犯してきた条約違反の二の舞となる。なぜなら、マオリの人々が自分たちの財産やその他の資源に対して完全な権限を持つことは、すでにワイタンギ条約の中で保証されていたことだからだ。ニュージーランドの富の多くが、歴代の入植者政府によって、マオリから奪い取られた土地やその他の資源の上に築かれていることを、多くのニュージーランド人が認識するようになるまで、この混乱は続くだろう。

マオリ主導による開発への取り組み

1975年のヒコイ（デモ行進）は、マオリにとって、国家を形づくる上での重要な分岐点となった。この時点から、マオリのルネッサンスは誰の目にも明らかとなった。1980年代初頭から、さまざまな社会制度においてマオリ向けの選択肢が用意されるようになったことにほぼ疑いの余地はない。各地域のイウィ（部族）や都市のマオリ当局は、マオリにさまざまなサービスを提供し、彼らの経済基盤を構築するための仕組みを開発し始めた。これらの取り組みは、マオリの人々が自らの運命をコントロールし、長い間国から否定されてきたティノ・ランガティラタンガ（自決権や権利行使権）を完全に行使する権利を自らの手に取り戻そうとしていることを表していた。

これらの新たな取り組みの中でも特徴的な政策は、「マオリ開発」であった。この政策の目的は、教育、雇用、健康、社会サービスを「マオリによって、マオリのために、マオリの方法で」提供することである。これらの取り組みの多くは、自発的に始まり、最終的には、そうしたサービスに関する契約を政府と交わすことによって、政府からの支援が受けられるようになった。しかし、そうした取り組みの多くは今もリソース不足という問題を抱えており、常に財政は逼迫している。しかし中には、政治的・経済的にすでに定着したものもあり、将来に向けた新たな可能性が窺える。

テ・コハンガ・レオ

「マオリ語の巣」という意味を持つテ・コハンガ・レオ〔マオリの教育制度で、特に幼少期の教育を指す〕は、大きな成功を収めた数多くのマオリの取り組みのひとつである。[*59] マオリの初等教育、テ・コハンガ・レオは4つの原則によって支えられている。

- テ・レオ・マオリ〔マオリ語〕とティカンガ・マオリ〔マオリの文化的習慣等〕に完全に浸ること。
- ファーナウ〔大家族や友人を含むコミュニティ〕が管理と意思決定を行なうこと。

*58　詳細については、Office of Treaty Settlements が発行した *Healing the Past, Building a Future: A Guide to Treaty of Waitangi Claims and Negotiations with the Crown* を参照のこと。

*59　この部分の多くの事実関連データは、Te Kohanga Reo National Trust のウェブサイトから引用している。

・創造主、モコプナ〔子どもたち〕、コハンガ・レオ運動を行なう人々、ファーナウ、ハプ〔準部族〕、イウィ〔部族〕、政府に対して説明責任を果たすこと。
・モコプナとファーナウの健康と幸福を大切にすること。*60

テ・コハンガ・レオがマオリ語の復興に取り組んで、20年以上になる。ただしその根底には、マオリの伝統的な習慣を保護するという目的がある。それは、生まれた時から完全にマオリ語に囲まれ、マオリの原則、価値観、慣習を学ぶことができるマオリ開発プログラム〔マオリの子どもの成長と発達を促すプログラム〕と言われている。テ・コハンガ・レオでは、マオリの人々自身が、学習環境、学習内容、学習スタイルを管理する。2004年のコハンガ・レオの数は、500カ所以上にのぼり、1万500人以上のモコプナ〔子どもたち〕とその家族にマオリ文化に完全に浸ることができる教育を提供している。*61 2011年には471カ所のコハンガ・レオで、9364人の子どもたちが学んでいる。英国がワイタンギ条約を遵守しない場合は、テ・コハンガ・ナショナル・トラストが、ワイタンギ審判所に緊急請求を行なってきたのだ。

テ・コハンガ・レオの創設は、幼児教育分野におけるマオリの本格的関与という意味においては、第2期目にあたる。1961年のハン・レポートが提出されるとすぐに、マオリ教育財団の設立という提案がなされた。ハンは、「マオリ教育財団が設立されれば、10年以内に状況は一変するだろう」と主張していた。同財団は、「マオリの教育水準をパケハと同水準にまで引き上げる」という任務を担っていた。その最初に取り組んだ分野のひとつが幼児教育だった。ただし、目覚ましい成果を上げたにもかかわらず、当初の成功を維持することはできなかった。M・ペファイランギ〔マオリ語の教師で、マオリ語を母語としないマオリ向けのマオリ語教授法の創始者のひとり〕は、マオリ語の欠如と現場担当者の離職という２つの問題を挙げている。[*62]

ティトキ・ブラック〔テ・コハンガ・ナショナル・トラストの最高経営責任者を務めた人物〕らは、コハンガ・レオ運動が大きな成功を収めた理由として、次のような要因を挙げている。テ・コハンガ・レオは、

- カウマートゥア〔年長者たち〕の夢であったこと。
- 財団のファーナウ〔大家族を中心とするコミュニティ〕、ハプ〔準部族〕、イウィ〔部族〕のマオリを中心に開発され、マオリの言語、文化に浸ることとファーナウの成長を主な目的としていたこと。
- マオリの子どもたちに、学校教育〔一般的な公教育プログラムやマオリの教育システムに基づく同プログラムへの参加など〕を受けるための準備をさせるという、長期的な目的に基づいて設計されたこと。[*63]

テ・コハンガ・レオの初期の成功は、マオリのコミュニティ、特にマオリの女性たちによる、将来を見据えた取り組みと目を見張るような自発的行動から生まれた。「究極の目的は……平等かつ独立した

……………………

＊60　Titoki Black, Phillip Marshall, Kathie Irwin, *Maori Language Nests in New Zealand: Te Kohanga Reo, 1982–2003*, p. 10.
＊61　年度末の教育省のウェブサイトを参照。
＊62　Titoki Black et al., 前掲書。
＊63　同書, p. 16.

集団として、ニュージーランド社会の公益に貢献するマオリ民族の再生にほかならない」[*64]。

1990年には、コハンガ・レオの責任がマオリ開発省から教育省に移管された。これにより、規制に基づく管理が拡大し、草の根レベルの活動は大きな影響を受け、マオリの初等教育機関は多大な負担を強いられることとなった。政府からの運営補助金を受けとれば、財務上のコンプライアンス要件を守らなければならない。1991年には、これが運動の主たる目標に悪影響を与え、運動を窒息させていると言われるほどになった[*65]。

先祖伝来の言語と文化を復興させるためのコハンガ・レオ・モデルは、柔軟性があり、文化の垣根を越えるほどの応用力がある。このモデルは、南太平洋地域だけでなく、世界的にも重要な意味を持つ。サモア、トケラウ諸島、クック諸島、トンガ、フィジーなど、南太平洋の多くの国がこのモデルを自国において採用している[*66]。

テ・コハンガ・レオは、以下の点において草分け的存在である。

- 世界的に通用する適応力と影響力のある教育モデル
- マオリの幼児教育への参加率の向上
- 完全にマオリ語に囲まれた環境で過ごすことによるマオリ語の習得
- ファーナウ〔大家族を中心としたコミュニティ〕の発展
- 世代を超えたユニークな学習環境の構築[*67]

1970年代後半の時点で、50歳以上のマオリ人口のうち、マオリ語を流暢に話せる人の数はごくわずかであった。しかし、2001年の国勢調査では、マオリ語を話せるマオリは4人に1人となり、マオリ以外でマオリ語を話せる人は3万人となった。また、マオリ語を話す人の半数近くは25歳以下となった。*68 これらの数字がすべてを物語っている。2012年2月には、コハンガ・ナショナル・トラストの理事会が提起した緊急審問が、ワイタンギ審判所で行なわれた〔付録4参照〕。それから25年経った今でも、英国はワイタンギ条約に基づく関係性において理解しなければならないことがたくさんある。それは、英国が積極的に後押しすることもできれば、弱体化させることもできるダイナミックな関係である。英国のすべての政府機関は、マオリの社会が順調なときは、ニュージーランド全体も順調だということを肝に銘じる必要がある。

クラ・カウパパ・マオリ〔マオリの初等・中等教育機関〕

コハンガ・レオ〔0歳～6歳までが通える教育機関〕の卒園生たちは、卒園後もマオリの新たな教育制度の恩恵を受けられるようになった。この制度は1985年に始まり、すでに大きな成功を収めている。

……………………

＊64　同書, p. 7.
＊65　Briefing for the incoming Minister of Education, 1999, website.
＊66　Titoki Black et al., 前掲書, p. 14. 次も参照のこと。Ministry of Education, *Review of Regulation of Early Childhood Education: Implementing Pathways to the Future: Nga Huarahi Arataki.*
＊67　同書, p. 17.
＊68　Statistics New Zealand, 2001 *Census Snapshot.*

それは、第一言語としてマオリ語を使用するクラ・カウパパ・マオリ校（5歳〜18歳までが通える教育機関）であり、現在62校（2009年には70校）が存在し、約5千人の生徒が通っている。これは、マオリの全就学者数の3％にあたる（2001年7月1日現在）。さらにマオリの生徒の12％が、全就学期間の少なくとも31％にあたる期間において、マオリの中等教育を受けている（1999年には、マオリの生徒の18・6％がクラ・カウパパを含む455校でマオリの教育を受けている）。カリキュラムは、マオリの価値観、哲学、原則、実践に基づいたものである。[*69]

テ・ワーナンガ〔マオリの高等教育機関〕

1990年代には、マオリの高等教育機関への進学率が大きな伸びを示した。[*70] この顕著な伸びの中心的役割を果たしたのが、現在ニュージーランド全土で運営されている3つの高等教育機関（テ・ワーナンガ・オ・ラウカワ、テ・ワーナンガ・オ・アオテアロア、テ・ファーレ・ワーナンガ・オ・アワヌイランギ）である。これらが、コハンガ・レオとクラ・カウパパ・マオリの明確なビジョンのもとに成り立っているという点に疑いの余地はない。

ウォーカー氏が指摘するように、こうした取り組みが、従来の教育制度に大きな変革をもたらした。これまで「マオリは、同化、統合、多文化主義、二言語主義といった過去の政策に支配された教育制度に参加しなければならなかった。これはマオリにとって、屈辱的な方法であった」。[*71] ワーナンガの成功の鍵は、マオリを中心に、マオリに焦点を当てた教育プログラムを提供することである。

2002年7月現在、マオリの学生は、大学に1万1010人、ワーナンガに2万2775人、ポリテクニック〔実学を学ぶ高等教育機関〕に1万4970人、教育大学に1397人が在籍している。[*72] ただし、全体的に見るとさらに大きな変化が見られる。教育省によると、マオリの高等教育機関における就学人数は、1999年から2003年7月31日までの間に3万2825人から6万2574人にまで増加しており、これらの学生の大部分はワーナンガに在籍している。テ・ワーナンガ・オ・アオテアロアだけでも、2003年7月31日時点で2万3468人が在籍している。半数はパートタイムの学生で、高校の卒業資格を持っておらず、約3分の1は正式な資格を取得しないコースで学んでいる。[*73] このような増加をもたらした主な要因は、部族グループと政府との間に正式なパートナーシップが構築されたことにある。これまでにイウィ〔部族〕と政府の共同教育事業が9つ設立されている。[*74]

……………………

＊69　2009年の総数は2万5349人で、1998年よりも少なくなっている。最大の課題のひとつは、資格を持った教師と教材の大幅な不足である（Education Review Office, 'The Performance of Kura Kaupapa Maori', website）。

＊70　ワイタンギ審判所の報告書（Wai 262, 2011）には次のように述べられている。「明確に言えることは、1998年頃からマオリの高等教育への参加が大幅に増加しているということだ。しかし、大部分は、難易度の低いコースによって占められていた。同審判所は、高等教育レベルでマオリ語を学ぶ人の数は膨大であるが、……高等教育コースだけでは、マオリ語で会話するほどの能力を獲得するには不十分である」とした。('Wai 262 Flora and Fauna Report', Waitangi Tribunal, Wellington, 2011, www.waitangi.govt.nz, pp.417–31).

＊71　Ranginui Walker, 'The Development of Maori Studies in Tertiary Education in Aotearoa/ New Zealand', in Marie Peters (ed.), *After the Disciplines: The Emergence of Cultural Studies*, p.188.

＊72　Ministry of Education, *New Zealand's Tertiary Education Sector Report – Profile and Trends 2002*, p. 81.

＊73　Ministry of Education, *Maori in Tertiary Education*, April 2004, website.

＊74　Tiakiwai and Teddy, 前掲書 , p. 5.

セイラ＝ジェーン・ティアキワイとラーニー・テディは、マオリの人々が高等教育機関に進学する際に直面する4つの主な障害を挙げている（これらはマオリの高等教育機関であるワーナンガの場合には、ほとんど当てはまらない点に注意）。

- 経済的な障害、学業上の制約、文化に根ざした理念の違い
- 特にワイタンギ条約で保証されているように、その機関のあらゆるレベルにおける意思決定に参加し、意味のある協議を行なう権利の欠如
- マオリ語、マオリの文化的習慣、マオリの強いアイデンティティを維持することに対する周りの理解不足
- マオリが高等教育レベルに進学する上で、何が障害となっているのかということに対する認識の欠如[*75]

2001年にトゥランギで開催されたトゥファレトア部族主催の「フイ・タウマタ・マタウランガ〔マオリ教育の進捗状況について検討するための会合〕」で、メイソン・デューリー教授は、マオリが求める教育の将来像を次のように定義した。[*76]「マオリのアイデンティティを保ちつつ、グローバル社会への参画ニーズを満たし、マオリが2つの世界を自由に、また快適に行ったり来たりできる」ような教育である。またこのように提唱するのは、「これらの懸念は、ワイタンギ条約でマオリに保証された権限の共有、より幅広い自治権、教育システム全体への完全な参加と関連がある」[*77]としている。

21世紀に向けて

１９９０年代には、ワイタンギ条約に関する公開討論がますます盛んになり、マオリ社会とパケハ社会の間には考え方に開きがあり、人々がニュージーランドの植民地時代の歴史をあまり理解していないということが明らかになった。人種関係は相変わらずメディアでよくとり上げられており、ワイタンギ条約に明記されていない資源（鉱物、新技術、電波など）に対するマオリの主張は、「ワイタンギ条約不服申し立て産業」として、未だに多くのパケハの怒りを買っている。マオリの中には、移民が増えれば、ワイタンギ条約上の英国の義務を果たす責任が結果的に薄まるのではないかと心配する人もいる。

英国のワイタンギ条約に対する原則は、現在40本以上の法律に組みこまれているが、これらの法律が条約そのものを保護するわけではない。ワイタンギ条約の条文自体が法律に組みこまれたり、保護されたりしたことはない。いくつかの法律は、意思決定段階において、ワイタンギ条約に対する英国の原則やマオリの利益を十分考慮するよう求めているが、ワイタンギ条約を英国の義務として明記するには至っていない。ワイタンギ条約が法律において言及される場合は、通常、その法律に対する考え方や運用の仕方を制限する条項というかたちで提示されている。[*78] ほとんどの法律はワイタンギ条約について言

*75　同書, p. 6.
*76　Mason Durie, *A Framework for Considering Maori Educational Advancement*, 2001.
*77　Tiakiwai and Teddy, 前掲書, p. 6.
*78　Department of Maori Studies, Massey University, 前掲書, p. 103.

及していないが、裁判所は、そのような場合でも、条約の原則〔あるいは関連する行政法の法理〕を、英国が実施すべき義務、あるいは英国が意思決定する際に考慮すべき義務として示唆することはできる。

マオリには、タンガタ・フェヌア〔先住民族〕が元々持っているコモンロー上の権利や、ワイタンギ条約の当事者としての唯一無二の地位が保証されているはずだ。しかし、裁判所の判決やワイタンギ審判所の証拠が積み上がってきているにもかかわらず、ワイタンギ条約の憲法上の位置づけに関する議論と同様、マオリの地位に関しては未だに激しい論争が続いている。英国は今でも、ワイタンギ条約によって主権がマオリから英国に委譲されたという前提の元に動いているが、多くのマオリはこの主張に異議を唱え、ティノ・ランガティラタンガ〔無条件の権限行使〕への障壁を取り除くよう求め続けている。現在の議論において、ニュージーランド社会の多文化性は、マオリ以外のニュージーランド人の平等な地位を促進したり、マオリに対する歴史的な不正に直面したときに多くのパケハが感じる罪悪感や恥ずかしさを紛らわしたりするために利用されている。後者は、過去を忘れてひとつの国民として前進したいという、多くの非マオリ系ニュージーランド人の積年の願いを後押ししている。マオリはほとんどの場合、過去の悪行を現在のパケハのせいにしたり、罪悪感を抱かせたりすることを望んでいるわけではない。ただ、歴代政権による条約違反を英国が賠償し、今日的な条約の義務が完全に果たされることを正当なかたちで望んでいるだけだ。

21世紀への変わり目に、英国は、ワイタンギ条約を、ニュージーランドの建国文書として、また憲政の基礎として受け入れた。[*79] 2012年に入ってからも、ニュージーランドの連立政権は引き続き歴史的不服申し立ての解決に取り組んでいる。しかし、原告に、ワイタンギ審判所のプロセスを経ずに、英国と直接交渉させようとする圧力は高まりつつある。このようなやり方をとれば、条約問題の和解が加速され、国民のいらだちを抑えられるかもしれない。しかし、より大きな癒しのプロセスの一環として、人々が敬意を持って耳を傾けるワイタンギ審判所という公式の場で、自らの歴史を語ることを望む原告もいる。ワイタンギ審判所を経由しなければ、そうしたニーズに応えることはできないし、ワイタンギ条約に基づく請求手続き自体が危うくなる可能性もある。また、不正が適切に解決されなければ、不満はさらに増大するかもしれない。

ワイタンギ条約に関する一般市民の理解は乏しく、政府がワイタンギ条約上の義務を果たす上で、そのことが引き続き障害となっている。メイソン・デューリーの次の発言を本章の結びの言葉としたい。「欠けているのは、国が、ワイタンギ条約に対する自らの立場を明確にすることであり、訴訟、抗議、疎外行為、略奪行為を歴史のなかで徐々に消化していくために、マオリと英国の両者の見解に基づいてしっかりと理解することである[*80]」。

……………………

＊79　He Putahitanga Hou—Labour Party, *Manifesto on Maori Development 1999*, p. 1, website.
＊80　Mason Durie, *Te Mana, Te Kawanatanga*, pp. 175–76.

第6章　なぜ私たちは歴史を知らないのか？

1992年、ニューオーリンズ

夜中の3時、外の通りから聞こえてくる音に背筋が凍りついた。エンジンの爆発音か、車のドアを閉める音か、それとも銃声か。シャッターが閉まる音がする。いったい何が起きているのだろう。人々の話し声や犬の鳴き声も聞こえてくる。猛烈な暑さだった。今晩、目を覚ましたのはこれで10回目だ。私はベッドから起き上がり、格子窓の隙間から通りを窺ったが、誰もいない。何も動いていない。私はベッドに戻り、もう少し寝ようと思った。

まもなく朝になろうとしていた。私はその日、反人種差別のトレーナーグループ「ＰＩＳＡＢ（The People's Institute for Survival and Beyond）」と再会することになっていた。公民権、反戦、福祉、農場労働者や先住民族の権利など、さまざまな正義のために闘うベテランたちの多民族全国ネットワークである。コミュニティワークや運動を始めるという点において、この研究所のトレーナーたちは経験豊富だった。彼らは見ず知らずの私に、これまでの苦労話や反人種差別の戦略などについて語ってくれた。彼らは、ニューオーリンズの黒人ゲットー〔黒人居住率が高い地域〕の真ん中にある古い家を改造した本部の床に私を泊めてくれた。夜は身の安全のため、本部の建物内に閉じこもった。そこは白人がひとりで出歩けるような地域ではなかったからだ。貧困と闘争に囲まれた環境にあっても、彼らの親切なもてなしと友情は並外れたものだった。

この明暗の激しい街に到着したのはその週の初めのことだ。時間に余裕があったので、世界最高のジャズを聴きに、観光客の後についてフレンチ・クォーター地区を訪ねた。バーボン・ストリートを巨大なミシシッピ川に向かって歩きながら耳にするレストランやナイトクラブから流れてくるジャズの響きはとても魅惑的だった。

奴隷制の歴史が市場性のある商品にされてしまっているという事実に目をつぶれば、残虐な過去を簡単に忘れ去るには十分な環境だった。古いプランテーション・ハウスを見学する観光客はたくさんいたが、黒人居住区に残る奴隷制の遺物を見学するルートはなかった。

アメリカの都市部では、多くのアフリカ系アメリカ人が街の中心部に住み、北米の白人は郊外に住んでいる。どこでも同じようなものだろうが、ニューオーリンズでも、人種と社会的階級とが必然的に絡み合っている。線路や高速道路の高架橋がその境界線となっており、黒人居住区に滞在したことで、私はそうした境界線を意識するようになった。

その日の朝、目が覚めると、前日に研究所で話し合ったことが頭をよぎった。この研究所の主な目的は、反人種差別のワークショップを全国展開することだ。ディレクターの説明によると、人々はこれまで北米の学校制度によって、考えること、権威に疑問を持つこと、現状に挑戦することをさせず、ただ暗記するようにプログラムされてきたという。このようなシステムが、体制側のヨーロッパ文化の世界観を強化することは明らかであり、その結果、生徒たちは人種差別をなくすどころか、それを維持する方法を学ぶことになる。[*1]「理解する」という新たな方法が必要なため、研究所の反人種差別のワークショップでは、人々が新たな方法で理解することを体験できるよう、さまざまな練習問題を使った教育的プロセスが実施されていた。[*2]

私は、この説明を受け、ニュージーランドの教育制度について改めて考えさせられた。多くのニュージーランド人が自国の植民地時代の歴史に無知だったのは、このためだったのか？　私たちは植民地時代の歴史について一定の考え方をするように教えられてきたのか？　それとも単にそのような歴史をまったく教えられてこなかっただけなのか？　このような知識の欠如は、組織的な人種差別の産物だろうか？　私はそのような疑問を抱きながら、旅を続けた。

組織的な人種差別を明らかにする

その10日後、私はクリーブランドで開催された反人種差別活動家の会合に参加し、ニューヨークのブロンクスを拠点とするルーテル派の牧師、ジョー・バーントと知り合った。ジョーは過去14年間、全米各地で反人種差別のワークショップリーダーを養成していた。その数年前までドイツに住んでいたジョーは、ナチスのホロコースト〔第2次世界大戦中にナチスドイツが行なったユダヤ人大虐殺〕に関してドイツ人と意見を戦わせていたときに、アメリカのネイティブアメリカンの虐殺について指摘された。そして、彼は新たな見識と方向性を得て帰国したのだった。

この会議では、バーント牧師を中心に「組織的人種差別」という概念が話し合われた。組織的人種差別とは、社会が、自分たちの利益を拡大し、他の人種や民族に不利益をもたらすような組織的な政策や慣行、手続きを通じて、体制派の世界観や価値観を永続させることである。体制派のメンバーは、組織的な人種差別を経験したことがないため、その存在自体を否定することが多い。

私は人種差別に関するバーントの研究にはなじみがあった。その1年前に出版された本の中で、彼はこう説明している。

組織的な人種差別には、「直接的」と「間接的」と呼ばれる2つの方法がある。直接的な組織的人種差別は、その名が示す通り、常に意識的かつ意図的であり、謝罪や恥の意識がなく、公然と行なわれる。これは、最近までかなり合法的に行なわれていた。間接的な組織的人種差別は、意図的なものとそうでないものがある。意図的な場合の間接的人種差別は、世間がそれと気づかないように意図的に偽装したり隠したりする。しかし、意図的でない、間接的な人種差別はさらに複雑である。それは、まるでそれ自体に命があるかのように、根絶するのは極めて難しい。[*3]

……………………

＊1　国際的に認められている人種差別の定義のひとつは、ある文化が「何が『普通』か」を定義する権利、権力、権限を持つことであり、ある種の先入観である。この「普通であること」は、議会をはじめとするすべての支配的で強制的な構造の機能に反映され、国全体の制度的な生活に浸透している。これは、ニュージーランドでは、パケハ（イギリス人）のやり方が早くから「普通のやり方」として定義され、法制度によって支えられてきたことを意味する。そのため、マオリの文化的価値やティカンガ・マオリ（マオリの習慣）は、国の組織的な生活の場面では排除されてきた。

＊2　Robert Consedine, 'Exiled in the Land of the Free', pp. 21–26.

クリーブランドで行なわれた今回の会議では、バーントからもうひとつ力強い発言があった。彼は、組織的人種差別の変遷について次のように述べている。最初は意図的で、あからさまな（目に見えるかたちの）人種差別から始まる。次に意図的ではあるが、暗に行なわれる（隠された）状態へと移行し、その後、無意識的な人種差別となり、目に見えないかたちで行なわれるようになると主張した。組織的人種差別を根絶するための組織の役割は、歴史を振り返り、体制派の価値観や利益を、組織的生活や機能を通じて、制度的基盤として定着させ、永続させてきた、その方法を特定することである。

バーントの定義は、ニュージーランドの教育システムにも当てはまるのだろうか？[*4] 植民地時代の学校では、パケハの特権や価値観を強化するために、さまざまな仕組みが利用された。例えば、厳格な時間割、部屋のあちこちに飾られたヨーロッパのシンボル、マオリ語の排除などである。またカリキュラムも、パケハの利益を強化したり、維持したりするためのツールだったのだろうか？ ニュージーランドの植民地時代の歴史やワイタンギ条約について学ぶことは、初等・中等教育のカリキュラムの中で義務づけられていたのだろうか？ 義務づけられていた場合、誰の知識、世界観、価値観で教えられていたのか？ 入植者側の視点から教えられていたのだろうか？ ワイタンギ条約についてはどのように教えられていたのだろうか？

ニュージーランドの学校教材を検証する

学校のカリキュラムは、何を教えるべきかということについて指針を示すものだが、教え方、クラスの人数、試験による縛り、政治情勢、使用される教科書など、その他多くの要因のすべてが、実際の教育方法に影響をおよぼす。なかでも、教科書の影響は軽視できない。

人種問題に対する子どもの態度は、他の人種と実際に接触することによってではなく、他の人種に対するそのコミュニティ内の一般的な態度を見聞きすることによって形成されるということを、ほとんどの社会科学的研究が示している。子ども向けの本がコミュニケーションのための不可欠な手段となっている社会において、本は、子どもたちが、その社会における独自の価値観や先入観、信条を身につけるための重要なツールである。[*5]

私は、バーントの組織的人種差別に関する議論の影響を受けて、ニュージーランドの学校で歴史や社会科を教える際に使用された教科書は「意図的に人種差別を行なうあからさまなもの」としてスタートしたのではないかと考えた。その後、教科書は「意図的な人種差別を暗に行なう」ものへと移行したのだろうか？　その後、「無意識的かつ暗に人種差別を行なう」ようになったのだろうか？　多くのニュージーランド人が、ニュージーランドの植民地時代の歴史と、この国が直面している問題とのつながりを

……………………

＊3　Joseph Barndt, *Dismantling Racism: The Continuing Challenge to White America*, p. 81.

＊4　本書では、ニュージーランドが、都合の悪い部分を削除した植民地時代の歴史を学校で教えた理由を理解するためのひとつの枠組みとして、組織的人種差別をとり上げげた。しかし、コリン・マクジョージ氏の次の言葉の中に真実があると考えられる。「初期の教科書は確かに人種差別的であったが、後に、マオリとパケハの関係については美化された説明がなされるようになった。いずれにしても、学校の教科書は何でも都合の悪い部分は削除して説明する傾向がある」。一般的に、公式のカリキュラムや国家認定の教科書は、誰かが「社会で最高の考え方だ」と決めたものを反映したものである。

＊5　World Council of Churches report, *Racism in Children's and School Textbooks*, p. 11.

理解していないのは、彼らが使っていた教科書が、植民地政策を推進した英国文化の視点やニーズを正しいものとして教えていたからなのか？

私はいくつかの教科書を検討する際に、自分が適用した知識は当時のものではなく、20世紀のものだということはわかっていた。それでも、非常に示唆に富む発見があった。

ニュージーランドでは、1960年までは同化政策が主流だった。あらゆるレベルでの「意識的・意図的」な組織的人種差別がこの政策を支えていた。社会政策としての同化という概念は、世界の人種は、最下層の「野蛮な」人種から、最上級の文化的な人種までが階層的に存在するという19世紀のヨーロッパ的考え方から生まれたものだ。このため、英国人は自分たちを「文明の頂点」に存在するものだと考えていた。[*6]

同化政策は、マオリをパケハの生活様式に溶けこませることを目的としたもので、これらの政策の運営に携わった多くの人々は、マオリを「文明化」することが、マオリのためになると考えていたようだ。[*7] 1877年から1960年にかけて学校で使用されたカリキュラムや教科書は、マオリやパケハが、自分たちのことや、ワイタンギ条約やニュージーランドの植民地時代の歴史について教えられていた内容に、同化政策がどのように影響していたのかを物語っている。

歴史の授業は英国史が中心

1877年に制定された教育法により、ニュージーランドの初等教育は義務化され、教えるべき科目が定められた。W・J・ハーベンス牧師が教育省の査察官として最初に行なった仕事のひとつは、カリキュラムの規則を作成することだった。[*8] 歴史は必修ではなく、歴史で教えられるのはもっぱら英国史であった。[*9]

1878年の規則には、地理のカリキュラムにのみニュージーランドに関する記述が含まれている。[*10] 同法は中等教育の国家的制度については規定していなかったが、経済的に余裕のある人は中等教育を受けることができた。中等教育に全国的なカリキュラムはなかった。学校長が理事会の許可を得て、カリキュラムと使用する教科書を決定することになっていた。[*11] 初等教育の指導要領は1885年に見直されたが、実質的には何も変わらなかった。[*12]

1904年には、1899年から教育省の監察官を務めていたジョージ・ホグベンが中心となって、新しい指導要領を作成した。この指導要領には、スタンダード3から6〔スタンダード3は学年開始時で8歳または9歳、スタンダード6は学年開始時で11歳または12歳の生徒〕に対して、歴史的要素が新たに組みこまれることになった。選択肢として「クックとその発見」、「植民地化と初期のニュージーランド政府」、

…………………

*6　Eve Coxon et al., *The Politics of Learning and Teaching in Aotearoa–New Zealand*, p. 50.
*7　同書, p. 51.
*8　1877年に制定された法律の第84条1項には、国立の小学校で教えるべき科目が記載されており、その最後には「しかし、両親または保護者が反対する場合は、その子どもを歴史の授業に強制的に参加させてはならない」と書かれていた。この条項は、カトリックとプロテスタントの間で、歴史の諸側面に関し、意見の相違が避けられないと考えられていたからである。この条項は、1914年の教育法には含まれていたが、1964年の教育法では見られなくなっている。
*9　Education Act 1877, pp. 14–15.
*10　Marcia Stenson, 'History in New Zealand Schools' in *New Zealand Journal of History*, p. 168.
*11　同書, p. 170.
*12　John L. Ewing, *The Development of the New Zealand Primary School Curriculum 1877–1970*, p. 23.

「ニュージーランドとその他の国の植民地形態」などがあった。[*13] ヨーロッパ（主に英国）の歴史が依然として主流だった。何をどのように教えるかということに関する詳細な規定はなく、「子どもたちが置かれた環境」を考慮して、各校が判断した。[*14]

1913年、初等教育の指導要領は再び改訂され、再編成されたが、内容は変わらなかった。[*15] しかし、教師には指導要領の指示を解釈する自由が与えられ、科目を統合することが奨励された。1919年には指導要領がさらに改訂され、歴史は必修科目から外された。[*16]

1903年に制定された中等学校法では、入学基準のひとつである技能証明書を持つ生徒に、中等教育の場が無償で提供され、中等学校に通う生徒の数が増加した。その後、カリキュラムが変更され、1915年頃には、歴史は無償で通学する生徒の必修科目となったが、[*17] カリキュラムという点においては、直ちに変化したものはほとんどなかった。マーシャ・ステンソンは次のように述べている。「1930年代になってようやく、ニュージーランドや世界史に関する項目が充実するようになったが、それまでは依然としてイギリスや大英帝国の歴史が重視されていた」。[*18]

植民地時代の教科書——意図的な人種差別と事実の隠蔽

では、歴史を教えるための教科書はどのような内容だったのだろうか。「1890年代から、指導要領が大幅に改訂される1940年代まで、ニュージーランドの小学校の教科書は、大英帝国の成長と栄光、そして大英帝国におけるニュージーランドのユニークな位置づけについて説明するために、人種の概念を用いていた」。[*19] 1870年代および1880年代の小学校の教科書は英国から輸入されたもので、当時の社会思想、特に適者生存や生物学的な違いに基づく人種の階層性を強調する社会ダーウィン主義を反映していた。

1879年のある教科書には次のように書かれている。「白人は最も重要な人種であり、最高の法律、膨大な知識、農業や商取引に関する最も優れた知見を有している。人間には5つの偉大な人種があり、その中でも白人は最も偉大な人種である」[*20]。1888年に印刷された別の教科書には、「（白人の写真を示し）これが白人だ。この人種は現在、最強である。白人は最も博学で、最も働き者である。白人の国では、人々はほかの国よりも平和で、快適で、自由な生活を送っている」[*21]と記載されている。

これらの教科書を見れば、白人が人種的に優位であることを、公教育がどのようにして小学生にあからさまなかたちで教えていたのか、また世界における彼らの立ち位置に対する考え方をいかにして形成し、異文化を持つ人々に対する見方をいかにして定着させていったのかがわかる。人種的優位性を教え

…………………

＊13 Regulations for Inspection and Examination of Schools, supplement to New Zealand Gazette, 14 April 1904, *Parliamentary Papers*, p. 1086.

＊14 John L. Ewing, 前掲書 , p. 88.

＊15 同書 , p. 143.

＊16 Marcia Stenson, 'History in New Zealand Schools', p. 171.

＊17 同書 , p. 174.

＊18 同書 , p. 173.

＊19 Colin McGeorge, 'Race, Empire and the Maori in the New Zealand Primary School Curriculum 1880–1940' in J. A. Mangan (ed.), *The Imperial Curriculum: Racial Images and Education in British Colonial Experience*, p. 64.

＊20 同書 , p. 66.

＊21 同書 , p. 67.

る教育によって、人々の行動を形成し、生き方や組織のあり方、誰の知識が正当化されるべきかといった規範に関して、一連の先入観を植えつけることができる。歴史的に定着したこのような考え方によって、マオリの価値観は社会の中心から疎外されたため、マオリの生活様式は「普通」ではないとされるようになった。

ワイタンギ条約は、学校の指導要領において公式に記載された項目ではなかったが、20世紀に入る頃には、同条約に関する資料が入手できるようになっていた。『New Zealand Graphic Reader Sixth Book〔図表で読み解くニュージーランド 第6巻〕』（1900年頃）には「レッスン20」としてワイタンギ条約に関する記述が収録されている。このレッスンでは、ワイタンギ条約の英訳をもとに、次のように結論づけられている。

> ワイタンギ条約の締結以降、マオリは植民地政府に対して幾度となく激しい戦いを仕掛けてきたが、ニュージーランドにおける英国の権威は平和的に獲得されたものであり、主に先住民族の自発的な要求に応えて確立されたものであることを忘れてはならない。また、同条約に基づく先住民族の権利はおおむね尊重されており、先住民族自身も、同条約のいずれかの条項が不当にねじ曲げられたり、恣意的に除外されたりしたという不服を申し立ててはいない。*22

このレッスンは、ワイタンギ条約のマオリ語版を尊重することに対するマオリの絶え間ない要求、代表団の派遣、嘆願書の提出、政治的行動、会議、講演会などを都合よく無視している。ロンドンの植民地局は、条約の存在を真剣に受け止めてはいたが、ニュージーランド開拓の最前線で実際に起こったことに対してはまったく責任を負わなかった。書類上では、植民地局は「先住民族」の幸福に心を配り、その保護、市民権、部族の権威、参画、良好な関係、条約を尊重することを約束していたが、いったん入植に弾みがつくと、こうした約束や責任を果たすことに関してほとんど何もしなかった。

１９０４年の新しい初等教育の指導要領においても、人種は主要なテーマであり、ある教科書には次のような記述が見られる。

帝国を維持する最大の理由は、英国が全世界に及ぼしうる果てしない影響力である。英国は、近代国家の中で最も進歩的で、最も公正な国家の先頭に立っている。それゆえ、英国が新しい国や、まだ幼い国の運命を導き、コントロールするのは適切なことである。人類のなかで下等な人種の運命は英国に委ねられるべきであり、他の誰にも委ねられてはならない。なぜなら下等な人種の多くは、慈悲の心を持たない権力者に対するまさに命を懸けた不平等な闘いを強いられているからだ。[*23]

１９０５年には、ニュージーランドで出版された教科書が手に入るようになっていたが、人種のヒエラルキー（階層構造）の概念はまだ強く残っていた。[*24] ニュージーランドに入植した英国人は、このヒエラルキー的基準を元に、「白人であるということは、アジア人やアフリカ人よりも当然優れており、（人

＊22　Collins School Series, *The New Zealand Graphic Reader Sixth Book*, p. 93.
＊23　Colin McGeorge, 前掲書 , p. 65.
＊24　同書 , p. 67.

種的に英国人であるがゆえに）他のヨーロッパ人よりも優れている」[25]と考えていた。また、「マオリが人種的にどのような位置づけにあるかということに関する一般的な合意はなかったが、非常に優れた野蛮人であるという点に関しては、普遍的な合意があった」[26]。

1907年に最初の『スクールジャーナル』〔ニュージーランドの教科書〕が発行され、1914年からは公立の学校での使用が義務化された[27]。1930年代初頭まで、この教科書の3分の1は「帝国、軍事、愛国心」[28]に関する記述で占められており、「英国の道徳的な優位性が事実として」[29]述べられていた。

より明らかになったニュージーランドの歴史

1928年制定の初等教育における歴史の指導要領では飛躍的な進歩が見られ、「ニュージーランドの歴史とマオリの人々の生活に関連するトピックが初めて指導要領に導入された」[30]。しかし、これは、1904年の「歴史と公民教育」のカリキュラムに含まれていたニュージーランドに関する内容を見落としているため、事実とは異なる。ただし、1928年の指導要領において、ニュージーランドに関する記述がそれまでより多くなったのは事実である。この新しい指導要領に準拠することは必ずしも義務ではなく、各校の選択に任されていたが、そこには「マオリ人の到来」、「マオリ人の生活」、「白人の捕鯨隊、海兵隊、宣教師による最初の入植」、「アベル・タスマン〔オランダの探検家〕とキャプテン・クック〔英国の海洋探検家〕」、「有名な宣教師」、「ワイタンギ条約」、「有名な総督」、「ニュージーランドを統治するための初期の取り決め」、「ニュージーランド協会」、「北島と南島の入植過程とその比較」などのトピックがとり上げられている[31]。

しかし、これらのトピックをどのように教えるかということに関する記述においては、植民地における支配者側の視点が色濃く表現されていた。フォーム1の生徒〔学年開始時で10歳または11歳の生徒〕には、「イギリスがどのようにして偉大な植民地国家になったか」を学ぶことが明確な目標として掲げられていた。[*32] フォーム2〔学年開始時で11歳または12歳に相当〕の生徒には、「大英帝国の成立」について教えられることになっていた。[*33] 子どもたちに「愛国心」を教え、「どんなに控えめなかたちであれ、ニュージーランドと大英帝国の発展のために自分の役目を果たす喜びと誇り」を学べるようにすることが、依然として最優先事項であった。[*34]

1936年に中等学校への選抜入学と能力試験が廃止され、1940年代には教育大臣のH・G・R・メイソンが、ウィリアム・トーマス〔ティマル・ボーイズハイスクールの元校長〕を中等学校のカリキュラムを見直す委員会の長に任命した。各校は、従来のアカデミックな中等学校のコースに適さないと思

……………………

＊25　同書。
＊26　同書, p 69.
＊27　E. P. Malone, 'The New Zealand School Journal and the Imperial Ideology' in *New Zealand Journal of History*, p. 13.
＊28　Colin McGeorge, 前掲書, p. 72.
＊29　E. P. Malone, 前掲書, p. 15.
＊30　Education Department, *Syllabus of Instruction for Public Schools*, p. 31.
＊31　同書, pp. 33–34.
＊32　同書, p. 34.
＊33　同書, p. 35.
＊34　同書, p. 32.

われる生徒たちのために、より幅広い科目を選択できるようにする必要があった。1944年のトーマス報告書では、歴史、地理、その他の科目を組み合わせた社会科が新たに必修科目として導入された。[*35] ワイタンギ条約は科目に指定されておらず、報告書には「各校はそれぞれの目的や地域の状況に合わせて、広い範囲から自由にコースを設定すべきである」と明記されていた。[*36]

1947年には小学校向けの社会科の指導要領が発行された。[*37]「タスマン」、「クック」、「デュルビル（フランスの軍人・探検家）」、「初期の貿易商（マニングなど）」、「捕鯨船員（ガード、バレットなど）」、「宣教師（マースデン、ウィリアムズ、セルウィンなど）」といったニュージーランド史に加え、ワイタンギ条約に関するトピックも盛りこまれるようになった。[*38] そうしたなか、ワイタンギ条約に関しては、具体的にどのようなことが教えられていたのだろうか？

植民地時代の考え方が主流

『Our Nation's Story（我が国について）』は、1928年の指導要領改訂に合わせて、スタンダード3から6までの子どもたち（日本の小学3年生～中学1年生に相当）のために開発された4冊の歴史教科書シリーズである。何を教えるかは教師次第という面もあったが、同教科書にはかなりの統一性があり、1940年代後半まで広く使われていた。ニュージーランドに関する記述は、シリーズ全体の3分の1にも満たなかった。[*39]

同教科書は、体制側の文化の態度や信念、また特定の市民権モデルが、公教育によってどのように普及していったかを示す良い例である。[*40] ワイタンギ条約は「ヨーロッパ人と先住民族の間で結ばれた条約のなかでは最も公平なものである。実際に多くの点において、白人よりも褐色の人間に対して、はるかに公平なかたちで締結された」と紹介されている。[*41] 宣教師たちは次のように説明している。

キャプテン・ホブソン〔ニュージーランドの初代総督〕は、……マオリの人々からニュージーランドを奪うためにやってきたのではない。彼が求めたものは、マオリの人々は英国女王を自分たちの統治者として認識する必要があるということだった。そうすれば、女王が、彼らに土地を所有させたまま、外敵から守ってくれるだろう。[*42]

本書においてこれまで見てきた通り、植民地局は、ワイタンギ条約を支持すると主張していたにもかかわらず、１８４０年代半ばには、同条約を事実上反故にした。１９２０年代後半には、次のような理解が主流になっていたことを、教科書『Our Nation's Story』が物語っている。

…………………

＊35　Marcia Stenson, 'History in New Zealand Schools', p. 175.

＊36　*The Post Primary School Curriculum*, report of the committee appointed by the Minister of Education in 1942, p. 23.

＊37　John L. Ewing, 前掲書 , p. 232.

＊38　The Primary School Curriculum Revised Syllabuses, May 1948, p. 86.

＊39　Colin McGeorge, 'What Was "Our Nation's Story"? New Zealand Primary School History Textbooks Between the Wars', in *History of Education Review*, p. 49.

＊40　同書 , p. 46.

＊41　Whitcombe's Primary History Series, *Our Nation's Story: A Course of British History*, p. 23.

＊42　同書 , p. 21.

ワイタンギ条約は非常に重要な文書として認められており、その締結は歴史的瞬間であった。しかし、人々の間に、この条約が生きた文書だという認識はなく、将来的に復活を求める根拠となる可能性も示唆されていない。*43

マクジョージは、次のように結論づけている。『Our Nation's Story』シリーズは、「常にパケハの読者を想定している。マオリの読者が、戦争の原因について、パケハとは異なる説明を聞かされている可能性や、その結果、彼らが果てしない喪失感や略奪されたという思いを抱いている可能性を示唆する記述は一切見当たらない」。*44 学校に通う子どもたちは、「白人であるニュージーランド人と、褐色の人々との間には非常に強い絆がある」と教えられていた。*45 このように、歴史の教科書である『Our Nation's Story』は、パケハとマオリをひとつと見なし、文化的アイデンティティという同化の哲学を推進した。この教科書は、同化政策を推進する政府の態度や行動を正当化するためのもうひとつの手段であった。

人種差別も露骨だった。

『Our Nation's Story』は、……特定の遺伝的資質や能力を持つ人種のヒエラルキーを示唆している。……マオリは褐色であり、ヨーロッパ系ニュージーランド人は白色であると何度も表現され、シリーズ全体として、明るい色が暗い色に勝るのは必然であるという印象を与えている。明るい髪のアングル族が英国を征服し、マオリはより暗い色のモリオリ人を追い出し、ニュージーランドでは当然のことながら「白人」が「褐色の人々」に打ち勝ったのだ。[*46]

１９６０年代――進展の後れ

１９２７年に出版された『Our Country: A Brief Survey of New Zealand History and Civics（我が国：ニュージーランド史および公民概説）』は、中等教育機関の下級生用の教科書（日本の中学2年生～3年生に相当）として広く使用されていた。１９６０年になっても使い続けられ、13版まで出版された。その間、大幅な改訂があったものの、依然として次のような記述が含まれていた。「ワイタンギ条約は、宣教師のヘンリー・ウィリアムズとその息子によってマオリ語に注意深く翻訳された」。[*47]

少なくともワイタンギ条約のマオリ語版に関する記述は見られたが、英語版とマオリ語版の内容が同じだという、事実とは異なる前提に基づいた記述だった。ウィリアムズは、英語版を、マオリ語版に「注意深く」翻訳したのではなく、条約が受け入れやすいように仕立てたのだ。

１９６０年、政府は公式に同化政策を廃止した。[*48] 当時のマオリ担当局の長官であったＪ・Ｋ・ハンは、

＊43　Colin McGeorge, ‘What Was “Our Nation’s Story”?’, p. 53.
＊44　同書。
＊45　同書。
＊46　同書。
＊47　K. C. McDonald (compiler), *Our Country: A Brief Survey of New Zealand History and Civics*, p. 20.
＊48　Russell Bishop and Ted Glynn, *Culture Counts: Changing Power Relations in Education*, p. 16.

それまでの政策では、期待された目標を達成することができず、マオリの文化が現在のニュージーランドの生活の一部であることを認めた。[*49] 新たに採用された公式の政策は「統合政策」であったが、実際にはほとんど変わらなかった。1960年代から1970年代にかけては、同化政策が失敗したのはひとえにマオリ文化に欠陥があるからだとする「文化的欠陥」論が主流となっていった。

ワイタンギ条約は、1961年の初等学校社会科指導要領においても、1978年の中等学校指導要領においても、国が定めたテーマには含まれていなかった。1978年のガイドラインには「他の指導要領と同様、規範的な項目は最小限に抑えた。その意図するところは、教師が可能な限り、地域の状況や生徒のニーズに合わせて、学校のプログラムを考案できるようにするためである」[*50] と書かれている。1960年代のニュージーランドの景気は好調であった。「世界で最も良好な人種関係を築いている」、「マオリはまさに私たちとそっくりだ」、「私たちは皆ニュージーランド人だ」といったメッセージが世界に向けて発信された。このような状況において、キャロル・マッチ教授は次のように指摘している。

> 社会科のカリキュラムは、現状を維持し、称賛するように作られていた……英国系の人々は、依然として英国を「故郷」と呼んでいた。社会科とそれを支える教科書には、アングロサクソン系ヨーロッパの歴史的遺産や、政治的、経済的、歴史的にニュージーランドとつながりの深い国の地理に関する記述が圧倒的に多かった。[*51]

しかし、1960年代および1970年代には、ワイタンギ条約やニュージーランドの植民地時代の歴史について教えるための教科書が利用できるようになった。1967年に発行された『Suggestions for Teaching Social Studies in the Primary School Index: Parts 1, 2, 3, 4〔小学校における社会科を教えるための指針：パート1、2、3、4〕』では、ワイタンギ条約は、ニュージーランドのさまざまな歴史的事象の中で選択的に教えることができるひとつのトピックとしてとり上げられている。*52　1971年に発行された『Teachers' Index of Core Materials for Social Studies〔社会科における中心的教材の教師用指針〕』には、社会科のカリキュラムに合わせて利用できる資料が掲載されており、「1948年以降にスクール・パブリケーション・ブランチ社が発行したほぼすべてのハンドブックやテーマ別学術誌の一覧や要約*53」が掲載されていた。また1978年には、その改訂版も出版されている。

社会科の教師用ガイドが広く利用されていることから、ワイタンギ条約を教える場合には、そこに掲載されているものが利用された可能性が高いとみられるが、このトピックを子どもたちに教えるための選択肢として選んだ教師が、果たしてどれほどいただろうか？　また、具体的に何を教えていたのだろうか？

…………………

*49 Andrew Armitage, *Comparing the Policy of Aboriginal Assimilation: Australia, Canada and New Zealand*, p. 145.

*50 Department of Education, *Social Studies Syllabus Guidelines Forms 1–4*, p. 3.

*51 Carol Mutch, 'New Zealand Social Studies 1961–1995: A View of Curriculum Change' in *Children's Social and Economics Education*, p. 8.

*52 Department of Education, *Suggestions for Teaching Social Studies in the Primary School Index Parts 1, 2, 3, 4*, p. 27.

*53 New Zealand Educational Institute, *A Teachers' Index of Core Materials for Social Studies*, p. 7.

例えば、1971年の教師用『指針』には、ウェイクフィールド〔南島南端部に位置する地域〕の事業計画に関する追加情報として次のような記載が見られる。「マオリが土地を奪われたと早合点してはいけない。白人がマオリから土地を購入する際、その土地の10分の1はマオリの人々が利用できるように確保しておいた。また、白人の入植後は、その10分の1の面積の土地が、入植前の全面積分の値段を上回るようになった」。[*54]この時もまだ嘘が教えられていたのだ。この教師用『指針』には、英国の約束に関する記述が含まれていたが、実際に行なわれたことは、この記述とはかなり違っていた。例えば、ンガーイ・タフ部族の土地をケンプ〔ヘンリー・テイシー・ケンプ（1818〜1901）：ニュージーランドの翻訳家、先住民族担当大臣〕が購入した際、マオリが引き続き保持できたのは6359エーカーであった。これは、英国が購入した2千万エーカーのうちの0・32％にすぎず、英国が支払った金額は1エーカーあたり1ファージング（4分の1ポンド）以下だった。[*55]これは、ンガーイ・タフ部族が1998年に英国との和解に達したワイタンギ条約に基づく請求の一部である。

1971年と1978年の教師用『指針』に掲載されている資料の中で、ワイタンギ条約という用語が題名に含まれる記述は、1958年にルース・ロス〔ニュージーランドの歴史家〕が書いた『テ・ティリティ・オ・ワイタンギ〔ワイタンギ条約〕』のみである。このことは、ワイタンギ条約が、生徒の教育においてあまり重視されていなかったことを示唆している。ロスの記述は、当時としては進歩的なもので、ワイタンギで条約が調印された数日後、ホキアンガ〔ニュージーランド北島のノースランド地方〕にあるウェズリアン〔プロテスタントの一派〕のミッションステーション〔布教活動を行なう施設〕であるマングングで行なわれた条約調印の様子に焦点を当てている。この教材には、マオリとパケハの両方の視点を持つ人物が登場し、ワイタンギ条約がマオリ語に翻訳されたことにも言及している。同条約の英語版とマオリ語版の違いはこの記述の中で明らかにされており、署名が急がれたことや、マオリのリーダーの中には署名を後悔している者がいたことにも触れられている。この話の最後の方で、宣教師のホブスが、「主権の意味をマオリ語でいったいどう説明すればいいのだろう？……なんといっても、私自身、主権とは何かを完全に理解しているかどうかよくわからないのだから」[＊56]と発言する場面がある。この発言は、ワイタンギ条約に関する議論がいかに混乱していたかを象徴している。このような混乱の中で、英国は現状維持に徹してきた。

１９７１年と１９７８年の教師用『指針』に資料として掲載された『The Maori and the Missionary（マオリと宣教師）』（１９５３年）は、ルース・ロスの記述とは対照的に、入植者側の視点から描かれている。[＊57]そこには次のような記述が見られる。宣教師は「後れをとっている民族を助ける」ために活動していた。マオリは、「マオリの荒々しく野蛮で恐ろしいやり方からはほど遠い」[＊58]宣教師たちの暮らしぶりを見ることができて幸運だったと述べられている。

興味深いことに、このハンドブックに関して、教師たちは以下のような「特別な注意」を受けていた。

…………………

＊54　同書, p. 163.

＊55　Dunedin Community Law Centre, *An Introduction to the Waitangi Tribunal with Reference to the Ngai Tahu Land Claim*, p. 49.

＊56　R. M. Ross, *Te Tiriti o Waitangi*, Primary School Bulletin, p. 43.

＊57　Harold Miller, *The Maori and the Missionary*, p. 3.

＊58　同書, p. 7.

このハンドブックには、独立系の査読者の意見として、宣教師の影響に関する間違った解釈を行なっている教材が含まれている。また、マオリがパケハよりも劣った存在として描かれている箇所が多く、マオリの子どもたちが、白人のキリスト教信者の生き方において示される優れた価値観を受け入れることが共通のテーマとなっていることから、マオリとパケハの関係を悪化させる可能性があるとも言われている。**教師がこの出版物を利用する場合は、批判的に読み、子どもたちの態度に影響を与える可能性を吟味することが強く推奨される**[*59]。

しかし、このような誤解を招きかねない、有害な資料の流通が許されていたところを見ると、植民地政策を推進してきた側の視点に異議を唱えようとする姿勢は本当に真剣なものだったと言えるだろうか？

１９７０年代には、文化の多様性を重視する多文化主義という概念が登場した。これは、ニュージーランドがますます多文化社会になりつつあることに対応した動きでもあった。その後、マオリの文化や言語、価値観や民族自決権を復活させようとするマオリの活動が10年間続いた。活動家の中には、ニュージーランドの先住民族に固有の地位が認められるようになるまでは、多文化社会は実現しないと主張し、二文化主義を推奨する人たちもいた。

１９８０年代、１９９０年代——変化の時

政治情勢が変化し始めると、学校のカリキュラムも変化した。１９８０年代、労働党の教育大臣ラッセル・マーシャルは、正式なカリキュラムの見直しを始めた。検討委員会には2万1千件以上の意見が

寄せられ、報告書のドラフトには次のように記載されている。

> 学校でニュージーランドの本当の歴史について教えてほしいという意見が多く寄せられた。これらの意見によれば、ニュージーランドの歴史は十分に教えられておらず、たとえ教えられたとしても、正確で完全な記録に基づかない視点から教えられており、我が国の民族の歴史をロマンチックな視点から教えることは、長期的にはニュージーランド人のためにならない。*60

このことは、多くのニュージーランド人が、この国の歴史を学ぶのに十分な教育システムが整備されておらず、何らかの対策が必要であると認識していたことを示している。

１９９１年までには、１９７７年の社会科の指導要領に合わせて、社会科教師のためのハンドブックが作成された。これは、１９８９年に４冊の草稿が完成し、高校教師に試験的に配布された後、実現したものだ。１９９１年のハンドブックでは、１９７７年の指導要領の目的を再定義し、文化の違いが社会科で重点的にとり上げられることになった。*61 また「社会統制」と「社会変革」というテーマが引き続きとり上げられた。これは、植民地以前のマオリの社会、パケハとの接触の初期段階においてマオリが

＊59　New Zealand Educational Institute, 前掲書 , p. 167.

＊60　Department of Education, *The Curriculum Review: A Draft Report Prepared by the Committee to Review the Curriculum for Schools*, p. 45.

＊61　Ministry of Education, *Social Studies Forms 3 & 4: A Handbook for Teachers*, p. 4.

受けた影響、ヨーロッパからの移住者がニュージーランドに移住した理由、彼らが持ちこんだヨーロッパのさまざまな習慣や遺産、植民地ニュージーランドにおける現在の生活、ワイタンギ条約とそれを取り巻く現代の問題など、学習コースを確立するための枠組みとなった。[*62]

1993年に一部の学校に配布されたアンケートから、96％の教師がハンドブックを使用しているということが判明した。[*63] このことから、学校教育において、ワイタンギ条約やニュージーランドの植民地時代の歴史がとり上げられる可能性が高まったと考えられる。

1999年から2000年にかけて実施された社会科のカリキュラムは、それまでの指導要領とは対照的なものだった。教えるべき5項目のうちのひとつである「ニュージーランド社会について必ず学ぶべき事柄」では、次のように述べられている。

> 生徒たちは次の事柄を学ぶことで、ニュージーランド社会に関する知識と理解を深める機会を得ることができる。マオリとパケハに対する植民地化の影響、ワイタンギ条約、ニュージーランド建国文書としてのワイタンギ条約の意義、ワイタンギ条約がこれまでどのように解釈されてきたか、またそれは、現在のシステム、政策、出来事にどのように適用されているのか、またニュージーランドのアイデンティティの形成とその表現方法の変遷などである。[*64]

ただし、ワイタンギ条約が学校で教えられ、同条約は学校教育にとって不可欠であると考えられていた可能性は高いが、それを教えることは義務ではなかった。[*65]

歴史は11～13年生〔日本の高校1～3年生に相当〕の選択科目であり、社会科は1950年代以来〔現在も）、1～10年生（日本の就学前1年間～中学3年生に相当）の必修科目だった。現在では、11～13年生において上級社会科が選択できるようになったものの、これはごく少数の学校でしか教えられていない。

社会科のカリキュラムで教育省が求める要件として5つの視点が提示され、各校は、「2年間の学習過程において、それらの視点をバランスよく教えるよう」配慮しなければならなかった。[*66] そのうちのひとつは、以下に示すような「多文化」的視点である。

> ニュージーランドでは、さまざまな文化的背景を持つ生徒たちが同じ教室で学んでいることが多い。学校の社会科プログラムは、文化的体験や文化的多様性を探求する際に……人種差別に関する問題を検討し、学校やより広いコミュニティにおいて、人種差別的でない態度や行動を促す方法を模索するものとする。[*67]

しかし、従来のカリキュラムで教育を受けてきた教師たちが、どうやってワイタンギ条約や文化的多

---

*62　同書, pp. 9–24.
*63　Ministry of Education, *Social Studies 14 Years On: An Evaluation of the Handbook for Teachers of Forms 3 & 4 Social Studies*, pp. 5–6.
*64　Ministry of Education, Social Studies in the New Zealand Curriculum, p. 23.
*65　同書, p. 25, for a policy statement.
*66　Ministry of Education, *Social Studies in the New Zealand Curriculum*, 前掲書, p. 25.
*67　同書, p. 21.

様性、人種差別に関する問題を適切に教えることができただろうか？ ２０００年4月から5月にかけて行なわれたワイタンギ条約教育のワークショップで、クライストチャーチ教育大学（現在はカンタベリー大学に統合）の教員養成課程の学生３９７名にアンケートをとったところ、ワイタンギ協会はこの点に関して情報格差があることを確認した。約88パーセントの学生が、ニュージーランド独立宣言（１８３５年）について聞いたことがなく、61パーセントの学生がワイタンギ条約のマオリ語版と英語版の違いを知らず、80パーセントがニュージーランドの先住民族の土地に関する法律のことを全く知らないという結果だった。この３９７名のうち、83・5％が１９８０年代または１９９０年代に高校を卒業している。このような知識不足の状態で、いったいどうやってワイタンギ条約に関する議論に参加したり、ニュージーランド社会の基本的な要素について、独力で子どもたちに教えたりすることができるだろうか？

このカリキュラムは圧倒的に進歩的であったが、社会学の講師であるアブリル・ベルとビッキー・カーペンターが指摘するように、子どもたちにとっては出発点にすぎないことが多い。

学校で教えられるのは、公式のカリキュラムに則った知識だけではない。教えられていることの多くは……しばしば「隠れ」カリキュラムと呼ばれるものである。それは、学校や教室、教師と生徒の間の関係性、「実際に実施されるカリキュラム」（つまり公式の指導要領に書かれている内容ではなく、実際に教えられている内容）や実際の教育スタイルを通じて、意図せずに教えられている知識である。[*68]

教師たちは、自分自身の人種差別的な意識、価値観、態度、世界観などが、教える内容や教え方に影響している可能性があるということを、いったいどこでどのようにして知ることができるのだろうか？

現在の指導要領

２０００年から２００２年にかけて、社会科を含む全国カリキュラムの改訂作業が始まった。このプロセスを経て、『ザ・ニュージーランド・カリキュラム』が出版された。[*69] 教育省はかなりの数の提出書類を受けとり、それらを照合、分析、検討して、２００７年に『ザ・ニュージーランド・カリキュラム』の最終版を発表した。「学校がこの指導要領を実施する義務は、２０１０年2月1日に発効した」。[*70] 全体的なビジョンのひとつは次の通りである。

……若者たちが、マオリとパケハがお互いをワイタンギ条約上の完全なパートナーとして認め合い、この国に貢献するすべての文化が大切にされるようなアオテアロア・ニュージーランド〔アオテアロアはマオリ語でいうところのニュージーランド国〕を協力して創造すること。[*71]

国家的カリキュラムは、８つの原則を通じて、上記を含む全体的ビジョンを達成するとしている。こ

＊68　Avril Bell and Vicki Carpenter, 'Education's Role in (Re) producing Social Class in Aotearoa' in Eve Coxon et al., *The Politics of Learning and Teaching in Aotearoa–New Zealand*, p. 130.
＊69　'New Zealand Curriculum', 2007: 4.
＊70　Education Review Office, May 2011: 1.
＊71　The New Zealand Curriculum for English-medium teaching and learning in years 1–13, 2007: 8.

れらの原則は、全国的にも地域的にも学校のカリキュラムとして重要かつ望ましいものであり、「価値観」、「重要な能力」、「学習分野」を支えるものである。[*72]

ワイタンギ条約は、これら8つの原則のうちのひとつであり、それは次のように述べられている。

このカリキュラムは、ワイタンギ条約の原則と、アオテアロア・ニュージーランドの二文化制度を認めるものである。すべての生徒は、マオリ語およびマオリの文化や習慣に関する知識を習得する機会が与えられるものとする。[*73]

さらに、包摂性の原則では次のように述べられている。

このカリキュラムは、非性差別的、非人種差別的であり、あらゆる面において差別的ではなく、各生徒のアイデンティティ、言語、能力、才能が認識され、肯定され、各人の学習ニーズに対応することを保証するものである。[*74]

この包摂性の原則は、意図的に人種差別を行ない、組織的な人種差別を永続させてきた19世紀から20世紀にかけての一部のカリキュラムや教材に見られる状況とは根本的に異なるものである。

こうしたカリキュラムにおいて、通常、特定の知識分野が規定されることはない。したがって、1950年以来、1年生から10年生まで（中等教育における下級生）の必須科目となっているレベル5の社会科において、ワイタンギ条約がとり上げられているということ自体が極めて重要である。

生徒たちはワイタンギ条約に端を発するニュージーランド社会のユニークな二文化性を探求し、ニュージーランド内外の人々、地理、文化、歴史、経済界について学ぶ。[*75] また、時代や場所によって、ワイタンギ条約に対する人々の対応がいかに異なるのかを理解するために、知識やスキルを獲得し、さまざまな事柄を経験する。[*76]

しかし、各校がカリキュラムの中身を柔軟に決めることができるような環境を残したままでは、ワイタンギ条約に具体的に言及した国家的カリキュラムを作成した意図がいったいどの程度効果的に実施されていると言えるだろうか。[*77]

２０１０年初頭に発表された教育審議会（ＥＲＯ）における全国カリキュラムレビューでは、小学校67校と中学校42校を対象に、カリキュラムの８つの原則と教授法を評価し、１年後にその追加調査を行なった。その結果、ワイタンギ条約が、最も実践されていない原則のひとつであることが判明した。[*78]

……………………

＊72　同書, 7–13: 16.
＊73　同書, 9–13.
＊74　同書, 9.
＊75　同書, 30.
＊76　同書。
＊77　同書, 37.
＊78　Education Review Office, May 2011: pp. 4, 19& 39.

教育審議会の勧告により、これらの学校に対しては、改善に必要な以下の手段が示された。

- ワイタンギ条約を理解し、それが学校の方針、組織、計画に与える影響を理解すること。
- マオリのコミュニティに相談し、学校が向かうべき方向性や、マオリのコミュニティがマオリの生徒たちに望んでいることを把握すること。[*79]

このニュージーランドのカリキュラムは２０１０年に導入されたばかりであるため、多くの学校がＥＲＯ〔ニュージーランドの教育評価局〕のレポートに記載された提言をどの程度効果的に実践できるかを現段階で判断するのは難しい。しかし、この報告書は、すべての学校の指導者が、ニュージーランドの植民地時代の歴史、ワイタンギ条約、人種や文化の問題に関する知識を深めるために、教育省はどのようにサポートしていくのかという問いを投げかけている。教職員は、ワイタンギ条約を効果的に教えるための戦略をどのようにして学べばよいのか？　さまざまな意見、露骨な抵抗、人種差別、偏見、無関心、「クラスでワイタンギ条約についてとり上げることに飽き飽きしているような態度」などに遭遇した場合、どのように対応すればよいのだろうか？　これらの課題について、教育省は、現場の教職員にどのようなリソースを提供しようとしているのか？　校長や教職員の人種差別的考え方や価値観、態度や行動や世界観が、ワイタンギ条約の原則を実際に教室でとり上げる際、何をどのように紹介するのかという点に影響を与える可能性がある。彼らに、自分自身の人種差別的考え方や価値観、態度や行動や世界観を見直す機会は与えられているのだろうか？

おそらくこれらの問いに対する答えは、ワイタンギ条約の原則をより効果的に実践している学校に注目するということだろう。そうした学校は、マオリ語とマオリの文化や習慣を支持し、地元のイウィ〔部族〕と連携することによって成功しているのは明らかである。しかし、だからといって、彼らがワイタンギ条約やニュージーランドの植民地時代の歴史を教えているとは限らない。

ワイタンギ条約に関する知識不足が後世に残したもの

多くのニュージーランド人は、この国の植民地時代の歴史やワイタンギ条約の真実を教わっていないか、教わっていたとしても、その多くが不十分で、消極的な理解にとどまっていると考えられる。歴史学者のマーク・シーハンは次のように述べている。「ニュージーランドの歴史は、国際的な傾向とは異なる。国際的に見れば、通常、歴史カリキュラムの立案者は、国民国家の壮大な物語を優先する。一般的に、その国の歴史を歴史教科の中心に据える。しかし、ニュージーランドの場合はそうではない。ニュージーランドでは、歴史教科にニュージーランドの歴史的側面を含めることが必須条件とはなっていないのだ」*80。これは、今日の多くの大人たちの間に、大きな情報格差が存在することを意味している。同化政策、統合政策、多文化主義、二文化主義といったこれまでのすべての時代が、この国の歴史がどのような視点で語られてきたのか、また現在どのように語られているのかということに対して影響を

＊79　同書, 17.
＊80　Mark Sheehan (2010), 'The Place of "New Zealand" in the New Zealand History Curriculum', *Journal of Curriculum Studies*, 42: 5, 671–91.　本章の執筆にあたり、Mark Sheehan 博士にご指導いただいたが、ここに述べた結論は筆者独自の見解によるものである。

与えている。その一方で、歴史教育や社会科教育の場では、マオリとパケハの両視点から歴史が語られてこなかったため、人々は十分な情報を与えられず、自らの中に取り込んだ神話や固定観念にしがみついたままであり、ワイタンギ条約を理解する能力の欠如という負の遺産を、後世に残すことになってしまった。

ニュージーランド人に、同国の植民地時代の歴史に関する十分な情報が与えられるまでは、社会的格差や分裂が生じる可能性があり、団結力のある、公正な社会を作る能力を獲得するのは、依然として困難だろう。

第2部　癒やし

「なぜ教えてくれなかったのか？

私たちは、先住民と入植者の歴史について、多くのことを知ることができる。しかし、いったん知ってしまえば、知らないまま生きていれば逃れられたかもしれない重荷を背負うことになる。ひとたび知識を得れば、問題はもはや「何を知っているか」ではなく、その知識でもって「何を為すべきか」ということだ。その方が、はるかに難しい問題だ。」

――ヘンリー・レイノルズ〔オーストラリアの歴史学者〕

第7章　関わるということ

1968年、シカゴ

ＦＢＩを避ける術は、もはや神業の域に達していた。シカゴ郊外のアフリカ系アメリカ人が集う深夜の集会は、秘め事の雰囲気に包まれていた。会場は毎晩変わった。車はさまざまな方向からやってきて、到着する時間もまちまちだ。時には車が止まらないこともあった。集会は短時間のうちに、しかも少人数で行なわれた。その後、参加者は蜘蛛の子を散らすように解散していった。政府によって違法に盗聴されている電話は、いつも使えるとは限らない。

シカゴに着いてからは、ゲットー〔黒人居住率が高い地域〕に住むアフリカ系アメリカ人の多くのグループに会い、そうした会合をいくつか見学することができた。それらは、ベトナム戦争で戦うという狂気と卑劣きわまりない行為を避けるために、徴兵逃れをした人々が、密かにカナダに入国するためのパイプ役となっているグループだった。徴兵逃れをした人々にとっても、支援者にとっても、全員が連邦法違反で起訴される可能性のある危険な行為だったが、支援者たちの決意は固かった。彼らの哲学は明快だった。「自国アメリカで、未だに民主主義に基づく自由を求めて戦っているというのに、なぜベトナムまで出かけて行って民主主義のために戦わなければならないのか？」というものだ。

1960年代のアメリカは、ベトナム反戦デモや公民権運動など、政治的に混乱した時代だった。テレビでは毎晩のように、抗議デモの映像と若いアメリカ人の死体が入った遺体袋の写真が放映された後、リンドン・ジョンソン大統領が出てきて「戦争はうまくいっている」と国民を安心させていた。デトロイトでは、全区画が焼き尽くされ、シカゴでは、暴動によって1968年の民主党全国大会が閉鎖されそうになっていた。

1964年に制定された公民権法は、社会、経済、政治のあらゆる分野において、人種、肌の色、宗教、性別、出身国による差別を禁止していた。[*1] 翌年の投票権法では、アフリカ系アメリカ人の投票権を確保するため、識字率テストの使用を禁止した。しかし、これらの法律では、多くの人々が最も忌まわしいと考える差別に対処することはできなかった。

これらは事実上の隔離政策であって、法律で規定されたものではなかったが、不文律の慣習や長年の習慣によって行なわれていた。事実上の隔離政策により、アメリカの大半の地域で、黒人は郊外から締め出され、まともな学校に入ることができず、会員制クラブから閉め出され、最も単調な仕事以外は断られていた。[*2]

私がシカゴで出会ったグループは、人種隔離という現実の中で生きていた。人種差別は彼らの日常生活の一部だった。民主主義を標榜する国であるにもかかわらず、彼らは相変わらず貧しく、空腹を抱えたまま、失業し、ホームレスとなり、刑務所に入れられることも珍しくなかった。私はシカゴで貴重な教訓を得た。法による人種隔離は、逆に犯罪の多い環境を作り出してしまう。性別、肌の色、階級による差別を禁止する法律によって、変革を始動することができる。しかし、法律だけで人々の行動を変えることはできない。

ハーバード・ロー・スクールのマーサ・ミノー教授は、この異常性の本質を次のように捉えている。

人間関係の微妙さや複雑さを扱うとき、法律はあまりにも非効率的な方法である。……法律は、人々に何かをするのをやめるように言うことはできても、人々の日常行動を変えることはできない。私が懸念するのは、法によって問題が解決するという誤った期待感である。多くの場合、法は、せいぜい余計なものを一掃して、人間関係を構築するために必要な、別の困難な作業を行なうための何もない空間を作り出すだけである。[*3]

法律が善意を生み出すわけではない。たとえ善意があったとしても、植民地的な考え方、人種差別的

……………………

＊１　James West Davidson et al., *Nation of Nations: A Narrative History of the American Republic Volume II: Since 1865*, p. 1172.

＊２　同書。

＊３　Jeremiah Creedon, 'To Hell and Back' in *Utne Reader*, No. 92, p. 56.

な行動や「他者」に対する固定観念に立ち向かい、有機的な関係を築き、個人的・社会的な変化を促すための時間、空間、エネルギー、コミットメントを生み出すには、一生涯を要する。

翌1969年、私は妻のトリッシュと共にベルギーのリエージュで開催された「世界青年会議」の会合に出席した。会場に到着すると、アフリカ民族会議、パレスチナ解放機構、アイルランド共和軍の政治部、ジンバブエ解放運動など、世界のほとんどの解放運動が参加していることがわかった。後になって判明したことだが、この会議はCIAが資金提供していたもので、冷戦プログラムの一環として、政治闘争に従事している各国の青年運動の忠誠心を勝ちとることが目的だったのだ。[*4] 私はこのことを知ってから、前年のシカゴでの経験とも相俟って、世界中の人々の間に起こっている土地と人権を求める動きについて、これまでとは違った見方をするようになった。

自分の道を見つける

1960年代に青春時代を迎えた私は、人種関係は他国の問題だと思っていた。多くのニュージーランド人と同様、当時の私は、ニュージーランドの人種関係は世界で最も良好であるという一般的な見方に騙されていた。私自身、マオリと接触したことはほとんどなく、何か問題があるという認識すらなかった。ワイタンギ条約を読んだこともなかったし、マオリの人々を制度から排除し、彼らの資源基盤を奪うために成立させた無数の土地法やその他の法律についても知らなかった。

今にして思えば、この海外旅行が、私の人生における次の（未知の）ステップへの足がかりとなった。1970年代、コルソで働いていた私の関心は海外に向かっていたが、1981年に刑務所に入ったときに受けた衝撃から、貧困や人種差別に対する自分のそれまでの考え方すべてに疑問を持ち始めた。なぜ私は、ニュージーランドの植民地化やマオリに何が起こったのかについて、ほとんど何も知らなかったのか？

刑務所を出た後も、自分がそこで見聞きしたことを忘れることはできなかった。マオリの活動家の話に耳を傾け、この問題に関して入手可能な本は何でも読んだ。夜中に何時間もかけて本を読み、教えてもらったこともないニュージーランドの植民地時代の歴史を頭に詰めこもうと必死になった。

自分探しの旅は、大きな開放感を伴うものだった。見て、感じて、経験することで、問題をより明確に認識できるようになったからだ。メディアや教育制度は誤った情報を与え、学校は全く情報を与えない国で育った自分が、いかに大きな不利益を被ってきたかを実感した。ほかの多くのパケハと同様、私も真実と政治的プロパガンダを見分けることを学ばなければならなかった。私は、ニュージーランドの植民地時代の歴史について、自ら学ぶべき責任を引き受けなければならなかった。

本を読んだり、他の人の話を聞いたりするうちに、ニュージーランドの植民地時代とそれによる現在への影響について、さまざまな見方や意見や解釈があることを知るようになった。この新たな認識は、ニュージーランドの植民地化に対する私のイメージを一変させた。私は、議論の複雑さを理解し、双方の考え方を知り、より「豊富な情報」に基づいて物事を見ることができるようになった。

読んだり学んだりしたことの多くは、自分にとって衝撃的なものだった。植民地化の結果、マオリの人々に起こったことと、アイルランドで私の祖先に起こったことはほとんど同じだということに気づいた。自分の中でこのようなつながりができたことで、歴史を癒すには、自らの祖国と祖先の話を結びつ

＊4　Frances Stonor Saunders, *The Cultural Cold War: The C.I.A. and the World of Arts and Letters*, p. 142.

ける必要があると理解できるようになった。また、パケハのニュージーランド人である私にとって、この国の歴史にはどのような意味があるのかを考えながら、マオリの人々と共に立ち上がり、その闘いに敬意を払うことができるようになった。

反応するということ

最初は、この新しい知識がどこにつながるのか、自分にどのような貢献ができるのか、皆目見当がつかなかった。ニュージーランドには、すでに人種関係の問題に積極的に取り組んでいる人たちがいた。1970年代初頭には、人種差別に関するオークランド委員会（ACORD）が、人種差別に関する研究論文を発表した。これは、特に警察や裁判所、地方自治体との関連における人種差別をとり上げたものだった。この研究論文は政府機関に出回るようになったが、ACORDの政治的な動きが目立つようになったため、政府に対するその後の周知活動は困難になった。このためACORDの一部の人々は、別の戦略を模索しなければならなくなり、ンガー・タマトア〔人種差別と闘ったマオリの活動家グループ〕やポリネシアン・パンサー党と共に、「人種に対する新たな視点（New Perspectives on Race（NPR））」という団体を結成した。この団体は、マオリとパケハのメンバーで構成され、教会グループやコミュニティグループ、政府機関に所属するパケハの人たちを対象に、反人種差別のワークショップを行なっていた。

こうした活動では、いくつかの成果が見られた。「人種差別に関する教会プログラム」は発足以来、優れたワークショップを提供し続けている。社会福祉局のスタッフたちは、従来の見方にとらわれない批判眼のある研究を行ない、『社会福祉局における制度的人種差別（Institutional Racism in the Department of

Social Welfare Tamaki-Makau-Rau)』という報告書を作成した。さらにこの報告書は、『プアオ・テ・アタ・トゥ(Puao-Te-Ata-Tu)〔マオリ語で夜明けという意味〕』という別の報告書につながった。どちらも画期的なものだった。1978年には、ウェリントンで、「人種差別に対抗するための都市型トレーニング(UTCR)」というグループが結成された。またその後、ウェリントンの「ダブル・テイク〔後日気づいてはっとして見直すという意味〕」やパーマストン・ノースの「制度的人種差別との戦い(FAIR)」などの人種差別に反対するグループも誕生した。

1985年、「プロジェクト・ワイタンギ」は、パケハがワイタンギ条約について学べるよう、5年間の教育プログラムを実施するための政府資金を獲得した。ウェリントンに小さな事務所が開設され、国内各地にグループが結成された。やがてメンバーたちのさまざまな経験を生かして、いくつかのトレーニング方法が開発された。

私は、クライストチャーチの「プロジェクト・ワイタンギ」の共同設立者として、ワイタンギ条約に関するワークショップを開催し、同条約に関心のあるマオリやパケハのネットワークを構築するチームの一員となった。私たちは、大多数を占めるパケハに焦点を当て、さまざまな教育プログラムを試みた。他の社会変革の取り組みと同様、私たちも途中で挫折を味わった。世論は、ワイタンギ条約上のマオリの権利に関する問題に猛反発しており、当初、多くのパケハはワイタンギ条約教育を行なうことに消極的だった。調印から150年も経った条約について学ぶことに、人々はあまり意味を見出すことができなかったためである。

人種差別を少しでも示唆するようなことがあると、必ず即座に否定された。多くの人は、パケハのグループがワイタンギ条約を教えていることを不思議に思い、このパケハのグループにはマオリの血が流れているのだろうかと戸惑っていた。パケハがワイタンギ条約に基づいた学習や教育に責任を持とうとすること自体、人々にとっては謎だった。

ワークショップの進行役を務めることにしたプロジェクト・ワイタンギのメンバーは、人々の学びが急速に進展することに気づいた。私たちが扱っていたテーマは大きな物議を醸すものであり、多くのパケハにとって知りたくない情報も含まれていたため、ワークショップは優れたものでなければならなかった。ワークショップを開始した頃は、強い敵意や抵抗にしょっちゅう直面したが、ワークショップが拡大するにつれて、それらは解消されていった。試行錯誤の末、私たちは効果的な教育プロセスを開発した。参加者からの評価も上々で、このプロセスに対する支持も高まっていった。私たちは、自分たちのやっていることに強い信念をもち、ワークショップをさらに改良した。私たちがやっていることは、ワイタンギ条約教育をすべてのニュージーランド人に提供するというビジョンの達成に役立つと確信していた。

また、ンガーイ・タフ部族、オタウタヒ〔クライストチャーチ〕・ルナカ連合をはじめとする地元のイウィ〔部族〕のネットワークにも支えられた。また、レインガ岬〔ニュージーランドの北端〕からブラフ〔ニュージーランドの南端〕まで拡がるマオリのネットワークからも支援を受けていた。こうした人脈が、ワイタンギ条約教育への取り組みに大きな影響を与えた。ワイタンギ条約と植民地主義について学ぶ責任をパケハが担うという理念は、これらのマオリのネットワークから手放しの支持を得ることができた。マオリが自決権を取り戻すためには、ワイタンギ条約のもとで権限を共有していることを理解し、十分な情報を持った献身的なパケハと連帯することが必要だったのだ。パケハが自分たちの学びに責任を持つことで、マオリは自分たちの問題に集中することができる。

クライストチャーチの部族連合のウポコ（責任者）であったモーリス・グレイ牧師は、私たちの仕事を「場の創造」と呼び、知恵を授け、導いてくれた。私はこの言葉を、マオリはパケハに助けられることを望んでいるのではなく、自決権を行使するための「場」を望んでいるのだと理解した。私はこの言葉を忘れたことはないし、今でもパケハとワイタンギ条約に関する仕事をする際は、この言葉を指針にしている。部族の集会をはじめとするさまざまな集いに参加できるということは、本当に名誉なことだ。マオリの人々が自分たちの民族が直面している困難な課題に取り組む姿を目の当たりにし、そこで語られる知恵からも学ぶことができる。このような関係があるからこそ、私は必要に応じて地元のマオリと連絡をとることができる。また、そうすることで、私はますますパケハの責任を果たそうという気になるし、マオリは、自分たちの個人的、社会的、経済的、政治的なニーズを満たすことに集中することができる。

条約教育（ワイタンギ条約に関する教育）を行なうということは、人種差別、歴史、文化、ネットワーク、リーダーシップ、開発、説明責任について学ぶと同時に、自分自身の中にある恐れと向き合い、自分自身の中にある偏見や人種差別を認め、それを克服しなければならないことを意味した。私は、「変化は、なりたいものになろうとするのではなく、ありのままの自分を許容したときにのみ起る」[*5]と考えるようになった。私は、自分の考えを変えることと、自らのアイデンティティや正真正銘の自分を維持しながら行動することを、自分の中で統合したのだ。

＊5　Jorge Rosner, *Peeling the Onion: Gestalt Theory and Methodology*, p. 97.

プロセスの改良

時間が経つにつれ、条約教育ワークショップの運営方法を巡って、プロジェクト・ワイタンギのメンバーの間で意見が分かれるようになった。フェミニスト、キリスト教徒、マルクス主義者、労働組合員らの間で、左派に典型的なイデオロギーの対立というジレンマが前面に出てきたのだ。フェミニストや社会主義者の視点を持ちこんだ人たちは、彼らのアジェンダに沿ったものでなければ、反人種差別の活動は無駄になるといった主張をすることもあった。こうした人々の間に共通する目的を見つけることが課題だった。反人種差別を進める場合、彼らのイデオロギーのどの部分を取り入れるべきなのか？ また、この運動は、教育を主な目的としたものなのか？ それとも政治的にも注目されるべきなのか？ メンバーは、次第に合意することが不可能になっていった。各リーダーには、目標に対する揺るぎない責任感があったが、それをどのように実行するかについては、それぞれが大きく異なる見解を持っていた。時勢に合った政治的アジェンダにそぐわないワークショップリーダーは、しばしば疎外され、政治的な見解の相違が、個人的な仲たがいにまで発展していった。

私は常々、マルクス主義、社会主義、フェミニズム、グローバリゼーションの視点はすべて関連性があり、全体を構成する有効な要素であると考えてきた。すべての視点が、私たちの歴史を癒すという複雑な問題を理解する上で役立つものだと認められるべきであり、どのテーマもそれだけでひとつのワークショップに値するほど価値のあるものだ。

条約教育のワークショップの課題は、人種差別や植民地時代の歴史、政府が先住民族との合意を守らなかったことなどに焦点を当て続けることである。アメリカの反人種差別の活動家、ポール・キヴェルは次のように述べている。

自分とは異なるアイデンティティにそっと紛れこみ、白人であることから逃れようとするときには注意が必要である。私たちは、白人であるということ以外にも、民族性、性別、性的指向、階級、性格、精神的・身体的能力など、人生に影響を与える要素をたくさん抱えている。これらの要素について話しているときでも、白人としての性質が他の要素にも影響するため、そのことを常に自覚していなければならない。[*6]

ワイタンギ条約の上級ワークショップで行なう最も高度なエクササイズのひとつは、「白人特権」に焦点を当てたものだ。これは、「白人」が大勢を占める社会で当たり前となった、目に見えない特権を理解することを目的としたものである。ウェルズリー大学女性研究センターの副所長であるペギー・マッキントッシュは、自身の経験から、白人が大勢を占める社会において、「白人」が無意識のうちに獲得している26個の特権をリストアップした。[*7] この研究はアメリカで行なわれたものだが、ニュージーランドのワークショップに参加した大半の人たちが、このリストの有効性を認めている。（ニュージーランドに関する分析については第10章を参照のこと。）

条約教育の方法を練り上げていたこの時期（１９８３〜90年）、私はニュージーランド中で開催された

*６　Paul Kivel, *Uprooting Racism: How White People Can Work for Racial Justice*, p. 11.
*７　Peggy McIntosh, 'Unpacking the Invisible Knapsack: White Privilege' in *Creation Spirituality*, pp. 33–35.

さまざまなワークショップに参加し、色々な方法を体験した。特に印象に残っているのは、私を含む28人のパケハが人種差別的であると指摘され、植民地主義にまつわるあらゆる行動を非難されたワークショップであった。すべてのパケハを敵視する雰囲気の中で、私を含めた28人のパケハが、白人優越主義とヨーロッパ中心の世界観を維持するシステムの一部であると非難されたのだ。3日間のワークショップのリーダーはマオリとパケハが務め、白人男性である私は特に厳しい目で見られた。ワークショップが終わる頃には、多くの参加者が打ちひしがれ、その攻撃の激しさに愕然とした。私は、このようなやり方は条約教育の目的に反していると確信したのだった。

対決することは、ワイタンギ条約教育の方法として適切ではない。なぜなら、それは罪悪感を生み出し、人々に自分の文化的アイデンティティについて否定的な気持ちを抱かせることになるからだ。そのようなワークショップでは、人々は、個人としてではなく、歴史的・現代的なシステムの代表者として扱われる。こうしたやり方では、人々は自分の信念に、より固執するようになり、より極端な立場をとり、罪悪感を和らげることを目的とした行動をとらざるを得なくなる可能性がある。ワークショップの参加者の理解を深めるために、確かな分析と情報を提供することに比べれば、罪悪感を抱かせるというのはあまりにも貧相な代替手段である。

対立が社会変革の一翼を担っていることは確かだ。政治活動家やメディアが「マオリの急進派」と呼ぶような人々の勇気ある行動のおかげで、ワイタンギ条約とその意義は、今でもニュージーランドの政治課題のトップに据えられている。非暴力の抗議活動が注目を集め、先住民族に対する重大な不正が浮き彫りにされることで、ニュージーランド人全員がワイタンギ条約を意識し続けることができる。しかし、条約教育のワークショップの場では、対立は破壊的であり、危険な行為である。

新たなアプローチの開発

１９９０年以降、国民党が率いる政府は、「プロジェクト・ワイタンギ」に対する資金援助をすべて打ち切った。「プロジェクト・ワイタンギ」の活動は「ネットワーク・ワイタンギ」へと移行し、すでに結成されていたグループには、可能な限り地域ベースで教育活動を継続することが奨励された。「プロジェクト・ワイタンギ」のクライストチャーチの専任職員として活動していた私は、もはや余剰人員となってしまったため、自ら条約教育ビジネスを立ち上げた。私はニュージーランドの歴史を専門とする学外研究を続け、毎日最低2時間の読書を目標とした。議論のレベルが複雑になればなるほど、学ぶべきことは増える一方である。

最初の4年間は、主にコミュニティグループを対象とした独自の活動を行ない、ワークショップのやり方を少しずつ改善していった。評判が広まるにつれ、さまざまな職場からワイタンギ条約のワークショップの進行役として招かれるようになり、まもなくそうしたニーズに応えるべく、同じ考えや精神を持つ仲間を募るようになった。ワークショップリーダーのチームの一員になるという私のビジョンは、再び現実のものとなったのだ。

私は以前から、条約教育を成功させるためには、他の教育的活動の2倍くらい優れた内容を提供しなければならないと考えていた。ここで私の考えに影響を与えたのが、女性運動だった。女性たちが、男性と同じ仕事で成功するためには、男性の2倍の能力が必要だと言っていたのを思い出したのだ。ワイタンギ条約というテーマに対して人々の間に抵抗感があるため、私は、ワークショップはダイナミックで、信頼できるものでなければならず、情報が豊富で、面白く、楽しいものでなければならないと考えた。

最も大きな課題は、条約問題に関心のない人たちにどうやって参加してもらうかということだった。対立を前提としたワークショップがその答えでないことは明らかだった。むしろ、その逆のものが必要だった。敵意や反感を招くものではなく、歓迎されているという環境を作る必要があった。さまざまなタイプの参加者をなんとかして巻きこみ、このテーマについてどのような考えを持っている人でも受け入れる必要があった。すべてはリーダーシップに掛かっていた。

私は、1972年にクライストチャーチで開催されたブラジルの教育者、パウロ・フレイレのセミナーでの経験をもとに、自分なりのリーダーシップスタイルを確立していった。*8 私はこのセミナーのことをよく覚えている。フレイレは、教育に関する賢明で深遠な教えを授かろうと、首を長くして集まっていた熱心な参加者の中央に座った……しかし、何も起こらなかった。30分が経過した。彼は何を計画していたのか？　ついに、誰かが質問した。彼はその問いに対して質問でもって答え、意見を述べ、さらに質問を重ねた。彼は答えを与えるのではなく、各人が自分なりの答えを見出し、それをその場で共有するよう促した。この経験が私に大きな影響を与え、私の条約教育に対する考え方はこの経験をもとに形成された。パウロ・フレイレの考え方は、すべての教育を個々の参加者の経験に基づいたものにし、常に自分なりの考えを他人とシェアしながら共に思考を深めていくというスタイルだった。

植民地支配の歴史と向き合い、植民地における支配者と被支配者という従来の関係に変化をもたらそうとしている社会において、人々が自信を持って完全な参加者となるためには、答えを与えるのは私の役目ではないと気づいたのだ。私の役目は、参加者が自分で答えを見つけられるようなツールを提供することだ。各人の人生経験をワークショップのタスクとプロセスの中心に据える必要があった。また、情報を紹介し、議論する際には、グループ内の一人ひとりが問題とのつながりを感じ、問題解決のプロセスに参加していると感じられるような方法をとる必要があった。

疑問をどんどん投げかける

私が取り組んだのは、何を話しても大丈夫だと感じられる開放的な場を提供し、人々が自由に疑問を投げかけたり、意見を交わしたりしながら議論に参加できるような教育方法を提示することだった。これを実現するためのグループの理想的な人数は20人以下である。このような問題に対しては、恐怖心から、抵抗感を抱く人がいることは予めわかっていた。人々にこうした抵抗感を乗り越えてもらうのは容易なことではなく、反ヨーロッパ主義でない方法が必要だった。ワークショップでは、各人の文化的な背景を尊重し、参加者が抱くいかなる疑問に対しても真摯に向き合う必要があった。ワークショップのウォーミングアップとして、メディアで議論されている現在の諸問題を紹介したり、ワイタンギ条約を巡る議論がニュージーランド社会に与えた影響について話すなど、クリエイティブな方法を取り入れた。ここでは、ワイタンギ条約ワークショップで提示された典型的な質問を紹介する。

- マオリの人々は、パケハの人々に対して主にどのような問題を感じているのですか？
- ワイタンギ条約の内容はどのようなものですか？　ワイタンギ条約のバージョンはいくつありますか？　どのバージョンを信じればいいのですか？
- ワイタンギ条約の誤訳は意図的なものですか？　それとも意図的ではなかったのですか？

……………

＊8　Paulo Freire, *Pedagogy of Hope: Reliving Pedagogy of the Oppressed.*

- あらゆる条約は破られるものです。ワイタンギ条約のことはただ忘れてしまえばいいのではありませんか？
- 条約をめぐる闘争は海外でも行なわれていますか？　それともここニュージーランドだけで行なわれていることですか？
- ワイタンギ条約を実行することは、今日のマオリにどのように役立ちますか？
- 「本当の」マオリのリーダーは誰ですか？　誰の言葉に耳を傾ければいいのですか？
- マオリはパケハが入植したことによって恩恵を受けたのではありませんか？
- いつになったらマオリは文句を言うのをやめて、他の人たちみたいに働くようになるのですか？
- 誰もが平等に機会を与えられています。なぜマオリはそのチャンスを利用しようとしないのですか？
- マオリの定義は何ですか？
- 先住民族の定義は何ですか？
- なぜマオリはパケハの立場に立って考えようとしないのですか？
- マオリには使われていない土地がたくさんあるようです。それなのになぜ、さらに土地の権利を要求するのですか？
- 「マオリであること」と健康問題との間に何の関係があるのですか？
- 私たちの学校は誰に対しても開かれています。なぜマオリは溶けこめないのですか？
- パケハの人々に特別な文化があるとは思えません。私たちは皆、ニュージーランド人ではないのですか？

- マオリが奨学金などのさまざまな優遇措置を受けているというのは本当ですか？
- なぜ問題を解決するために１５０年前まで遡らなければならないのですか？
- マオリはかつて力ずくで他人の土地を奪っていました。パケハたちも同じことをしただけではありませんか？
- マオリの人々はモリオリ人から土地を奪ったのではないのですか？　最初にここにいたのは誰ですか？
- なぜマオリはロースクールやメディカルスクールで優遇されるのですか？
- マオリは医療従事者に何を期待しているのですか？
- マオリは電波権を主張しています。ワイタンギ条約が締結された１８４０年当時、電波はありませんでした。次はいったい何を要求するつもりでしょう？
- 私たちはマオリ語を学ぶべきでしょうか？
- マオリは、ワイタンギ条約が締結された１８４０年の時点で、鉱物資源のことを知りませんでした。それなのに、どうしてその権利を主張することができるのですか？
- マオリが土地の権利を主張することによって誰が得をするのですか？
- マオリは、現在私有地となっている土地に対する権利を主張していると聞きました。それは本当ですか？
- マオリのことばかり心配していますが、ニュージーランドの他の文化はいったいどうなるのですか？
- パケハという言葉は侮辱的だと聞きました。それはどういう意味ですか？

- マオリは今日のニュージーランドにおけるパケハの役割をどのように理解しているのですか?
- こうした問題に対して、オーストラリアやカナダはどのように対処しているのですか?
- 解決に成功したオーストラリアやカナダの例はありますか?

2日間のワークショップで、参加者は提示された情報を吟味したり、ディスカッションに参加したりすることで、これらの疑問に対する答えを自ら見出す場合が多い。自分が発した質問が真剣に受け止められたとき、参加者は必ず「自由になった」と感じ、さらに積極的に参加するようになる。その過程で問題の複雑さが明らかとなり、質問を繰り返すことで、各人がこの国の植民地時代の歴史に関する知識を「自分の中で統合・吸収」し続けることができるようになる。場合によっては、植民地時代の歴史を聞くのは初めてだという場合もある。

ソシオドラマ〔社会劇〕——実際的体験を通じた学び

統合とは、次のステップに進むために、すでにそこにあるものの上に積み上げていくことだ。体験的な学習が重要であるという信念のもと、私はソシオドラマというツールを採用している。このアプローチでは、参加者は、感情や感覚を十分に刺激される楽しい学習体験を通じて、思考や分析を自分の中に吸収・統合していくことができる。*9

人は読んだことの10%、聞いたことの15%、体験したことの80%を学ぶと言われている。*10

ワイタンギ条約や人種差別を違った角度から見てもらうには、グループにさまざまな方法で考えてもらう必要があるということはわかっていた。そのためには、参加者の頭と心を動かし、楽しんでもらえるような方法をとる必要があった。そこで、参加者には、歴史上の人物を演じてもらうことにした。例えば、初期の入植者、ビクトリア女王、植民地の事務員、条約交渉人、英国の代表者、酔っ払いの囚人、売春婦、総督、先住民族のリーダーや部族の一員などである。また、200年前の各人の先祖にもなってもらった。すなわち、スコットランドの氏族長、飢えたアイルランドの農民、イギリスの貴族、17人の子どもの母親、土地を持たない農民、職人、密輸業者、宣教師、脱走した囚人などである。

想像力を駆使して歴史上の主な人物を演じる機会を得た参加者たちは、歴史上の人物や組織に対するプレッシャーを実際に感じたり、課せられた制約を理解したりすることができるようになる。その人物がどのように考えていたのかを想像するのだ。それによって、無力感、怒り、恐怖といった感情や、思考や活動が停止してしまうような感覚、拒絶されたり、耳を傾けてもらえなかったりしたときの感情を体験することができる。人々はこうした過程を通じて、体制派の文化が、被支配者たちをどのようにして排除していったかなど、さまざまな問題に関する洞察を得ることができる。

参加者たちは、このような体験を積み重ねることにより、ワイタンギ条約やニュージーランドの植民地時代の歴史に対して別の見方ができるようになる。より多くの情報を自分の経験と統合することにより、現在議論されている事柄を、これまでとは異なる位置づけ、妥協点、そして解決策で考えることができるようになるのだ。

ワークショップでは、ユーモアが生まれることも多い。ある日のワークショップでは、1880年代

＊9　Nicola Hoffman and Wayne Scott, *Psychodrama Institute of New Zealand Inc. Handbook*, p. 99.

＊10　Gordon Dryden and Jeanette Vos, *The Learning Revolution*, p. 100.

にニュージーランドからイギリスに初めて冷凍肉が出荷されたときの場面が設定された。そこである参加者は、自分が羊の死骸になることによってその場を表現した。彼は自分が今どういう状況にあるのか、どれほどお先真っ暗な気分なのかをグループに語って聞かせたのだ！　私の仕事は、情報が足りない場合は、必要に応じて歴史的情報を提供することだった。もちろん、ある種のユーモアは適切でない場合もある。しかし、私たちが人生という旅を続ける中で身につけてきた視点、恐怖、偏見の中には、冷静に見れば、滑稽とも言えそうなものがいくつもある。私は、人々がそうした姿を確認できるよう彼らに鏡を差し出すことで、ユーモアというはけ口を通じて、それらを手放し、自ら前進してもらうことができるのだということを学んだ。

情報提供とプロパガンダの違い

その他の教育と同様、ワイタンギ条約教育においても、ある神話を別の神話に置き換えないということが重要である。ワークショップの目的は、情報操作やプロパガンダではない。私は、オーストラリアの歴史家ヘンリー・レイノルズの次の言葉に共感する。「私は、自分がやっていることは現代に通用するものだと確信していたし、この国の過去を解釈する人が背負うべき大きな責任を見失ったこともない」[*11]。私は、参加者が問題を多面的に捉えられるような教育技法を用い、自分で答えを見出せるような手段をとることを目指している。この目的を果たすため、私は人々にさまざまな見方を提示し、重要な情報源を明らかにしていきたいと考えている。参加者には、自ら本を読み、資料を探し出し、さまざまな見解を他のものと比較して判断したり、自分で結論を下したりすることを勧めている。

ワークショップが目指すのは、植民地化の結果、先住民族に何が起こったのかを探ることだ。ニュージーランド人の多くは、そうした歴史観を否定されてきた。その代わりに与えられたのは、支配する側にあったパケハのイデオロギーを反映した歴史観である。例えば、ニュージーランド人やオーストラリア人が、ガリポリ、エル・アラメイン、モンテ・カッシーノにおける戦い〔いずれも第1次または第2次大戦中に各地で起きた戦い〕を記念するのは妥当なことだ。しかし、なぜニュージーランドでは、１８６０年代に自国内で起きた主権をかけた闘い〔いわゆる「マオリ戦争」〕を記念しないのだろうか？　植民地内の先住民族に対する侵略は、植民地の歴史を教える際にこれまで除外されてきた。その結果、事実を知らされないままの状態に置かれた人々の間では、植民地時代の歴史に関する新たな情報が提示されるたびに、ヨーロッパからの入植者の行動を擁護し、そのマイナス面を最小限に抑え、弁護しようとする気持ちが圧倒的に強くなってしまうのだ。

歴史的でもあり、現代的でもある問題に取り組むためには、植民地の歴史がもたらした帰結に焦点を当て、その歴史を別の角度から眺めてみる必要がある。そうして初めて、植民地の歴史の全体像が、新たな情報によってどのように変わるのかを見ることができる。

一方通行で、歴史から学ぶことはできない。過去に照らして現代を学ぶということは、現代に照らして過去を学ぶということでもある。歴史の果たす役割は、過去と現代の相互関係を通じて、両者をより深く理解できるようにすることである。[*12]

……………………

＊11　Henry Reynolds, *Why Weren't We Told? A Personal Search for the Truth About Our History*, p. 251.
＊12　E. H. Carr, *What is History?*, p. 68.

ニュージーランドの歴史学者、故マイケル・キングは、「過去は、当時のやり方でしか理解できない。人は常に、その人が生きた時代の視点や、その時点で得られる情報量や洞察力によって制約を受ける」＊13と述べている。

条約教育のワークショップでは、過去と現在の関係とその緊張関係について探求するのだが、集団的な暴力行為を、そのときの時代的背景や文化を言い訳にして「言い逃れ」をしたり、弁護したりしないように気をつけている。私たちは、「歴史を忘れること」や「すべては過去の出来事」と言ってのけることは、どちらの当事者にとっても得策でないということを理解しているからだ。そんなふうに考えれば、いずれにしても、入植者側に有利な状況が続くことになる。神学者のジョン・オドノヒューは、このパラドックスについて次のように述べている。

現在の歴史修正主義者は、過去を現代的な活動やトレンドで説明しようとしがちである。これは明らかに還元主義的考え方である。人々の苦しみは忘れ去られ、彼らは顔のない、歴史的なトレンドや動きを示す単なる符号のような存在になってしまう。歴史から好ましくない部分を取り除くことは、記憶に対する冒涜である。同様に、過去に執着することは、未来から自由を奪ってしまうことになる。＊14

大勢の人々を教育することには危険が伴う。情報さえ与えれば、変化を起こすことができるというわけではない。私たちは、ニュージーランドの条約教育プロセスの開発の初期段階から、その危険性を認識していた。すなわち、十分に情報を与えられていない人種差別主義者を、十分に情報を与えられた人種差別主義者に変えてしまうという危険性が存在するのだ。人は事実に基づいて判断するのではなく、その事実についてどう感じるかによって判断する。情報を処理して統合する機会を与えられないまま、情報をより広く入手できるようになった今、私たちは常にこうした危険性と隣り合わせの状態にある。

その他の教育ツール

ミニレクチャー、ビデオ、オーディオテープ、小グループや大グループでのディスカッションなどは、特定の問題に関する幅広い視点を提供するための手法であり、ソシオドラマ〔社会劇〕と併用している。参加者は、特定の問題について議論するために必要な知識を短い時間で得ることができる。以下は、典型的なワークショップで行なわれるアクティビティの例である。

- 参加者はワイタンギ条約に関する6つの異なる歴史的立場を提示される。各参加者は、その中からひとつの立場を選び取り、その立場を主張するよう求められる。これにより、参加者はワイタンギ条約の用語に慣れると同時に、議論の複雑さを知ることになる。
- 参加者は、各グループの土地の権利について議論するよう求められる。ある参加者は、奪われた土地の元々の所有者であるマオリの立場をとるかもしれないし、また別の参加者は、政府から法的所有権を譲り受け、4、5世代にわたってその土地を開発してきた現代の所有者（パケハ）の

＊13　Michael King, *Being Pakeha Now*, p. 69.

＊14　John O'Donohue, *Eternal Echoes: Exploring Our Hunger to Belong*, p. 163.

立場をとるかもしれない。ここでは、公正な解決策を共に検討するよう求められる。

- 土地の没収問題に関する議論は、参加者がさまざまな利害関係者を代表するグループに分けられると、さらに発展する。例えば、あるグループは英国や政府の役を演じる。またあるグループは納税者の役を演じる。また別のグループは、特定の部族の役を演じる。参加者たちは、自分の役を十分に理解し、政治的に実行可能な結果を得るための交渉を行なうことが求められる。
- またもうひとつのアクティビティは、現在、国がマオリに提示しているワイタンギ条約の和解案に関するものである。参加者たちは特定の部族の一員に扮し、和解案を受け入れるかどうかを議論するよう求められる。
- 参加者たちは、主権論争を解決するためのさまざまな方法を検証することにより、ニュージーランドにおける主権の今後の在り方について検討することになる。ここでもさまざまな立場が展開される。例えば、マオリのための独立した並列国会というかたちであったり、既存の上院、下院でパケハと権限を共有しつつ、部族代表を既存の国会に送りこむという方法であったり、既存の政治・経済構造の範囲内でマオリの完全な自治を認めるなど、さまざまな立場が検討される。

このような議論に参加することで、参加者はそのテーマに精通し、議論の余地のあるさまざまな立場から、情熱を持って話し合うことができるようになる。また、参加者は、ある種の立場が相互に排他的であるということも学ぶ。私はワークショップのリーダーとして、いずれかの立場を「答え」として提示するのではなく、解決策を見出そうとする行為の複雑さに参加者を巻きこんでいく。これらの問題の多くは、現在も社会で議論されており、今後も新たな問題が浮上し続けるだろう。

このプロセスは、すべての質問に答えるためのものではなく、人々がそれぞれの答えを見つけるための枠組みを提示するためのものだ。私たちは、人々が同意に達することや、同じ地点からスタートして同じ地点でゴールすることを期待していない。自分が「どのような」意見を持っているのかということよりも、「なぜ」そのような意見を持つに至ったのかを理解することの方が重要だ。ワークショップのリーダーの役割は、グループがつながりを持てるようサポートし、各人が学びを深められるよう動機づけすることだ。この分野では、「解決策にフォーカスした」議論は、変化の妨げになることが多いことから、私は人々に疑問を持ち続けるよう推奨している。私たちが辿るべき道はすでに明らかになったものではなく、これから明らかになっていくものだ。社会として、解決へと向かう道を歩む必要がある。人生は旅であり、答えはその旅の過程で姿を現す。

「私は恐怖心を煽るメディアを軽蔑する」[*15]

歴史を癒すためには、人々がマオリに対して抱いている固定観念や思いこみに疑問を抱く必要があることは明らかだ。メディアは、ごくまれな例外を除けば、ワイタンギ条約にまつわる論争において、常にパケハの恐怖心を煽り、無知無学を助長してきた。マオリは極端なかたちで描写される。彼らはどん底の敗者であったり、理不尽で声高に過剰な要求を突きつけてくる対決を辞さない活動家であったり、時には植民地主義やワイタンギ条約に関する豊富な知識を持った雄弁な演説家であったりする。

ジャーナリストは、取材対象者と一般大衆をつなぐパイプ役であることから、ニュージーランドの

……………………

＊15　Deborah Wai Kapohe, *Borderless*.

植民地時代の歴史とその影響について知り、それらの情報に基づいた質問を行なわなければならない。ジャーナリストの側に、情報に基づいたインタビューを行なうだけの十分な知識がなければ、問題を適切に解明することができないため、一般人は騙され、パケハ社会の偏見はさらに助長されることになる。

元国会議員のウィリー・ジャクソンは、ゴールデンタイムの時事番組に出演した後、番組内でのインタビューに関して、「バイアスがかかっている」、「あまりにも無知だ」と評した。*16 ジャクソン氏は、マナニュースラジオ〔マオリが立ち上げたラジオ番組〕のインタビューで、名の通ったパケハ放送局の多くが、マオリの問題に疎いと主張した。

現在、残念ながらニュージーランドの報道は、テレビニュース、ラジオ、出版の分野において、事実上、パケハが独占している。これは、アナウンサーを誰が務めるかという問題ではない……誰がニュースを作り、誰がニュースを指示し、誰が重要な質問をするのかということであり、実際、そこにはマオリの顔がほとんど見当たらない。*17

ワークショップの中で、参加者たちは、メディアがワイタンギ条約に関する議論を国民にどのように伝えてきたかということについて、考える機会が与えられる。そして、ワークショップで得た新たな情報に照らし合わせ、報道された内容を批判的に吟味し、自分の考えをまとめる。

メディア界における希望の星は、マオリテレビの出現である。これまでニュージーランド人は、同テレビ局が、豊富な情報に基づき、人々を刺激し、教養を高めるバランスのとれた、歯切れのよいさまざまな国内外の番組を提供するのを目の当たりにしてきた。毎週放送されるニュース番組「ネイティブニュース」は、ニュージーランドで最も優れた番組である。２０１１年には、番組の80％が地元で制作された内容で構成されるマオリテレビが国内過去最高の視聴率を記録し、ニュージーランド人の５人に１人がマオリテレビを視聴していた。*18

ワークショップモデルをカナダでも

１９９６年、私は、反人種差別と条約教育の国際トレーナーになり、活動の幅を広げた。ヨーロッパ系カナダ人の反人種差別主義グループに招かれ、ブリティッシュ・コロンビア州のビクトリアを訪ね、ニュージーランドの条約教育ワークショップのモデルを紹介した。このとき、エドモントン、カルガリー、レスブリッジ、ウィニペグ〔いずれもカナダにある都市〕のグループにも出会った。私はこのモデルを、労働組合、中学校教師、バンクーバー警察、オタワＲＣＭＰ連邦警察、ファーストネーション〔カナダの先住民族で、イヌイットもしくはメティ以外の民族〕のグループ、非政府組織、大学生などに紹介した。この分野において、人々やグループが抱えていた共通の課題は、有機的で、魅力的で、人気のある反人種差別や条約に関する学習プログラムをどのように開発するかということだった。私は、参加者の個人的な経験が、歴史の学習に組みこまれていないことが多いことに気づいた。その一方で、ニュージーランドのワークショップでは、個人的なことと政治的なことの統合がうまくいっているという評判

*16　Television One, *Face the Nation*, 27 July 2000.
*17　Radio New Zealand, *Mana News*, 31 July 2000.
*18　'Maori Television Rocks the ratings – Again', www.maoritelevision.co.nz, August 2011.

を得ていた。このやり方がカナダの多くのグループからも好意的に受け入れられたことから、私は、この体験学習プログラムを、現地の歴史や文化、またその国や地域が直面している政治的問題にしっかりと根差したものにすれば、植民地時代がもたらした影響に取り組む他の国々にも応用できると確信するようになった。

私の訪問に続いて、タラナキ地方〔ニュージーランド北島西海岸に位置する〕のハウェラという町のタイポロヘヌイ・マラエ出身のテ・フイランギ・ワイケレプル氏がカナダを訪れ、ファーストネーションのコミュニティや非先住民族に、彼の文化や知識を伝えた。カナダからの報告によると、フイランギ氏は、カナダの先住民族であるコースト・サーリッシュ、ヌフ・チャ・ヌルス、クリー、メティスの人々に、近年における状況の変化や先住民族の伝統的な手法で長年の紛争を解決してきたことなどに触れながら、言語の復興、伝統的な芸術様式や学校、伝統医療、先住民族の自治や経済的発展について話をし、参加者に示唆を与えたという。

ビクトリア大学の先住民族統治プログラムは、オンラインを通じて海外にいる先住民族の学生たちを教えるために、フイランギ氏に声をかけた。それ以来、彼は、修士号取得を目指す学生のアドバイザーを務めたり、博士課程にいる先住民族の学生を励ましたりしてきた。また、マオリの視点から水の保護に関する知識を伝え、次世代に向けた持続可能な未来のために活動した。カナダでの彼の活動は、先住民族の権利のために活動するあらゆる人々の連帯感を強めるものである。

今も続く挑戦

ワイタンギ条約のワークショップは、ニュージーランドの植民地時代の歴史について、パケハの人々を教育するための創造的な試みとして始まったもので、参加者が有機的な学びを得られるよう、反人種差別主義と条約教育とを組み合わせた独自の戦略を採用している。このやり方はうまくいっている。現在、ワークショップは、コミュニティグループ、政府機関、民間企業など、ニュージーランド社会のあらゆるレベルで定期的に開催されている。私の経験によれば、参加した人々は、今日のニュージーランドが直面している課題に関する知識に飢えており、何を学ぶべきか戸惑っている場合も多い。しかし、多くの参加者から、ワイタンギ条約のワークショップに参加することで、自身の態度に変化が見られ、問題に対処する自信がついたという声が寄せられている。

クリエイティブであるだけでは不十分だ。ワイタンギ条約のワークショップは、今日の社会において、常に興味深く、現代的かつ革新的であり、人々に喜んで受け入れてもらえるようなものでなければならない。そのためには、条約教育に携わる私たちがこれまでの経験を常に振り返り、そこから何かを学び取り、新たな学習戦略を開発し、新たな情報をつかんでいかなければならない。そして、先住民族への説明責任を果たし、一貫して質の高いサービスを提供し続け、機会を逃さず、新しいワークショップのリーダーを発掘し、訓練し、指導し続ける必要がある。

当初、やる気のある人なら誰でもワークショップを開催できると考えていたが、訓練を受けていない責任感のない人に任せると、まったく逆効果になることがわかった。経験の浅いトレーナーが率いるワークショップに参加した人々は、このやり方全体を否定し、今後一切関わらないと誓うようになることが明らかになった。ワイタンギ条約のワークショップをリードするには、並外れたスキルが必要だ。

過去20年間に行なわれたワイタンギ条約ワークショップに対して寄せられた評価を見れば、ワークショップに参加したことで、ニュージーランド社会に対する多くの人々の見方が変わったことがわかる。

さらには、こうしたワークショップが、多くの参加者を勇気づけ、マオリと協力して、権限の共有に向けた新たな方法に取り組むための環境を作り出すきっかけとなっている。このワークショップは誰に対してもメリットをもたらす方法である。また、歴史を癒す上で必要不可欠な方法でもある。なぜなら、過去の不正に対処し、未来に向かって共に歩み始めるためには、自分たちが来た道を振り返るしかないからだ。

第8章　自分自身の物語を大切にするということ

１９９２年　アラン諸島――ケルトの黄昏

暗かった。イニシュモア島の荒涼とした風景に激しいみぞれが降り注ぎ、海はすでに見えなくなっていた。もうとっくに真夜中をすぎていた。私は道に迷い、気は動転し、身体はびしょ濡れだった。雨と風があまりにも激しく、自分が立っている地面さえも見えないほどだった。曲がりくねった道を５キロほど歩かなければならないことはわかっていたが、この天気では路上にとどまることさえ困難で、歩くことなどほとんど不可能ではないかと思われた。

そうこうしているうちに、私は突然、宙に放り出され、２メートル下の水浸しの溝に仰向けに落ちてしまった。最初は動けなかった。肩がしびれ、恐怖を感じた。しかし、なぜか次第に恐怖と不安は遠のいていった。完全な静けさが全身に広がり、ケルト人の祖先が私を支えてくれているのを感じた。私は完全に道に迷い、全身ずぶ濡れで、身体はしびれていたが、それでも何かに支えられているような平和を感じていた。奇妙な感覚だった。

私はゆっくりと溝から這い上がり、自分がどこにいるのかはわからないものの、新たな自信を得て歩き始めた。自分が歩いているその土地に確実に存在する生命に導かれ、正しい道に戻ることができた。この土地とつながっているという感覚、先祖代々が暮らしていたこの祖国において、私は何者かに見守られており、ひとりではないのだというこの感覚は、一生忘れることができない。

この島に来てまだ24時間も経っていないが、道に迷ったのはこれが初めてではなかった。夕方、大西洋に面した西海岸を歩き、多くの石垣を乗り越え、4～5世紀に建てられたケルト人僧侶の修道院跡を見て回った。他にもキリスト教以前のケルト人の遺跡があり、それらはケルト人の生活様式を物語っていた。アラン諸島では、今でもアイルランド語が第一言語として使われており、ケルト人の生活様式がかなり残されている。

では、ケルト人とはどのような人たちだったのだろう？　ケルト人は、世界でも有数の野蛮人で、獰猛で興奮しやすく、戦争好きだったと言われている。その数は少なかったにもかかわらず、彼らは西欧文明に多大かつ永続的な影響をおよぼした。ハンガリーの平原を始点として、オーストリア、スイス、南ドイツ、フランスを経て、海を越えてスコットランド、ウェールズ、アイルランドへと移動していった。ケルト人は、ギリシャやローマの文明とは異なり、文字による記録を残していない。ケルト人の歴史を知るには、彼らが書いたものより、彼らが作ったものの方が大きな手がかりとなる。また、口承による伝統も根強く残っている。

ケルト人が最も発展した時代には、部族、家族、階層、農業などの点において、典型的なヨーロッパ人の生活を反映していた。彼らは政治的な民族ではなく、まとまった政治的国家を形成していたわけでも、それを望んでいたわけでもないが、彼らのモチベーションと部族の団結力は、説得力のある政治的モデルを提示している。彼らは帝国主義的な民族ではなかったが、どこに行っても優れた文化の痕跡を残していた。

あるフランスの定義によれば、先史時代は、最初に書かれた文書で終わるという。この原則によれば、ケルト人は先史時代の人々と考えられる。他の文明と同様、ケルト人もどこかからやってきたのではなく、そこに出現した人々であり、数世紀の間に発展した。紀元前８００年には、ケルト人はヨーロッパではっきりとした独自性を示すようになり、その７００年後の紀元前１００年までには、アイルランドにある程度の深みと豊かさを持ったケルト社会が形成されていた。*1

私の目的は、ケルト人の歴史について語ることでも、それをまとめることでもない。むしろケルト文明と、パケハである多くのニュージーランド人の祖先との間に関連性を持たせることが目的である。祖先の文化的遺産を探求すれば、自分が最も地に足がついていると感じられる場所を意識し始めることができるというのが、私の信念である。

地に足がつくということ

私は、「地に足がついた状態」とは、何かに帰属しているような感覚をもたらす、何かとつながりを持った状態であると定義している。私たちは、本来何かとのつながりを持っているものだが、多くの人はそれに気づいていない。難しいのは、その「つながり」に気づくことだ。地に足がついた状態になる

………………

*1　Frank Delaney, *The Celts*, pp. 19–40.

ための公式はない。人によってそれが意味するものは異なるが、たいていの場合、そこにいることに安心感を覚え、ありのままの自分を表現できるという感覚である。ある人にとっては、それは、田舎か、住宅街か、都心部であるかを問わず、土地とのつながりなのかもしれないし、またある人にとっては、ある国の山や林や川とのつながりなのかもしれない。また、先祖代々の故郷や、自分の祖先がどこから来たのかを知ることで、地に足がついたような安心感を得る人もいるだろう。また、家族や友人の存在、あるいは「家」と呼ばれる場所に、「地に足がつく」ような安心感を覚える人もいるだろう。このように、人によってしっかりと地に足をつけることができる「拠り所」を感じる場所は異なるかもしれない。

人は往々にして、別の場所で生活したり、自分の文化や価値観、世界観や生き方に疑問を感じたりしたときに初めて、自分が「地に足がついた」状態だと感じられる拠り所がどこなのかに気づくことがある。また、自分の拠り所がどこにあるのかを常に意識してきた人にとっては、新しい人との出会いや、異なる生き方との出会い、人生を変えるような辛い経験に直面することで、新たな拠り所を見つける場合もある。地に足がついたような安心感をもたらす「拠り所」は、常に進化し続けるダイナミックなものだという人もいる。

地に足がつくような安心感は、子どもの頃のルーツと強いつながりがあるのかもしれない。オーストラリアの歴史学者、ヘンリー・レイノルズが、個人的な見解として次のように述べている。

　タスマニアではいつもくつろいでいることができた。それは、自分の意志や理性とはほとんど関係がない。自分の居場所があると感じるか、ないと感じるかという問題だ。そして、いったんその感覚が生まれると、その感覚を捨て去ったり、意志の力でどこかへ追いやったり、理論的にその存在を否定したりすることはできない。30年近く歴史修正主義について執筆してきたことで、さまざまな事柄に対する私の見方は変わったが、自分がどこから来たのか、どこに所属しているのかというこのような感覚を味わったことはなかった……。*2

自分の物語を大切にする

条約教育のワークショップでは、自分自身の物語を知り、自分のアイデンティティにしっかりとしたつながりを感じることが、ニュージーランドの植民地時代の歴史を知り、歴史が現在にもたらした影響について理解するための出発点となる。マイケル・キング〔ニュージーランドの歴史学者〕はこの重要な真実を次のように捉えている。「偏見を是正し、過去の誤解を解く鍵は知識であり、知識への第１歩は自己認識である」*3。参加者は、植民地時代の歴史に関して新たな情報が与えられると、苦痛や不快感を覚える場合もある。そのため、こうした情報は、人々が自分の人生経験の枠組みの中で理解できるかたちで提示されるのが最善の方法である。この際、パケハたちは、自分たちの祖先はどこから来たのか、なぜ祖国を離れたのか、ここに辿り着いたとき何が起こったのかを語ることが重要である。

ワークショップの参加者は、自分の祖先がニュージーランドにやってきたいきさつと、そのことが自分の人生にどのような影響を与えているのかを、物語を介して知ることができる。これらの物語は、

＊2　Henry Reynolds, *Why Weren't We Told? A Personal Search For the Truth About Our History*, p. 247.
＊3　Michael King, *Being Pakeha*, p. 13.

ワークショップで伝えられる知識そのもののメタファー（隠喩）となる。参加者は、植民地化がどのように行なわれたのかを知る過程で、ヨーロッパ人の祖先を故郷から追い出した法律の多くが、その後、ニュージーランドのような植民地化された国の先住民族に適用され、課せられたのだということに気づく。これを知ることによって、彼らは自分の祖先の国とニュージーランドを結びつけることができるようになるのだ。

一人ひとりの人間の物語は、ユニークである。しかしそれと同時に、それぞれの物語の中に、人類のより大きな物語との共通点を見出すこともできる。作家のミシュラン・フォースターは、物語によって私たちは時空間や文化を超えられるという。人は、物語によって、人と人とのつながりを感じることができ、孤独感や、こんなことを経験しているのは自分だけだという感覚を和らげたいという欲求を満たすことができる。[*4] 自分自身の物語を理解すれば、それが、異なる文化を持つ人々や普遍的な物語と、自分とを関連づけるためのヒントになる。人間が経験する苦悩に共通点があることを理解すれば、次の課題は、そうして得た新たな情報で何をすべきかということになる。

物語は歴史に命を吹きこむ──物語の重要性

植民地支配という過去を持つ国々にとって、歴史的物語に耳を傾けることは、癒しのプロセスの一部である。物語ることそれ自体が目的なのではなく、物語に耳を傾けることによって、どこに癒しが必要なのか、またそのためには何が必要なのかを理解できるようになる。物語ることによって、私たちは過去を認め、尊重し、思い出すことができるようになり、個人、コミュニティ、国家レベルにおいて、より平和な関係を築くために、今後何が必要なのかを見極めることができるようになる。

しかし、自分のことを語る場合は、好きなときに、自分が選んだ人に語れる権利を保持していなければならない。それは結局のところ、その人自身の物語だからだ。マオリが語ろうと思ったときでなければ、マオリの物語を知る権利はパケハにはない。マオリとパケハの間にはいまだに力の不均衡が存在する。植民地化された者と植民地化した者の間に平等な関係はあり得ない。しかし、植民地化された者の物語が深く傾聴されたとき、植民地化された者には癒しが、植民地化した者には理解がもたらされる。パケハが先住民族の物語を直接、あるいは間接的に「傾聴する」ことにより、新たな気づきが生まれ、それが強力なインパクトをもたらす。

１９９７年、クリス・シドッティ（当時のオーストラリア人権委員）は、「盗まれた世代」の話を聞いたときの体験について次のように語っている。[*5]「盗まれた子どもたち」とは、アボリジニの子どもたちが、大きな抵抗があったにもかかわらず、出生時のコミュニティから強制的に連れ去られ、ヨーロッパの家庭に「養子」として引きとられた話である。彼らはしばしば「漂白された子どもたち」と呼ばれた。現在、これは国家による誘拐であり、アボリジニの文化を消滅させることが目的であったと認識されている。ニュージーランドのテレビ番組で、シドッティは次のようにコメントしている。

なかでも特に印象に残っているのは、学校から連れ去られた子どもたちの話です。これは特別な話ではなく、日常的に行なわれていたことです。子どもたちが親に見送られて学校に行ったまま帰っ

…………………………

＊４　Michelanne Forster, Storywriting Session, New Zealand Broadcasting School, Christchurch Polytechnic.

＊５　Carmel Bird (ed.), *The Stolen Children: Their Stories*.

てこないのです。私と同じ年齢（40代半ば）の人たちが、5～6歳か7歳のときに登校して、それっきり親と会えなくなってしまったという話をしていました。私は彼らの傍らに座ってその話を聞きました。40年前、もし自分が彼らと同じ立場で、学校へ行ったきり、両親の元に戻れないとしたら、どんな気持ちがしただろうと想像しました。そして、もし自分が我が子を失ったとしたら、と想像しました。これは、何も感じずに聞ける話ではありません。彼らのそのような経験に耳を傾けようとする姿勢さえあれば、その話に衝撃を受け、最大限の思いやりをもって対応せざるを得なくなるでしょう。*6

シドッティによれば、多くのオーストラリア人にとって、このような話を聞くのは初めてだったという。シドッティは、こうした歴史を物語として語ることにより、さまざまな問題に命を吹きこみ、聞き手にとって理解しやすく、扱いやすいかたちにすることができた。これは非常に強力な方法だ。なぜなら、ミシュラン・フォースター〔ニュージーランドの脚本家〕が指摘するように、人は変化を受け入れることはできるものの、できれば安全な場所に留まり、変化に抵抗したいという気持ちも同時に持ち合わせているからだ。「盗まれた世代」のような物語は、聞き手や読み手が自ら体験しなくても、もっと知りたいという欲求に応えてくれる。*7

「盗まれた世代」のような話を聞いていると、フィリピンの「沈黙の文化」という表現を思い出す。「私たちのことを本当に知りたければ、話すことが禁じられている事柄に耳を傾けてください」というものだ。クリス・シドッティはこうした状況を次のようなかたちで浮き彫りにしている。

> 子どもを失った母親たちの声がほとんど公にされないことに、私たちは強い憤りを感じた。子どもを連れ去られた女性や男性がまだ生きているにもかかわらず、私たちの聞き取り調査の場に現れることさえできなかったのだ。それほど傷が深かったということだろう。私たちは、彼らから聞き取ることによって得られるはずの証拠を別の方法で入手しなければならなかった。*8
>
> この沈黙こそが、すべてを物語っているのだ。

ある国の植民地時代の話は、聞き手が得た新たな情報を、歴史的な枠組みの中に位置づけることができるような学習環境で提供された場合に、最も大きな影響力を発揮する。こうした環境では、提示された内容に対して自分がどのように反応するのかを観察し、その内容について議論することができる。物語を伝えるタイミングに注意すれば、人々は、自分とは異なる意見も受け入れられるようになる可能性がある。

私の経験によれば、地に足がついた存在になることと、自分の物語を大切にすること、そして自分たちの歴史にまつわる物語を理解することとの間には、確かな関係性が認められる。これらの要素が一体となったとき、パケハは、先住民族が提起する問題や課題、そして先住民族の物語に思いやりを持って

…………………

*6　Television One, *Holmes*, 29 May 1997.

*7　Michelanne Forster, 前掲書。

*8　Television One, *Holmes*, 29 May 1997. より詳細については次を参照のこと。*Bringing Them Home: Report of the National Inquiry into the Separation of Aboriginal and Torres Strait Islander Children from Their Families*, website.

耳を傾けられるようになる。アイデンティティ、つながり、帰属意識がしっかりしていれば、物語を通じて伝えられる新たな情報にひるんだり、個人的に脅威を感じたりすることは少なくなる。恐怖心が私たちの反応を支配する可能性は低くなり、他の人の話をより開かれた心で聞くことができるようになる。

私の物語

私は、自分自身の物語を明らかにしていくなかで、自らの物語を知ることの重要性をより深く理解できるようになった。アイルランドは、私にとって先祖代々の故郷だ。ニュージーランドは私の祖国である。初めて海外に行ったときのことをよく覚えている。私の反応は、ニュージーランドの歴史学者、マイケル・キングの反応とまったく同じだった。彼は、ニュージーランドを離れて最初の1年を過ごしたときのことを次のように語っている。「ニュージーランド人でなくなったのではなく、ニュージーランド人になったと感じた。自分のルーツをより深く意識するようになったのは、自分が拠り所としていたものが目の前から消えてしまう経験をしたからだ。何もないだだっ広い土地や海の風景、流木のたき火、林、鳥のさえずりなど、ニュージーランドの自然が恋しかった」[*9]。

それでもなお、私がアイルランドとの結びつきを強く感じるのには、さまざまな理由がある。アイルランドは、私のアイデンティティとルーツの出発点だ。私の社会正義への取り組みは、アイルランドの先祖代々のルーツと深く結びついていると確信している。社会変革に取り組んだことが、自分が何者であるかを知り、自分の物語に意味を与えるきっかけとなった。大勢のアイルランド人は自国を植民地化されただけでなく、植民地化によって作られた条件やシステムによって疎外されてしまった。私の先祖のひとりであるティモシー・ケアリーは、1798年のアイルランドの反乱で、ユナイテッド・アイリッシュマン〔アイルランドの民族主義的組織のメンバー〕として活躍した。当時はまだカトリック刑罰法が公式に廃止されておらず、ほとんどのアイルランド人は「劣った出自」とされていた。*10 18世紀末までには、多くの人が自国にいるにもかかわらず、土地を所有できない状況に追いやられていた。これは基本的に宗教闘争ではなく、階級闘争だった。カトリック教徒であっても上流階級の人々の多くは、この騒動の鎮圧に積極的だったからだ。*11

　その次の世代では、ティモシー・ケアリーの大甥にあたるパトリックが、ゴールウェイ南東部の土地戦争で投獄されている。その抵抗の背景にあったのは、「小規模農業で貧困に苦しむ多くの借地人を、主人の気まぐれな命令に従う農奴にすぎないとした、不当な土地保有制度に対する激しい怒り」であった。*12 1886年に東ゴールウェイで起きた紛争は、世界的なニュースになり、私の祖先や家族の故郷であるウッドフォードの町に注目が集まった。この紛争は、「怒りと決意に満ちた小作人に対する、頑固で冷酷な不在地主〔アイルランド国内に居住せず、イギリスに居住しながらアイルランドの土地を貸し出している地主〕の無慈悲ぶりと権力」を浮き彫りにした。*13 このときの抵抗は大きな成功を収めたと言われている。1870年には、自分たちの住んでいる土地を所有している借地人はわずか3%だったが、1916年

……………………

*9　Michael King (ed.), *Pakeha: The Quest for Identity in New Zealand*, p.18.
*10　Robert Kee, *The Most Distressful Country: The Green Flag*, Volume One, p. 19.
*11　同書, p. 27.
*12　M. J. Shiel (ed.), *A Forgotten Campaign: Aspects of the Heritage of South-east Galway*, A Word to the Reader, 1886–1986.
*13　同書。

には65％にまで増加した。ウッドフォード・ヘリテージ・グループの報告書によれば、このキャンペーンは「間違いなく、アイルランドの歴史の中で最も偉大な革命であった」という。[*14] 特に、パトリック・ケアリーが1888年にゴールウェイの刑務所での体験を記録した妹宛ての手紙を読んだ後は、この見解に同意せざるを得なかった。彼は手紙の中で次のように述べている。

驚くかもしれないが、数カ月の監禁生活にもかかわらず、私はこの7年間で今ほど健康状態が良かったことはない。どのくらいの苦難に耐えられるかは、好むと好まざるとにかかわらず、実際に何かを強制される状況に置かれてみなければ、誰にもわからない。もちろん、最初の数日間は、パンと水だけの食事、そして板張りのベッドが辛かった。ただ、別に見栄を張っているわけじゃないが、一瞬たりとも勇気や快活さを失うことはなかったんだ。この2つの精神は、刑務所生活で仲間を引っ張っていく上で必要不可欠な要素だ。それに私には、今罰せられているのは、子どもたちの顔に泥を塗るようなことをしたからでも、自分自身の心に恥じるようなことをしたからでもないという自負があった。[*15]

パトリックは、その時の釈放の様子を、まるでキリストがエルサレム入りするときのように描写している。

レイモンドが、ゴールウェイまで私を迎えにきてくれた。刑務所の門を出て最初に目にしたのは彼の顔だった。ウィリー（ロッシュ）神父も彼と一緒だった。刑務所から出て歩く私は、ずっと拍手喝采を浴びていた。アセンリーとローレアの町では、パトリック・ケアリーとウッドフォードの町を讃える歓声がいたるところで聞かれた。ローレアからウッドフォードまでの道のりには、すべての家の窓にロウソクが灯り、十字路には焚き火や音楽、松明が用意されていた。しかし、ウッドフォードに入ってからが大変だった。バンドの演奏に合わせて大勢の人が通りに出てきたからだ。町はライトアップされていた。そして、皆、私が向かっていた家の外で立ち止まらなければならなかった。私がその家の前で熱のこもった演説を行なったからだ。今ではその2階の応接室の窓が歴史的建造物になっているのだ。*16

パトリックがアイルランドで正義を求めて闘ったことと、テ・フィティ〔ニュージーランドのタラナキ地方の指導者〕がパリハカで抵抗したことは、私が1981年に刑務所に入る決意をしたことに大きく影響していた。もし、より多くのアイルランド系ニュージーランド人が自分たちの歴史を知れば、ニュージーランドのマオリの闘争に自然と協力するようになるかもしれない。

私の曽祖父トーマス・スウィーニーは、1823年4月1日に、「日の出から日の入りまでの間に行なわれた住居侵入という重い罪」で有罪となり、ティペラリーの英国植民地当局から絞首刑を言い渡された。彼は、「貧しい農民による10分の1税〔英国国教会に納められる税金〕の支払いに反対する闘争に関

*14　同書。
*15　同書, p. 53.
*16　同書, p. 54.

わり、特定の地主やその代理人に殴りかかる農村ゲリラグループ」のうちのひとりと一緒にいるところを見つけられたのだ。[*17] 絞首刑はその後、終身刑に減刑された。トーマスとその仲間たちは、囚人船イザベラ号に乗せられ、約9カ月後にシドニーに到着した。そこで「熱病が流行ったり、自暴自棄になった人々が反乱を目論んだりするなか、どうにか生きのびた」。[*18] 彼は12年間服役した後、「仮赦免状」を与えられた。

私がオーストラリアの植民地時代の歴史に興味があるのは、先祖代々オーストラリアに縁があるからでもある。私の曾祖父、トーマス・スウィーニーは、釈放後もオーストラリアに残り、最終的には沿岸部の貿易商として働いた。彼の子孫は、ニュージーランドとオーストラリアに広がり、スウィーニーの子どものひとりであるケイトは、ティモシー・ケアリーの子孫と結婚し、1860年代初頭、ニュージーランドのゴールドラッシュ時代に南島の西海岸に移住した。そういうわけで南島西海岸が、ニュージーランドにおける私のルーツである。

トーマス・スウィーニーは自らの行動が原因で祖国から追い出され、結局は、オーストラリアのアボリジニから強奪したものの恩恵を受ける身になってしまった。スウィーニーの話は、自分が生きるか死ぬかのときに、他の民族の窮状を気遣うことは不可能ではないとしても、それがいかに困難なのかを物語っている。入植者たちは、抑圧されたくなければ、こうすればいいという代替手段を用意していた。抑圧者側には、権力、金、財産、土地、選択権があったため、多くの人々は、抑圧者の仲間入りを目指すようになっていった。アイルランド人が、しばしば植民地支配者側の味方になってしまった理由もここにある。『How the Irish Became White〔アイルランド人はいかにして白人になったか〕』の中でフレデリック・ダグラス〔アメリカ合衆国の元奴隷で、奴隷制廃止論を唱えたアフリカ系アメリカ人の活動家〕は、アメリカに住む1853年ごろのアイルランド人について次のように語っている。「自国では、いたるところで虐げられた人々に同情するアイルランド人が、我々の地に足を踏み入れた途端、ニグロを憎み、軽蔑するよう教えられるのだ。アイルランド系アメリカ人は、いつの日か自分たちの過ちに気づくだろう」[*19]。

他人から人種差別的な扱いを受けたり、先天的に劣った人種だと見なされたりすると、その人自身も遅かれ早かれ、人種差別主義者の価値観を内面化することになる可能性が高い。その結果、しばしば自己嫌悪や同族嫌悪に陥ることになる。頻繁に非難されたり、自分が弱い立場に置かれたりすると、それを真に受けてしまう可能性も高い。アイルランド人の中には、自分が受けた人種的侮辱に屈して、今度は同じ感情を他人に向けてしまう人もいるようだ。ニュージーランドで、アイルランド人が、植民地化に反対するマオリの闘争に、グループとして参加することはなかった。むしろ、多くの人々は、自国での抑圧から抜け出し、自分たちの解放に向けた道のりを確かなものにすることの方に集中していたようだ。これはしばしば、抑圧者側に仲間入りすることを意味した。

個人的な責任を引き受ける

私は、自らの物語を理解し、制度的プロセスとしての植民地化の歴史を学ぶことで、高潔さを保ち、他人から押しつけられるかもしれない罪悪感に操られないようになった。私は、先祖がしたことに対して

＊17　Peter Cuffley, *Family History Comes to Life*, p. 3.
＊18　同書。
＊19　Noel Ignatiev, *How the Irish Became White*, p. v.

責任を負わない。また、正式な教育において教わらなかったことに対しても責任を負わない。しかし、パケハである私は、自分の先祖の行動や植民地化による体制側の恩恵を受けていることは間違いない。したがって、私には、自ら学ぶことと、現代において変革を起こすことについては責任がある。

ワイタンギ条約により、ヨーロッパからの入植者は、平和的にこの国に定住できるようになった。ワイタンギ条約を英国と締結したハプ〔準部族〕は、入植者に定住する権利を与えた。したがって、この条約は、ニュージーランドにおける他のすべての文化の存在を合法化するものである。パケハはこの国に住む権利はあるが、その権利を得るための裏付けとして、入植を可能にした約束を守る義務がある。しかし、歴史的に見ると、ひとたび入植者が過半数を占めるようになると、マオリとの約束はすべて反故にされた。マオリが神聖な契約と考えていた合意を守らず、植民地制度を押しつけてきたことが、現代の条約論争の核心である。ヨーロッパ人による植民地化が、マオリの人々に壊滅的な影響を与えたことを認めたからといって、私たちの祖先を攻撃することにはならない。それは、先住民族との神聖な約束に反する制度が、法的な虚構のもとに押しつけられたという事実を認めることである。そうした制度こそが、先住民族の犠牲の上に、大半のヨーロッパ人入植者に利益をもたらしたのだ。

罪悪感は、ワイタンギ条約の議論には必要ない。問題は、個人的な責任をいかに果たすかということである。ジョージ・ロスナーの言葉を借りれば、「責任（responsibility）」とは、「まさに『対応する（respond）能力（ability）』を意味する。自分のとった行動と選択を完全に認識することができて初めて、対応することができる。そして、その認識に基づいて何を為すべきかを自由に選択することができるのだ」[*20]。私たちは、知らないことに基づいて行動することはできない。しかし、私たちは今、ニュージーランドの過去の植民地時代の影響と結果が明らかになった環境の中で生きている。私たちは、それらについて自ら学ぶという責任を果たすことができるし、またそうする必要がある。私たちは、自らの行動や態度を振り返り、今日のニュージーランドが直面している問題に関して、個人的生活や仕事において、自らの考えや行動を変える必要があるかどうかを自由に選択することができるのだ。

私たちは、自分たちの活動の場における変化を恐れず、文化的多様性を認め、それらを尊重する新たな方法を見出し、そうした方法を受け入れるという意思を持つことによって、責任を果たすことができる。私のアメリカ人の同僚、ジョー・バーントもこの課題について、次のように述べている。

組織は個人的な責任ではないかたちで活動しているため、私たちには、組織の行動に対して何の責任もないと思っている人がいたら、それは間違いである。組織の意見と一致しなければ、単に自らの責任を放棄して、組織を辞めればよいというものでもない。そのような考え方をすれば、それは自らを欺くだけでなく、変化をもたらす力を自ら放棄することになる。民主主義社会は、大多数の人々の受け入れと同意なしには、どのようなレベルにおいても機能することは理論的に不可能である……私たちの日常生活に影響をおよぼす何千もの決定を黙って受動的に受け入れるなら、それらに同意したものと見なされてしまうのだ。[*21]

ニュージーランドの植民地時代の影響に対応できるかどうかは、自らの物語を自分の活動に関連づけ、

…………………………

＊20　Jorge Rosner, *Peeling the Onion: Gestalt Theory and Methodology*, p. 68.
＊21　Joseph Barndt, *Dismantling Racism: The Continuing Challenge to White America*, p. 78.

意味づけることができるかどうかにかかっている。私は、読んだこと、学んだこと、そして、さまざまな人々との出会い、世界各地への旅、政治的行事への参加、家族の一員であることを通じて経験してきたことを振り返ることにより、人生のさまざまな場面で、他人に対する共同責任を果たすことのメリットを理解できるようになった。子ども時代とこれまでの人生経験を通じて私の中に根づいた一連の価値観は、周囲の人々に対する共同責任、資源の共有、他者に対する寛大なまなざし、あらゆる文化や地位にある人々を温かく迎え入れることを是とする心である。さまざまなコミュニティに参加することで、私の中にそうした価値観が育まれた。私は、自分よりも大きなものに属し、その一部であるということの恩恵を、身をもって感じてきた。

過去を癒すために集団で責任を負う社会は、誰に対しても恩恵をもたらす。私たちには皆それぞれ文化があるように、人間であるという点においても共通している。私たちは内的な葛藤や相反する願望を抱いているが、これは人間の普遍的な経験である。自己認識を高める上での課題は、あらゆる文化的背景を持つ人々の物語と自らの物語との間に共通点を見出し、違いを大切にするということだ。違いを大切にするというのは、同化とは真逆の態度である。

記憶喪失の克服

養子縁組、強制移住、家族の再構成などにより、先祖に関する情報が失われ、自分の物語の一部を知ることができない人もいる。一方、自分の先祖のことを知ることができた人にとっての課題は、自らの歴史と遺産を自らの手に取り戻すことだ。自分自身の苦しみや不安と向き合うだけでなく、自分自身を解放することができれば、やがて他人をも解放できるようになる。もうひとつの選択肢は、人間の精神を抹殺し、歴史の記憶を完全に喪失させてしまうような、暴力的で表面的な世界についてもう一度よく考えてみることだ。パケハたちは自分たちのルーツを発見する過程で、人間の精神と土地とのつながりという人類に共通する価値観を見出すことにより、先住民族の世界と真のつながりを持つことができるようになる。

多くのマオリの人々も、自分たちの物語を取り戻しつつある。マオリの弁護士、モアナ・ジャクソンは、この課題を次のようにまとめている。

苦しみは終わるだろう……なぜなら、私たちは今、マオリとして、自分たちの社会制度や信仰の正当性と自分たちの歴史の真実を、自分たちの手に取り戻そうとしているからだ。このプロセスは、マオリの魂を取り戻して育むだけでなく、最終的には、パケハの言葉の概念的枠組みと、そこから派生する圧制とを弱体化することになるだろう。このようにして、最初に記憶された我々の言葉の叡智によって、はるか昔に表明された希望を取り戻すことになるだろう。[*22]

これまで、多数派に属する人々は、先住民族の人々が被った深刻な被害を否定したり、無視したりしてきた。解決策を押しつけることで、被害はさらに拡大した。先住民族が自決権を持って発展していくためには、多数派側の文化が変わらなければならない。これが私たちの課題である。それは罪悪感に基

*22　Moana Jackson, 'The Treaty and the Word: The Colonisation of Maori Philosophy' in Graham Oddie and Roy Perrett (eds), *Justice, Ethics, and New Zealand Society*, p. 10.

づくものではなく、責任感に基づくものだ。ニュージーランドではこれを、「場の創造」と呼ぶマオリもいる。私はこれを、エキサイティングな長い旅の始まりだと理解している。

重苦しい空気だった。それは、マオリとパケハのグループが、ワイタンギ条約について学ぼうと一堂に会しているときだった。泣いている人もいれば、叫んでいる人もいる。ほかの参加者たちの行動に嫌気がさし、午前中の休憩時間が始まる前に、既に何人かが席を立っていた。パケハの原理主義的クリスチャンが、スピリチュアル的なものを重んじるマオリを攻撃したり、怠惰で自助努力をしようとしないマオリに説教したりしていた。この日、私が目にしたものはいったい何だったのか？　マオリたちのグループに対するあからさまな敵意が部屋中に飛び交っていた。暴力を振るおうとしたマオリを、取り押さえなければならない場面もあった。マオリのグループは、一部のパケハたちがあまりにも無知であることに愕然とし、その人種差別的な発言に耐え切れず、嵐のように立ち去っていった。その日私が目撃したのは、そういう光景だったのだ。

ワイタンギ条約と植民地時代の歴史を学ぶために、マオリとパケハが初心者レベルで一緒になると、こういう流れになるのは決して珍しいことではない。それぞれが、それぞれの「役回り」を引き受けてしまうのだ。「怒るマオリ」が、パケハの制度を攻撃する。「守りに回ったパケハ」が、すべての人に開かれているチャンスをなぜ利用しようとしないのかとマオリを責める。「みんなに受け入れられたいと思うマオリ」は、とにかく丸く収めようとする。手助けをしたい「感じの良いパケハ」は、みんなが快適に過ごせるよう努力する。「自己主張の激しいマオリ」は、パケハに個人的に食ってかかる。「口下手なパケハ」は、まるで岩と岩の間に挟まったかのように身動きがとれなくなってしまう。仲良くやっていく方法を知っている「内気なマオリ」は、自らを空気と化す。「弁の立つパケハ」は、とにかくしゃべって、しゃべって、しゃべりまくる。パケハにマオリ語を学ばせたいマオリがいるかと思えば、学ばせたくないマオリもいる。マオリの言語と文化について学ばなければならないと感じていても、その方法がわからないというパケハも多い。マオリはすべてを手に入れようとしていると感じるパケハがいる一方、そうではないことを知っているマオリがいる。演じるべき「役回り」は無限にある。

文化的に混ざり合った不安定な状況では、相手を責めるという行動に走りがちだ。パケハは特権階級と見なされることが多く、マオリはマオリに関するすべてのことを代表しなければならないと感じてしまう。パケハが多い環境では体制派の文化が優先され、マオリが多い環境では、大半のパケハが敏感になりすぎて、あまりはっきりとものが言えなくなってしまう。その結果、マオリとパケハはそれぞれの役回りに引きずられて、2つのグループが何らかの共通点を見出す可能性は低くなってしまうのだ。

長年の条約教育の経験から、異なる文化的背景を持つ入門レベルの人々が混じり合ったワークショップはうまくいかないことがわかっている。そこから得られた教訓は明確だ。マオリが率いるパケハのための入門ワークショップは効果がなく、パケハが率いるマオリのための脱植民地化ワークショップは筋違いである。こうしたワークショップでは、マオリやパケハが、問題を追求し始めるために必要な文化的に安全な環境を提供することができない。すべてのニュージーランド人には、自らのアイデンティティの問題を振り返り、そこから植民地化を理解するプロセスの第一歩を踏み出すために、対立のない安全な環境と空間が必要だ。条約教育を推進するなかでこのような教訓を得て開発された私のアプローチは、多くのマオリやパケハの同僚から支持され続けている。

パラレルワークショップという手法

私は、パラレルワークショップと呼ばれる手法を採用している。この手法は、私自身が多くのワークショップを率いてきた経験と、同僚であるイリハペティ・ラムスデン（ランギタネ族およびンガーイ・タフ族出身）、カイ・タフ族のメンバー、そしてニュージーランド中のマオリのネットワークとのさまざまな対話から生まれたものだ。パラレルワークショップでは、マオリは、マオリのベテランのワークショップ・リーダーが進行役を務める脱植民地化ワークショップに招待される。パケハやその他の文化的背景を持つ人は、パケハのベテランのワークショップ・リーダーが進行役を務めるパラレルワークショップに招待される。

マオリのための脱植民地化ワークショップでは、参加者は文化的に安全な環境に集められ、各人の多様な現実と文化的背景、植民地化が歴代のマオリに与えた影響、そして現代においてマオリであることの意味を探求する機会が与えられる。こうした手法は、マオリが自分たちの問題を適切な環境で探求するためには、多数派であるパケハの文化から切り離された環境が必要であるとの認識から生まれたものだ。

パケハのワークショップにおいても、参加者は対立のない安全な環境で、自らの文化的背景を共に探求し、ニュージーランドの植民地時代の歴史を調べ、個人的、制度的、文化的な人種差別の問題をパケハの視点から検証する。パケハたちは、ワイタンギ条約を中心に据えた、反人種差別や脱植民地化プロセスを推進するワークショップに参加する。

パケハたちには、大欧州圏に関わる膨大な祖先の歴史がある。ワークショップでは、ニュージーランドの歴史を理解する上で、そうした祖先の歴史に関する知識が役に立つ。この先祖代々の歴史には、スコットランドのハイランド・クリアランス〔主に1750年から1860年にかけて、スコットランドのハイランド地方などで借家人に対して行なわれた強制退去〕、イングランドの囲い込み法〔中世末から近代にかけて、それまで開放耕地制であった土地を、地主らが垣根等で囲い込み、私有地化するための法律〕、アイルランドのペナルロー〔カトリック刑罰法。主にカトリック教徒に対して厳しい刑罰を課す法律〕、ヨーロッパ大陸やその他の地域でのさまざまな戦争や革命などがある。パケハたちにはそれぞれ異なる先祖の歴史があり、それらとニュージーランドでの個人的な経験とが相俟って、現代の彼らの生き方や考え方に影響を与えている。パケハたちが植民地化の意味を理解するためには、歴史的情報と自らの物語を統合する必要がある。そのためには、体制派の価値観に囲まれて育ったことの意味を探求する必要がある。この作業を成功させるには、協力的で、安全で、文化的に馴染みのある環境が必要だ。

イリハペティ・ラムスデンと私は、かなり早い段階から、ワイタンギ条約のパラレルワークショップにより、マオリとパケハの間にある文化の違いや多様性を称え、奨励し、強化することができることに気づいていた。すべての文化は常に進化し、変化する。文化の多様性は、言語、価値観、慣習、慣行における それぞれの違いが認められ、大切にされて初めて支持されるものだ。西欧の同化主義は、少数派を目につきにくいところへ追いやり、体制派と異なるものは確実に抑圧するという手法だが、文化的多様性は、こうした考え方に疑問を投げかけるものである。文化的多様性を認めることは、進歩的な教育手法にとって極めて重要だ。

また、パラレルワークショップでは、マオリとパケハが植民地化の過程で異なる経験をしてきたことを認め、その原因が「植民地化された者」と「植民地化した者」の間の力関係にあることを認める。マオリは、植民地化が自分たちの生活様式全般にわたって与えた壊滅的な影響の中で今も毎日暮らしている。一方、パケハは、ニュージーランドでの日常生活において、自分たちの文化的価値観や方法が支配的であるということしか知らない。効果的な条約教育を行なうためには、マオリとパケハの立場はそれぞれ異なり、それぞれには異なる学習ニーズがあることを認識しなければならない。

マオリとパケハは同質のグループではない。ある人が社会制度からどのような恩恵を受けるかは、文化的背景もさることながら、階級や性別によっても大きく影響される。メイソン・デューリーは次のように述べている。

> マオリは概して社会的・経済的に比較的低い階層に属することが多いが、それでも個人差はかなり大きい。また、マオリと非マオリの格差が大きいことは確かだが、十分な資格を持って職に就いているマオリと、失業中で雇用の見通しが立たないマオリとの間にも格差が生じつつある。[*1]

パラレルワークショップの手法を使えば、マオリ同士の格差や、パケハとその他ニュージーランド人

………………………………

*1　Mason Durie, *Nga Matatini Maori: Diverse Maori Realities*, conference paper, Point 3.1.

の間の格差を認識し、その意味をより理解できるようになる。

両方の文化に強い影響を受けている混血の人にとって、どのワークショップに参加すべきかというのは難しい問題である。私たちは、参加者自らが選択できるようにしている。パラレルワークショップでは、周囲の人たちとのつながりを感じることができ、快適に過ごすことができる方のグループに参加することもできるし、未知の世界に足を踏み入れることになるかもしれないが、自分が最も必要としている経験ができそうなグループに参加することもできる。メイソン・デューリーはまた次のようにも述べている。

人々やグループは、自らの立場や価値観や信念について話すとき、最も雄弁になるものだ。固定観念に縛られてしまうと、一定のグループが一定の民族や文化を好むのは当然だと誤解しがちであるが、そうした人たちが実際には全く異なる指向性を持っている場合がある。*[2]

私たちの条約教育では、数年前から、パラレルワークショップを採用するという方針が導入されているが、マオリの中にはあえてパケハのワークショップに参加し続ける人もいる。そうした場合、たいていは誰かからワークショップに参加するよう言われてきたか、あるいは、ワイタンギ条約に関連する問題は自分とは関係がないと思っているかのどちらかである。こうした人々の多くは、後日、「ワークショップは自分にとって安全で楽しいものではなかった」、「マオリのワークショップに参加すればよかった」と語っている。マオリが、パケハの話を半日聞いただけで、混合ワークショップから離脱することは珍しくない。パケハたちも、マラエ〔マオリのコミュニティにおける聖地、集会所〕訪問後に同じように否定的な反応を示すことが多い。そうした人々の多くは、人種差別主義者だというレッテルを貼られるのを恐れて、自分自身の本当の気持ちを口にしない。一部の例外はあるものの、以下に示すような理由からも確信が得られたため、私たちの組織ではワイタンギ条約の入門ワークショップにおいて、マオリとパケハを分けるという方針に揺るぎはない。

恐怖と自己検閲

ワイタンギ条約に関する議論の多くは、かなりの恐怖を伴う環境下で行なわれている。マオリとパケハが条約問題を探求するために一堂に会すると、恐怖心や文化的問題に対して敏感になることから、双方とも自分の言っていることをカモフラージュしがちである。こうした自己検閲は、学習プロセスに影響を与え、その成果に悪影響を与えることが多い。文化的に安全で、親しみやすく、快適な環境では、参加者はどんな意見や質問も提示することができる。それがどんなに気まずいものであったとしても、政治的に間違ったものであったとしても構わないのだ。

苦痛に油を注ぐのではなく、苦痛に対して敬意を払う

私たちの植民地時代の歴史や祖先の所業の多くは、苦痛に満ちたものだ。植民地主義が推進された結果、ほとんどのニュージーランド人は、単一文化的で人種差別的な植民地社会の中で育ち、その環境にしみこんだ文化的な固定観念の多くを、自分の中に取り込んでしまった。私たちのワークショップでは、

*2　同書, Point 6.4.

本質を見極めてもらうために、マオリに対する否定的な態度をテーマにしたエクササイズを行ない、参加者に共通する固定観念を特定し、それについて考えてもらうようにしている。マオリに対する固定観念としては、怠け者、酔っ払い、暢気(のんき)で行き当たりばったり、親が貧乏、教養がないといったものがある。変革をもたらす学習を行なうためには、これらの固定観念を洗い出し、それらに正面から向き合い、理解し、手放さなければならない。もちろん、こうした作業は誰にとっても安全な環境で行なわれなければならない。パケハの人たちがマオリに関するネガティブな固定観念について話している傍らで、マオリの人たちがただじっと聞いているというのはあまりにも酷なことだ。しかし、パラレルワークショップであれば、パケハたちは自分たちが抱いている固定観念について自由に話し合うことができる。

マオリの参加者に対する威嚇行為

マオリの人々がパケハのワークショップに参加すると、マオリの参加者は、マオリに関するすべての事柄についての権威であるかのように扱われる傾向がある。こうした環境は、文化的に安全とは言えないばかりか、マオリの参加者に恥ずかしい思いをさせることにもなる。多くのマオリは、植民地化や同化の過程で、自分たちの文化や歴史の重要な側面との接触を断たれている。ところが、ワークショップに参加するマオリの人々は、マオリの世界で起こっていることすべてについて責任を負わされることが多い。たったひとりのマオリが、マオリ社会の全体を代弁することはできない。その結果、そのような人たちは、自分たちが脅され、疎外され、沈黙せざるを得なくなっていることに気づくのだ。

私が参加したあるワークショップではこんなことがあった。パケハのワークショップに、その日唯一のマオリの参加者として、あるマオリのスタッフがやってきた。パケハの参加者たちが彼をとてもフレンドリーに出迎えたのもつかの間、パケハたちは、自分たちの考えをうまく表現することができず、彼に遠慮をしたり、彼が答えられないようなマオリに関する全般的な質問をしたり、コミュニティにおけるマオリの不適切な行動を無意識に彼のせいにしたりするようになった。休憩時間に、私はそのマオリの男性を連れ出し、ワークショップについてどう感じたか尋ねた。彼は、自分はマオリであるにもかかわらず、マオリのことについて何も知らなくて恥ずかしいと答えた。彼としてはワークショップに引き続き参加したい気持ちがあったのだが、結局グループの輪の中にはあまり参加せず、後ろの方に座ることにした。

パラレルワークショップを支持する意見

1995年、クライストチャーチ教育大学（現在はカンタベリー大学の一部）のルース・ミラーが、パラレルワークショップに対する学生の認識に関する研究を行なった。[*3] 学生は、条約教育ワークショップに参加する前と参加した後に、マオリとパケハの学生のためのパラレルワークショップの必要性について尋ねられた。ワークショップに参加する前にパラレルワークショップが必要だと答えた学生は16％だったが、ワークショップに参加した後は、さまざまな理由から、90％の学生がこのコンセプトを支持するという結果になった。

ある参加者は、自分がマオリであることを認識していながら、間違ってパケハのためのワークショッ

＊3　Ruth Millar, *An Investigation into Students' Perceptions of the Successful Aspects of 'Waitangi Workshops'*, Christchurch College of Education, p. 9.（注：教員養成コースの1年生49名がこのアンケートに答えた。）

プに参加してしまい、次のように述べている。

ワークショップに参加する前は、（パラレルワークショップというアイデアは）人種差別的だと思っていました。全然好きになれませんでした……私は、スコットランド人である父の立場に立ってちゃんと考えられるので、マオリに対しても同じように偏見を持つことなく対処できると思っていました。でも、それは本当に難しいことでした……。皆、自分と同じ意見だと思っていたのですが、そうではありませんでした。……もし、自分の中に少しでもマオリの血が混じっていると思うなら、マオリのグループに参加すべきだと思います。……なぜなら、それはまさにあなたの一部だからです……。

また他の学生たち（これらの学生の文化的背景は明らかにされていない）からは、次のような意見が寄せられた。

私の最初の反応は……別にマオリとパケハを分ける必要はないんじゃないかと思いました。皆、一緒にやっていかなければならないのだし、一緒にやっていったほうがいいでしょう。また、自分と異なる意見に耳を傾けることはとても大切だと思っていました。……進行役は、これは一連のステップの中の最初のステップだということを強調していました。……最初は、全員が言いたいことを何でも言えるように、マオリとパケハのグループに分かれて話し合い、その後はじめて２つのグループは一緒になるべきなんだという説明を受けました。そして、今では私も、それは意味のあることだったと感じています。

私は、ワークショップはディスカッションの場なのだから、マオリとパケハに分かれて話し合う理由など何もないと思っていました。でも、コース中に進行役と話してみると、安心して何でも言える場所があるということがわかりました。もしあのような環境がなければ、参加者はあれほど率直にはなれなかったかもしれません。

ワークショップでは、まず（必要に応じてそれぞれのグループに分かれて）「すべての人」の文化的背景を認め、称えることが重要だと思います。また、最終的に異なるグループが一堂に会して行なわれるミーティングにも参加してみたいです。

私はここでもう一度このことを強調しておきたいのですが、まずは自分たちのパケハというバックグラウンドに焦点を当て、それを称えることが大切で、その経験を元にワイタンギ条約の問題へと進むことが非常に大切だということがわかりました。

別々のワークショップは必要だと思いますが、どこかの段階で一緒になれれば、お互いのことや異文化についてもっと知ることができると思います。

パケハとマオリを分離すること……これはすごく必要なことだと思いました。いい判断だったと思います。[*4]

同様のテーマを扱った別の研究でも、この結果が裏付けられた。[*5] オークランド大学の教育コースでフェミニスト論の講師を務めるアリソン・ジョーンズは、女性を中心とした90人の学生を2つのグループに分けた。マオリと太平洋諸島出身の学生がひとつのグループを作り、パケハの学生がもうひとつのグループを作った。学生たちは、このコースを受講している間に経験したことを、日誌に記録するように言われた。それらの日誌の中で、パケハの学生はグループ分けされたことに反対する気持ちを表していたが、マオリと太平洋諸島の学生は、こうしたグループ分けに皆満足していた。[*6]

以下は、そのときの学生たちの日誌からいくつかを抜粋したものである。

パケハの学生たちの声

学生たちが各人の文化的な視点を共有することは、とても興味深いことだと思います。私にとっても貴重な体験でした。私は時々、自分とは異なる視点に対して無知で不寛容なところがあるので、もっと幅広い意見を聞くことができれば、さらに勉強になったと思います。

このやり方が正しいとは思えません。互いに学び合うということはできないのでしょうか？ それぞれの経験の違いを共有することが、大切なのではないでしょうか？ 本で読んだり、先生に教えてもらったりするのとは違います。実際に経験した女性から直接話を聞いた方がいいですよね。その方が共感しやすいと思います。

「私たちが」何を変えるべきかを知り、意識しない限り、何も変えることはできません。密室の議論では、変化を促すことはできません。

私たちが引き離されたことで、お互いの違いや共存について学ぶのではなく、私たちは異なる存在なのだということがかえって強調されただけではないかと思います。

お互いに引き離されたままの状態で、私はいったいいつになったら、マオリや太平洋諸島の人々が世界をどのように認識しているのか（私たちとは非常に異なる見方をしているはず）を知ることができるのでしょうか？

私自身が、ヨーロッパの「体制派」の一員として、マオリの人々から「自分たちとは違う人たち」

＊４　同書 , pp. xxvii, 10–12.

＊５　異なる２つのコースの研究成果を比較することには限界がある。それぞれのコースの時間的制約、設定、内容、そして研究者の質問が明らかに異なるためだ。しかし、アリソン・ジョーンズの調査結果は、大半のパケハが、マオリや太平洋諸島の仲間から切り離されることに違和感があったということにおいて、多くの示唆を与えてくれている。

＊６　Alison Jones, 'The Limits of Cross-cultural Dialogue: Pedagogy, Desire and Absolution in the Classroom' in *Educational Theory*, p. 301.

として分類されているという体験をしました。……これはひとつの学習体験です。排除されているという感覚、見捨てられているという感覚は、決して気持ちのよいものではありません……。

マオリおよび太平洋諸島出身の学生たちの声

文化的なグループに分かれるということを知らなかった私は、コースに参加する前に、褐色ではない肌の色の人たちに、彼らとは異なる文化的な理想、価値観、信念について啓蒙しようと、議論になりそうなすべてのポイントについて主張できるよう準備してきました。しかし、褐色の肌の色のグループと白い肌の色のグループに分かれるように言われてほっとしました。

マオリや太平洋諸島の人々と、マオリ以外の人々が別々のグループに分かれてクラスに参加したのは、今回が初めてです。クラスに来るのがどれだけ楽しくなったか、言葉では言い表せません……。

ものすごく嬉しかったことは、私たちがクラス分けされるという事実でした。なぜだかわかりませんが、太平洋諸島の人たちと一緒にいると、ずっと自信を持っていられます。

自分が認められているというか、自分の正当性が証明されたように感じました。マオリや太平洋諸島の学生が集まるクラスにいると、自分が「他とは異なる人」だと感じなくなりました。それどころか、自分が中央に躍り出て、普段はパケハがいる位置に足を踏み入れたように感じました。いい気分でした。

講義室で、マオリや太平洋諸島の人たちは自分たちのグループを作るように言われたとき、興味深いパワーシフトの感覚を目の当たりにしました。普段は支配的なパケハグループが、ひとたび「それまでの確固たる地位」を失うと、突然彼らの優位性が失われたように見えたのです。マオリの知識が重要だと認められるようになると、私の隣にいた学生のひとりは、「マオリの学生はいいよね。マオリのことは何でも知ってるんだから」と伝えてきました。突然、逆転現象が生じました。何が知識と見なされるのか、その知識を持っているのは誰なのかという点において、突然、逆転現象が生じました。

グループ分けをすることで、マオリや太平洋諸島の女性たちが、それぞれ自分たちにとってのフェミニズムとは何かということを考えられるようにもなります。というのも、普段は、パケハの女性が議論の主導権を握ることが多いからです。

……自らの文化に注目したことで、疑問を持ち、議論し、討論するための視野が広がりました……。もし私がパケハの女性たちと一緒に普通のクラスにいたとしたら、きっとそうはならなかったと思います。[*7]

オークランド大学の調査においてジョーンズは、「パケハの学生の多くは、クラスメートと離れたこ

…………………………

＊7　同書, pp. 301–3.

とで『学ぶ』機会が失われたと感じた、と述べている。『学ぶ』ということは、相手と直接対話する機会が与えられることだと考えられているからだ……」[*8]。このことについて、彼女は次のように続けている。

……教育の場の力関係という点において、まさにこの状況は、体制派にとってひとつの脅威であった。つまり、パケハグループがこの状況で排除されていると感じたり、憤りを覚えたりしたということは、別のグループに属する人々には利用できて、自分たちには利用できない知識や関係性が存在するかもしれないということ自体、すでに特権を得ている人々にとっては受け入れがたいことだったのだ。「適切に求めさえすれば、いかなる知識も手に入れることができる」というのが、西洋の自由主義的な教育システムが前提とする重要な考え方である。しかし、マオリなどの先住民族の間には、特定の知識へのアクセスは、特定の人々に積極的に認められなければならないという考え方があるため、すべての人がすべての知識にアクセスできてしかるべきだとは考えない。知識は一定の責任と権限を伴ったものであることから、単に「知りたい」と思っている人に対して、すべての知識が提供されるとは限らないのだ。[*9]

西洋の教育哲学は、学びたいと思うすべての知識にアクセスする権利があるという考え方を推奨している。パケハは、植民地化に関して分析することさえしないのに、「我々〔パケハ〕」には先住民族の知識を求める権利があると信じがちである。しかし、知識が力であるとすれば、私たちはまず自分たちに問いかけるべきである。マオリと力を共有したことがなく、マオリを制度的に無力な存在にしてきたシステムの中で、マオリの人たちがその独自の知識を、パケハと共有したいと思うだろうか、と。先住民族の文化において、知識は共同体に帰属するものであり、その共同体に対する責任を伴うものである。西洋の教育システムにおけるリベラルな個人主義の世界観のもとでは、自分たちの価値観が支配するシステムの中で、ただ自分たちが有利になるように知識を得ようとする傾向がある。最悪の場合、獲得した知識は、知識を与えた側が不利になるようなかたちで利用されることもある。

説明責任と正直さ

パラレルワークショップのプロセスでは、説明責任の問題がとても重要だ。目的が誠実であるというだけでは十分ではない。例えば、第3章で取り上げたキリスト教の宣教師の話のように、誠実な目的を持った人々が、先住民族に対して歴史上最悪の残虐行為を行なうこともあり得るからだ。

現在私は独立して仕事をしているが、カイ・タフ部族など、ニュージーランドのマオリやパケハのネットワークとの関係を維持しており、ワイタンギ条約に関する活動をサポートしている。活動仲間のマオリが、ワークショップの参加者に提供する読み物が適切であるかどうかをチェックしてくれる。ひとりのマオリがすべてを代弁できるわけではないが、このような関係があるからこそ、今後浮上しそうな問題について予め話し合うことができるし、それに対するサポートや指導を得ることもできる。最終的には、自らの選んだ道に対するすべての責任は私自身がとる。

＊8　Alison Jones, *Difference and Desire: Dividing Classrooms by Ethnicity*, p. 10.
＊9　Alison Jones, 'The Limits of Cross-cultural Dialogue', 前掲書 , p. 311.

現在、マオリの学者や、ラジオの「マナ・ニュース」や、「マナ・マガジン」、「トゥ・マイ・マガジン」などのマオリのメディアによって、膨大な量の執筆や研究が進められている。また、マオリ開発省（テ・プニ・コキリ）もさまざまな情報を提供している。これらの情報を総合することで、ワイタンギ条約問題に関するマオリのさまざまな視点について最新の情報を得ることができるし、ワークショップの質も維持することができる。また、参加者が自分で結論を出せるよう、記事や本を紹介することもできる。

パラレルワークショップの応用力

1992年にアメリカに滞在していた時、私は多くのアフリカ系アメリカ人の反人種差別のトレーナーたちに対し、ヨーロッパ人自らが、「白人」による人種差別の問題を取り扱うというコンセプトについて説明した。彼らは、「黒人」対「白人」という反人種差別運動に限界を感じていたため、このコンセプトは、彼らにとって新しいアイデアであり、大きな関心を呼んだ。トレーナーのひとりは、白人はどんなに訓練を受けても、どんなにやる気があっても、自分たちや周囲の人々の中にある多くの人種差別的な考え方を見落としてしまうものだと教えてくれた。確かに私もそう思う。白人にできることはたくさんあるが、白人が自分たちの文化の枠組みの中でできることには限界がある。

私が訪ねたアメリカのある団体では、さまざまな文化を持つ人々をワークショップに積極的に参加させていた。これらのワークショップは、いわばアメリカ社会のひとつの縮図として見なされており、「人種差別をなくす」ことを目的として文化間の交流を大切にしていた。一方、ニュージーランドでは、こうしたアプローチは、反人種差別活動の第2段階としてとり入れられている。すなわち、マオリとパケハがそれぞれのグループに分かれてワークショップを行なった後、マオリとパケハの共同リーダーのもと、混合ワークショップを行なうのだ。アメリカでの経験から、いずれのモデルにも利点があるということを知り、それぞれの長所と短所を改めて認識した。

ニュージーランドのパラレルワークショップは、非常に応用力のあるモデルだ。マルチ・パラレル・ワークショップは、ほとんどのような多文化国家でも応用できる。すなわち、まずは自分自身が所属するグループ内でワークショップを行ない、各自が所属するグループの歴史を理解する。その上で、自分たちの歴史が、先住民族や他の少数民族との関係において何を意味するのかを理解する。このような過程を通じて、グループ間における目的の共通性に気づき、他グループとの連帯へと発展する可能性がある。このモデルは、ニュージーランドのワイタンギ条約を巡る当事者間の関係修復に対処するために考案されたものだが、あらゆるかたちの弾圧や排他的行為の分析にも応用可能である。

ワイタンギ条約パラレルワークショップの成功

ワイタンギ条約のパラレルワークショップのシステムが機能し始めてから、もう20年以上になる。今では多くのワークショップに、マオリを含むさまざまな文化的背景を持つ人々が参加しているが、パラレルワークショップという手法は今でも重要な位置を占めている。この手法を推進するにあたり、私たちは、アパルトヘイトではないのかといった批判や、人種間の緊張を高め、文化的隔たりや人種差別をかえって助長しているのではないかといった批判を受けてきた。このような批判は、ほとんどがワイタンギ条約のワークショップに参加したことのない人たちから寄せられたものだ。一方、条約教育のワークショップに参加した何万人ものニュージーランド人からは圧倒的な支持を得ている。これは、植民地化の問題に立ち向かうためのユニークなアプローチである。非常に豊かな体験ができるため、多くの人が繰り返し参加し、さらに次のステージへ進みたいと考えている。パラレルワークショップに参加することで、人々は新たな考え方に心を開くことができるようになる。混合ワークショップは、パラレルワークショップの前ではなく、その後に行なった方が、より効果的である。参加者は下地ができてはじめて、より準備の整った状態で複合的な学習体験に足を踏み入れることができるのだ。

ワークショップ後に寄せられたフィードバックからは、条約教育のパラレルワークショップが、個人やチームに目に見えるほどの態度の変化をもたらし、政策やその他の組織の変化に貢献していることが窺える。例えば、クライストチャーチ教育大学では、1990年以降、初等教育を学ぶすべての学生にワイタンギ条約のワークショップの場を提供している。1997年、初等教育プログラムは、予算上の理由からこのワークショップを廃止することを決定した。しかし、同年、スタッフたちが満場一致でワークショップの再開を決定した。彼らは、文化的な問題やマオリの人々に対する学生たちの態度があまりにも否定的で、教員養成過程における他の側面にも悪影響をおよぼしていることに気づいていたからだ。1998年に、ワークショップは再開された。

今でも、マオリの子孫ではないパケハである私が、なぜこの仕事に従事しているのかと聞かれることがある。人々の間には、変革を強く求めているのはマオリの側なのだから、彼ら自身がワイタンギ条約や植民地時代の歴史について、パケハに教える責任があるという思いこみがあるのだ。なぜ私たちは、パケハの無知の責任をマオリに押しつけようとするのだろうか？　歴史を癒すためには、双方が変わらなければならない。そのためには、まずは、パケハはパケハ同士で、マオリはマオリ同士で協力し、それぞれが何を学ぶべきなのか、お互いどのような役割を変えていく必要があるのかということについて探求する必要があると思う。

ニュージーランドはひとつの国として、マオリとパケハの関係を根本的に変えようとしている。ヘレン・クラーク〔ニュージーランドの元首相、在任期間は1999年〜2008年〕は1999年7月のパシフィック・ビジョン会合のスピーチで、「私たち全員がそれぞれの文化やその背景を知り、ニュージーランドでの暮らしに、それぞれ貢献することができれば、ニュージーランドはより強い国になるでしょう」[*10]と述べた。パラレルワークショップは、マオリと英国の間の条約上の義務を探求し、理解するためのひとつの方法である。また、その過程でそれぞれがそれぞれの文化的背景を大切にし、条約の尊重に関わる憲法上の問題を共に発見しながら、ニュージーランドが直面する様々な選択肢を検討するための強力な土台となるものである。

*10　Helen Clark, speech to Pacific Vision Conference, 28 July 1999.

第10章　白人特権——隠れた恩恵

ロバート・コンセダイン

2003年 バンクス半島、コウコウラタ（ポートレビー）

壮大な景色と静寂のおかげで、悲嘆に暮れた私の心は落ち着きを取り戻し始めていた。墓地の頂上に立つと、目の前に広がるカラフルな港の様子が一望でき、沈みゆく太陽が、水面と谷間に光のコントラストを描き出していた。足元には、私の友人であり、同僚であり、指導者であり、旅の道連れであったイリハペティ・ラムスデン（ンガーイ・タフ部族およびランギターネ部族出身）が永遠の眠りについている。彼女の祖先であるティカオ部族やマナワツ部族の人々が眠る丘を少し登ったところだ。芝生の上には、土、花、亜麻の織物が、彼女の豊かな人生を称える色とりどりのキルトのように散りばめられていた。その場に立つと、生前のイリハペティと共に旅をした記憶が、暮れ方の心地よい太陽の暖かさの中で蘇ってきた。

かつてイリハペティと私は、アカロア近郊のオヌクにあるマラエ〔マオリの聖地・集会所〕を訪ねたことがある。途中、1830年代にンガーティ・トア部族のチーフ、テ・ラウパラハが、多くのンガーイ・タフ部族を虐殺したオナウェを通りすぎ、彼女の祖先であるピジョン・ベイ地区のティカオ部族と、プアリ地区のイウィカウ部族が、ワイタンギ条約への署名を行なったそのマラエを訪ねた。そこで、コウコウララタ〔ニュージーランドのカンタベリー地方にあるンガーイ・タフ部族が暮らす地区〕にある彼女の土地を見せてくれるという。彼女は何の躊躇もなく「近道しましょう。リトル・リバーを右に曲がればすぐそこよ」と提案した。それから20キロ、車を左右に揺らしながら、崖の表面に貼りついた曲がりくねった急な狭い砂利道を進んだ。それは、丘を越え、反対側の美しい港に向かって真っ逆さまに落ちていく恐怖の道のりだった。イリハペティは、私が文字通り死と隣り合わせになりながら、古い車をなんとかコントロールしていることなどまったく気にもかけない様子で、笑いながら、その地に住む自分の民族の歴史について滔々と語ってくれた。

英国は、このバンクス半島〔ニュージーランドの南島、クライストチャーチから南東に広がる半島〕を3区画に分けて「購入」した。1849年から1856年にかけて、ポートクーパー〔現在のリトルトン〕、ポートレビー、アカロアで交渉が行なわれ、マオリの保留地や天然資源に関する約束が交わされた。しかし、これらの約束のほとんどは守られず、結果的に、バンクス半島にいたほとんどのンガーイ・タフ部族は土地を追われ、居住地を失うことになった。[*1] 自分の民族を含め多くの先住民族が困窮し、居住地を奪われたことに対するイリハペティの怒りは、常に爆発寸前の状態にあったが、他の多くの指導者と同様、先住民族の文化を守り抜くという自らのライフワークを永遠のものとするために、彼女は様々な嘲

*1 Waitangi Tribunal, Wai 27: The Ngai Tahu Report, Vol. 2, p. 527.

笑に耐えてきた[*2]。多くの先住民族が経験してきたように、彼女に対するそうした嘲笑の中には、人種差別的な棘が仕込まれていることもあった。

しかし、彼女には茶目っ気のあるユーモアのセンスがあり、どんなことがあっても憤慨することはなかった。あの日、墓地の上に立って陸と海を見渡したとき、私は改めてこの国と自分とのつながりや、自分と自分の友人であるイリハペティの人生の違いについて考えた。長年一緒に仕事をしていても、そうした話題を彼女から直接振られることはなかった。しかし、彼女と共に仕事をし、ニュージーランド中を旅するうちに、自分は、中産階級の白人男性として、いかに多くの特権を享受してきたかということを徐々に意識するようになった。

彼女は、私が当たり前だと思っていることを勝ち取るために、毎日闘っていた。それは、あらゆる現実となって表れた。例えば、人々が、会話の中で私に敬意を表して譲ってくれるそのやり方は、彼女に対するものとは明らかに違った。彼女ひとりではなかなか取れないようなアポイントメントも、私が頼めば（多くの場合、彼女の能力や政治的な信頼性を保証した上で）「彼女と私のため」ということであれば比較的容易に取ることができた。グループの中で、彼女は「どうにか甘んじて受け入れてもらっているにすぎない」という恩着せがましい態度をとられることもあった。彼女が「マオリであること」について考えなければならないときに、私は「白人であること」について彼女のように考える必要はほとんどなかった。私が人種差別について何かを主張しても、それが「私利私欲」のためだと思われることはなかった。一つひとつ例を挙げればきりがない。私がちょっと変わった意見を述べたとしても、それがすべてのパケハを代弁しているとは誰も思わない。組織的な人種差別が生活にどのように影響しているかを、自分の子どもに教える必要もない。自分の文化のせいで失敗したとか成功したとか言われることもない。私は、自分の民族がさらに優遇されるよう行動する厚かましいパケハだと思われることなく、時の政府を自由に批判することもできる。同僚と口論したり、会議に遅刻したりしても、それらの「失敗」が自分の文化のせいにされることはない。私は、怠惰で、暴力的で、トラブルメーカーで、子育てが下手で、時間にいいかげんだといった、文化的な固定観念を押しつけられたことは一度もない。

私は、イリハペティとの活動や、ニュージーランドの植民地時代の歴史を学ぶことを通じて、自分が多数派の文化に属しているという理由だけで、いかに莫大な恩恵を受けてきたのかということを意識するようになった。多くの制約があるとはいえ、私は、自分の文化的価値観をおおむね反映したシステムの中で日々生活している。自分の中には、アイルランド系カトリック教徒として、パケハの文化と歴史を愛し、誇りに思う気持ちと、マオリからの強奪の結果として受け継がれてきた特権に対する気づきとが、共存している。

白人特権とは何か？

白人特権は、中立的で、普通で、誰でも利用可能だと思われている数々の既成概念の上に成り立っている。ジェームズ・ボールドウィン〔米国の公民権運動家〕は、「白人特権の最大の問題点は、その恩恵を最も受けている人々には気づかれないように仕組まれていることだ。すなわち、白人に与えられた恩恵の多くは、他の人々が被った不利益の直接的な結果だと認識することができないのだ……」と述べている。[*3] ニュージーランドでは、植民地時代に、パケハである入植者のニーズを満たすために、さまざまな

＊2　Irihapeti Ramsden, 'Cultural Safety and Nursing Education in Aotearoa and Te Waipounamu', thesis.

仕組みが導入されるなかで、白人特権が形成されていった。移民政策、同化政策、統合政策は、パケハに直接恩恵をもたらし、マオリを疎外するものだったが、これらの制度的・構造的利益は、ほとんどのパケハには「気づかれない」ようにできている。

国際的な研究者であるペギー・マッキントッシュの白人特権の概念に関する論文「The Invisible Knapsack〔見えざるリュックサック〕」を読んで、私の認識はさらに深まった。マッキントッシュは、この論文の中で46種類の「白人特権」を次のように定義している。「労せずして得た目に見えない資産のパッケージであり、毎日のように利用できるが、それに気づかない『ようにできている』。白人特権とは、特別手当、案内図、パスポート、暗号解読表、ビザ、暗号、ツール、自由に行動する権利など、さまざまなものが詰まった目に見えない、重さのないリュックサックのようなものである」。[*4] マッキントッシュは、「私は、自分が属するグループが優位になるように仕組まれた目に見えないシステムではなく、卑劣な個人的な行為」の中にのみ人種差別を見出すよう教えられたと述べている。[*5] この議論をさらに深めるためには、パケハに恩恵をもたらした制度的な人種差別や、政策という見えざるシステムの起源を理解することが極めて重要である。

マオリの土地――入植者に富をもたらした歴史的基盤

19世紀には、ヨーロッパの列強諸国が、先住民族の土地を奪うことは何ら珍しいことではなかった。ワイタンギで英国が厳粛な約束を交わし、ある程度の法的保護が保証されていたにもかかわらず、ニュージーランドで起こった出来事は、当時としては普通のことだった。学外研究者であるセオドア・アレンは、植民地化の過程で、世界中の先住民族から土地を「獲得」していった方法を論じている。彼の見解は、ニュージーランドの植民地時代の話にも当てはまる。アレンは、植民地社会とは、「私的で継承可能な個人的所有権が持てるよう、土地やその他の天然資源を分割することによって組織化された社会であって、それに対応する法律や慣習によって支えられ、支配階級の指示のもとでそれらが実施されることによって実現した社会」だとしている。こうした社会が、「土地やその他の天然資源を集団や部族で所有するという原則に基づいて組織され、それに対応する独自の法律や慣習を有する社会の成員を、植民地化する側の権力のもとに置く」のだとアレンは論じている。[*6]

英国はニュージーランドの主権を握った後、マオリを植民地当局の支配下に置いた。すなわち、英国の統治者は、伝統的なマオリ社会を支える部族・親族制度を否定し、無視し、非合法化することを目的とした法制度を導入し、マオリの仕組みや制度を違法としたのである。マオリは「部族と親族のアイデンティティを剥奪され……敵に対して制度的に裸にされ、社会的アイデンティティの盾を完全に奪われ……自分の生まれたその地でよそ者にされてしまった」[*7]。世界中の植民地化されたその他の国々と同様、植民地化された側（マオリ）は、植民地化した側（英国）が定めた新たな制度の中で、一方的に居場所を割り当てられることになったのだ。

１８４０年、すべての土地と資源は、マオリの慣習的保有条件のもとで、マオリのハプ〔準部族〕が

＊３　James Baldwin, *What is White Privilege?*, website.
＊４　Peggy McIntosh, 'Unpacking the Invisible Knapsack: White Privilege', in *Creation Spirituality*, p. 1.
＊５　同書, p. 1.
＊６　Theodore W. Allen, *The Invention of the White Race*, p. 35.
＊７　同書, p. 35.

所有しているということが英国によって認められた。ワイタンギ条約締結前に「売買」された土地もあったが、それらは徹底的に調べられた。

1840年4月6日に「先住民族主席保護官」に任命されたジョージ・クラークは、一部の土地を英国に返還したが、マオリの所有者には返還しなかった。彼は、英国に代わってマオリの土地を購入する責任者でもあったため、明らかに利益相反の関係にあった。1842年、クラークは、土地購入の任務を解かれることを願い出て、それが認められた。*8

英国のノーマンビー侯は、「英国人が将来定住するために、英国が土地を取得する場合は、先住民族が苦痛や深刻な不便を感じることなく土地を譲渡することができるような地域に限定しなければならない」*9と明確に指示していた。そうした状況があったにもかかわらず、1860年代に先住民族土地裁判所が設立されるずっと以前から、詐欺的な土地取引が行なわれていた。英国は、土地を狙う人々からマオリを守るために、英国が土地売買の代理人となる「先買権」をワイタンギ条約に盛りこんだ。これにより、マオリが、入植者に直接土地を売却することは許されなくなった。

しかし、結果的には、英国自体が最大の地上げ屋となった。ワイタンギ審判所における115件の請求報告書と51件の一般報告書（43件の調査報告書と地区報告書を含む）には、英国政府と英国人入植者の最終的な利益のために、英国の代理人が組織的に行なった広範な窃盗と不正行為が詳細に記載されている。*10しかし、以下に挙げる英国による取引はすべて、いまだに合法的売買と見なされており、これらの土地を取り戻すことはできない。

・1840年、オークランド市の中心部（3千エーカー）〔約12㎢〕は、341ポンド相当の現金と商品で、地元のマオリから買い取られた。しかし、9カ月後には転売され、わずか44エーカー〔約0・17㎢〕に対して2万4275ポンドが支払われた。

- 1845年には、1万6千エーカーのンガーティ・ファートゥア部族の土地が補償金なしで英国によって保持された。
- 1850年、オークランド郊外の700エーカーの土地が「長時間にわたる退屈な聞き取り調査の結果」5千ポンドで購入され、そのうちの3分の1がその後すぐに3万2千ポンドで売却された。最終的にそのブロック全体が10万ポンドで売却された[*11]。
- 1844年から1860年代にかけて、3400万エーカーの土地が、ンガーイ・タフ部族から英国に総額8750ポンドで譲渡された。結局英国は、購入した1エーカー〔約4千㎡〕あたりの土地に対し、0・06ペニーを支払った。
- ノース・カンタベリーでは、「政府は、ンガーイ・タフ部族から114万エーカーの土地を500ポンドで購入する2年前に、3万エーカーの土地を1万5千ポンドで実際に売却しているが、これは、ンガーイ・タフ部族の3450万エーカーの土地に対して政府が支払った金額を超える額である」[*12]。

…………………

＊8　Waitangi Tribunal, *Wai 27: The Ngai Tahu Report*, Vol. 2, p. 270.

＊9　Correspondence Relative to New Zealand No. 16, *From the Marquis of Normanby to Captain Hobson*; also Claudia Orange, *The Treaty Of Waitangi*, pp. 29–31.

＊10　Waitangi Tribunal Reports, website.

＊11　Waitangi Tribunal, *Wai 9: The Orakei Claim Report*, pp. 23–28.

歴史学者のジム・マカロンは、ワイタンギ条約に反する政府のもうひとつの戦略について説明している。それはマオリが、入植者に直接土地を貸すことを禁止するというものだ。「英国がワイラパとホークスベイ〔いずれもニュージーランド北島東岸に位置する〕の土地を購入する際、この法令が欠くことのできない大きな役割を果たした。土地を貸して収入を得るという道を断たれたンガーティ・カフングヌ部族は、資本を調達するための手段がほかになかったため、明らかに安すぎる価格であったものの、土地を売却せざるを得なかった」*13。

マオリに土地を譲渡させることを狙った法律が次々と制定された。1865年からの90年間に、マオリの土地に影響を与えるような法律が約360本可決された。また、1891年から1908年の間に199本の法律が施行された*14。実際、当時のニュージーランドのインフラはすべてマオリが最初に整えたものだったが、英国がそれらの土地を購入し、莫大な利益を得て入植者に転売していたのだ。ニュージーランドを手に入れるために使った英国政府の費用は3365・18ポンドという雀の涙ほどの金額であり、そこに「マオリへの贈り物」と称する562ポンド1シリング5ペンス相当の物が追加されただけだった*15。

しかし、こうしたプロセスは、何もこれに限ったことではない。植民地化されたほとんどの国において、植民地化する側が、先住民族に対し、多かれ少なかれ、自分たちの利益を追求するための政治構造を押しつけてきたのである。ニュージーランドでは、ワイタンギ条約で約束されたことやマオリのコモンロー上の権利を無効にしたり、無視したりするような法的手続きによって、こうした政策が推し進められた。マオリの権利のひとつに、土地を独占的に所有・使用する権利がある。この権利は、1847

年の裁判所の判決で、「先住民族の権利は尊重されるべきものであり、先住民族の自由な意思に基づく同意がなければ（少なくとも平時には）消滅させることはできないということは、いかに厳粛に主張しても、しすぎることはない」と述べられている。[*16] しかし結局は、土地に飢えた入植者のニーズが優先され、マオリの権利は切り捨てられた。[*17]

過去１６５年間に、マオリから入植者社会に非常に多くの富が移転されたが、その真の価値を計算することはできない。１９９８年にンガーイ・タフ部族が、自分たちの主張の完全かつ最終的な解決策として1億7千万ドルという金額を受け入れたとき、彼らの交渉責任者であるティペーン・オリーガン卿は、同部族が南島に対して主張していた権利総額は約１６０億ドルであったと述べている。[*18] オリーガンによれば「白人社会に対してこれほどまでに寛大であった事例は、これまで聞いたことがない」という。[*19]

……………………

＊12　Waitangi Tribunal, *Wai 27: The Ngai Tahu Report*, Vol. 1, p. xiv.

＊13　Jim McAloon, 'Resource Frontiers, Environment and Settler Capitalism 1769–1860' in Eric Pawson & Tom Brooking (eds), *Environmental Histories of New Zealand*, pp. 62–63.

＊14　Waitangi Tribunal, *Maori Land Councils and Maori Land Boards: A Historical Overview, 1900–1952*, pp. 75–76.

＊15　Claudia Orange, *The Treaty of Waitangi*, p. 86.

＊16　Andrew Alston et al. (eds), *Guide to New Zealand Land Law*, p. 200.

＊17　「土地収奪法」の年表については、次を参照のこと。David Williams, *'Te Kooti Tango Whenua': The Native Land Court 1864–1909*.

＊18　英国は1億7千万ドルに加えて、公的な謝罪、英国の「ランドバンク」から土地を購入するための第一先買権、詳細な文化的補償を申し出た。ンガーイ・タフ部族のウェブサイトを参照のこと。

先住民族土地裁判所

1860年代初頭に先住民族土地裁判所を設立することを規定した先住民族土地法は、「市場価格での売却を含め、すべての土地に対するマオリの法的権利を認め、自らの選択に基づいてその土地で何をしてもよいとすることで、英国民としてのマオリの権利を認める」とした。[*20] しかし実際には、先住民族土地裁判所は、マオリからさらに土地を収奪するための機関と化していった。マオリ研究の第一人者であるヒュー・カワハル卿は、裁判所を「いかなる場所の、いかなる部族の土地所有権をも破壊する真の機関」と呼んでいる。[*21] 歴史家のブライアン・D・ギリングは、同裁判所は「植民地における抑圧政策の中心的な機関であり、不都合な騒ぎを最小限に抑えつつ、マオリから平和的に土地を奪った機関として、常に歴史家の非難の的となっている」と指摘している。[*22]

マオリを保護するための法律は存在したが、実際のところ、マオリの財産権に関しては裁判所が大きな力を持っていた。アラン・ウォード〔ニュージーランドの歴史学者〕は、「もし裁判所が慣習を正しく解釈できず、間違ったあるいは不適切な、原告側にとって有利な判決を下すのであれば、マオリが土地を奪われることもあり得る」と論じている。[*23] 悪名高い10人ルールによって、5千エーカー未満の土地区画に対して、準部族が10名の所有者を指名することが義務づけられていた。10名の所有者はその部族の管財人ではなく、絶対的な所有者であることが法的に要求されていたため、投機家への贈り物であるこのルールが、マオリにとってあらゆる困難の源となった。[*24]

このようなプロセスは、当然ながらマオリの共同生活と部族構造の安定性を損なった。ウォードが結論づけているように、「入植した政治家たちは、マオリの盤石な活動の行く手に、ほとんど乗り越えられないような障害を課した」[25]。法制史家のデビッド・ウィリアムズも、先住民族土地法の背景にある政策は、マオリからの土地購入を促進するその他の方法とともに、「ワイタンギ条約の保証を十分に（あるいは全く）考慮することなく、英国によって実施された」と主張している[26]。ウィリアムズは、北島の裁判所を通じて1800万エーカーの「譲渡」が行なわれた1865年から1909年までの期間に関して研究を行なった。その結果、先住民族土地裁判所の仕事は「司法的な没収に相当する。……先住民族土地裁判所は独立機関ではなく、実際には中央政府の政策を遂行する代理人であり、したがってその行動は本質的に英国の行為に他ならない」という結論に達している。さらにウィリアムズは、先住民族土地法は「ヨーロッパからの入植者のために、マオリに土地の所有権を放棄させるための徹底的な取り組みであり……植民地化のプロジェクト全体が将来を見据えた事業であり、結果を想定することができただろうし、実際に想定していた」[27]と主張している。

……………………

＊19　Radio New Zealand, *Insight*: Sir Tipene O' Regan, Treaty of Waitangi Settlements, 2 February 2003.
＊20　Waitangi Tribunal, *The Crown's Engagement with Customary Tenure in the Nineteenth Century*, p. 49.
＊21　I. H. Kawharu, *Maori Land Tenure: Studies of a Changing Institution*, p. 15.
＊22　Bryan Gilling, 'The Maori Land Court in New Zealand: An Historical Overview' in *The Canadian Journal of Native Studies*, p. 18.
＊23　Alan Ward, *An Unsettled History: Treaty Claims in New Zealand Today*, p. 128.
＊24　Gilling, 前掲書 , p. 20.
＊25　Alan Ward, *A Show of Justice: Racial 'Amalgamation' in Nineteenth Century New Zealand*, p. 187.
＊26　Williams, 前掲書 , p. 3.

政府の方針——白人特権がもたらしたもの

経済的利益がすべてのパケハに均等に分配されていたわけではないことは明らかだが、新たな入植者たちが到着したのは、主にアングロ・ケルト系移民が自分たちの利益のために統治している国であることに違いはない。マオリは次第に、あらゆる組織から排除されるようになっていった（第4章参照）。ニュージーランドの刑事司法制度、土地裁判、教育、保健制度を導入したのは英国人であり、その大部分は土地持ちの男性議員であった。マオリは、影響力をおよぼす場や意思決定を行なう場から組織的に排除されていた。何百もの法律が、マオリの意見はおろか、マオリの権限を顧みることなく可決された。全てが意図的に行なわれたわけではない。ウォードは、「たとえ融合政策が利他的な目的で考案されたとしても、あまりにも独善的なやり方で推進されれば、それは入植者の私利私欲と言えるほど、抑圧的なものになりかねない」と指摘している。[*28] パレスチナ出身の英語教授、エドワード・W・サイードの言葉を借りれば、その結果マオリは、英国の存在を必要とする民族として再構成されたとも言える。[*29]

ワイタンギ条約で保証されているマオリとの権力の共有という考え方は、大半の入植者から疎まれていた。ワイタンギ条約の第2条でマオリに保証されているティノ・ランガティラタンガと呼ばれる無条件の権限行使は、何度も否認された。入植者である新政府は、英国による「支配」を常態化させるために、莫大な数の政策を可決していくなかで、マオリは言語を含めた伝統的な生活様式を捨て去ることが求められた。マオリは、パケハにとっては当然の、ごく普通の市民権を持つことさえ拒否されたのだ。

老齢年金

マオリは、法的に保証されてしかるべきさまざまな福祉を受けることが認められなかった。そのことを示す良い例が１８９８年に導入された老齢年金である。この法律には機会均等が謳われていたにもかかわらず、副登録官たちは、マオリが年金を受けとることを非常に難しくするよう指示されていた。このため、マオリの年金請求はすべて先住民族土地裁判所に委ねられることになり、裁判所はその請求を判事に提出しなければならず、事実上年金受給の手続きは大幅に遅れた。

かなりの数のマオリを年金名簿から削除するなど、マオリに対するさまざまな仕組みが悪用された。どうにか名簿に名前を残すことができたマオリの人々に対する、最も一般的な差別的政策は、彼らの年金をヨーロッパ人に支払われる額の３分の２に引き下げることだった。[*30] １９０４年、ニュープリマス市〔ニュージーランド北島に位置する〕の判事トーマス・ハッチンソンが、マオリの年金受給者に、減額された年金（18ポンドではなく12ポンド）を支払うという判決を下したことが、「その後40年以上にわたって続いた非公式な政策の先例となった[*31]」。１９２５年からは、マオリの年金の最高額は年32・６ポンドとされ、ニュージーランド人が受けとれる年金最高額の45・10ポンドの71％に抑えられた。１９２７年には、

……………………

＊27　Tom Bennion, review of *'Te Kooti Tango Whenua' The Native Land Court 1864–1909, in Maori Law Review*, July 1999.

＊28　Ward, A Show of Justice, 前掲書 , p. 36.

＊29　Edward W. Said, *Culture and Imperialism*, p. 202.

＊30　Gaynor Whyte, 'Beyond the Statute: Administration of Old- age Pensions to 1938' in Bronwyn Dalley and Margaret Tennant (eds), *Past Judgement: Social Policy in New Zealand History*, p. 134.

＊31　同書 , p. 132.

マオリの年金の多くが20ポンドを下回り、パケハに支払われる年金の半分以下になっていた。役人がマオリに対する年金受給額を減らすための行政上の仕組みを策定している間、「マオリの年金受給者は飢えに苦しんでいたのだ」[*32]。

マオリの人々に対する年金額は、1936年の年金改正法が成立した後も、パケハの年金のように自動的に引き上げられたわけではない。マックルーアは「〔首相の〕サベージが1937年にマオリの年金額に関する統計の開示を求めたところ、ほとんどすべてのケースにおいて、マオリの年金はパケハの年金よりも20％低い恣意的な水準にとどまっていることが判明した」と述べている。2380人のマオリのうち2213人が規定よりも低い額の老齢年金を受給し、474人の夫と死別した女性のうち429人が満額の年金支給を拒否されていた」[*33]。少なくとも1945年までは、マオリの人々に対する年金は減額されていた[*34]（1898年に制定された年金法において、アジア系住民が明確に除外されていたことも注目に値する）[*35]。

またマクルーアは、「マオリのコミュニティの極度な貧困が、他とは異なる扱いを受ける根拠となっていた」という皮肉な事実についても指摘している。「批判的なパケハの目には、マオリの貧困は、解決する必要性が高いというよりも、彼ら自身の期待値が低いことの表れであり、1920年代までは、マオリの場合、パ〔要塞化されたマオリの居住地〕に暮らしているということ自体が、年金を満額受給できない理由とされていた」[*36]。

第2次世界大戦後には、差別の可能性を排除するよう法律で規制されたが、それでも1940年代後半まではこうした差別が続いた[*37]。

その他の社会保障給付

社会保障給付も同様に差別的であった。マオリは、１９３８年の社会保障法により、新たな権利や資格を得て再出発することを約束されていた。しかし、同法の第72条（２）には抜け道が用意されていた。「社会保障の管理を始めた最初の数年間、社会保障局の担当者は、この抜け道により、マオリとパケハへの支払いに明らかな差をつけていた従来のパターンを継承し、マオリの給付金を一貫して低い率で支給した。１９４０年代初頭には、ロトルア地区とラタナ地区のコミュニティのリーダーたちが、自分たちの地区のマオリには、誰ひとりとして全額支給されていないと訴えた」[*38]。

１９４０年代に高水準の家族手当が支給されるようになったことで、マオリの権利が細かく精査されるようになったとマクルーアは指摘する。「家族手当はマオリのコミュニティの支出能力に大きな違いをもたらし、マオリの子どもたちには、それまでよりも良い食事や衣服が与えられるようになった」[*39]。しかし、財務省は特に「マオリの年金額をパケハと同等額にまで引き上げるコストを懸念していた」[*40]。

＊32　同書 , p. 132.

＊33　Margaret McClure, *A Civilized Community: A History of Social Security in New Zealand 1898–1998*, p. 79.

＊34　Whyte, 前掲書 , p. 134.

＊35　McClure, 前掲書 , p. 19.

＊36　Margaret McClure, 'A Badge of Poverty or a Symbol of Citizenship? Needs, Rights and Social Security, 1935–2000' in Bronwyn Dalley and Margaret Tennant (eds), 前掲書 , p. 145.

＊37　McClure, *A Civilised Community*, pp. 121–22.

＊38　McClure, 'A Badge of Poverty or a Symbol of Citizenship?', p. 145.

＊39　同書。

＊40　McClure, *A Civilised Community*, p. 79.

白人特権は、依然としてマオリの犠牲の上に維持されていたのだ。

第1次世界大戦および第2次世界大戦

第1次世界大戦後、パケハの兵士は再定住用の土地の抽選に参加することができたが、マオリの帰還兵は参加することができなかった。マオリの政治家であるアーピラナ・ンガータ〔マオリで初めてニュージーランドの大学を卒業した人物でもある〕は、「一般的に、マオリは十分土地を持っていると考えられているため、英国がマオリの兵士のために土地を確保しておくのは不適切だ」と見なされる可能性があると考えた。そのため、マオリの帰還兵に対しては、部族の土地が提供されることとなった。[*41] 1916年の先住民族土地調整法では、マオリは英国に土地を売却することもできるし、除隊した兵士のために自分たちの土地を確保しておくこともできると規定された。[*42]

第2次世界大戦中、1942年6月3日に内閣によって承認された「マオリ戦争努力組織（Maori War Effort Organisation）」は、マオリの独自の方法でかなり自律的に運営されていた。慣習や伝統は、すべての部族が参加するこのボランティア組織を運営する上で重要だった。その一義的な目的は軍事〔マオリ大隊への徴兵〕であったが、福祉的な機能も果たすようになっていた。315の部族委員会が結成され、41の執行委員会がこれを調整した。[*43] マオリ大隊の人気とヒロイズムは、マオリに対するパケハの態度に良い影響を与え始めた。しかし、それにもかかわらず、「マオリの受給者に同水準の年金、寡婦年金、障害者手当が支給されるようになったのは1940年代後半になってからのことである。これは、マオリの抗議活動が政府の政策に強い影響を与えることにより、少しずつ達成されていった」ものである。[*44]

マオリのコミュニティの福祉を促進することを目的とした「マオリ社会経済促進法」（1945年）は、

「1944年4月に消滅した『（マオリ）戦争努力組織』の成功によって示されたランガティラタンガ〔マオリの自決権等〕への動きを牽制するものだった」との見方もある。[*45] 歴史学者のクラウディア・オレンジは、政府がマオリのリーダーシップを受け入れたのは、戦争の危機に直面したときだけだったと結論づけている。[*46] オレンジによれば、部族委員会は「完全に独立しているわけでも、完全に政府の一部というわけでもない、曖昧な立場」であり、あるところまでは独立しているが、同時にしっかりと政府の支配下に置かれていたという。[*47] 当時のマオリの政治家であったンガータは、この法律は「下手な小細工」だと考えていたようだ。[*48]

オレンジは、第1次労働党政権下において、「マオリは自律的に行動する権利に関心があったが、パケハには、マオリ問題を『うまく管理できない』のではないかという懸念があった。また、時の政府は、マオリに対する福祉をしばしば犠牲にしながらも、マオリ政策を成功させることで、明らかに政治的利

＊41　Ranginui Walker, *He Tipua: The Life and Times of Sir Apirana Ngata*, p. 190.
＊42　同書。
＊43　Claudia Orange, 'An Exercise in Maori Autonomy: The Rise and Demise of the Maori War Effort Organisation' in *New Zealand Journal of History*, p. 159.
＊44　McClure, *A Civilised Community*, p. 121.
＊45　Margaret Tennant, 'Mixed Economy or Moving Frontier' in Bronwyn Dalley and Margaret Tennant (eds), 前掲書, p. 53.
＊46　Claudia Orange, 'An Exercise in Maori Autonomy', p. 162.
＊47　同書, p. 170.
＊48　同書。

益を得ていた」と結論づけている。[*49] 21世紀になっても、このような対立は続いている。

「普通」という白人特権

マオリの土地の収奪や、先住民族土地裁判所やこれまでの社会福祉政策の影響を考えれば、植民地のインフラが、いかにマオリを排除し、白人特権を保証するものであったかがわかる。それまでのマオリ社会とはまったく別の社会のあらゆる制度が輸入され、移植され、それまでマオリが所有していた富は、新たにやってきた入植者たちに組織的に移転されたのである。[*50] 白人特権は、1970年代初頭まで、少数の例外を除き、「移住にふさわしい」英国人やその他のヨーロッパ人だけがニュージーランドに移住できるという長期的な政策によって、さらに強化された。にわかに出現した英国文化が多数派を占めるようになると、ニュージーランド議会が主として入植者の利益のために動くのは容易だった。[*51] こうした「白人」移民政策に変化が見られたのは、1970年代初頭の労働力不足のときだけである。[*52]

これらの主な政策の影響の全貌は、世代を経るごとに表面化し、より鮮明になってきた。1907年のトフンガ抑圧法（第3章を参照のこと）や、マオリが自分たちの文化を捨てて英国人になることを要求する同化政策（第6章と第8章を参照のこと）も、マオリに対する差別政策の一環である。[*53]

公共事業法は、理論的にはすべての国民に適用されるものだが、マオリが集中的に公共事業計画の対象とされていたという動かぬ証拠がある。[*54] 英国政府は、ニュージーランドのインフラ整備に資金を提供しなかったが、英国の民間投資家が、特に1870年代以降、ニュージーランド政府に資金を貸しつけた。その頃までには、ニュージーランドは「ニューブリテン」と呼ばれるようになり、それによって投資家の信頼を維持していた。元条約交渉担当大臣のダグラス・グラハム卿は、主に「マオリから安く土地を購入し、利益を上乗せして入植者に売却する」ことによって、富が蓄積されていったと指摘している。*55

入植者の中には、マオリと互恵的な関係を築いていた人もいたが、ほとんどの人々の態度は、ヨーロッパ人やヨーロッパの習慣が優れていて「普通」であるとする当時の信念に基づくものだった。マオリには、パケハの生活様式を学ぶことが求められる一方で、パケハ側にマオリの生活様式を学ぼうという気がなかったのは明らかである。このため、文化的な誤解も蔓延していた。例えば、ムリフェヌア〔ニュージーランド北島の北端の地域〕の土地報告書には、「一方の人種が土地の売却だと思って行なった取引は、他方の人種にとっては長期的な社会的関係を結ぶための契約であった」と記されている。*56 マオリには売却を意味

……………………

＊49　同書。
＊50　次を参照のこと。Waitangi Tribunal Reports, website, particularly Waitangi Tribunal, *National Overview* Vol. 1, by Alan Ward.
＊51　W. D. Borrie, *Immigration to New Zealand 1854–1938*, pp. 168–76.
＊52　この時期の大まかな流れについては次を参照のこと。Stuart W. Greif (ed.), *Immigration and National Identity in New Zealand* and Tony Simpson, *The Immigrants: The Great Migration from Britain to New Zealand 1830–1890*.
＊53　同化政策については次を参照のこと。Waitangi Tribunal, *Crown Policy Affecting Maori Knowledge Systems and Cultural Practices* by David Williams. また次も参照のこと。Andrew Armitage, *Comparing the Policy of Aboriginal Assimilation: Australia, Canada and New Zealand*.
＊54　報告書全文については次を参照のこと。Waitangi Tribunal, *Public Works Takings of Maori Land, 1840–1981* by Cathy Marr.
＊55　TVNZ, *Bastion Point: The Untold Story*, Sir Douglas Graham.
＊56　Waitangi Tribunal, *Wai 45: Muriwhenua Land Report*, p. 1.

する言葉がなく、理解の仕方において常に齟齬が生じていた。[*57]

植民地政策は、大英帝国やさらには英連邦というメカニズムを通じて、「白人」の国やさまざまな民族を結びつけることを目指すものだった。「母国」への忠誠心は、王室関係者の訪問やローズ奨学金制度〔英国の奨学金制度〕をはじめとするさまざまな交換留学制度などを通じて育まれていった。ラグビーやクリケットは、植民地との関係維持に役立った。重要なものはすべて大欧州からもたらされ、ヨーロッパ人は他の誰よりも「賢く、優れていて、勇敢」であるというのが、社会、特に教育制度に浸透した固定観念であった。[*58]

「部外者」としてのマオリ

このような植民地を取り巻く環境において、マオリを「部外者」と見なす考え方が生まれた。要するに、マオリやマオリの文化は、ヨーロッパの人や物よりも「劣っている」と見なす考え方だ。入植者の考え方は、マオリは怠け者で、不道徳で、下品で、汚く、「生まれつき堕落した気質」を持っているというものだった。特に英国からの入植者が多数派を占めるようになるにつれて、こうした考え方に基づく白人至上主義は必然であるという論理が生まれた。[*59]

マオリを「部外者」と見なす考え方は、ニュージーランドのパケハの無意識の領域に深く浸透している。オタゴ大学の講師、ブレンダン・ホコウィトゥは、この現象を次のように要約している。「マオリに押しつけられた人種的特徴は、ヨーロッパ人が望む資質の対極にあるものだった。マオリは荒っぽく、知性がなく、野蛮であると表現され、その状況は今も続いている」[*60]。この野蛮人は「不道徳で罪深く、神話的な儀式に支配された、やっかいな集団である」とされる一方で、「文明人」は「徳が高く、現実的で、思考が自由で自律的である」とされた。*61 ただし、マオリやティカンガ・マオリ（マオリの文化）は普通ではなく、劣ったものと見なされていたが、植民地的な考え方に合致したマオリの文化的側面は認められていた。その結果、マオリの民族舞踏であるカパハカやカマテ、そして戦争やスポーツにおけるマオリの成功が賞賛される一方で、それらは、マオリが野蛮で獰猛な人種であることを示すさらなる証拠として引き合いに出された。

「部外者」としてのマオリに関するイリハペティ・ラムスデンの考え方は、まるで将来を予言しているかのようだった。「マオリが貧しく、無力で、疎外されている今、マオリは人種差別的扱いを受けてきたと思うのなら、マオリがより強くなり、成功し始めたときに何が起るのか見てみるといい。マオリが植民地化された状態にとどまり、『自分たち』に押しつけられた身の丈にあえてとどまり、『部外者』のままでいる間は、そうした人種差別が表面化することはあまりないだろう。しかし、パケハが当たり前のように享受し、『自分たちの』権利だと信じこんでいる体制側の特権や規範を、マオリが脅かし始めたとき、様相は一変するだろう。そのときこそ、この国に根づいた人種差別の深くて醜い裏の側面を、

*57　同書 , p. 76.
*58　「ヨーロッパ人が他の人種に比べて優れているという考え方」に関する詳しい考察については、次を参照のこと。J. M. Blaut, *The Colonizers' Model of the World: Geographical Diffusionism and Eurocentric History*.
*59　19世紀から20世紀にかけてのヨーロッパ人の人種的偏見を概観するには、次を参照のこと。Angela Ballara, *Proud to Be White*.
*60　Brendan Hokowhitu, *Maori as the Savage Other: Icons of Racial Representation*, p. 1.
*61　同書 , p. 1.

本当の意味で経験することになるだろう」。

そうなるまでにそれほど時間はかからなかった。

この20年間で政治的、社会的、法的な進歩はあったものの、植民地時代の歴史に対するパケハの「記憶喪失」はいまだに続いている。２０００年に労働党政府がマオリや太平洋諸島の人々の貧困を対象として「クロージング・ザ・ギャップ〔格差縮小〕」政策を打ち出したが、これに対する世間の反発は大きく、多数派のなかには非常に大きな混乱と根強い人種差別があることが判明した。[*62] また、植民地支配ははるか昔に起こった出来事であり、現代には何の影響もないと主張する人もいる。さらには、植民地化はマオリの「ため」だったと主張する人もいまだに存在する。

「私たちは皆、先住民族である」という主張もまた、事態を複雑にする手法のひとつである。[*63] マオリ研究の講師であるラウィリ・タオヌイは、こうした主張を「マオリのアイデンティティを侵害し、歴史を否定し、国際法を無視した不当なもの」と表現している。[*64] ニュージーランドの植民地時代の歴史の「勝者」や受益者たちは、文化的な鏡を通して振り返ることはおろか、パケハに与えられた特権がどれほどのものなのかを認識することにも抵抗があるようだ。これは、ニュージーランドの植民地時代の歴史における暗く、悲惨な側面である。

パケハの特権の源は、私たちの制度に組みこまれたままである。以下の例は、私たちの民主主義システムがいまだにパケハのやり方が「普通」であるという前提で機能しており、テ・アオ・マオリ〔マオリの世界観〕は考慮されていないことを示すものだ。

都市計画と環境計画

1976年から78年にかけて、オークランド港を見下ろすバスティオンポイント（第5章参照）が抗議グループによって占拠されたことで、都市計画や環境計画からマオリが外されていることが浮き彫りになった。これは、ワイタンギ条約によって規定されている（マオリとパケハによる）共同環境計画という原則に反するものである。「バスティオンポイント——知られざる物語」というビデオの中で、抗議活動のリーダーであるジョー・ホークは、ンガーティ・ファートゥア部族がこの一等地にある建物の再建や改装、水道や下水道、電気の設置などの許可を得ることができなかった経緯について説明している。また、このことが原因となって、この土地の等級が低下してしまい、1978年、マルドゥーン政権はこの土地の劣化を根拠のひとつとして、まったくの更地にしてしまったのだ。[*65]

環境計画の専門家であるヒリニ・マトゥンガは、ワイタンギ条約のマオリ語版と英語版の両方が、「天然資源に対するマオリの最大限の権限」を明示的に肯定していると論じている。[*66] さらに彼は、「排除という植民地的考え方が、ランガティラタンガ（マオリの自決権等）に対する最小限の認識さえない環境計画システムを生み出した」と指摘している。[*67] こうした排除は、「マオリの部族を、単純に規制計画か

＊62　New Zealand government executive, *Closing the Gaps*, Budget 2000, website.
＊63　*NZ Herald*, 29 July 2004. Trevor Mallard, a Pakeha Cabinet Minister, asserted that he is an indigenous New Zealander.
＊64　*The Press*, 19 August 2004.
＊65　TVNZ, *Bastion Point: The Untold Story*.
＊66　Hirini Matunga, 'Decolonising Planning: The Treaty of Waitangi, the Environment and a Dual Planning Tradition' in Ali Memon and Harvey Perkins (eds), *Environmental Planning and Management in New Zealand*, p. 38.

ら外すという都市計画法の採択」によってさらに強化された[68]。1926年に制定された都市計画法においてワイタンギ条約については一切触れられていない。さらにマトゥンガは、1977年に改正された都市・農村計画法において「マオリと環境との関係の独自性」は認められたものの、同法は「マオリと共同計画を行なうための枠組みの存在を依然として認めなかった」[69]。

1990年代の資源管理法改正では、マオリの自治権の承認、天然資源に対する権利の回復、水、海底、沿岸生息地などの資源に対するマオリの所有権の承認、資源の保護と利用、そして意思決定プロセスへのマオリの関与に関する規定など、ランガティラタンガの回復の必要性が取り上げられた。しかし、リンカーン大学のマトゥンガ教授は、8年経った今、「ワイタンギ条約を締結した当事者であるマオリが、環境に関する決定や政策においてただ眺めるだけの部外者の立場に追いやられている」と結論づけている[70]。

自然保護主義とは何か？——パケハが最近になって発見した考え方なのか？

現代の自然保護主義者の価値観とはいったい何なのだろう？[71] いったいどういうつもりでマオリの権利に反対するようになったのだろうか？　植物や動物の植民地化が、「先住民族」の植民地化と同様、断固として推進されてきた。ニュージーランドの科学者で歴史学者でもあるロス・ガルブレスは、「英国からニュージーランドにやってきた入植者たちは、植物、動物、人間など、この地にあったすべての生命は、別のものに入れ替えられるべきであり、追放されるべきだという考えを持っていた」と記録している[72]。さらに彼は、「先住民族に対する考え方と、この地に元々あった動植物に関する考え方とが存在し、両者には密接な関連性がある」と主張する[73]。

19世紀後半から20世紀初頭にかけて、英国からの警告により、自然保護思想が推進されたことにより、植民地法などの政策がわずかに変更された。*74 しかし、政府が「この国のユニークな特徴である……エコシステムを保存、保護、保全する」ようになったのは、1960年代の大規模な抗議活動以降のことである。*75

パケハが自然保護という考え方に辿りついたのは1900年頃だが、それはマオリの自然に対する伝統的な態度をほとんど無視したものだった。鳥類保護法には、伝統的な狩猟を例外とする規定は盛りこまれなかった。*76 著名な医師、人類学者、そしてマオリのリーダーであるピーター・バック卿は、1910年にこの矛盾について次の通り指摘している。「この国の動物の生態にとって、白人のいわゆるスポーツ志向ほど恐ろしいものはない……この点に関して、マオリがとってきた態度はまったく違うもの

…………………………

*67　同書, p. 39.
*68　同書, p. 40.
*69　同書, p. 41.
*70　同書, p. 45.
*71　Ross Galbreath, 'Displacement, Conservation and Customary Use of Native Plants and Animals in New Zealand' in *New Zealand Journal of History*, p. 36.
*72　同書, p. 36.
*73　同書。
*74　同書, pp. 37–38.
*75　同書, p. 41.
*76　同書, p. 43.

だった。マオリは決してスポーツのために殺すことはなく、食べるために殺していたのだ」[77]。現代の自然保護活動は、このような歴史を研究することによって多くを学ぶことができるだろう。

前浜と海底──「最新のパケハ・ランド・グラブ」

2003年6月、マールボロのンガーティ・アパとンガーティ・コアタらが起こした訴訟では、「マオリ土地裁判所は、1993年のマオリ土地法（テ・トゥレ・フェヌア・マオリ・アクト）に基づいて、前浜と海底の位置づけを決定する司法権を有する」[78]という判決を下した。この訴訟は、沿岸の空間に対する商業的権利を守るために提起されたものだ。さらに判決は、「主権の移譲によって、慣習的財産は影響を受けていない。それらは、（新たな）法律によって消滅するまで、（英国の）コモンローによって保護される利益である……高等裁判所が依拠した法律は、海底や前浜におけるマオリの慣習的財産を消滅させるものではない」[79]と結論づけた。

また控訴裁判所は、1963年の「90マイルビーチに関する訴訟」（高等裁判所と控訴裁判所が、マオリの所有権はすでに消滅していると判断した訴訟）の判決は、「法律的に誤りであり、『ウィ・パラタ対ウェリントン主教（1877年）』の信用できない権威に基づくものであり、これに従うべきではない」という判決を下した[80]。裁判所は、前浜に対するマオリの慣習的所有権というものが存在する場合は、「それは、いかなる一般的な法律によっても消滅していない」と判断し、「1992年のマオリ土地法（テ・トゥレ・フェヌア・マオリ・アクト）で言及されている『土地』は……前浜と海底を除外したものだという英国の巧妙な主張」を退けている[81]。

したがって、この控訴裁判所の判決は、パケハが入植した時点で、マオリがすでに「土地に対する慣習的財産権」を持っていたことを認めている。また、この判決によって、これらの権利は、ワイタンギ条約や英国の承認があるかどうかということに左右されるものでも、それらに由来するものでもないことが確認された。さらに、これらの慣習的権利は、英国が主権を取得した後も存続している。控訴裁判所は、「土地に対する先住民族の所有権は尊重されるべきであり、所有者の同意がない限り、『少なくとも平時においては』消滅させることはできない」と指摘した。[*82]

この判決は限定的なものであったにもかかわらず、人々の間には恐怖と反発が広まった。こうした恐怖心は、主に政治家とメディアによって作り出されたものである。その後、すべての主要政党は、労働党政権が提案した、前浜と海底を英国の所有財産とすることを目指した海底と前浜に関する法案を広く支持した。このようにして、すべての政党が、マオリの財産権を消滅させると誓ったのである。[*83] 多くの

---

*77　同書, p. 40.
*78　Court of Appeal of New Zealand, Ngati Apa, *Ngati Koata and Ors v. Ki Te Tau Ihu Trust & Ors*, p. 26.
*79　同書, p. 7.
*80　同書。
*81　Richard Boast, 'Constitutional Crisis over Foreshore and Seabed in Aotearoa' in Pacific Ecologist, p. 61.
*82　Court of Appeal of New Zealand, 前掲書, p. 8. For a legal overview we recommend also Nin Tomas & Kerensa Johnston, *Ask That Taniwha: Who Owns the Foreshore and Seabed of Aotearoa?*
*83　例外は、アオテアロア・ニュージーランド緑の党で、前浜と海底を英国の所有とする政府の法案には強く反対している。彼らの立場は、「前浜の公共利用は、マオリの慣習的所有権とカイティアキタンガ〔信託統治〕を認める枠組みの中で永続的に保証することが可能で、それは環境保護にもつながる。これは、マオリ土地法に簡単な変更を加えるだけで実現可能である」というものである（２００４年５月４日）。

マオリの指導者たちが、これを「没収」と呼んだのも無理はない。2004年には、あらゆる職業を持つ2万人以上のマオリが、多くのパケハの支援を受けて、ニュージーランド史上最大のヒコイ（デモ行進）を国会前で行なった。[*84]

「ニュージーランド土地情報」によると、全前浜の約3分の1にあたる5866キロメートルが私有地となっており、そのうち約2千キロメートルをマオリが所有している。[*85] また、47キロメートルの海底と670キロメートルの侵食された海岸も私有地となっている。所有権の有無にかかわらず、私有地の海岸線のほとんどに公道がない。さらに、途切れることのないクイーンズチェーン（海岸や川などに沿って公共の利用のために確保された幅20メートルほどの公有地）などはなく、187キロメートルの私有海岸線のみに公道がある。[*86] 2003年の「土地利用に関する閣僚グループ」の報告書によると、「クイーンズチェーンと見なされる部分の70％は公有地であり、残りの30％は私有地である」とされている。[*87]

明らかに疑問なのは、海岸線の3分の1がすでに私有地となっており、マオリが所有するかもしれないという事態が浮上するまで、一般の人はほとんど立ち入ることができず、政治やメディア、国民の関心もほとんどなかったのはどうしてなのか、という点である。

政府が、現在残っている前浜と海底の所有権はすべて英国に帰属し、先祖との何らかの関係が認められる場所については、マオリも利用できるようにすると宣言したため、マオリは直ちにワイタンギ審判所に申し立てを行なった。勧告権限しかないものの、独立機関である同審判所は、2004年1月に行なわれた6日間の審議の後、マオリが法廷に訴えることを阻止し、すでに認知されている財産権を奪うという政府の方針を非難した。[*88] さらに、英国が提案した法律は「マオリと非マオリの市民を平等に扱っていない。この政策によって廃止される私有財産権は、マオリのものだけである。他のすべての人々の権利は、政策によって保護されている」と述べた。[*89] この「差別である」という同審判所の主張は、その後、２００５年３月に国連でも支持されることとなった。[*90]

マオリ党の台頭

この差別的な法律に反対する声が高まったため、タリアナ・トゥリアは労働党を離れ、２００４年７月にマオリ党を結成し、これを選挙管理委員会に党として正式に登録し、タリアナ・トゥリアとピタ・シャープルズが共同代表となった。マオリ党は、マオリの世界観に基づいた価値観によって支えられている。最初の目標は、この法律を覆すことだった。２００８年にマオリ党が４人のメンバーと共に議会に復帰した後、新たに選出された国民党率いる政府と「リレーションシップ、サプライ、コンフィデン

……………………

＊84 このデモ行進に関する報告書全文については次を参照のこと。*Mana* 58, June/July 2004.

＊85 Bruce Ansley が次の週刊誌で発表した数字。*New Zealand Listener*, 1 May 2004, p. 19. 前浜と海底に関する包括的議論については次を参照のこと。Tom Bennion et al., *Making Sense of the Foreshore and Seabed*.

＊86 New Zealand Listener, 1 May 2004, p. 19.

＊87 Ministry of Agriculture and Forestry, *Walking Access in New Zealand Outdoors: A Report by the Land Access Ministerial Reference Group*, p. 45.

＊88 Waitangi Tribunal, *Wai 1071: Report on the Crown's Foreshore and Seabed Policy*.

＊89 同書 , p.129.

＊90 'Decision on the Foreshore and Seabed Act 2004', United Nations Committee on the Elimination of Racial Discrimination, March 2005.

ス・アグリーメント〔閣外協定と訳されることもあるが、閣外協定よりは各政党の自由度が高い別の協定形態〕」を締結した。それ以来、マオリ党の共同代表であるタリアナ・トゥリアとピタ・シャープルズ博士が、閣外大臣を務めている。

この協定の一環として、前浜および海底の法律が見直され、その廃止が勧告された。議論を二分する集中的な討議の末、「共通海洋・沿岸地域（タクタイ・モアナ）法」が成立した。マオリ党は、この法律によって、これまでずっと不可能であった部族領地内の沿岸地域の管理を、部族自身が行なえるようになると考えた。しかし、マオリ党の議員だったホネ・ハラウィラは、これに反対して辞職し、マナ党を結成したのだった。

マオリ党がこの法律を支持するのは、新法によって英国の所有権が廃止され、マオリのイウィ〔部族〕が、政府と交渉したり、高等裁判所を通じて慣習的所有権を求めたりすることが可能になり、ワヒ・タプ〔マオリの聖地〕を保護したり、資源や管理の問題について協議したりする権利を求めることができると考えたからだった。慣習的所有権を守るためには、１８４０年以降の排他的使用と占有を証明する必要があった。慣習的所有権が証明された場合は、公的利用権、漁業や航行のための利用権、既存の利用権など、共有地としての利用権を伴うことになる。マオリ党は、この法律によって、２００５年と２００８年の重要な選挙公約を果たすことになると考えていた。*91

これに対し、新たに結成されたマナ党はこの新法には反対だった。２００４年に成立したこの法律には、差別的で不公平な規定がそのまま残されており、単に別の言葉で言い換えられたにすぎないと考えたからだ。英国による所有権は「共有地」という新たな言葉に置き換えられ、これはマオリの権益に関連する土地にのみ適用され、現在、それ以外の私有地となっている前浜の大部分については明確に除外されている。「共有地」という考え方は法的なフィクションであり、英国は依然として鉱物の採掘を許可する権限を保有したままである。私有地は一般人の立ち入りを認めなくてもよいのに、慣習的所有権のあるマオリの土地だけが、一般人の立ち入りを認めなくてはならないことが法律上定められることになる。

この法律の最も差別的なところは、ハプ〔準部族〕やイウィ〔部族〕が１８４０年以降、関連する地域を継続的に使用していたことを証明しなければならないという点だ。ほとんどのマオリにとって、これは不可能な要件である。[*92]調査によると、１８４０年以降、98％のハプとイウィは、それらの土地の利用を英国から拒否されている。この法律は一見正しく見えたとしても、問題がある。それは、反証がない場合に限り、慣習的利益は消滅して「いない」と推定する点である。

現在の主流政党の立場は、マオリの市民権のみを剝奪するというものだ。こうした市民権は、ワイタンギ条約の第３条ですべてのニュージーランド国民に保証されたものである。マオリではないパケハの権利については、まったく変更がないままである。これは非常に差別的なことである。この法案は、２００４年11月18日、ＮＺファースト党の支持を受けた労働党政権によって可決された。膨大な知識やリソースを自由に利用できる21世紀の政権が、植民地時代の恥ずべき土地の没収をまたもや繰り返してしまったことを、後世の人々はどのように振り返るのだろうか？　マオリの法的権利を犠牲にして、パケ

*91　Maori Party Media Release, 6 September 2010, www.maoriparty.org.nz.

*92　Moana Jackson, 'A Further Primer on the Foreshore and Seabed', 14 September 2010, www.TangataWhenua.com.

ハの特権がまたもや保証されたことに気づくだろうか？　それとも今の時代を振り返り、なんと正しく、公平で、合法的なことを行なう成熟した勇気のある政治体制だったのだろうかと、むしろ賛美するのだろうか？

「民主主義という多数派による専制政治」

ワイタンギ条約の第２条で保証されている、マオリが完全な権限を行使する権利（ティノ・ランガティラタンガ）は、常に疎外されてきた。しかし、多数決制度の中で、政治的権力からマオリをこれほどまでに排除してきたことが、現在も続く政治的苦闘の大きな原因であろう。この国は、マオリに対して、他のニュージーランド人と同等の（第３条に規定された通りの）市民権を与えてこなかったのだ。

ニュージーランドの民主主義は、マオリを政治的権力から排除するよう「設計されて」いる。１９９６年までマオリの議会議席が４議席に制限されていたことは、その顕著な例である。１８６７年の時点で、マオリの議席数はかなり少なく、約５万人に対して４議席を与えられていた。これに対し、約25万人のヨーロッパ人が72議席を保有していたのだ。[*93] マオリの国会議員は１万２５００人の有権者を代表しなければならないのに対し、非マオリ（ヨーロッパ人）の国会議員が代表しなければならない有権者数はわずか３４７２人であった。マオリの利益を代表するマオリの人々が、ＦＰＰ制（代表になりたい地域で他の誰よりも多くの票を獲得した人が選出される投票システム）のもとでは、いかなるレベルでも選出されないことを示す圧倒的な証拠が存在する。

こうした基本的な問題は、１９８６年の選挙制度を巡る王立委員会において浮上した。[*94] 同委員会は、ＦＰＰ制を「不公平、不公正であり、母集団全体を代表していない」と非難し、[*95]「中産階級の中年のパケハ（高所得者）男性の選出に有利」な制度であると指摘した。[*96]

1996年、MMP（小選挙区比例代表併用制）の導入により、議会において、マオリは初めて人口に比例した代表権を得ることができるようになった。[*97] 法律で定められた国会におけるマオリの議席や保健委員会への大臣任命がなければ、マオリは統治機構のあらゆる分野において非常に不利な立場に置かれることになる。[*98] 現在の政治環境において、これらの特別な仕組みは誤解され、マオリ特権と呼ばれている。

このことは、選挙統計においても証明されている。

2008年国会議員選挙：議員数122名（マオリ18・9％）[*99]

- 3名のマオリが一般議席で当選
- 7名のマオリがマオリ議席で当選

………………………

＊93　M. P. K. Sorrenson, 'A History of Maori Representation in Parliament' in *Report of the Royal Commission on the Electoral System: Towards a Better Democracy*, p. 26.

＊94　同書 , pp. 23–26.

＊95　Neil Atkinson, *Adventures in Democracy: A History of the Vote in New Zealand*, p. 135.

＊96　同書 , p. 137.

＊97　Neil Atkinson, 前掲書 , p. 136.

＊98　同書 , p. 215.

＊99　Mana, issue 59, Aug–Sep 2004, p.47.

・13名のマオリが政党比例代表議席で当選

2010年地方自治体選挙[100]

・1614名の議員が当選
・129名のマオリが当選（8%）
・1名のマオリが市長に当選
・1名のマオリが議長に選出

人権委員会の最新の調査では、78の地方議会のうち49の議会が2011年11月23日までにマオリ選挙区の設置を検討するとしている。2011年現在、9・35%（609名中57名）の議員がマオリである。[101]

・2001年地区保健委員会選挙（FPPおよび大臣任命[102]）において、21の委員会に147名の候補者を選出（各委員会につき7名）。
・5名のマオリ（3・4%）が当選（2010年には7名のマオリが選出された）。
・51名のマオリが追加で任命された（2010年には31名のマオリが任命された）。

注：一部の委員は、複数の委員会にまたがって任命されている。

1993年5月、選挙法委員会は、選挙制度改革についての意見を聞くために、マオリの全国集会を開催した。これは、マオリ会議、マオリ評議会、マオリ女性福祉連盟が招集した20箇所で開催された地域集会の集大成であった。ンガルアワヒア〔ニュージーランド北島北部に位置する〕のトゥーランガワエワエ・マラエで行なわれた集会では、政府にはワイタンギ条約に基づき「マオリのための公正で有効な代表権」を確保する義務があるため、マオリの議席は維持されるべきだという圧倒的なコンセンサスが得られた。[*103]

コメディアンのマイク・キングは、「民主主義システムを崇拝するすべての人々へ」と題したメッセージの中で、このことを端的に表現している。「私が言いたいのは、民主主義は自分が多数派であるときにのみ機能するということです。あなたが少数派になった途端、民主主義はかなり胡散臭いシステムになってしまう……それがどういうことか、マオリに聞けばすぐにわかります[*104]」。

結論

植民地時代をくぐり抜けてきたニュージーランドの国造りは、主にパケハの利益のために行なわれてきた。マオリは、パケハの文化や制度に合わせることが求められた。基本的なすべての制度は、パケハが「普通」であるという前提で機能しており、意思決定の方法はたったひとつであり、司法、健康、教

……………………

＊100　Department of Internal Affairs, 'Local Authority Election Statistics', 2003 (based on 940 returns from 1083 elected).

＊101　'Survey of Maori Representation on Local Government', Human Rights Commission, Wellington, 2011.

＊102　Ministry of Health, 'Health and Independence Report: Director General's Report on the State of Public Health', pp.189–90.

＊103　同書 , pp. 215–16.

＊104　*Mana* 56, February/March 2004, p. 42.

育の提供方法もひとつであり、自然保護の方法もひとつであり、重要な法律や言語もたったひとつである、というものだった。同化政策は、マオリが成功するためには、マオリの慣習は重要ではないという固定観念に基づいたものである。すべてが「白人のやり方」で行なわれなければならなかった。その結果、ニュージーランド社会のインフラは、白人特権を提供するようにできてしまった。観光やスポーツなどの分野で国に利益をもたらすマオリ文化のエキゾチックな部分だけが奨励された。

そのようにして残されたものは、非常に豊かな先住民族の文化と生活様式全体の疎外であった。

それは、マオリの人々にとって非常に破壊的なものである。最近でも、『数十年におよぶ格差社会——ニュージーランドにおける１９８０〜１９９９年の民族別死亡率の推移』と題された報告書の中で、公衆衛生局の副局長であるドン・マセソンは、どの国でも「先住民族の健康状態は悪い傾向にある」と指摘している。[105] 同報告書の著者のひとりであるトニー・ブレイクリー博士は、第２次世界大戦後の30年間に「マオリの平均寿命はかなり改善されたが、１９８０年代から１９９０年代にかけて、マオリと非マオリの間で出生時の平均寿命の差が拡大し、10年間の差が生じている」と指摘している。[106] マセソンは、「資源の利用とそれに対する決定権における不平等が、健康上の不平等の主な原因である。このような構造的不平等によって、一般的に認識されているよりも多くの民族的不平等を説明できる可能性がある……個人的な差別や制度的な偏りが、ニュージーランドにおける民族間の不平等の重大な要因である」[107]と結論づけた。

今のマオリは優遇されていると主張する前に、何世代にもわたって行なわれてきたマオリに対するひどい差別について考える必要がある。[108]

１９８０年代半ば、ニュージーランドは、ワイタンギ条約に基づいた二文化社会へと移行し始め、社会におけるさまざまな仕組みにおいてマオリ文化の存在が受け入れられるようになった。これは、マオリにとっては耐えられないほどゆっくりとした変化である。しかし、不安を抱きながらも勇気を持って二文化社会へと移行し始めたパケハにとっては非常に豊かな経験である。残念なことに2004年には、醜い白人至上主義が息を吹き返し、以来、複数の主要政党は、マオリは「自らの居場所をわきまえた生活を送り」、白人こそが正しいとされた時代に、ニュージーランドを引き戻そうと躍起になっている。しかし、そのようなことは二度とあってはならない。なぜなら、172年間という長きにわたって疎外されてきたマオリは、政治システムに組みこまれた人種差別に立ち向かい、自分たちの力と先祖のインスピレーションに支えられて、前進する方法を見出す準備をこれまで以上に整えているからだ。

1996年、ワイタンギ審判所の議長であるE・T・デュリー判事は、「入植者は本気で先住民族と和解する気があるのか?」と題した、たいへん興味深く洞察に満ちた講演で、正しい関係を築くための原則とは何かを定義した。彼は、他国への入植を成功させるためには、「既存の法律と人々に対する相応の敬意が必要であり、それらを受け入れることにあまり慎重になりすぎると、文化的和解に遅れが生じてしまう。私は文化的和解が成立しているかどうかを見極めるための試金石として、相互理解と敬意

＊105 Ministry of Health and University of Otago, *Decades of Disparity: Ethnic Mortality Trends in New Zealand 1980–1999*, pp. iii, ix.
＊106 Television One, *Breakfast*, 10 July 2003.
＊107 Ministry of Health and University of Otago, 前掲書 , p. iii.
＊108 Don Brash, *Nationhood - Don Brash Speech Orewa Rotary Club*, website.

を用いている」と述べた。[*109]

これは、ワイタンギ条約締結から172年経った今でも、多くのパケハにとっての課題である。

*109 E. T. Durie, *Will the Settlers Settle? Cultural Conciliation and Law.*

第11章　歴史への癒し

1993年8月4日　クライストチャーチ

何の変哲もない日だった。ある葬儀に出席するために家を出ようとすると、警官が自宅の敷地内に入ってきた。長女のスザンヌが事故に遭ったので、家に戻るように言われた。家の中には、スザンヌの妹であるジョアナとバーナデットがいた。私たちは、警官がその後の経過を確認するために電話をかけている間、固唾をのんで見守っていた。

その時、ダニーデンに住んでいるスザンヌの祖母から電話がかかってきた。彼女はラジオで、NPO法人アウトワード・バウンドで事故があったことを知り、スザンヌが巻きこまれていないか心配になったのだ。「現段階ではわからない。折り返し電話するよ」と言ったが、彼女は私の言うことを信じなかった。彼女は知っていたのだ。警官が電話をかけている間、私たちはただキッチンに立ち尽くしていた。

「大変お気の毒ですが、お嬢様、スザンヌさんはお亡くなりになりました。彼女は断崖絶壁から落ちて即死しました」。スザンヌは26時間前に死亡し、遺体はマールボロ・サウンズの人里離れた谷間から回収しなければならないという。私は頭が真っ白になったが、すぐにスザンヌの母親であるトリッシュのことが頭に浮かんだ。彼女は今仕事中で、町の向こう側でクライアントの相談に乗っている。弟のマイケルに電話をすると、すぐに彼女を迎えに行き、自宅まで送ってきてくれた。

トリッシュが到着すると、私たち4人は互いに抱き合った。周りにはすでに数人が集まり、今知らされた現実を私たちが完全に理解できるよう、そっと見守っていてくれた。私はスザンヌのことを考えた。彼女のエネルギー、彼女の情熱、そして人生への愛。彼女がドアから勢いよく飛びこんできて、満面の笑みを浮かべておしゃべりしながらハグしてくれた姿をもう二度と見ることができないのだと思うと、想像するだけで苦しかった。彼女の死をどう受け止めればよいのだろう?

数時間後には、家の中が人で溢れかえっていた。シスター・ポーリン・オリーガンと兄のノエル、そして義理の姉のベロニカは、スザンヌの遺体を連れ帰るためにブレナムへと向かった。夜を徹して運転し、翌日の午後遅くに戻ってきた。私は遺体を運ぶのを手伝っている間、苦しみと悲しみとで感覚が麻痺していた。どうしてこんなことになってしまったのだろう?

家族や友人たちが昼夜を問わず出入りし、スザンヌの亡骸に寄り添い、料理をし、私たちのことを気遣ってくれたので、家の中は1週間近く統制のとれたカオス状態が続いた。語りかけられた言葉、言葉にならない思い、ハグ、果てしなく続くお茶とスープ、こうしたことすべてに助けられた。テ・ランギマリエ・マラエを訪れ、地元の教区でケビン・バーンズ神父が典礼を執り行なった後、私とトリッシュは、親戚や多くの友人たちに支えられ、結婚24周年を迎えたその日にスザンヌを埋葬した。彼女は22歳だった。

それから数日間、複数のジャーナリストが私たちに接触してきた。彼らには、私たちが得た情報から、スザンヌの死は「偶然の事故」だと考えられるということを伝えた。私は、彼女はグループのメンバーを助ける過程で亡くなったのだと思っていたし、コースの安全性についてはまったく何の懸念も抱いていなかった。しかし、数週間後、私たち家族がアナキワにあるアウトワード・バウンドで、スザンヌと同じグループに参加していたほかのメンバーと会い、事故当時の様子を聞いてから、私の考えは変わった。私たちは、スザンヌの死は起こるべくして起こった事故であり、防ぐことができたという事実を知り、打ちのめされた。

その日、アナキワを発つとき、私の頭の中は疑問でいっぱいだった。答えが欲しかった。ついこの前の木曜日の午後、オフィスのデスクにいた娘が、翌週の火曜日には、インストラクターのいない山中で道に迷い、寒さで意識が朦朧とするなか、転落死してしまうなんてことがあるだろうか？　スザンヌがアウトワード・バウンドからの招待に応じたとき、死の危険に晒されるかもしれないとは伝えられていなかった。

アウトワード・バウンドは「あれは事故だった」と力強く言い放った。彼らは自分たちに責任はないと主張し、私たち家族と話すことを嫌がった。私はまもなく、アウトワード・バウンドはニュージーランド社会における聖域であり、地元の新聞もどうやら彼らを「怒らせたくない」のだということを知った。そのような状況ではあったが、以前にもこのような事故を取材したことのある「ネルソン・イブニング・メール」紙の編集者、デイビッド・ミッチェルに、自分が抱いている懸念について相談した。彼は法的措置をとると脅されながらも、ジャーナリストのデイビッド・マニングを派遣してその取材にあたらせた。*1

私たちは、アウトワード・バウンドにスザンヌの死に対する責任を求め続け、雑誌『ノース・アンド・サウス』で受賞歴のあるジャーナリスト、ケイト・ブレットを招き、私たちの話を聞いてもらった。ケイトは独自の調査を行ない、「Death by Adventure〔死と隣り合わせの冒険〕」という記事を雑誌に投稿し、アウトワード・バウンドを世間の厳しい目にさらした。*2 ケイトは、私たちが批判しているいくつかの点について、「非常に経験豊富で評判のよいアウトドアの専門家たちの中にも、同じような懸念を抱いている人がいる」ことを見出した。*3

アウトワード・バウンドの責任を公に問う困難な1年を経て、私たち家族とアウトワード・バウンドの組織の主要メンバーは、ついにこの問題について話し合うための9時間におよぶ集中的な会議に臨むことになった。私たち家族は、初めて話を聞いてもらえたと感じた。私たちは、不服申し立て内容を記した文書を提出し、いくつかの質問については回答を得た。最後に、会議の結果をどのように発表するかを話し合い、メディアに発表するための共同声明に合意した。*4

この共同声明は、私たちが自分たちの思いや懸念を表明する場を得て、アウトワード・バウンドがスザンヌの死をめぐる出来事に関与したことを認めるに至ったプロセスの集大成である。さらに同組織は、このような事故の再発を防止するため、安全対策とシステムの必要性を認識し、それらを導入することとなった。私たちが娘の死に責任があると考えていた、その組織が、ようやく人間の顔を持つようになったのだ。私たちはこのプロセスを経ることによって、すでに起こった出来事を統合し続け、亡くなったスザンヌとこれまでとは別のかたちで共に生き、癒しのプロセスを歩み始めることができるようになった。それこそが私たちにとっての次なる大きな課題であった。それは、過去を赦し、まったく新たなかたちでスザンヌを受け入れることだった。

赦し——新たな関係構築に向けて

前進するために、私たちは赦す必要があると思った。まず、トリッシュと私は、スザンヌがアウトワード・バウンドに行くのを止められなかった自分たち自身を赦す必要があった。次に、アウトワード・バウンドの不注意、無神経さ、無能さを赦さなければならなかった。最後に、重要な瞬間に神の介入がなかったこと、そして神がトリッシュと私に、22年間にわたって美しい娘を育てるという任務を与えておきながら、その娘を奪ってしまったことを赦さなければならなかった。子どもを亡くすとはどういうことかと人からよく尋ねられる。私たちは、経験した人に言葉は要らないし、経験したことがない

…………………

＊1　*Nelson Evening Mail*, 27 November 1993, pp. 13–14.
＊2　Cate Brett, 'Death by Adventure' in *North and South*, March 1994, pp. 40–53.
＊3　同誌, p. 50.
＊4　その声明は次の通りである。「トリッシュ&ロバート・コンセダインご夫妻とそのご家族は、１９９３年8月3日に娘のスザンヌさんが事故死したことを受け、アウトワード・バウンドの代表と協議・議論を重ねてきました。スザンヌさん、そのグループのメンバー、アウトワード・バウンドのスタッフのいずれにも、今回の事故に責任はなく、また誰も責任を負うべきではありません。同ご家族とアウトワード・バウンドは、スザンヌさんが所属していたグループや同種のグループが、事故の起きた危険区域に入ったことを示す履歴や報告がなかったという点で意見が一致しています。しかし、すべての関連情報を慎重に検討した結果、いくつかの状況が重なって事故が発生した可能性があり、今回のケースではそれが実際に発生したため、今ではこの問題に対処するための対策が講じられています。アウトワード・バウンド・トラストは、再発防止のための安全対策とシステムを導入しており、同ご家族はそのための意識改革と調査に積極的に貢献されました。」（１９９４年7月30日）

人に対する言葉はほぼ皆無に等しいということを、この経験から学んだ。

「不当な扱いを受けた」と感じたときに赦すというのは、人間が直面する最大の課題のひとつである。こだわるべき時と手放すべき時を知ろうとすると、誰にでも内なる葛藤が生じる。ステファニー・ダウリック〔オーストラリアの社会活動家〕は次のように述べている。「赦すというのは、最高の愛と優しさに満ちた行為かもしれないが、非常に難しい行為でもある。赦すためには、少なくとも一方の当事者が真実を直視し、そこから何か大切なものを学ぶ必要がある」[*5]。私たち家族は、スザンヌをあのようなかたちで失ったことから、ショック、トラウマ、不信感、落胆、悲しみ、怒り、憤りなど、さまざまな感情を経験した。激しい感情を乗り越え、起こった出来事を理解し、現実を受け入れるには時間が必要だった。

しかし、私たちは、一生「赦さない」ということがもたらす人生から、自分たちを解放するよう努めると心に決めたのだ。


赦しは、人生で最も困難な行ないのひとつである。傷つけられた側がとるべき論理は、自分を傷つけた相手や受けた傷を決して忘れないという方向性とはどうやら真逆のようだ。ひとたび赦せば、より深く、神聖な寛大さが、自分に代わって機能し始める。私たちは、赦すことができて初めて自由になれる。赦すことができなければ、自分が受けた傷の囚人となる。[*6]

赦すよう努めることは、私たち自身のためであり、私たちの癒しにとって不可欠なことである。私たちは、自分たちの人生、すなわち家族、友人関係、人間関係、健康などを破壊するような苦しみを望んではいなかった。もし、明らかな犯人がいて、スザンヌがそのせいで亡くなっていたとしたら、私たち家族が赦しに至るのは、不可能ではないにしても、さらに困難だったかもしれない。しかし、たとえそのような状況であったとしても、私たちは、スザンヌがこの世に物理的に存在しない状態で生きていくための道を見出さなければならなかったのだ。こうした事実を認めることで、私たちは少しずつ心の平穏を取り戻し始め、スザンヌと新たな関係を築くことを学んだ。

歴史を癒すということ

歴史は変えられないが、癒すことができる場合もある。人類が生き残るためには、歴史を癒さなければならない。20世紀の戦争で、1億6千万人が犠牲になったと言われている。この先そういうことはもうないと言えるだろうか？　人類は終わりのない戦争と暴力を繰り返す運命にあるのだろうか？　赦しと癒しはいったいどこからもたらされるのだろうか？

スザンヌが、彼女を知る人たちに残したもののひとつは、ニュージーランドの先住民族に対する彼女の明確な理解とビジョンであった。そして、彼らとの関係において自分が何者であるかということについても、明確なビジョンと理解を示した。彼女のワイタンギ条約に対する関心は、このようなビジョンと理解の上に成り立っていた。彼女は、ワンガヌイ〔ニュージーランド北島西海岸に位置する都市〕にあるラジオ・ニュージーランドのジャーナリストとして、マオリ語の正しい発音を学び、地元の人々と心の通った関係を築き、ワイタンギ条約への理解を深めることに尽力した。スザンヌの死は、私が行なっ

…………………………

＊5　Stephanie Dowrick, 'The Art of Letting Go' in *Utne Reader*, p. 49.
＊6　John O'Donohue, *Eternal Echoes: Exploring Our Hunger to Belong*, p. 136.

ている正義のための活動を、より意味のあるものにするために、私に突きつけられた試練だった。この試練を経験するなかで噴出してきた不信感、怒り、憤り、悲しみが、自分の中に渦巻くエネルギーやビジョンと相俟って、私の人生と人間に対する理解を深めてくれた。私の中で、世界中の先住民族やその他の疎外された人々の闘争を支援するという使命感はさらに強まった。

スザンヌの死後、私たち家族が経験したことは、人々が自分自身や自分の歴史、人間関係、地域、社会を赦し、癒すために何ができるのか、何が必要なのかを示す縮図のようなものである。私はスザンヌのことがあってから、個人的なものであれ、政治的なものであれ、あらゆるレベルの赦しには、個人的な、そして場合によっては共同体的なプロセスが必要であるということを認められるようになった。人々が、ある不正に対して、他人や組織や政府を許すかどうかを決めるためには、いくつかの段階を経る必要がある。

マオリをはじめとする世界中の先住民族が、植民地化を行なった政府に対して条約を遵守するよう求めて闘っている。21世紀を迎えた今、私たちに突きつけられた課題は、歴史を癒すために必要なことをより広く、より深く理解することである。歴史の中で山積した不満を認め、それと正面から向き合わなければ何も変わらない。また、先住民族との元々の合意を尊重するということも、このことと同様に重要な課題である。ニュージーランドにおいては、ワイタンギ条約で保証された権力の共有を尊重することを意味する。政府が、歴史上の不正義に対する責任を果たさなければ、単に闘争を永続させるだけだ。一部の政府は新たな政策で対応してきたが、ほとんどの政府は、いまだに権威と権力の問題に向き合おうとしていない。

歴史の痛みを認める

癒しはさまざまなレベルで行なわれる必要がある。このプロセスは、まず植民地化がもたらした歴史、被害、痛みを認めることである。まずは、公式に、実際に起こったことだと認めることだ。公式に認めるということが非常に重要であり、その影響を過小評価することはできない。それは、先住民族の歴史が認められることを意味する。これによって、先住民族の経験が真剣に受け止められるようになる。まずは誤った行為を正しく認識することで、和解と癒しに向けた次のステップへと道が開かれ、そこから変革が始まる。

ネルソン・マンデラが真実和解委員会を南アフリカに創設し、アパルトヘイト政策の下で行なわれた残虐行為の多くを暴露した。この委員会の活動により、南アフリカ共和国はまったく新たな機能を持った国へと変容することができた。旧体制下では、アパルトヘイトの犠牲者の話はほとんど抑圧されていた。この委員会は、アパルトヘイトの犠牲者が公の場で自分のことを語り、ある種のカタルシス（浄化）の機会を提供したのである。同委員会は、政治的動機に基づく犯罪を取り扱い、真実をすべて開示しようとする加害者には恩赦を与えた。全ての真実を明らかにすることにより、被害者の家族が心の整理を始めるきっかけになった可能性もある。それがたとえ痛みを伴うものであったとしても、加害者と向き合い、真実を語り、それに耳を傾けるなかで、癒しと解放のプロセスの可能性が生まれる。

この委員会が、一貫性のない、矛盾した、裏付けのない供述に満ちたものとなることは避けられなかった。このプロセスにおける重要な妥協点は、凶悪犯罪の加害者が悪事を全面的に認める代わりに、刑事上の有罪判決を免れ、個人的な責任を取ることを回避できる点である。ナイジェリアのノーベル賞受賞者であるウォーレ・ソインカは、「このような公的な告白制度の場で、反省していることを示す証拠はほとんど見当たらない」としている。[*7] ソインカは、反省がなければ、同じ状況に直面した加害者が、再び同じ犯罪を繰り返す可能性があると主張している。

そうしたなか、同委員会は、歴史の中で繰り返される復讐と暴力の悪循環に取って代わるものを必要としている世界に、未来に向けたプロセスを提供した。不当なシステムが変わることで、南アフリカは終結への道を歩み始めることができる。この委員会は、すでに2万1300人の被害者から、合計9万9980件の殺人事件に関する証言を得ている。[*8] 同委員会は、政治的にも、過去10年間に東欧で起こったような内戦とそれに対する復讐を回避する上で役に立つ可能性がある。これは、注目すべき取り組みである。

真の謝罪とは

事実を認めた後、個人的または集団的な不正行為に対する責任を取るための次のステップは、真の謝罪である。真の謝罪とは、反省と後悔の念を表明し、誤った行為を二度と繰り返さないために変わることを約束することである。

各国政府が、歴史的な不正について謝罪している。1997年、アメリカのビル・クリントン大統領は、1930年代に行なわれた梅毒の実験について、400人の貧しいアフリカ系アメリカ人に謝罪した。このようなパブリックリレーションズ活動〔企業や組織が人々と良好な関係を築くためのコミュニケーション活動〕は、非倫理的な研究に関する議論のレベルを引き上げるという意味で有益だった。しかし、アメリカ国民だけでなく、経済的に独立していない国の最も貧しい人々に対しても非倫理的な医療実験が続けられているという事実があるため、その効果は限定的である。*9 同年、英国のトニー・ブレア首相が、前世紀に起きたアイルランドのジャガイモ飢饉に対する英国の責任を公式に認めた。しかし、ブレア首相が、この飢饉に関して謝罪を行なっているまさにその間に、別の飢饉を助長していたというのは皮肉なことだ。ブレア政権は、50万人以上のイラクの子どもたちが飢えているという報告がユニセフから寄せられているにもかかわらず、イラクに対する不買運動を支持していたのだ。また、その他の例としては、第2次世界大戦中に「慰安婦」として利用された朝鮮人女性に対する日本政府による賠償を伴う公式な謝罪〔原著の記述に従って訳したが、日本政府は元「慰安婦」の被害女性に対し「お詫びと反省の気持ち」を表明したが、「慰安婦」被害者個人に対する公的な賠償（国家賠償）は行なわないという立場を今日まで貫いている〕や、ホロコーストの犯罪行為に対するドイツ政府やスイス政府のユダヤ人に対する謝罪などがある。

謝罪が常に適切だとは限らない。２０００年11月、クリントンはベトナム戦争後、アメリカ大統領として初めて同国を訪問した。確かに彼は、謝罪したのだが、あれほど壊滅的な戦争を起こしておきながら、いったいどのようにして謝罪するというのだろうか？　そんなことができるはずもない。この戦争は、世界に大混乱をもたらし、何百万人もの人々の生活を破壊した。その結果、直接的な被害者と世界経済は、いまだにその代償を支払い続けている。この戦争の主な立役者のひとりであるロバート・マク

……………………

＊7　Wole Soyinka, *The Burden of Memory: The Muse of Forgiveness*, p. 35.

＊8　*London Review of Books*, 14 October 1999.

＊9　この議論の概要については次を参照のこと。David J. Rothman, 'The Shame of Medical Research' in *New York Review*, 20 November 2000, pp.60–64.

ナマラが最近になって、この戦争はたいへんな間違いだったと認めたが、だからといって亡くなった5万8千人のアメリカ人と300万人以上のベトナム人、そして苦しみ続ける何百万人もの人々にとっては何の助けにもならない。[*10]

また、奴隷制についての謝罪と黒人コミュニティへの賠償を、米国政府に求める声も強まっている。奴隷制度は、ほとんどのアフリカ系アメリカ人に、人種差別と厳しい貧困という現実を現代に残した、人類に対する犯罪である。これは単なる経済的な問題ではない。アフリカ系アメリカ人にとって、自尊心を回復し、精神的・社会的な傷跡を癒すことは、信じがたいほど困難なことである。[*11]

行動の変化を伴わない謝罪は、かたちを変えた政治的手段であり、それは信頼性に欠ける行為であるため、謝罪の意味が薄れてしまう危険性がある。クリントン大統領は、1954年に民主的に選出されたグアテマラ政府を転覆させた[*12]ことについて、グアテマラ国民に謝罪した。しかし、その一方で、米国の資本政策や外交政策の目的に適さないからという理由で、民主的に選出されたグアテマラ政府に干渉し、時には同政府を転覆させるような行ないを続けている。これは信頼性に欠ける行為であり、露骨に利己的な匂いがする。[*13]

いずれにせよ、米国政府と英国政府だけを取り上げてみても、世界に与え続けている破壊力を考えれば、いかなる事実認定や謝罪や賠償の信頼性にも疑問を抱かざるを得ない。

ニュージーランドにおける謝罪

1996年、エリザベス女王は、ニュージーランドにおいて英国の君主として初めて公式に謝罪した。エリザベス女王は、マオリの女王、テ・アリキヌイ・デイム・テ・アタランギカアフ立ち会いのもと、

1860年代に帝国軍をワイカト地区のタイヌイ部族に送りこみ、荒廃と不正を招いたことを謝罪するニュージーランドの法律に署名した。それ以来、マオリとのすべての和解に英国からの公式な謝罪文が添えられるようになり、その数は2003年9月までに合計15件となっている。

……………………

＊10　Robert S. McNamara, *In Retrospect: The Tragedy and Lessons of Vietnam*, p. 333.

＊11　Randall N. Robinson, *The Debt: What America Owes to Blacks*; Roy L. Brooks (ed.), *When Sorry Isn't Enough: The Controversy Over Apologies and Reparations for Human Injustice* (Critical America Series).

＊12　William Blum, *Killing Hope: US Military and CIA Interventions Since World War II.* グアテマラでは、2・2％の土地所有者が、全国の耕作地の70％を保有していたため、同国政府は土地改革を行なおうとしていた。同国の土地やインフラの大部分は、アメリカのユナイテッド・フルーツ社が所有していたため、同国政府はそれらを同社から購入することにした。ユナイテッド・フルーツ社は土地を譲渡する見返りとして1600万ドルを要求した。これに対し、グアテマラ政府は、ユナイテッド・フルーツ社の税務上の申告価格に基づき52万5千ドルを提示した。そこでアメリカ政府とユナイテッド・フルーツ社は、グアテマラ政府を転覆させる目的で、グアテマラ軍への賄賂、武器、爆弾の供給、潜入、ビラやメディアを通じた情報操作、心理戦、暗殺、組織的なカトリック教会への支援など、さまざまな手段を講じた。その結果、グアテマラでは50年近くにわたって内戦が続き、その間に政府は転覆し、貧しい人々のための政策はすべて取り消された。

＊13　同書。第2次世界大戦以降、米国は民主的に選出された多くの政府に干渉し、他国の政権を転覆させることもあった。米国政府のこうした行為の主たる罪は、自国民の利益のために自国の景気を良くしようとしていたことにある。冷戦下におけるアメリカは、社会主義的な要素を見つけると、ことごとく攻撃してきた。元アメリカ国務省のウィリアム・ブラムは、米国にとって好ましくないと考えられる経済政策を展開している国に、同国が関与した例として、55カ国を挙げ、それらについて徹底的に記録したケーススタディを残している。

賛否両論はあるが、謝罪は現政権の「政治的パッケージ」の要であり、歴史のなかで一部の少数派グループが受けてきた苦しみを認めるプロセスの一環である。２００２年2月、ヘレン・クラーク首相は、ニュージーランドの中国人が19世紀後半から第２次世界大戦後までに受けた差別について正式に謝罪した。[*14] この差別は、ニュージーランドに入国する中国系移民に対し、１人当たり10ポンドの高額な人頭税を課した「中国系移民法」（１８８１年）に端を発する。15年後には、１００ポンドにまで引き上げられ、中国系移民に多大な苦難を強いることになった。

２００２年６月、ヘレン・クラークは、オークランド、ウェリントン、クライストチャーチで行なわれた感動的な集会で演説し、サモアの首都アピアから生中継が行なわれるなか、集まった何百人ものサモア人に対して謝罪した。この謝罪は、70年以上前の植民地時代に行なわれた、サモア人に対するニュージーランドの扱いに直接関連するものだった。[*15] 同月末、クラーク首相は、ニュージーランドのゲイ&レズビアン・コミュニティが政府の手によって不当に扱われたことについて公式に謝罪した。彼女は、同性愛者に対する差別と犯罪の歴史を、ぞっとするような出来事と表現した。[*16]

これらの謝罪は、私たちの差別の歴史を正式に認め、英国の行動と態度における大きな変化を示唆しているため、重要である。

賠償

賠償は、謝罪の後に行なわなければならない。賠償は、真摯な反省と今後の変化を望んでいることを示すことによって、より深い謝罪を行なうことができる……謝罪は、賠償を伴うことで最も信頼できるかたちとなり、賠償が、真に謝罪を目的としたものであればあるほど、相手の感情を害する可能性は低くなる。*17

ニュージーランドのマオリに対する賠償としては、文化的なものを含め、さまざまなかたちが可能である。例えば、資源管理権の回復、各地名に英語表記とマオリ語表記の両方を定めること、金銭的補償、土地の返還、部族の利益にとって重要な地元の意思決定機関に対する代表権の付与など、さまざまな補償形態を通じたマオリの地位の向上である。

ニュージーランドの和解プロセスの一例として、ンガーイ・タフ部族による訴えがある。ンガーイ・タフ部族は１９８７年にワイタンギ審判所に訴えを起こし、これを受けて英国と同部族による調査が始まった。ニュージーランド社会におけるパケハとマオリの両者を代表する同審判所は、この請求を審理し、その後、調査結果を報告し、勧告を行なった。英国は、和解証書案において示された歴史を公に認め、ンガーイ・タフ部族に公式に謝罪することに同意した。さらに、土地、山、川、湖の名称を変更することや、ンガーイ・タフ部族内のさまざまな政府機関への参加などを含め、総額１億７千万ドルの和解案を提示した。

……………………

*14 Helen Clark, *Address to Chinese New Year Celebration*, website.
*15 Helen Clark, *Speech at Samoa's 40th Anniversary of Independence*, website.
*16 Helen Clark, *Clark Says Sorry to Gays*, website.
*17 Jeremiah Creedon, 'To Hell and Back' in *Utne Reader*, p. 59.

１９９８年に調印されたこの和解案は、ンガーイ・タフ部族が初めて国に訴えてから１５０年、19回の調査委員会を経てようやく実現したものである。これが完全かつ最終的な和解になるかどうかは、次世代以降の課題である。

請求額の２％にも満たないわずかな和解額ではあったが、大きな成功例であることに違いはない。テ・ルナンガ・オ・ガイ・タフは、ンガーイ・タフ部族を含む18の部族を統治する部族評議会であり、そのメンバーは各地域のルナンガ（部族評議会）から選出される。ンガーイ・タフ部族の持ち株会社の純資産額は、１９９０年の13万９千ドルから２００２年には２億７６００万ドルへと大幅に増加しており、これには1億7千万ドルのワイタンギ条約和解金が含まれている。部族の総資産は現在〔本書第3版執筆時の２０１２年現在と推測される〕7億ドルと評価されている。ンガーイ・タフ・プロパティ社の中核事業は、株式、不動産、水産、観光、部族サービスという5つの「柱」に分類されている。１９９４年に５６０万ドルだった資産は、２００３年には1億7千万ドルにまで増加しており、現在では南島最大の不動産会社（最大の私有地所有機関）のひとつとなっている。*18

今日の和解プロセスを批判する人たちは、加害者を代表する側が、救済を決定する側でもあるという重大な欠陥について指摘している。多くのマオリは、政府が泥棒役、検察官役、裁判官役を同時に演じていることに批判的である。英国が訴えを調査したり、和解の交渉を行なったりする機関をコントロールしているのは事実であり、英国がすべてのカードを握っていることになる。実際には、マオリとの和解案に関してほとんど交渉の余地はない。理想的には、補償を最終的に決定する独立した機関を設置すべきだろう。

新たな関係へのコミットメント

先住民族と政府との関係を本当の意味で変えるには、ビジョンと勇敢な政治決断が必要である。それには、ワイタンギ条約やコモンロー上の権利を取り入れた構造的な変革が必要だ。なぜなら、政府が植民地的な行為を継続する限り、いかなる修復プロセスも無意味だからだ。

世界には、歴史的に先住民族に与えたダメージへの対処を非常に早い段階で行なった政府もある。そのためには、凝り固まった官僚組織や無関心な大多数の人々が関わる選挙という地雷原に足を踏み入れなければならない。しかも、根本的な不正に適切に対処し、真の変革を起こさない限り、不平不満は増大し、植民地化した側の政府を悩ませる可能性が高いという認識は高まりつつある。両者が協力することにより、現在の課題に対して受け入れ可能な解決策に辿りつける可能性はある。効果的な和解プロセスにより、社会は、先住民族の独自の地位を認め、他の市民の文化的多様性を尊重しながら、個人的および集団的な発展に向けて前進することができる。

ケーススタディ

以下のケーススタディは、オーストラリア、カナダのブリティッシュコロンビア州、ニュージーランドが先住民族の権利問題にどのように取り組んでいるかを示したものである。これらのケーススタディは、先住民族との新たな関係を築くためのさまざまな取り組みを示している。

……………………

＊18　Mark Solomon, *Collaboration for Economic Growth*, Regional Development Conference, website.

オーストラリア——バック・トゥ・ザ・フューチャー

1982年5月、マレー島の住民であり、メリアム族のメンバーであるエディ・マボ、デビッド・パシ、ジェームズ・ライスの3人が、クイーンズランド州を相手に訴訟を起こした。メリアム族は太古の昔からマレー島に居住し、独自の社会的・政治的組織を持つ定住コミュニティを形成していたと主張したのだ。[*19]1992年、オーストラリアの高等裁判所はこの事案に対し、「マボ判決」と呼ばれる判決を下した。この判決によって、アボリジニにはヨーロッパ人の入植以前から、そして入植後も、継続してコモンロー上の権利（先住民族の権利）があることが確認された。このマボ判決によって、1788年に英国がオーストラリアの主権を宣言する根拠となったテラ・ヌリウス（無主地）という植民地時代のフィクションは否定された。この判決は、英国の主権そのものを否定するものではなく、ある程度の限界はあるものの、長期的には大きな影響力を持つこととなった。[*20]

その4年後、クイーンズランド州北部に住むウィック族の訴えに対して、裁判所は僅差でウィック族勝訴の判決を下した。ウィック族は、1915年にヨーロッパ人農家に貸し出した牧草地の所有権を主張していた。裁判所は、放牧地の貸し出しと先住民族の所有権は共存し得ると判断した。ウィック判決は、マボ判決よりも一歩踏みこんだものだった。しかしその後、議会は、1993年に制定された先住民族権法にマボ判決を盛りこむ際、先住民族権に関する請求から牧草地の貸し出しを除外した。[*21]その結果、オーストラリアの国土の40%が、恣意的に先住民族の権利保護の対象から除外されることになった。

こうした動きの反動として、1998年には、先住民族権修正法が制定され、マボとウィックの判決で得られた多くの利益が無効とされた。アボリジニ・トレス海峡諸島委員会が改正法の影響を分析した結果によれば、先祖伝来の土地での探査や、公園や森林の管理、沖合での漁業や採鉱を含む伝来の土地における その他の活動について、先住民族の所有権者の発言権は矮小化されてしまったと主張した。一次生産活動は、先住民族の所有権者と交渉することなく継続できるだけでなく、州政府が先住民族の所有権を消滅させ、強制的に土地を取得することも容易になった。先住民族は、申し立ての審理において訴訟事実を提示するために、係争中の土地との伝統的かつ物理的なつながりを証明しなければならない。この法律は、裁判所が、先住民族の請求を検討する前に、その所有権を抹消することを可能にするものだ。[22]要するに、アボリジニの権利は再び疎外され、牧畜業者と鉱山業者が勝利したのである。アボリジニの権利に反対する方針は目論み通りの成果を上げ、極右政党のワン・ネイション党が100万票を集めて勝利を収めた。ヘンリー・レイノルズはこう述べている。「現代のオーストラリアの指導者たちに比べれば、1840年代に植民地事務所を運営していた貴族的な紳士たちのほうが、まだ先住民族に譲歩しようとしていたくらいだ[23]」。

先住民族の所有権をめぐるオーストラリア政府の姿勢は、植民地時代の過去をどう受け止めるかで国が分裂するということを象徴している。法律の解釈という点においては、世論に翻弄される政府よりも、裁判所の方がよりしっかりとした態度をとることができるだろう。国民の意識の高まりを示す、希望が

…………………

＊19　Richard H. Bartlett, *The Mabo Decision*, p. vi.
＊20　同書, p. ix.
＊21　*Economist*, 19 April 1997.
＊22　Aboriginal and Torres Strait Islander Commission, website.
＊23　Henry Reynolds, *Why Weren't We Told?*, p. 221.

持てそうな兆候も見られる。1998年の「謝罪の日（Sorry Day）」には、政府が歴史的不正義の一翼を担った責任をとることと、アボリジニに対して謝罪しないという決定の撤回を求めて、25万人のオーストラリア人がシドニー・ハーバーブリッジを行進した。

ボタニー湾に収容された16万人の囚人の男女と子どもたちの運命を描いた壮大な叙事詩『The Fatal Shore〔死に至る海岸〕』の著者であるオーストラリアの作家兼評論家のロバート・ヒューズ氏は、最新のテレビ番組で「政府が問題だ」と結論づけている。

> 譲歩する用意のある政府を樹立しない限り、和解への希望は持てません。私たちは未来も過去と同じ道を辿るよう運命づけられているのでしょうか？　現在のオーストラリア政府は、オーストラリアに暮らす肌の黒い人と肌の白い人の間に生じた暴力や恐ろしい歴史を、過去の汚点として語りたがります。しかし、それは汚点どころではありません。病原菌が傷口に入りこんで化膿してしまった、いつ治るかわからない深い傷なのです。[*24]

現在、ジョン・ハワード元首相とワン・ネイション党が推進する歴史否認主義の動きが強まるなか、和解に向けたかすかな希望はことごとく脅かされている。オーストラリアの歴史学者ダーク・モーゼスは、否認主義者を「不合理な反論をしたり、言葉や文脈を再定義することによって、大量虐殺の罪を無害化する者」と定義づけている。[*25] ハワード元首相は、歴史学者であるジェフリー・ブレーニーが生み出した歴史否認主義的な表現を取り入れ、オーストラリアが自国の歴史に対していつまでも喪章をつけていなければならないのはおかしいという考え方を示した。[*26] ハワード政府は、合意が得られないのは言葉の解釈の問題だとして、「盗まれた世代」の存在を否定し、「Bringing Them Home〔家族の元へ〕」と題された報告書に記録された大量虐殺に関する主張を、非合理的な考えだとして退け、政府による正式な謝罪と補償を拒絶した。*27

ハワードは、オーストラリアの植民地開拓でアボリジニの社会が破壊されたことに関し、オーストラリア人が「何も気にせず安心していられる」よう努めた。人類学者のW・E・H・スタナーは、これを「オーストラリアの大いなる沈黙」と呼んだ。１７８０年代から１９２０年代後半までに辺境で行なわれた推定2万人におよぶ殺害をはじめ、入植者が行なった虐殺の、複雑で悲劇的なあらゆる出来事は、ある歴史家が「もの悲しい脚注」あるいは単なる「付録」と称するレベルにまで矮小化されてしまった。*28

２００８年2月13日、ケビン・ラッド首相が議会においてオーストラリア国民を代表し、「奪われた子どもたち」に歴史的な謝罪を公式に行なったことにより、この「オーストラリアの大いなる沈黙」は破られた。このときの演説は、夢のようにドラマチックで、多くのオーストラリア人にとって誇らしい

…………………

*24　Robert Hughes, *Beyond the Fatal Shore*, BBC Television, 2000.

*25　A. Dirk Moses, 'Revisionism and Denial', in Robert Manne (ed.), *Whitewash: On Keith Windschuttle's Fabrication of Aboriginal History*, p. 356.

*26　Stuart Macintyre and Anna Clark, *The History Wars*, p. 3.

*27　Robert Manne, 'Introduction', in Robert Manne (ed.), *Whitewash*, 前掲書, p. 4; Human Rights and Equal Opportunity Commission, *Bringing Them Home: Report of the National Inquiry into the Separation of Aboriginal and Torres Strait Islander Children from Their Families*.

*28　Manne, 前掲書, p. 1.

瞬間だった。しかし、アボリジニの人々に対する人種差別的条項はオーストラリア憲法に組みこまれたままであり、州や準州の法律や政策には人種差別的規定が残されたままだ。2009年の「オーストラリアン・オブ・ザ・イヤー」を受賞したミック・ドッドソン教授は、次のような課題を掲げている。「人権は人々を立ち退かせない。人権は人々を疎外しない。人権が人々を貧困に陥れることはないし、平均寿命や人生におけるその他の格差の原因になることもない。これらの最大の原因は、人権を否定することにある。人権は、存在することに価値があるのではなく、それを実行することに価値があるのだ。」

歴史を否定する動きは、あらゆる社会に見られるひとつの特徴である。歴史否認主義者たちの動きは、国際的な傾向を反映している。日本では、保守的な帝国主義者たちが「日本の過去には後悔すべき点も多いということを否定している」。*29 ドイツではホロコーストを否定する風潮が広まっている。1993年にデボラ・リップシュタットが発表した『Denying the Holocaust: The Growing Assault on Truth and Memory〔ホロコーストの否認：真実と記憶に対するさらなる凌辱〕』では、歴史否認主義運動の「さまざまな様相とその戦術の背後に横たわる悪意に満ちた動機と、真実を軽視する風潮」が指摘されている。*30 トルコでは、1915年に100万人以上のアルメニア人が虐殺されたことを、国家として否定している。*31

カナダ・ブリティッシュコロンビア州――癒しの旅の始まり

1982年に制定されたカナダ憲法では、「1763年10月7日の王室宣言によって認められたあらゆる権利または自由および土地請求権協定によって現存し、または、要求し得るあらゆる権利または自由」をはじめとする既存の先住民族の権利が認められ、肯定されている。*32 これは、カナダでは、先住民族の権利が憲法で保障され、すでに確立されているため、オーストラリアやニュージーランドに比べ、より保障されていることを意味する。
1997年にデルガムークと、ギッサン・ネイションおよびウェトスウェッテン・ネイションという2つの先住民族が、ブリティッシュコロンビア州北西部の5万8千平方キロメートルの領有権を主張した結果、2回の控訴を経て、カナダ史上最も重要な最高裁判決のひとつが下された。カナダでは、州によって先住民族の所有権に対するスタンスが異なるが、このときの最高裁判決において「一般的に適用される州法によって、先住民族の権利を消滅させることはできない」とされた。[*33] この判決により、これまでさまざまなかたちで無視されてきた先住民族の権利が再確認されることとなった。

1993年以降、条約委員会は、州内のファーストネーション（カナダの先住民族で、イヌイットもしくはメティ以外の民族）の約3分の2に相当する50以上のファーストネーションに対し、交渉支援金として約5億3300万カナダドルを配分している。その内訳は、融資が約4億2200万カナダドル、返済不要の寄付が1億1100万カナダドルとなっている。1993年以来の運営資金総額は3800万カナダドルである。[*34]

＊29　A. Dirk Moses, 前掲書 , p. 350.

＊30　Deborah Lipstadt, *Denying the Holocaust: The Growing Assault on Truth and Memory*, p. iii; 次も参照のこと。Peter Novick, *The Holocaust and Collective Memory*.

＊31　Rouben Paul Adalian, *Armenian Genocide*, website, pp. 1-3.

＊32　Richard T. Price, *Legacy: Indian Treaty Relationships*, p. 102.

＊33　Aboriginal and Torres Strait Islander Commission; *Delgamuukw v. British Columbia*, website.

＊34　British Columbia Treaty Commission Annual Report, 2011. p.29

ブリティッシュコロンビア州の条約交渉には、インディアン法における110のバンドを含む60のファーストネーションが参加している。2つの先住民族が最終合意事項を実行に移し、3つの先住民族が最終合意に達し、2つの先住民族が最終合意に向けた交渉を進めている。また、1つの先住民族が原則的合意に達し、8つの先住民族が原則的合意に向けた交渉を進めており、26の先住民族が条約交渉の席に着いており、18の先住民族は今のところ条約交渉を行なっていない。[35]

一見、進展しているように見えるが、水面下では、10年経ってもまだひとつとして和解に至った請求がないため、ブリティッシュコロンビア州政府に対する怒りがくすぶっている。2004年5月の集会で、ファーストネーションズ首脳会議タスクグループのメンバーで、グランド・チーフであるエドワード・ジョンは、「連邦政府と州政府が、先住民族の存在、先住民族の所有権、先住民族の権利を否定し続けていることに完全に失望している」と表明した。[36] 2003年12月には、63の部族グループが、自分たちの領土の権利を主張する訴えを起こしている。また、同グループは、資源採掘企業を支援することに躍起になっている政府に対し、憲法上の問題があるとして、企業買収に異議を唱えており、継続的な政治活動を計画している。

ブリティッシュコロンビア州では、オーストラリアやニュージーランドと同様、先住民族の権利に関する公教育はほとんど行なわれていない。このような状況では、大手企業から大きな支持と支配を受け、大手マスメディアに支えられた政府は、あらゆる場面で先住民族の権利に反対する世論を作り出すような操作を行なうことが可能となる。

ブリティッシュコロンビア州のこれまでで最大の和解事案は、ニスガ条約である。これは、ブリティッシュコロンビア州の歴史上16番目の和解であり、近代になって初めて交渉が始まったものである。

この和解には、約2千平方キロメートルの土地、公園、水、森林、漁業、野生動物のほか、その地域の司法や課税の権限などの自治権が含まれる。

しかし、このような和解は諸刃の剣であった。政府は、部族に独立性と自治権を与えることにより、先住民族に対する責任を回避することができるからだ。カナダでは、これを「先住民族問題からの離脱」と呼ぶ。[＊37] これは、政府が社会的・経済的な問題を部族民に次々と引き継がせることにより、資源へのアクセスを徐々に制限していく方法ではないかと批判する人もいる。

また、和解手続き自体に根本的な欠陥があるという批判もある。それは、和解手続きが、カナダの国土を所有しているのはカナダ国であるという誤った前提に基づいて進められているためだ。先住民族が和解プロセスに携わる際、カナダに対する英国の主権を受け入れる義務が生じるが、多くの人はこの前提自体を否定し続けている。カナワク・モホーク族の領土で育ち、現在はビクトリア大学の先住民族ガバナンス・プログラムのディレクターを務めるタイアイアケ・アルフレッドは、「先住民族は、自分たちがずっと所有してきた土地の所有権を得るために、国家に対して請求しなければならないという歴史的に誤った考えに従う義務を負わされてきた」と述べている。[＊38]

条約締結に対する国民の支持を得るために、条約締結はすべてのカナダ人に経済的利益をもたらすと

…………………

＊35　同書 , p.15.
＊36　Will Horter, *Native Anger About to Catch Fire*, website, p. 1.
＊37　Murray Angus, *'And the Last Shall be First': Native Policy in an Era of Cutbacks*, p. 1.
＊38　Taiaike Alfred, *Peace, Power, Righteousness: An Indigenous Manifesto*, p. 120.

いう説明がなされている。実際には制度的な公教育がほとんど行なわれていないにもかかわらず、条約委員会は、条約の経済的利益に関する周知活動を中心に、さまざまな広報活動を行なっている。

一般市民は、ブリティッシュコロンビア州のファーストネーションとの条約締結が完了すれば、今後15年間で100億カナダドル以上の経済的利益が得られるという説明を受けている。条約締結後、ファーストネーションは、自分たちの税金、投資、収益によって自立することになる。今後15年間、毎年2つの条約を締結すると、和解金に42億カナダドルが必要になるが、ファーストネーションの経済的純利益は57億5千万カナダドルとなり、ブリティッシュコロンビア州の純利益は36億カナダドルになるという。2025年までに、ブリティッシュコロンビア州の賃金所得総額の増加額は56億カナダドルになると予想されている。一方、条約を締結しない場合の機会損失コストは、年間最大15億カナダドルに上ると推定されている。

2009年の世論調査によると、ブリティッシュコロンビア州の条約締結に対するカナダ国民の支持率は76%に達した。条約締結と先住民族の「自治」が、カナダの人々に受け入れられている。これには、企業からの強い支持も含まれている。ブリティッシュコロンビア州の条約委員会がとった戦略はうまくいっているようで、他の類似国のモデルとなる可能性もある。基本的に、同委員会は、条約締結の推進は、すべてのカナダ人に経済的利益をもたらすということを売り物にしている。*39 条約委員会は、出版物、広告、ウェブサイト、電子メール、フリーダイヤル、モールでの展示などを通じて、国民の支持を得るために積極的に活動している。彼らの目標は、ブリティッシュコロンビア州の人々が条約締結に関する豊富な情報に基づく世論形成に必要なリソースを提供することである。*40

ニュージーランド――正しい関係性を取り戻すために

ニュージーランドでは、ワイタンギ条約で定められたマオリの土地と水に対する慣習的およびコモンロー上の権利が、1847年と1872年に裁判所によって認められたものの、その後、このことは、1986年に高等裁判所が判決を下すまで軽視されていた。[*41] テ・ウィーヒ氏と地区漁業官の裁判において、ウィリアムソン判事は、サイズの小さいアワビを採ったことで有罪判決を受けたトム・テ・ウィーヒの控訴を支持した。テ・ウィーヒは、1983年の漁業法88条2項に基づき、慣習的漁業権の保護を求めていた。高等裁判所はテ・ウィーヒの主張を受け入れ、先住民族の所有権、特に伝統的社会が保有している領土内の天然資源に対する権利を支持した。ウィリアムソン判事は、カナダの法律を参照し、領土の主権を獲得した国は、それ以前の住民の慣習的権利やコモンロー上の権利を守る義務があると考えた。ウィリアムソン判事は、これらの権利は、法律、売買、または何らかの特定の行為によって消滅させられることがない限り、継続するとした。[*42] この新たな判決は、その後の訴えに影響を与えることになるだろう。

1992年、英国は、漁業に関するワイタンギ条約上の請求について和解した。これは後に「シーロード取引」として知られるようになる。英国は、全漁獲枠の26％を保有する大手民間漁業会社である

……………………

＊39　'Unfinished Business', BC Treaty Commission, 18 November 2009, www.bctreaty.net.
＊40　'Information Campaign Underway', BC Treaty Commission, 2002, www.bctreaty. net.
＊41　F. M. Brookfield, *Waitangi and Indigenous Rights: Revolution, Law and Legitimation*, p. 129.
＊42　Alan Ward, *An Unsettled History: Treaty Claims in New Zealand Today*, p. 46.

シーロード・プロダクツの株式の半分を、1億5千万ドルで購入し、それをマオリに与えた。残りの半分は、ブライアリー・インベストメンツ・リミテッドが購入した。さらに英国は、新たな魚種が漁獲枠に割り当てられるたびに、マオリにその20%を与えることに同意した。マオリはその見返りとして、商業漁業に関する訴訟を起こさないことに同意した。これは、ワインタンギ審判所が、漁業や水産業に関して行なわれるワイタンギ条約上の請求を、今後一切取り扱わないことを意味した。[*43]

マオリの交渉担当者たちは、シーロード協定を支持したようだが、多くのマオリは疑念を抱いていた。1992年9月に全国各地で行なわれた集会では、「ワイタンギ条約上の権利を放棄することは、いかなる取引よりも重大な決断だ」という懸念が示された。しかし、交渉担当者たちは、政府側が万全の措置を講じているということを理解していたため、提示されたすべての条件を受け入れた。その結果、多くのマオリが商業漁業を再開できるようになった。また、幅広い教育の機会を得ることもできた。1996年までには、テ・オフ・カイモアナ〔ワイタンギ条約に基づく漁業委員会〕が、総額5億740万ドルの資産を持つニュージーランドの水産業の主たる株主となった。シーロード社は630人の従業員を抱え、50のイウィ〔部族〕がそれぞれ水産業を営み、なかには自社製品の加工・販売を行なっているところもあった。[*44]

この「シーロード取引」において重要なのは、ワイタンギ条約上の権利を無効にした点である。ワイタンギ条約の第2条では、マオリが漁業を妨害されることなく、その権利を保持することがティノ・ランガティラタンガ〔無条件の権限行使、自決権等〕として保証されており、過去160年間、マオリが全漁業権に関する交渉はおろか、いかなる漁業権に関しても交渉を行なったことはなかった。[*45] 歴史学者のポール・ムーンは、シーロード社の和解について次のように分析し、政府はワイタンギ条約の影響を回避するために、新たな姿勢で臨んだのだと主張している。「この事案では、部族連合組織に1回限りの支払いを行なって漁獲枠を獲得させる代わりに、ワイタンギ条約に基づく商業漁業に対するイウィ〔部族〕の権利を消滅させるという戦略に出た[*46]」。これは、ワイタンギ条約に対する考え方の変化を意味するものである。すなわち、条約上の約束をそのまま履行するのではなく、多くのマオリをはじめとする地域社会に道義的に受け入れられるかたちで代替案を提示するという淡々としたアプローチに変化したのである。

　1992年にシーロード社と政府の間で「完全かつ最終的な」和解がなされてから12年後の2004年9月、ついにマオリ漁業法案が可決された。この法律が制定されるまでには、激しいやりとりがあった。重要な論点は次の通りだ。「漁獲割当量の決定は、イウィ〔部族〕の人口と所有する海岸線のどちらを基準にするのか。イウィの管理から切り離された『都市部のマオリ』の権利をどうするのか。和解金の分配を望む人と、分配ではなく、中央組織にまとめることを望む人とで意見が二手に分かれている問題をどうするのか[*47]」といった点である。

…………………………

*43　Waitangi Tribunal, *Wai 307: The Fisheries Settlement Report*.

*44　Mason Durie, *Te Mana, Te Kawanatanga: The Politics of Maori Self-Determination*, pp. 169–70.

*45　同書。ただし、このような状況であっても、1866年から1986年までの間、植民地政府は、マオリの漁業権が、生活のための小規模な権利を超えることを許さなかった。この本には、マオリの漁業問題に関する詳しい記述がある（pp.149-74）。

*46　Paul Moon, 'The Creation of the Sealord Deal' in *Journal of the Polynesian Society*, p. 146.

*47　Timeline, Te Ohu Kai Moana website.

その間、控訴裁判所が前代未聞のレベルだというほど、訴えが何度も提起され、特別委員会に約50通の意見書が提出された後、ついに２００３年にひとつの配分モデルが提示された。そして、そのモデルが、91・３％のイウィ（イウィに属するマオリの人々の96・７％を代表する）の支持を得て、法律に組みこまれることとなった。最終的な配分モデルは、マオリのすべての漁業資産を対象としたもので、以下の通りである。その価値は約７億５千万ドルと推定され、過去10年間で３倍に増加した。

- 和解資産の約半分（推定約３億５千万ドル）は、漁獲割当量および現金のかたちで、委任されたイウィ組織に直接譲渡されるものとする。
- 最大の資産を受けとる可能性が高いイウィは、沿岸部と都市部の人々を抱えるイウィで、具体的には、ンガーイ・タフ部族、ンガティ・カフングヌ部族、ンガプヒ〔部族〕、ンガティ・ポロウ部族、チャタム諸島およびワイカト地区に暮らす人々である。
- 近海と深海の割当量には、海岸線と人口を考慮した配分式がある。
- 和解資産の半分はアオテアロア・フィッシャーズ・リミテッド（ＡＦＬ）と呼ばれる漁業を営むマオリの新会社が保有することとし、その中で認定された各イウィ組織は、現金、漁獲枠、優先株で構成される最低割り当てパッケージを受けとるものとする。
- 都市部のマオリを含むマオリの３つのトラスト〔信託〕は、関連する活動に対して少額の割り当てを得るものとする。*[48]

１９９２年にこの請求に対する和解が成立しようとしていたまさにその頃、私は北米のワンパノアグ、ミクマク、メラシート、ペノブスコット、チプワ、テワ、ヘミシュ・プエブロの各部族のリーダーを訪ねていた。彼らの多くは、経済的利益と引き替えに、条約を消滅させるべきではないという見解を示していた。彼らは、自分たちの部族と米国政府とのこれまでの交渉において、経済的利益と引き替えに条約を放棄したこと自体が根本的な誤りであったと考えた。条約が放棄されたり廃止されたりした際、これらの部族にはほかに選択肢がないことが多かったのだということを、彼らは認めざるを得なかった。しかし、そのような判断には常にジレンマがつきまとっていた。民衆が飢えているときに、条約上の権利を守るべきなのか、それとも現金を手に入れるべきなのか？　アメリカやニュージーランドの先住民族が、今しっかりとした経済基盤を築いておくことが、次の世代により大きな自決権を行使するための強固な基盤を残すことになると考えるのももっともだ。

米国の先住民族を13年間にわたって調査した結果、経済的な成功は、意思決定権と密接な関わりがあることが判明した。この調査において、先住民族の土地で持続的な経済活動が行なわれている場合、統治組織、天然資源の利用、内政、開発戦略などにおいて、先住民族以外の政府機関が意思決定を行なっているケースは、まだひとつも見つかっていない。[*49]

米国内の75のインディアン・ネーションを対象とした経済調査の結果、先住民族の経済的成功における4つの重要な要素が判明した。

…………………

＊48　*Te Reo o Te Tini a Tangaroa*, p. 3.
＊49　'Self Government Matters', BC Treaty Commission, May 2002, www.bctreaty.net.

- 自治政府が重要である。
- 効果的な統治機関が必要である。
- 統治機関はその民族に適したものでなければならない。
- 先住民族組織には、戦略的姿勢が必要である。

これは、現在、自分たちの生活を統治するために、同様の課題を抱えるマオリやその他の先住民族には自決権が必要であることを示す極めて重要な研究である。

新たな関係を築くための取り組み

世界が新たな機能や関係を構築するためには、すべての国が、自国の歴史問題に取り組み、不正に対する補償を行なわなければならない。私たちが勇気をもって自分たちの歴史と向き合い、植民地化がもたらした大きな断絶を修復するよう努めれば、すべての人々が恩恵を受けられるようになる。その際、ある不正を解決するために、別の不正を生み出さないよう注意しなければならない。多数派側が解決すべき唯一最大の課題は、先住民族が自らの問題や生活に対する解決策を自ら表明し、その責任を引き受けようとしているときに、そうした先住民族の声に耳を傾けることである。その過程を通じて、実際に「赦し」が可能になるかもしれないのだ。

私は、マーティン・ルーサー・キング・ジュニアの次の言葉を忘れることができない。

赦しとは、すでに為されたことを無視したり、その悪行に誤ったレッテルを貼ったりすることではない。赦しとは、その悪行が、もはやその関係性において障害とはなっていない状態を意味する。赦しは、再出発と新たな始まりに必要な環境を作り出すためのひとつのきっかけである……[*50]

歴史的な不正を乗り越えるためには、悪事や不正行為を悪として認識する必要がある。政府が過去の過ちを認め、謝罪し、納得のいく補償について話し合うことで、先住民族との公正で公平な新たな関係を構築することが実現可能となる。

私は、ワイタンギ条約の教育活動を通じてさまざまな困難を克服していくなかで、娘のスザンヌが残してくれた贈り物と、彼女の生と死から得た学びによって、今でも勇気づけられている。スザンヌには、私と同じように、社会正義の実現に向けた情熱、自覚、動機、使命感があった。彼女は、将来、マオリとパケハの間に平和な関係が生まれると信じていた。最近になって開けたタイムカプセルの中には、彼女が19歳のときに書いた手紙が残されていた。そこには、はっきりとこのことが表現されている。「2000年までには、ニュージーランド政府と国民が前進し、ワイタンギ条約を尊重するようになっているに違いない」。このプロセスはすでに開始されてはいるものの、私たちの眼前には未だ長い道のりが残されている。

世界中のあらゆる文化圏で歴史への理解が深まるなか、回復と癒しが必要だということは次第に明らかになりつつある。しかし、共存するすべての文化に利益をもたらすという集合的な目的をいかにして達成するのかについては、今もって課題である。人類は常に創造のさなかにある。その道のりこそが重

……………………

＊50　Johann Christoph Arnold, *The Lost Art of Forgiving: Stories of Healing from the Cancer of Bitterness*, p. 44.

要だ。すなわち、ソウル・アリンスキー〔アメリカのコミュニティ・オーガナイザー兼作家〕が言うところの「結果が意味するかもしれないことに対する漠然としたビジョン」にコミットする意思である。歴史を変えることはできないが、時の経過と共に歴史を癒し、次の世代に教訓を残すことはできる。私たちの祖先が交わした取り決めを尊重し、全国民の文化的多様性を尊重する社会に存在する豊かさを再発見する過程において、あらゆる人々が恩恵を受けることになるだろう。

第12章　希望のパラドックス

1984年、板門店——韓国と北朝鮮の国境

真夜中の平壌で、人通りの少ない暗い通りを駅に向かって小さな車を走らせていた。私たちには、朝鮮民主主義人民共和国（北朝鮮）政府の招待客として、信号や交差点を通過する権利が与えられていた。駅の横にあった入り口を通って、他の列車とは遮断された窓つきの車両に乗りこみ、板門店に向けて出発した。私はその厳重な機密性に興味を持ち、いろいろと質問してみた。親切な北朝鮮のホストが毅然とした礼儀正しさをもって接してくれたが、彼は上手く質問をかわす術を身につけていた。列車が駅を出発したとき、私は1950年代の「第三の男」というスパイ映画の中にいるような気分だった。今にもあのテーマ曲が聞こえてきそうだったし、すぐそこの影には魅力的でちょっと気どったオーソン・ウェルズ扮するハリー・ライムが立っているような気がした。

朝鮮戦争が休戦となった1953年に、韓国と北朝鮮との間で休戦協定が結ばれた、かの悪名高き国

境まで、鉄道で7時間の旅だった。両国はそれ以来、その境界線を挟んでずっとにらみ合ってきたのだ。板門店では北朝鮮軍の将校の出迎えを受け、これから見るものの政治的意義について説明された。その後、ジープで実際の国境に連れて行かれた。

非武装地帯は嘘のように静かだった。高いフェンス、有刺鉄線が国境を取り囲み、国境の両側には1000以上の見張り台、監視塔、頑丈な掩蔽壕（えんぺいごう）〔装備や物資、人などを敵の攻撃から守るための施設〕が設置されていた。国境の両側に位置する厳重に管理された村以外、民間人の活動はすべて禁止されていた。第2次世界大戦中に使用されていた兵舎の床には太い白塗りの線が引かれ、それが国境を示していた。アメリカの憲兵隊が私たちの一挙手一投足を撮影し、国境線を越えてはいけないと警告した。

この国境は、明らかに相容れない2つのシステムが、いつ火花を散らしてもおかしくない状況を象徴していた。一方は共産主義の全体主義的な世界に抑圧された世界であり、他方は企業の資本主義に利用され、アメリカの軍産複合体に後押しされた世界だった。その背後には、110万人の北朝鮮人部隊と、3万7千人の米国軍人に支えられた66万人の韓国人部隊を抱える、世界で最も強大な2つの軍事国家が控えていた。[*1] 双方とも自分たちの神話に深く浸っていた。プロパガンダの中で生活するうちに真実は遥か彼方へと遠のき、すでに歪んでしまった現実はさらに見えにくくなっていた。国境を挟んでそこにいた人々の中に、自分たちが何を望み、なぜそこにいるのかを本当に理解している人がはたして何人いただろうか？

意識の芽生え

今日のニュージーランドにおいて語られている神話がどのようにして形成されたのかを考えるとき、

私は韓国と北朝鮮の国境を訪ねたときのことを思い出す。マオリと政府の関係は、何世代にもわたる歴史である。それぞれが他方に対する関わり方を固定化し、それによって関係性の発展が阻まれてきた可能性もある。

しかし、両者の関係が進展していることを示す心強い兆候もある。例えば、マオリ党と国民党政府との間の創造的な連立協定、マオリの政治家の台頭、ファーナウ・オラ福祉プログラム〔マオリ文化に基づいて作られた、家族を核とする健康プログラム〕や憲法に関する議論の出現、イウィ・リーダーズフォーラム〔部族指導者会議〕の役割の拡大、マオリ経済の成長、マオリ・テレビの影響などがある。また、社会的場面においてティカンガ・マオリ〔マオリの慣習〕が大きな注目を集めていること、マオリが優遇されすぎているような印象を与える「マオリ特権」という言い回しで有権者を惹きつけようとした政治的試みが失敗に終わったこと、ラグビー・ワールドカップにおいてティカンガ・マオリが影響力を発揮していることなどが挙げられる。ニュージーランド社会のあらゆる場面において、マオリ文化とその力強さが可視化されたことにより、世間の認識は大きな影響を受けた。

調査報道ジャーナリストのジョン・ピルガーは、情報化時代という言葉で考えるべきではないと警告している。むしろ、私たちは、メディア時代に生きているのであり、そこでは情報が何度も繰り返され、目に見えない、しっかりと守られた境界線によって制限されている。彼は、スピンドクター〔政治的補佐官など、ある出来事を特定の視点から解釈できるようにする任務を負う人〕や広報担当者の陳腐な決まり文句やストーリーを受け入れないことが、すべてのジャーナリストに課せられた責務であると主張する。*2 マオリ

………………………

*1　Don Oberdorfer, *The Two Koreas: A Contemporary History*, p. 2.

やワイタンギ条約の問題は、否定的で不公平な扱いを受け続けており、バランスのとれた扱いを受けていない。主流メディアは、マオリに関連する事柄に関しては機能していない。[*3] 現在、政府が日常的に採用しているスピンドクターの狡猾な目的は、真実を塗り替えることである。批判的な意識を持つ人々は、常に行間を読まなければならない。

ニュージーランドの歴代政府は、英国の絶対的な権限に関して厳格な態度をとり続けてきたが、1980年代半ば以降は、政治における現実の動きと裁判所の判決に変化が見られた。[*4] ニュージーランドの多くの人々（マオリとパケハの両方を含む）の間で、1840年に起こった一連の出来事とその意味に関する認識が高まり、ひとつの合意が形成されようとしている。ランギヌイ・ウォーカーは、その議論の核心を次のようにまとめている。ワイタンギ条約のマオリ語版に署名した512人のマオリのリーダーたちは、同条約の第2条において、マオリが限定的な統治権（カワナタンガ）を英国に譲り渡す代わりに、マオリに、マオリ独自の主権（ランガティラタンガ）があることを確認していたという。[*5] さらにウォーカーは、マオリのリーダーたちは、第1条のカワナタンガを、「英国からの入植者を統制し、紛争状態にある部族間に平和をもたらす法律を提供するための政体を樹立すること」という意味で理解していたと述べている。[*6] カワナタンガは、ランガティラタンガよりも下位に位置する権力である。[*7]

法学の上級講師であるリチャード・ボーストは次のように結論づけている。「1840年に、マオリが一挙にあるいは短期間に連続して条約に署名し、主権を手放したという考えは、単なる法的なフィクションである」。[*8] モアナ・ジャクソン〔マオリ出身の弁護士〕はさらに、いかなるワイタンギ条約上の取り決めも、権力の共有に関するものであるべきだと主張している。[*9] しかし、マオリに残されたものは、パケハによる、パケハのための分割不可能な絶対的主権であった。ワイタンギ条約が1840年5月に公布された瞬間から、英国による権力の行使は、条約上のいかなる取り決めをも覆すほどの、革命的な乗っ取りを意味した。[*10]

少なくとも2人の国民党の元閣僚は、このことについて次のような考えを明らかにしている。サイモン・アプトンは、「ニュージーランド議会は革命的な権力の掌握を成し遂げた」と述べている。[*11] また、ジェーン・ケルシーは、ダグラス・グラハム元条約交渉担当大臣の言葉を引用して、「英国は、ヨー

……………………

＊2　Kathleen Doherty, 'Reporting with Integrity' in *Tui Motu InterIslands*, December 2000.

＊3　Sue Abel, 'A Question of Balance', *New Zealand Herald*, 3 August 2011.

＊4　この変化の概要については次を参照のこと。P. G. McHugh, 'From Sovereignty Talk to Settlement Time: The Constitutional Setting of Maori Claims in the 1990s' in Paul Havemann (ed.), *Indigenous People's Rights in Australia, Canada and New Zealand*, pp. 447–467.

＊5　Ranginui Walker, *Ka Whawhai Tonu Matou: Struggle Without End*, p. 93.

＊6　Ranginui Walker, 'Immigration Policy and the Political Economy of New Zealand' in Stuart W. Grief (ed.), *Immigration and National Identity in New Zealand*, p. 282.

＊7　Ranginui Walker, *Ka Whawhai Tonu Matou*, 前掲書, p. 93.

＊8　Richard Boast, 'Maori Land and the Treaty of Waitangi', in Richard Boast et al., *Maori Land Law*, p. 271.

＊9　Moana Jackson, *Treaty 2000 Conference*, Auckland, 7 July 2000.

＊10　F. M. Brookfield, *Waitangi and Indigenous Rights: Revolution, Law and Legitimation* は、ワイタンギ条約に関する憲法上の問題について十分な議論を行なっている。

＊11　*Dominion*, 1 May 1995, quoted in Jane Kelsey, *The New Zealand Experiment: A World Model for Structural Adjustment?*, p. 343.

なった」と述べている。[*12]

ロッパ人の優位性を断固として主張し……革命によって権力を掌握し、それ以来、英国の権力が優勢と

英国がニュージーランドを植民地化したというのは法的事実であるが、これは合法性に欠ける行為である。[*13] 裁判の進展に伴い、ニュージーランド政府とニュージーランド国民は、マオリ側の正当な主張に対応していかなければならないだろう。なぜなら、マオリはマオリとして生きるための基本的人権、コモンロー上の権利およびワイタンギ条約上の権利を決して放棄することはないからだ。E・T・デュリー最高裁判事は次のように指摘している。「……英国は、1835年の時点で、マオリの主権と能力を正式に認めていた。……マオリが1840年に英国の権威を受け入れた時、マオリは自分たちの権威が縮小するとは考えていなかった」[*14]。マオリは、ワイタンギ条約を締結した当事者としての独自の地位が認められ、尊重され、コモンロー上の権利と条約上の権利が認められることを、今後も求め続けるということを、歴史が物語っている。

ワイタンギ条約に関する議論は、この国の人々の政治的・社会的関係の将来に関わる問題だ。すべてのニュージーランド人が共存共栄できるようなかたちで、マオリと英国が権限を共有できる仕組みを構築することが課題である。こうした課題はそう簡単に解決するものではない。もし私たちがこの問題を無視し続ければ、マオリと他のニュージーランド人との間の格差が広がり、ワイタンギ条約に関わる新たな請求が生じ、マオリがニュージーランド社会における正当な地位を求めていくなかで、問題は深刻化する可能性がある。

ニュージーランドでは、憲法を巡る議論を始める準備が整っていると言えるのかもしれない。2011年8月4日、連立政権は、ジョン・バローズ教授とティペーン・オリーガン卿を議長とする「憲法諮問

委員会」を設置し、ニュージーランドの憲法のあり方が幅広く見直されることになった。同時に、すべてのマオリの人々の間で幅広い議論を促すため、イウィ・リーダーズフォーラムが「独立マオリ憲法ワーキンググループ」を設立した。これは、オークランド大学のマーガレット・ムトゥ教授が招集したもので、モアナ・ジャクソンが議長を務める。このグループは、ワイタンギ条約をどのように憲法に組み込むかではなく、ワイタンギ条約に基づいてどのように憲法を制定するかということに焦点を合わせている。

ニュージーランドの最高裁判事であるシアン・エリアスは、議会主権に関する広範な論文の中で、オーストラリアの人々に向けて次のように指摘している。「あなた方には、文書化された憲法があり、それに反する法律を取り消す司法権がある。わが国の憲法はほとんど文書化されていない。わが国は、英国議会から解放されて以来、法律の司法審査を行なったことがない……議会主権とは、いかなる法律上の制限も受けない立法権限を表す法的概念である」[*15]。

２００４年に、ニュージーランド議会はマオリの前浜と海底の所有権を没収したが、これは「無制限な立法による人種差別の現代的事例であり、そもそも、権利の消滅を主張できるのは先住民族だけであ

*12　Doug Graham, speech to the Waikanae/Kapiti Rotary Clubs, 3 May 1995, in Jane Kelsey, *The New Zealand Experiment*, p. 344.

*13　F. M. Brookfield, 前掲書 , pp. 136–62.

*14　E. Taihakurei Durie, *Treaties and the Common Law as Sources of Indigenous Rights*, Commonwealth Law Conference, Auckland, 1990.

*15　Sian Elias, 'Another Spin on the Merry-Go-Round', *Sovereignty in the 21st Century*, Melbourne, 19 March 2003, p.3.

る」[16]。もしニュージーランドに人種的平等とワイタンギ条約上の権利を保証する憲法があったなら、この差別的な法律は裁判所によって取り消されていただろう。カンタベリー大学法学部の上級講師であるジェフリー・リーン氏は、「1982年に制定された『憲法法』〔これは「the Constitution Act」であり、カナダの憲法（the Constitution of Canada）の一部を構成する法律〕の第35条に『先住民族および条約上の権利』が明記されているカナダや、人種を理由とした差別からの保護が憲法に明記されている他の国であれば、このような事態は避けられただろうが、ニュージーランドの場合は違った[17]」と指摘している。

グローバル化という難問

社会的、経済的、政治的に急速な変化を遂げつつある国々では同様の議論が行なわれており、グローバル化が進展する中で、各国とも、自国をいかに維持するかという難問に取り組んでいる。国家としてのニュージーランドの存続を脅かすものは、決して少なくはない。世界貿易機関（WTO）、国際通貨基金（IMF）、その他の多国籍企業や民間企業の利益は、今や各国経済のライバルであり、場合によっては直接または間接的に国民国家を支配している。「各国の国民経済は互いに連動しており、商業銀行や企業（約750社のグローバル企業によって支配されている）が経済的な国境を越えてあらゆる事業を保有し、国際貿易は統合され、世界中の金融市場はコンピューターで瞬時に連結されている」[18]。言い換えれば、「世界の上位200社の売上高が、世界191カ国のうちの182カ国の合計経済規模を上回っている」[19]のだ。

これらの企業が採用する方針は、一見どれほど素晴らしいものに見えたとしても、結局は、私財の絶え間ない蓄積によって株主への利益を最大化することを目的としたものである。このような組織は、国家の社会的、文化的、経済的、環境的な目標にはほとんど関心がない。グローバルな自由市場の進展に伴い、経済力が政治力を凌駕し、民主主義が弱体化する可能性は高まっている。しかし、避けられない事態というわけではない。これは政治的なプロジェクトだからだ。対象を絞って支援することにより、さらなる経済活動や利益の増大が促される場合は別だが、それ以外の場合は、希少資源をめぐる競争が激化するにつれて、世界中に不安定な状態が広まり、何百万人もの人々の苦難が増大することは、すでに予測されていることだ。[*20]

１９８０年代に行なわれたニュージーランドの経済改革は、多くのニュージーランド人にとって明らかに悲惨なものであった。公式のデータによると、１９８４年から１９９６年の間に、最下層の所得者グループの消費力は実質的に低下したが、上位10％の人々は、この改革による利益を徹底的に享受した。[*21] また、この改革によって、製造業におけるスキルがそれほど必要でない仕事は姿を消した。その多くはマオリの人々が担っていた仕事である。これによって、特にマオリの人々が影響を受けたことは明らか

…………………………

＊16　Geoffrey W. Leane, 'Indigenous Rights Wronged: Extinguishing Native Title in New Zealand', *Dalhousie Law Journal*, 29:1, Spring 2006, p.46.
＊17　同書。
＊18　Michel Chossudovsky, *The Globalisation of Poverty: Impacts of IMF and World Bank Reforms*, p. 15. *Globalisation and Maori*, documentary video.
＊19　批評については次を参照のこと。John Gray, *False Dawn: The Delusions of Global Capitalism.*
＊20　Paul Dalziel, *Changing Economic Realities*, Conference of the New Zealand Association of Counsellors, September 2000.

だ。例えば、最初の3年間で、マオリの雇用は25％減少し、マオリの家族やコミュニティの経済的コストは著しく増大した。[22] ニュージーランド人は今、政府が１９８７年から１９９９年にかけて行なった金持ちへの大規模な「福祉政策」がもたらした帰結を、目の当たりにしている。これは、民営化計画を隠れ蓑にして行なわれたものだ。「この道しかない」というのが「大きな嘘」だったのだ。経済学者のブライアン・ゲイナーは、40件の国有商業資産が１９１億ドルで売却された際の、富裕層への莫大な資産の分配についてまとめている。これらの資産の推定価値は、１９９９年には、当初の売却価格を１６６億ドル上回る３５７億ドルとなった。[23] 政府が保有する残りの商業資産の簿価は46億ドルである。

民営化プログラムは、海外の投資家に大きな利益をもたらした。これを正当化する根拠は、債務総額と公的部門の対外債務を減らすことだった。結果は、１５４億ドルと、それほど大幅ではない減少にとどまった（６８８億ドルから５３４億ドルに減少）。１９８９年から１９９９年までの10年間で、ニュージーランドの対外債務は４６０億ドルから１０２０億ドルにまで増加した。[24] ゲイナーは、「外国人への大規模な富の移転は、この国の経済に悪影響を与えながら、政府による売却手続きの規制緩和によってますます促進されている」と結論づけている。[25]

ニュージーランドの資産を国内外の裕福な投資家に「売却」することは、何世代にもわたってその資産を購入してきたニュージーランド人からの「窃盗」である。これは、想像力と独創性の完全なる欠如により、国際通貨基金（ＩＭＦ）の処方箋に忠実に従って政府が実行したプログラムだ。

最近のこのような資金の流れは、ワイタンギ条約に関わる正当な請求を解決するための最低予算額（１９９５年から２０１１年までの10年強で13億ニュージーランドドル未満）と比較する必要がある（南カンタベリーのある金融会社を17億ニュージーランドドルで救済したり、個人的に建てられた雨漏りのする家を１１３億ニュージーランドドルで修理したりしているのとは対照的である）。このようなことをしていては、いくら政府がマオリに財源不足を訴えたとしても、まったく説得力のない話である。[*26] 政治家やメディアが、マオリのプログラムに対する支出額について批判するのは、完全な二枚舌である。

世界銀行によると、ニュージーランドは世界で最もビジネスがしやすい国だと言われているが、あらゆる点において非常に格差の激しい国でもある。[*27]

現在のニュージーランドの社会統計は憂慮すべき状態を示している。

- 格差の拡大が、ＯＥＣＤ加盟国の中で最も速い。
- この格差拡大の要因のほとんどが、上位20％の所得者の総収入が大幅に増加したことによる。
- １９８０年代半ばからの20年間で、下位20％の所得は実際に低下している。
- 上位10％の人が、全国の富の半分を所有している。
- 下位50％の人は、全国の富の５％しか所有していない。

…………………

＊22　New Zealand Planning Council, *The Economy in Transition*, p. 166.

＊23　Brian Gaynor, 'We Now Know Who Owns New Zealand', *NZ Herald*, 2 October 1999, website.

＊24　同書。

＊25　同書。

＊26　Whatarangi Winiata, *Reducing the Socio-economic Disparities in Housing, Employment, Health and Education*, website, p. 2.

＊27　Francis Till, *New Zealand: Easiest Place in the World to Do Business*, website.

- 50万人超の人が、「負債」のある世帯に暮らしている。
- 20万人超の子どもたちが、国などからの給付金に依存した世帯に暮らしている。
- ニュージーランドは、OECD加盟国の中の裕福な30カ国のうち、子どもの幸福度、健康、安全性が最も低い国のひとつである。
- 何千人もの子どもたちが、予防可能な感染症に苦しんでいる。
- マオリの子どもたちは、ヨーロッパの子どもたちに比べて、リウマチ熱にかかる確率が23倍も高い。
- マオリは、マオリ以外の人に比べて精神疾患にかかる確率が1・5倍である。
- マオリの平均寿命は、パケハの平均寿命よりも8年短い。
- マオリの男性の4人に1人は、刑務所に入った経験がある。
- マオリの若者の4人に1人は失業している。
- 学業についていけないマオリの生徒の比率が相対的に高い。*[28]

ニュージーランドの長者番付に掲載されている150組の個人や家族が保有する純資産は、合計380億ドルを超える。まさにその同じ国において、このような貧困が生じているのだ。現在、マオリ全体が保有する資産価値は370億ドルである。その内訳は、マオリの自営業者1万2920人が54億ドル、マオリの雇用主5960人が208億ドル、マオリの信託、法人、委員会、部族または部族組織が106億ドルとなっている。*[29] すでに12億ドル超のワイタンギ条約上の請求が和解に達し、1万7千人のマオリの自営業者や雇用主が存在する。すべてのマオリに対する経済的な改善策が期待されるなか、202

1年の人口統計が注目される。マオリの人口は74万9千人〔17%〕で、非マオリの平均年齢が43歳になると予想されているのに対し、14歳以下のマオリの人口がマオリの全人口の27～28%を占めるようになると予想されている〔原著者と共にオリジナルなデータを確認した結果、この文に関しては若干原著とは異なる記述となった〕。また、マオリの労働年齢にある人口は、約46万8千人となると予想されている。[*30]

蔓延する人種差別

このような状況にもかかわらず、人種差別はさまざまなかたちで存在し、次のような事例が見られる。

- （2000年）10年以上の経験を持つ多くの上級男性精神科医が、生物遺伝学的理論を裏付ける証拠がないにもかかわらず、マオリは生まれつき精神疾患にかかりやすいと考えている。[*31]
- （2000年）オタゴ大学の調査によると、マオリの賃金は、同じような仕事や資格を持っている非マオリの人々に比べ、9～14%低い。[*32]
- （2001年）パケハに費やされる医療費が、マオリに費やされる医療費よりも相対的に多く、マ

＊28　'Closer: Whakatata Mai: Reducing Inequalities', New Zealand Council of Christian Social Services, 2011.
＊29　Dr Pita Sharples, Minister, Maori Development, Maori Economic Summit, 5 May 2011, www.beehive.govt.nz.
＊30　Jon Stokes, 前掲書。
＊31　'Racism Shock in Survey of Psychiatrists', *NZ Herald*, 7 March 2000.
＊32　Study Shows Ethnic Wage Gaps, Television One, *News*, 9 October 2000.

オリは、本来受けるべき医療サービスを受けることができていない。*33

・（2003年）健康面に関して、「格差の数十年」という報告書では、「マオリと太平洋地域の人々は、質の高い医療サービスを利用することが比較的少ない。リソースに対する不平等なアクセス権と様々な判決が、健康格差の主な原因であり……差別そのものがニュージーランドにおける健康格差を生んでいる」*34と指摘されている。

・（2004年）3名の元警官が、1990年代には、マオリに対する人種差別的攻撃が頻繁に行なわれていたと報告している。*35

・（2011年）マオリ開発大臣のピタ・シャープルズは、警察および司法省から入手したトップレベルの報告書に基づき、マオリに対する差別は、警察・司法制度の中で組織的に行なわれているとしている。マオリは非マオリの7倍以上の割合で投獄され、保釈を拒否される確率が11倍も高いという調査結果が、こうした見方を強く裏付けている。15歳以上のマオリ男性の40％が、投獄されたことがあるか、刑罰としての社会貢献活動に従事したことがある。2009年から2010年の投獄率は、ニュージーランド全体では10万人あたり192人だったのに対し、マオリでは、人口10万人あたり634人となっている。重要なのは、このような司法・警察制度のもとでは、マオリが、非マオリよりも刑務所に入る確率が高くなってしまうということだ。*36

英国とマオリの関係にとっての最も重要な問題は、これらの点にある。善意に満ちたマオリを支援するためのいかなる特別プログラムも、実質的なパワーシェアリングの代替手段とはならない。ファタランギ・ウィニアタ〔マオリのリーダー、会計学の教授〕は、「ある文化圏の人々が別の文化圏の人々のために政策を決定・実施した場合、それが正しく行なわれることは決してない。この主張が正しいことは、過去135年間の歴史が証明しており……英国によって次から次へと考案され、実施された政策は何もうまくいっていない」と述べている。[*37] ウィニアタは次のように指摘している。

> 毎年、マオリのために莫大な予算が費やされているが、マオリの人々自身が、予算をいくらにするのか、どのような政策を策定し、どのように実施するのか、政策やその管理者をどのように評価するのかということについて、ほとんど関与していない……にもかかわらず、政策の対象であるマオリが、それらの政策の結果責任だけを負わされている。[*38]

彼は、「マオリに対する長期的な救済は、パケハたちが考え出した政策ではなく、マオリとパケハがそれぞれの文化や価値観の中で成長し、お互いの関心事や好みを考慮しながら、完全なパートナーとして共に意思決定を行なえるような憲法上の変革によってもたらされる[*39]」と考えている。

……………………

*33　Maori Access to Health Questioned, Television One, *News*, 17 August 2001.
*34　'Decades of Disparity: Ethnic Mortality Trends in New Zealand 1980–1999', Ministry of Health, 2003.
*35　'Bashings, Lies by Police Claimed', *NZ Herald*, 22 March 2004.
*36　*New Zealand Herald*, 2 October 2011.
*37　Winiata, 前掲書, p. 1.
*38　同書。
*39　同書, p. 2.

経済的に先行き不透明な今こそ、すべてのニュージーランド人は、ワイタンギ条約がもたらした帰結を受け入れるべき時である。

パワーシェアリングとは何か？

近年のニュージーランド政府は、ワイタンギ条約に関して公式な方針を定めることを避けてきた。しかし、ニュージーランドが国家として、発展的な独自のアイデンティティを築いていく上で、憲法上の取り決めを変更することは避けられない。英国は、勇気あるリーダーシップによって、マオリとの新たな関係を切り開き、ワイタンギ条約上のパートナーシップが、長年の訴えを和解に導くということ以上の意味を持つようにしなければならない。すなわち、新たな共同統治のかたちがどうしても必要である。マオリだけではなく、かなりの数のパケハがマオリの主張を支持しており、すべてのニュージーランド人にとっての正義を望んでいる。

マオリが求める主権は、必ずしも英国と対立するものである必要はない。これまでにも、憲法について議論するためのさまざまな提案やモデルが示されており、将来に向けた幅広い可能性が開かれている。マッセイ大学のメイソン・デューリー名誉教授は、いくつかの重要な選択肢を示している。

まずは、テ・ピホパタンガ・オ・アオテアロア・モデルだ。これは議会を再構成するもので、ティカンガ・マオリ・ハウス〔マオリの文化・習慣に基づく議院〕と、ティカンガ・パケハ・ハウス〔パケハの文化・習慣に基づく議院〕と、上院にあたるワイタンギ条約院を設けるというものだ。2つ目は、マオリの地域モデルで、地域レベルでサービスを提供しつつ、地域代表に基づく国家的枠組みの可能性を探るものだ。3つ目は、イウィとマオリのコミュニティからの代表者を含む全国マオリ協議会を設立し、テ・プニ・コキリ〔マオリ開発省〕を含む国家部門におけるすべてのマオリ政策部門を、その協議会のスタッフとして維持する方法である。4つ目は、政府にマオリ政策を推進・提案するマオリ政策委員会を設立し、マオリ政策とテ・プニ・コキリの資源に関する責務を引き継ぐというものだ。そして5つ目のモデルは、マラエ〔マオリのコミュニティの中心にある聖地、集会所〕とマオリのコミュニティを土台にしたニュージーランド・マオリ議会である。[*40] これらの選択肢やその他の選択肢は、マオリのコミュニティによってさらに検討され、十分な情報を与えられた公開討論会において精査されるべきだ。「マオリの人々の願いをたったひとつにまとめるとすれば、それは自己決定権である。もはやマオリは、他人が政策を決定したり、自分たちに代わって重要な決定を下したりすることに満足していない。ティノ・ランガティラタンガ〔無条件の権限行使、自決権等〕の本質は、マオリのための政策は、あらゆるレベルでマオリによって策定されるべきだという点にある[*41]」。

ファーナウ・オラ〔マオリの価値観に基づく保健への取り組み〕のようなマオリの価値観に基づく政策は、そのような方向で進展してきた。

メイソン・デューリーは、もうひとつマオリにとって重要な課題を掲げている。「現在、憲法レベルで、すべてのマオリの利益を代表できる政治団体が存在しないため、国内および国際レベルでのティノ・ランガティラタンガの行使に障害が生じている[*42]」。現在マオリの間では、このような組織の創設を

…………………………

＊40　Mason Durie, 'Tino Rangatiratanga: Maori Selfdetermination' in *He Pukenga Korero, A Journal of Maori Studies*, pp. 50–51.

＊41　'Tino Rangitiratanga' in *20 Yrs of Protest Action 1979–1999*, Te Kawariki, p. 65.

求める声が強いと見られている。ティノ・ランガティラタンガを保証する仕組みがないことが、この国の前進を妨げており、それによって、ワイタンギ条約上の責任を回避しようとする英国の態度は今後も続くことになるだろう。

約40万人のマオリ〔マオリの約3分の2〕を代表するというイウィ・リーダーズフォーラムは、すでにこうした関係性の構築に着手し始めている可能性がある。しかし、新自由主義的なアジェンダを採用していることや、ハプ〔準部族〕やファーナウ〔コミュニティ〕を代表していないとして批判されている。故ブルース・ジェソン〔ニュージーランドのジャーナリスト兼政治家〕の発言は今でも的を射ている。「マオリの主権の根本的な問題は、マオリとパケハの生活様式が完全には相容れないという点にあり、これまで経済的・政治的権力は、そうした矛盾をパケハに有利になるようなかたちで解決してきた」[*43]。

2つの文化的伝統を反映したニュージーランドの強固な制度的枠組みが確立されない限り、このように両立しがたい状況が続くのは明らかである。

メイソン・デューリー教授は、ワイタンギ条約に関して警告的な指摘を行なっている。「ワイタンギ条約は、物事を可能にする手段であると同時に、物事を不可能にする手段としても機能してきたため、知らず知らずのうちにマオリの可能性を狭めてしまった可能性がある。ワイタンギ条約は基本的に、マオリと英国の関係に関する合意であった。この条約の下で……ある意味、マオリは、ワイタンギ条約以外の、より有益な関係を犠牲にして、国家に取り込まれてしまった。ワイタンギ条約が、アオテアロア〔マオリ語でいうところのニュージーランド〕において、もっと言えば世界において、マオリの歴史的地位を定義するための最も重要な唯一の声明でなければならないという正当な理由はまったくない」[*44]。

歴史を振り返れば、一部の先住民族は、ヨーロッパの多くの民族よりもはるか昔に、参加型の民主主義システムを構築していたということを思い起こすだけの価値はある。ベンジャミン・フランクリンをはじめとする北米の入植者の多くは、ネイティブ・アメリカンの民主主義や連邦制の考え方に影響を受けただけではなく、イロコイ連邦〔北米の6つのインディアン部族により構成される部族国家集団〕を、アメリカ合衆国の政府システムを構築する際の手本としていた。

> 実際、ヨーロッパ人は初めてインディアンと接触した時から、インディアンが実際に採用していた民主主義を大いに賞賛していた。ヨーロッパの理論家の多くは、相互的権利、国家運営、演説、国民の合意といった分野において、イロコイ族をローマ人、ギリシャ人、ケルト人になぞらえている……彼らは、ヨーロッパ社会の一般的な考え方とは異なる、実行可能な代替案を提供していた……イロコイ連邦は、確立された社会で機能し得る一種の国体であった。*45

アメリカのシステムに組みこまれているチェック・アンド・バランス、三権分立、連邦制、被統治者

---

*42　Mason Durie, 'Tino Rangitiratanga', p. 52.
*43　Quoted by Annette Sykes in the Bruce Jesson Lecture, www.Scoop. co.nz, 5 November 2010.
*44　Mason Durie, Pae Mana, 'Waitangi and the Evolving State', in *Nga Tini Whetu: Navigating Maori Futures*, Huia Publishers, Wellington, 2011.
*45　Donald A. Grinde, 'Iroquois Political Theory and the Roots of American Democracy' in Oren Lyons et al., *Exiled in the Land of the Free*, p. 231.

の同意といった考え方は、イロコイ連邦の考え方やモデルを手本にしたものである。[*46] 先住民族から学ぶべきことは多い。ただし、彼らの知識を利用するのではなく、彼らと協働しなければならない。

ニュージーランド人は、ワイタンギ条約に関する議論を恐れる必要はない。ほとんどのマオリは、パケハの罪悪感を煽ったり、歴史的な不正の責任を現在生きているパケハの足元に突きつけようとしたりはしない。むしろ、マオリは正義を求めており、統一国家への完全な参加を望んでいる。正義と包摂性を求めるこのような意思は、すべてのニュージーランド人や同国全体の経済的利益につながるものだ。ニュージーランドは、すべての国民が完全に参加するようにならなければ、前進することはできない。

ワイタンギ条約を遵守することは、すべてのニュージーランド人に利益をもたらす

今でも多くのニュージーランド人は、ワイタンギ条約が、よりよい未来にとって大切なものだとは考えていない。しかし、経済的にも、人権的にも、政治的にも、同条約が尊重されることを支持するよう人々を説得するだけの強力な理由がある。不当な数のマオリを刑務所に入れておくことのコスト、公衆衛生や教育システムためのコスト、マオリの高失業率やその他福祉への依存によって国家が負担しているコストは、私たち全員の負担となっている。国の発展に創造的な貢献ができないニュージーランド人がいるという状況を維持しても、誰も得をしない。権限と資源があれば、ほとんどの人は自分で解決策を生み出すだけの能力を持っているのだ。

道義上の要請はさらに強い。自分の義務を果たすことなく、他人の正当な人権を否定すれば、自分自身の人間性を低下させることになる。そのことは、歴史を振り返れば、明らかだ。奴隷所有者の多くが、奴隷を解放することにメリットを感じたり、男性が女性に投票権を与えることにメリットを感じたり、

アメリカのヨーロッパ系アメリカ人がアフリカ系アメリカ人の完全な公民権を支持したり、アイルランド北部のプロテスタントがカトリックに完全な公民権を認めたりしたわけではないだろう。たいていの人は、現状を変えることに社会的なメリットを感じないからだ。このような変革は、いずれも猛烈な反対運動によって実現したものだ。しかし、今となっては、こうした人権上の進歩を支持しない人はほとんどいないのではないだろうか。このような歴史を踏まえてワイタンギ条約の問題に目を転じれば、将来、同条約や先住民族の権利が完全に尊重される日が訪れるという希望が湧いてくる。

人間の精神には私利私欲以上のものがあるということは、歴史によって繰り返し証明されている。すべての人間には生来の公正さ、寛大さ、崇高さが具わっており、正義や公益を求める声に手を差しのべ、その求めに応じる能力が具わっている。すべての人間に課された責務は、社会を改善することである。そのためには、私たち自身の歴史を知る必要がある。

ワイタンギ条約上の約束から、正義と正しい関係に基づいたマオリと英国の間の同盟関係へと移行しようという力強い政治的主張がある。抗議行動や占拠、費用の嵩む訴訟や対立による絶え間ない要求は、創造的なエネルギーを浪費するだけでなく、家族や地域社会、ひいては国家を分断してしまう。そのような状況は、冷酷なグローバル経済の中で、国家としての生き残りをかけてさまざまな根本的課題に集中しようとしているニュージーランドにとって、妨げとなる。

……………………

＊46　同書。イロコイ連邦についての詳しい説明は、第6章を参照のこと。

豊富な情報に基づいた公開討論の奨励

歴史的な公約を尊重し、包括的で団結力のある豊かな国家を築くには、十分な情報を得た国民が必要である。ニュージーランドにおけるワイタンギ条約に関する議論は、一部の政府関係者や政治家、学者や地域の教育者、そして一部のマオリだけのものになってしまう危険性がある。２０００年4月に国会で開催された「憲法制定会議」は、その典型的な例である。[*47] この会議では、いくつかの優れた報告書が提出されたが、いったい誰が出席していたのか？　国の指導者やさまざまな利害関係を代表する人々が集まっていたのかもしれないが、それは選ばれた小さなグループにすぎない。メディアでは、エリートグループと呼ばれていた。このような集会は、すべてのニュージーランド人が参加できるよう、さまざまな地域で開催されるべきである。

豊富な情報に基づいたワイタンギ条約に関する議論を促進するためには、街角や住宅街、地方の小さな町に至るまで情報が浸透していなければならない。そうした議論は、ビジネスの場や工場、会社、近隣地域などで行なわれなければならない。学校、地域の組織、老人ホームでも行なわれる必要がある。また、スポーツ施設、パブ、刑務所、礼拝場などでも行なわれなければならない。家族やハプ〔準部族〕の間でも行なわれる必要がある。ニュージーランド人が集まる所なら、どこでも議論できるような状態にする必要がある。さまざまな視点を取り込み、できるだけ多くのニュージーランド人を巻きこむ必要がある。そうでなければ、この議論はごく一部の人たちのものとなり、この国がどこに向かうのか困惑し、疎外感を味わい、怒りを感じた多くの人々を遠ざけることになってしまう。

この国において大がかりなパワーシェアリング〔権力の共有〕や、憲法上の取り決めを変更するには、国民からの幅広い支持が必要である。そのためには、国民が、ワイタンギ条約、憲法、国の将来について十分な情報を与えられた状態で議論に参加できるようにしなければならない。また、どのような情報が必要なのかを、国は積極的に検討する必要がある。そうしなければ、ニュージーランドの人種関係はさらに脅かされ、社会的混乱は避けられなくなる可能性がある。ニュージーランド人は、1981年の反スプリングボックス運動〔選手から黒人を排除した南アフリカのラグビーチーム、スプリングボックスのニュージーランド遠征に対する抗議活動〕において、抗議行動や社会的混乱を起こすだけの力があることを示した。家族やコミュニティが分断され、法律が破られ、人間関係が壊れることもあった。今でもこのような混乱が生じる可能性はある。人々が保有する情報が少なければ少ないほど、議論は分断されてしまう。

優れた政府は、国家に影響を与える問題について、国民が十分な情報に基づいた議論を行なえるようにするものだ。多くのニュージーランド人は、自国の植民地時代の歴史を、わかりやすく、敬意に満ちた、魅力的な方法で学ぶ機会を望んでいる。本を読めば十分な情報が得られるという人もいれば、テレビのドキュメンタリー番組が役に立つという人もいる。近代的な学校のカリキュラムは、子どもたちや若い人たちに情報を与え、将来に向けて備えさせる上で有効だ。しかし、多くの成人学習者にとっては、文化的に安全で、双方向的な教育ワークショップへの参加も大きな助けとなる。この目的を達成するため、政府が経験豊富な条約教育者を支援し、協力することにより、すべてのニュージーランド人が、植民地としてのこの国の歴史と、ワイタンギ条約にまつわる現代の諸問題について理解できるようにすることも可能である。そのためには、資料やウェブサイトを誰もが容易に利用できるよう整備し、地域の

＊47　Building the Constitution Conference, Wellington, 7–8 April 2000, website.

学校や大学や職場における教育の機会を活用して、私たち一人ひとりがより豊富な情報を得られるようにすることが課題となっている。

ワイタンギ条約教育は、ティノ・ランガティラタンガを行使するマオリの共同体と、英国とのパートナーシップに根ざした、すべてのニュージーランド人を表す国家的アイデンティティについて考える機会を提供するものだ。パートナーシップに根ざした明確な国家的アイデンティティは、タンガタ・フェーヌア〔先住民族〕としてのマオリ独自のアイデンティティを称え、尊重すると同時に、パケハや他のニュージーランド人の豊かな文化的多様性を大切にするものでもある。ニュージーランドの社会および経済に、マオリや他の市民が十分に参加するためには、パートナーシップを核にした取り組みが必要だ。パートナーシップを核にした取り組みは、新たなグローバル経済ネットワークと、市場および慣行を生み出す可能性がある。それは、国民国家、全人類、そして私たち全員が依存している環境に対して、公益および私益をもたらすことを目指すものである。ますます多様化し、複雑化する世界において、ワイタンギ条約に基づくパートナーシップには、ユニークな国家的アイデンティティを発展させるだけの可能性が秘められている。

結論

私は、ワイタンギ条約は、団結力のある豊かな平和国家を構築するための重要な指針であると考えるに至った。私は、先住民族との正しい関係を取り戻すために、実践的な活動に全力を尽くしている。そのためには、自らの文化的アイデンティティを大切にし、この国の植民地時代の歴史を理解し、パケハの意識を高め、マオリをはじめとする先住民族の正義のために共に闘う必要がある。ニュージーランドの小説家、パトリシア・グレース〔ンガーティ・トア部族、ンガーティ・ラウカワ部族、テ・アティア・アワ部族出身〕は、説得力のあるビジョンを提示している。

ワイタンギ条約は、さまざまな運営方法や主権のあり方を許容する。また、あるシステムと並行して別のシステムを構築することをも許容する。この文書には、我々の現代社会、つまり2つのシステムを併せ持つ社会が基盤とすべきものがすべて含まれている……これは、すべての人々がここで共存することを可能にする、許容と寛容に満ちた条約である。私たちは、ワイタンギ条約を理解し、それを恐れずに受け入れる必要があるだろう。マオリのラグビーチームが、ティノ・ランガティラタンガ〔無条件の権限行使、自決権等〕の旗に誇りを持っていることに異常に神経質になることはないし、健全な判断力を何よりも必要とする二文化共生システムを恐れることはない。私たちは、この石ころだらけの、岩だらけの、山のような入り組んだ道のりのスタート地点に立っていることを理解しなければならない。ワイタンギ条約を理解するということにおいて、パケハとマオリの間に横たわる大きな溝が埋まり、あらゆる形態の人種差別を根絶し、植民地化の影響をはっきりと意識するようになるまでは、教育、健康、仕事、社会的地位における格差や不一致が縮小することはないだろう。*48

*48　Patricia Grace, *The Treaty of Waitangi and the Expression of Culture in Aotearoa* in Proceedings of the Treaty Conference 2000, pp. 26–27.

私は人生をかけて、変革をもたらす社会的正義というとらえどころのない概念に取り組んできた。私の人生は、ニュージーランドのクライストチャーチ郊外にあるアディントンという労働者階級のアイルランド系カトリック信者たちが暮らす町で始まった。私は、ローマで開催されたカトリック信徒世界会議にニュージーランド代表として参加した際、カトリック教会における組織内部の混乱を目の当たりにした。その後、解放運動と出会ったことから、政治に関心を持つようになり、1960年代の社会的騒乱に加え、公民権運動や反ベトナム戦争運動に参加したことからさらに意識が高まった。また、国際的な援助活動を行なっていた私は、ベトナムやバングラデシュの紛争地域を訪れ、植民地主義の弊害に気づいた。さらに、1960年代にはシカゴのゲットー、1970年代にはカルカッタのスラム、1990年代にはニューオーリンズやワバナキ・インディアン居留地など、世界で最も疎外された人々が暮らす地域を訪れ、人間の尊厳を求める闘いを目の当たりにしてきた。そして、アイルランド共和国軍、パレスチナ解放機構、アフリカ民族会議、さまざまな先住民族グループをはじめとする多くの解放運動のメンバーと実際に顔を合わせてきた。また、ベルリンの壁から世界を眺め、朝鮮半島の板門店でアメリカ人兵士の銃口とにらみ合ったこともある。

私の人生は、自国の植民地時代の歴史を学んだことにより豊かになったが、それと同時に課題を突きつけられることにもなった。これらの学びは、不当な扱いを受けたマオリの不満や現代的な条約問題を、歴史的な文脈の中で理解する上で役に立った。また、そうした学びを通じて、情け容赦のない地球という村社会において、独自性を保ちつつ、より団結した国家を築くことへの期待と新たな可能性について考えることができるようになった。また、これによって、苦境に立たされている先住民族が世界中に存在するということに目覚め、彼らと連携して正義を求めていくという決意を固くすることができた。

過去25年間、私はマオリとパケハの全国ネットワークと協力して、ニュージーランド人が植民地時代の歴史を学び、その歴史に勇敢に立ち向かうためのプログラムを構築してきた。私たちの条約教育ワークショップに参加した人々の反応には、心を動かされるものがある。この取り組みは現在も広がっている。私たちが目指すのは、国家としてのアイデンティティに対する人々の意識の高まりに根ざした社会を築いていくことだ。それは、紛れもなくワイタンギ条約と、マオリとのユニークな関係を尊重することに根ざしたものでもある。

子どもの頃、人生は永遠の光の中にあるのだということを教えてくれたシスター方のことを、感謝の気持ちを持って思い出す。彼女たちのおかげで、人生を、祖先との関係の中で連続性のあるものとして捉えることができるようになった。私の中に浸透したこのような考え方が、人生に大きく影響し、飢餓、戦争、人種差別、貧困、絶望、失望が渦巻く世界を目の当たりにしても、建設的な選択ができるよう私を導いてくれた。しかし、個人的には未だに「希望というパラドックス」の中にいる。私は常に自分自身の人間性を信じ、すべての人の中には神聖な輝きがあると信じてここまでやってきた。こうした信念は、家族や地域社会、ニュージーランドや世界中の人々との関わりを通じて、今も私の中で成長し続けている。苦しむということの現実を知らないうちは、信仰を維持するのはさほど難しいことではないかもしれない。しかし、その現実を知ってなお信仰を維持するためには、勇気を持って前進しなければならない。

◉付録

※付録について：原書には以下の付録1～4が付されており、それぞれの原文が掲載されているが、本翻訳書では割愛した。代わりに、それぞれ当該の原文が掲載されているウェブサイトおよび検索方法を示した。（2022年8月現在の最終検索結果を基にしている。）

＊付録1

ニュージーランドの独立宣言（1835年）

A Declaration of the Independence of New Zealand (1835)

＊ウェブサイト：https://www.archives.govt.nz/discover-our-stories/the-declaration-of-independence-of-new-zealand または、https://www.archives.govt.nz/ から「Discover our Stories」を選択し、「The Declaration of the Independence of New Zealand」を選択。

＊付録2

ワイタンギ条約〔マオリ語の原文および英語の原文、そしてマオリ語版の英語翻訳版〕

The Treaty of Waitangi: Maori and English Texts, and New English Translation of Maori Text

＊ウェブサイト：https://www.archives.govt.nz/discover-our-stories/the-treaty-of-waitangi から、「What the Treaty says: original Te Reo version and 1975 English translation」または「What the Treaty says: original English version」を選択。

＊付録3
先住民族の権利に関する国連宣言
UN Declaration on the Rights of Indigenous Peoples

＊ウェブサイト：https://www.ohchr.org/EN/Issues/IPeoples/Pages/Declaration.aspx
または、https://www.ohchr.org/Documents/Publications/Declaration_indigenous_en.pdf

＊付録4
コハンガ・ナショナルトラスト理事会によるワイタンギ裁判への申し立て
Kohanga National Trust Board Claim to Waitangi Tribunal

＊２０２２年８月現在、この書類そのものを表示できるウェブサイトはないが、下記ウェブサイトからコハンガ・レオの概要を知ることができる：https://www.kohanga.ac.nz

◉用語集

・**アボリジニ（Aborigines）**：特にオーストラリアの先住民を指す。

・**コントラ・プロフェレンテムの原則（contra-proferentem）**：国際法において曖昧さが残る場合に適用される原則。規定は起草した側に不利に解釈されるべきであり、先住民の言語によって書かれた版が優先されることを意味する。

・**ファーストネーション（First Nations）**：カナダの先住民であるインディアンの総称。

・**ハプ（hapu）**：準部族、子孫、複数の家族のグループ。

・**フイ（hui）**：会議。

・**イウィ（iwi）**：部族、人々。

・**先住民（indigenous peoples）**：先住民（indigenous peoples）は、そのユニークな地位と多様性を持った集団的存在であることを示すために、複数形で表示される。

・**カイティアキ（kaitiaki）**：保護（安全に対する責任の意味を含む配慮と管理）。

・**カイ・タフまたはンガーイ・タフ（Kai Tahu/Ngai Tahu）**：「カイ・タフ」と「ンガーイ・タフ」は同じ意味で使われている。これは、「ンガーイ」がマオリ南部の方言では「ガイ」または「カイ」と発音されるためである。

・**カワナタンガ（kawanatanga）**：統治。

・**マヒンガ・カイ（mahinga kai）**：伝統的な食物およびその他の天然資源。

・**マナ（mana）**：権威、威信、主権。

・**マナ・フェヌア（mana whenua）**：権利、土地に対する慣習的権利、土地に対する主権。

・**マオリ（Maori peoples）**：〔ニュージーランドの先住民。〕マオリの人々の中には、自分のアイデンティティをマオリ全体として認識している人もいれば、自分の属するイウィ、ハプ、ファーナウ、また先住民としてのアイデンティティを好む人もいる。また、第一義的にニュージーランド人であると認識している人もいれば、上記の組み合わせで認識している人もいる。多くの人がこの問題に敏感であることは尊重するが、本書では簡潔にするために、マオリまたはマオリの人々と表記する。

・**パケハ**（**pakeha**）：「パケハとは、アオテアロア／ニュージーランドに入植したマオリではない人々を指す固有の言葉であり、マオリを独立した文化的存在として受け入れ、条約上のパートナーとしてマオリとの関係を築き、ヨーロッパ北部出身者の文化的アイデンティティを持ち、アオテアロア／ニュージーランドに一意的に属しているという意識を持つ人々を指す。*」

＊ Rose Black, 'Political Implications of the Name "Pakeha"' in *Living Justly in Aotearoa Newsletter*, October 2000, Issue Three, Catholic Justice and Peace Office, Auckland, p. 1.

・**先買権**（**pre-emption**）：英国（the Crown）だけが財産を購入できる権利〔マオリの所有者が売りたいと望む土地を購入する際に英国（the Crown）が他者に先駆けて購入することができる排他的権利〕。

・**ランガティラタンガ**（**rangatiratanga**）：リーダーシップ、権威。

・**ロヘ**（**rohe**）：部族の地域。

・**タンガタ・フェヌア**（**tangata whenua**）：ある場所の人や人々。

・**タオンガ**（**taonga**）：宝物、文化遺産。

・**テラ・ヌリウス**（**terra nullius**）：所有者の定まっていない土地。無主地。

・**ティカンガ**（**tikanga**）：慣習。

・**ティノ・ランガティラタンガ**（**tino rangatiratanga**）：リーダーシップの無条件の行使、最高位のリーダーシップ。

・**ファカパパ**（**whakapapa**）：系図、血統、子孫。

・**ファーナウ**（**whanau**）：大家族。

・**ファナウンガタンガ**（**whanaungatanga**）：親戚関係。

・**フェヌア**（**whenua**）：土地。

◉参考文献

【書籍】

Adams, James L. (1986), *Conceptual Blockbusting: A Guide to Better Ideas*, 3rd edn, Perseus Books, Reading.

Adams, Peter (1977), *Fatal Necessity: British Intervention in New Zealand 1830–1847*, Auckland University Press, Auckland.

Ahdar, Rex and John Stenhouse (eds) (2000), *God and Government*, University of Otago Press, Dunedin.

Alfred, Taiaiake (1999), *Peace, Power, Righteousness: An Indigenous Manifesto*, Oxford University Press, Ontario.

Alston, Andrew, Tom Bennion, Michele Slatter, Rod Thomas and Elizabeth Toomey (eds) (1997), *Guide to New Zealand Land Law*, Brooker's Ltd, Wellington.

Akenson, Donald Harman (1996), *The Irish Diaspora: A Primer*, P. D. Meany Company Inc. Publishers, Toronto.

Alinsky, Saul D. (1972), *Rules for Radicals*, Random House, New York.

Allen, Theodore W. (1995), *The Invention of the White Race: Racial Oppression and Social Control*, Vol. 1, Verso, London.

Angelou, Maya (1993), *On the Pulse of Morning, Random House*, New York.

Angus, Murray (1990), *'And the Last Shall Be First': Native Policy in an Era of Cutbacks*, Aboriginal Rights Coalition (Project North), Ottawa.

Arbuckle, Gerald A. (1990), *Earthing the Gospel*, Orbis Books, New York.

Arbuckle, Gerald A. (1993), *Refounding the Church: Dissent for Leadership*, Orbis Books, Maryknoll, New York.

Ardagh, John (1995), *Ireland and the Irish Portrait of a Changing Society*, Penguin Books, London.

Armitage, Andrew (1995), *Comparing the Policy of Aboriginal Assimilation: Australia, Canada and New Zealand*, University of British Columbia Press, Vancouver.

Arnold, Johann Christoph (1998), *The Lost Art of Forgiving: Stories of Healing from the Cancer of Bitterness*, The Plough Publishing House of the Bruderhof Foundation, Sussex.

Arnove, Anthony (ed.) (2000), *Iraq Under Siege: The Deadly Impact of Sanctions and War*, South End Press, Cambridge, Massachusetts.

Atkinson, Neill (2003), *Adventures in Democracy: A History of the Vote in New Zealand*, University of Otago Press, Dunedin.

Ballara, Angela (1986), *Proud to Be White*, Heinemann, Auckland.

Ballara, Angela (1998), *Iwi: The Dynamics of Maori Tribal Organisation from c.1769 to c.1945*, Victoria University Press, Wellington.

Barkan, Elazar (2000), *The Guilt of Nations: Restitution and Negotiating Historical Injustices*, W. W. Norton & Co., New York/London.

Barndt, Joseph (1991), *Dismantling Racism: The Continuing Challenge to White America*, Augsburg Fortress, Minneapolis.

Bartlett, Richard H. (1993), *The Mabo Decision*, Butterworths, Sydney.

Belich, James (1996), *Making Peoples: A History of the New Zealanders*, Allen Lane/Penguin Books, Auckland.

Bird, Carmel (ed.) (1998), *The Stolen Children: Their Stories*, Random House, Sydney.

Bishop, Russell and Ted Glynn (1999), *Culture Counts: Changing Power Relations in Education*, Dunmore Press, Palmerston North.

Blaut, J. M. (1993), *The Colonizers' Model of the World: Geographical Diffusionism and Eurocentric History*, Guilford Press, New York.

Blum, William (1995), *Killing Hope: US Military and CIA Interventions Since World War II*, Common Courage Press, Monroe.

Boast, Richard, Andrew Erueti, Doug McPhail and Norman F. Smith (1999), *Maori Land Law*, Butterworths, Wellington.

Borrie, W. D. (1991), *Immigration to New Zealand 1854–1938*, Highland Press, Canberra.

Brookfield, F. M. (1999), *Waitangi and Indigenous Rights: Revolution, Law and Legitimation*, Auckland University Press, Auckland.

Brooks, Roy L. (ed.) (1999), *When Sorry Isn't Enough: The Controversy Over Apologies and Reparations for Human Injustice* (Critical American Series), New York University Press, New York.

Broome, Richard (1992), *The Australian Experience: Aboriginal Australians*, Allen & Unwin, Sydney.

Burger, Julian (1990), *The Gaia Atlas of First Peoples*, Doubleday, Auckland.

Butt, Peter and Robert Eagleson (1996), *Mabo: What the High Court Said*, 2nd edn, The Federation Press, Sydney.

Byrnes, Giselle (2004), *The Waitangi Tribunal and New Zealand History*, Oxford University Press, Victoria.

Carr, E. H. (1987), *What is History?*, 2nd edn, R. W. Davies (ed.), Penguin Books, London.

Carroll, James (2000), *Constantine's Sword: The Church and the Jews: A History*, Horton Mifflin, Oxfordshire.

Carty, Anthony (1996), *Was Ireland Conquered? International Law and the Irish Question*, Pluto Press, London/Chicago.

Chittister, Joan (2004), *Called to Question: A Spiritual Memoir*, Sheed & Ward, Oxford.

Chomsky, Noam (1988), *The Culture of Terrorism*, South End Press, Boston, Massachusetts.

Chomsky, Noam (2000), *Rogue States: The Rule of Force in World Affairs*, South End Press, Cambridge, Massachusetts.

Chossudovsky, Michel (1997), *The Globalisation of Poverty: Impacts of IMF and World Bank Reforms*, Zed Books, London.

Coates, Ken (ed.) (1992), *Aboriginal Land Claims in Canada: A Regional Perspective*, Copp Clark Pitman, Ontario.

Collins School Series (circa 1900), *The New Zealand Graphic Reader Sixth Book*, Collins, Auckland/Wellington.

Consedine, Bob (1984), *New Zealand (1984) Ltd*, Four Star Books, Auckland.

Consedine, Jim (1999), *Restorative Justice: Healing the Effects of Crime*, Ploughshares Publications, Christchurch.

Consedine, Jim and Helen Bowen (1999), *Restorative Justice: Contemporary Themes and Practice*, Ploughshares Publications, Christchurch.

Coogan, Tim Pat (1995), *The I.R.A.*, HarperCollins, London.

Coogan, Tim Pat (1996), *The Troubles: Ireland's Ordeal 1966–1996 and the Search for Peace*, Arrow Books, London.

Cornwell, John (1999), *Hitler's Pope: The Secret History of Pius XII*, Viking, New York.

Coull, Cheryl (1996), *A Traveller's Guide to Aboriginal B.C.*, Whitecap Books, Vancouver/Toronto.

Cox, Lindsay (1993), *Kotahitanga: The Search for Maori Political Unity*, Oxford University Press, Auckland.

Coxon, Eve, Kuni Jenkins, James Marshall and Lauran Massey (eds) (1994), *The Politics of Learning and Teaching in Aotearoa–New Zealand*, Dunmore Press, Palmerston North.

Crosby, R. D. (1999), *The Musket Wars: A History of Inter-Iwi Conflict 1806–45*, Reed Publishing, Auckland.

Crossan, John Dominic (1996), *Who Killed Jesus?: Exposing the Roots of Anti-Semitism in the Gospel Story of the Death of Jesus*, Harper, San Francisco.

Cuffley, Peter (1999), *Family History Comes to Life*, Lothian Books, Melbourne.

Curtis, Mark (2003), *Web of Deceit: Britain's Real Role in the World*, Vintage, London.

Dacker, Bill (1994), *Te Mamae me te Aroha, The Pain and the Love: A History of Kai Tahu Whanui in Otago, 1844–1994*, University of Otago Press/Dunedin City Council, Dunedin.

Dalley, Bronwyn and Jock Phillips (eds) (2001), *Going Public: The Changing Face of New Zealand History*, Auckland University Press, Auckland.

Dalley, Bronwyn and Margaret Tennant (eds) (2004), *Past Judgement: Social Policy in New Zealand History*, University of Otago Press, Dunedin.

Davis, Richard P. (1974), *Irish Issues in New Zealand Politics 1868–1922*, University of Otago Press, Dunedin.

Davidson, James West, William E. Gienapp, Christine Leigh Heyrman, Mark H. Lytle and Michael B. Stoff (1990), *Nation of Nations: A Narrative History of the American Republic, Volume II: Since 1865*, McGraw-Hill, New York.

De Bono, Edward (1992), *Handbook for the Positive Revolution*, Penguin Books, London.

de Ishtar, Zohl (ed.) (1998), *Pacific Women Speak Out for Independence and Denuclearisation*, Women's International League for Peace and Freedom, Aotearoa; the Disarmament and Security Centre, Aotearoa; Pacific Connections,

Australia.

de Las Casas, Bartolomé (1992), *In Defense of the Indians*, Stafford Poole C. M. (ed.) (trans.), Northern Illinois University Press, Illinois.

Delaney, Frank (1989), *The Celts*, HarperCollins, London.

Delgamuukw (1998), *The Supreme Court of Canada Decision on Aboriginal Title*, Greystone Books/David Suzuki Foundation, Vancouver.

Deloria, Vine Jr (1990), *Behind the Trail of Broken Treaties: An Indian Declaration of Independence*, University of Texas Press, Texas.

de Lubac, Henri (1990), *Christian Resistance to Anti-Semitism: Memories from 1940–1944*, Ignatius Press, San Francisco.

Dickason, Olive Patricia (1992), *Canada's First Nations: A History of Founding Peoples from Earliest Times*, McClelland & Stewart, Toronto.

Donovan, Vincent J. (1982), *Christianity Rediscovered: An Epistle from the Masai*, 2nd edn, Orbis Books, Maryknoll, New York.

Donovan, Vincent J. (1997), *The Church in the Midst of Creation*, Orbis Books, Maryknoll, New York.

Dryden, Gordon and Jeannette Vos, (1997), *The Learning Revolution: Your 21st Century Passport: for Families, Students, Teachers, Managers, Trainers*, The Learning Web Ltd, Auckland.

Duff, Wilson (1992), *The Indian History of British Columbia, Vol. 1: The Impact of the White Man*, Royal British Columbia Museum, Victoria, British Columbia.

Dulles, S. J., Avery and Rabbi Leon Klenicki (2001), *The Holocaust, Never to be Forgotten: Reflections on the Holy See's Document We Remember*, (commentaries), Paulist Press, New Jersey.

Durie, Mason (1998), *Te Mana, Te Kawanatanga: The Politics of Maori Self- Determination*, Oxford University Press, Auckland.

Durie, Mason (1999), *Whaiora: Maori Health Development*, 2nd edn, Oxford University Press, Auckland.

Durie, Mason (2003), *Nga Kahui Pou: Launching Maori Futures*, Huia Publishers, Wellington.

Durie, Mason (2011), *Nga Tini Whetu: Navigating Maori Futures*, Huia Publishers, Wellington.

Evison, Harry C. (1997), *The Long Dispute: Maori Land Rights and European Colonisation in Southern New Zealand*, Canterbury University Press, Christchurch.

Eversole, Robyn, John-Andrew McNeish and Alberto D. Cimadamore (eds) (2005), Indigenous Peoples & Poverty An International Perspective, Crop International Studies in Poverty Research, Zed Books, London/New York.

Ewing, John L. (1970), *The Development of the New Zealand Primary School Curriculum 1877–1970*, New Zealand Council for Educational Research, Wellington.

Fiedler, Maureen and Linda Rabben (eds) (1998), *Rome Has Spoken: A Guide to Forgotten Papal Statements and How They Have Changed Through the Centuries*, Crossroad

Publishing, New York.

Fisher, Robin (1992), *Indian–European Relations in British Columbia 1774–1890: Conflict and Contact*, University of British Columbia Press, Vancouver.

Fleras, Augie and Paul Spoonley (1999), *Recalling Aotearoa: Indigenous Politics and Ethnic Relations in New Zealand*, Oxford University Press, Auckland.

Fraser, Lyndon (1997), *To Tara via Holyhead*, Auckland University Press, Auckland.

Freire, Paulo (1972), *Pedagogy of the Oppressed*, Penguin Books, London.

Freire, Paulo (1992), *Pedagogy of Hope: Reliving Pedagogy of the Oppressed*, Continuum Publishing Company, New York.

Frideres, James S. (1993), *Native Peoples in Canada: Contemporary Conflicts*, 4th edn, Prentice Hall Canada, Scarborough (On.)

Gamez, George (1996), *Creativity: How to Catch Lightning in a Bottle*, Peak Publications, Los Angeles.

Gardiner, Wira (1996), *Return to Sender: What Really Happened at the Fiscal Envelope Hui*, Reed Publishing, Auckland.

Glen, Robert (ed.) (1992), *Mission and Moko: The Church Missionary Society in New Zealand 1814–1882*, Latimer Fellowship, Christchurch.

Gkisedtanamoogk and Frances Hancock (1993), Anoqcou: Ceremony is Life Itself, Astarte Shell Press, Portland.

Goldhagen, Daniel Jonah (2002), *A Moral Reckoning: The Role of the Catholic Church in the Holocaust and Its Unfulfilled Duty of Repair*, Little, Brown, London.

Grace, Patricia (1992), *Cousins*, Penguin Books, Auckland.

Gray, John (1998), *False Dawn: The Delusions of Global Capitalism*, The New Press, New York.

Grief, Stuart W. (ed.) (1995), *Immigration and National Identity in New Zealand*, Dunmore Press, Palmerston North.

Harbison, Peter (1994), *Pre-Christian Ireland: From the First Settlers to the Early Celts*, Thames & Hudson, London.

Havemann, Paul (ed.) (1999), *Indigenous People's Rights in Australia, Canada and New Zealand*, Oxford University Press, Auckland.

Hayward, Janine (ed.) (2003), *Local Government and the Treaty of Waitangi*, Oxford University Press, Melbourne.

Hilberg, Raul (1985), *The Destruction of the European Jews*, Holmes & Meier Publishers, New York.

Hoffman, Nicola and Wayne Scott (1984), *Psychodrama Institute of New Zealand (Inc.) Handbook*, PINZ, Auckland.

Houghton, Philip (1980), *The First New Zealanders*, Hodder & Stoughton, Auckland.

Howitt, Richard and John Connell (eds) (1991), *Mining and Indigenous Peoples in Australasia*, Sydney University Press, Sydney.

Hunter, Dale, Anne Bailey and Bill Taylor (1992), *The Zen of Groups: A Handbook for People Meeting with a Purpose*, Tandem Press, Auckland.

Ignatiev, Noel (1995), *How the Irish Became White*, Routledge, New York.

Illich, Ivan (1970), *The Church: Change and Development*, Urban Training Center Press, Herder and Herder, New York.

Imai, Shin (1996), *The 1997 Annotated Indian Act*, Carswell Thompson Professional Publishing, Toronto.

Jaimes, M. Annette (1992), *The State of Native America: Genocide, Colonization and Resistance*, South End Press, Boston, Massachusetts.

Jesson, Bruce (1999), *Only Their Purpose is Mad: The Money Men Take Over New Zealand*, Dunmore Press, Palmerston North.

Joseph, Philip A. (1993), *Constitutional and Administrative Law in New Zealand*, The Law Book Company, Sydney.

Kawharu, I. H. (1977), *Maori Land Tenure: Studies of a Changing Institution*, Oxford University Press, Oxford.

Kawharu, I. H. (ed.) (1989), *Waitangi: Maori & Pakeha Perspectives of the Treaty of Waitangi*, Oxford University Press, Auckland.

Kee, Robert (1976), *The Most Distressful Country: The Green Flag*, Vol. 1, Quartet Books, London.

Kee, Robert (1994), *The Laurel and the Ivy: The Story of Charles Stewart Parnell and Irish Nationalism*, Penguin Books, London.

Kelsey, Jane (1990), *A Question of Honour? Labour and the Treaty 1984–1989*, Allen & Unwin New Zealand in association with Port Nicholson Press, Wellington.

Kelsey, Jane (1995), *The New Zealand Experiment: A World Model for Structural Adjustment?*, Auckland University Press with Bridget Williams Books, Auckland.

Kertzer, David I. (2001), *The Popes Against the Jews: The Vatican's Role in the Rise of Modern Anti-Semitism*, Alfred A. Knopf, New York.

Kinealy, Christine (1995), *This Great Calamity: The Irish Famine 1845–1852*, Robert Rinehart Publishers, Colorado.

King, Michael (1985), *Being Pakeha*, Hodder and Stoughton, Auckland.

King, Michael (ed.) (1991), *Pakeha: The Quest for Identity in New Zealand*, Penguin Books, Auckland.

King, Michael (1997), *God's Farthest Outpost: A History of Catholics in New Zealand*, Penguin Books, Auckland.

King, Michael (1999), *Being Pakeha Now*, Penguin Books, Auckland.

King, Michael (2000), *Moriori: A People Rediscovered*, revised edition, Penguin Books,Auckland.

Kivel, Paul (1996), *Uprooting Racism: How White People Can Work for Racial Justice*, New Society Publishers, Philadelphia and Gabriola Island, British Columbia.

Lange, Raeburn (1999), *May the People Live: A History of Maori Health Development 1900–1920*, Auckland University Press, Auckland.

Lipstadt, Deborah (1993), *Denying the Holocaust: The Growing Assault on Truth and Memory*, The Free Press,

New York.

Lyons, Oren, John Mohawk, Vine Deloria Jr, Laurence Hauptman, Howard Berman, Donald Grinde Jr, Curtis Berkey and Robert Venables (eds) (1992), *Exiled in the Land of the Free*, Clear Light Publishers, Sante Fe.

MacEoin, Gary (ed.) (1998), *The Papacy and the People of God*, Orbis Books, Maryknoll, New York.

Macintyre, Stuart and Anna Clark (2003), *The History Wars*, Melbourne University Press, Victoria.

McClory, Robert (1995), *Turning Point*, Crossroad, New York.

McClure, Margaret (1998), *A Civilised Community: A History of Social Security in New Zealand 1898–1998*, Auckland University Press, Auckland.

McDonald, K. C. (compiler) (1927; 1960 13th printing), *Our Country: A Brief Survey of New Zealand History and Civics*, Whitcombe and Tombs, Wellington.

McGibbon, Ian (1991), *The Path to Gallipoli: Defending New Zealand 1840–1915*, GP Books, Wellington.

McHugh, Paul (1991), *The Maori Magna Carta: New Zealand Law and the Treaty of Waitangi*, Oxford University Press, Auckland.

McNamara, Robert S. (1996), *In Retrospect: The Tragedy and Lessons of Vietnam*, Vintage Books, New York.

McNeil, Kent (1989), *Common Law Aboriginal Title*, Clarendon Press, Oxford.

Mangan, J. A. (ed.) (1993), *The Imperial Curriculum: Racial Images and Education in the British Colonial Experience*, Routledge, London.

Manne, Robert (ed.) (2003), *Whitewash: On Keith Windshuttle's Fabrication of Aboriginal History*, Black Inc. Agenda, an imprint of Schwartz Publishing, Melbourne.

Maxwell, John Francis (1975), *Slavery and the Catholic Church: The History of Catholic Teaching Concerning the Moral Legitimacy of the Institution of Slavery*, Barry Rose Publishers, Chichester and London.

Memmi, Albert (1991), *The Colonizer and the Colonized*, Beacon Press, Boston.

Memon, Ali and Harvey Perkins (eds) (2000), *Environmental Planning and Management in New Zealand*, Dunmore Press, Palmerston North.

Miller, Harold (1954), *The Maori and the Missionary*, School Publications Branch, Department of Education, Wellington.

Miller, J. R. (1996), *Shingwauk's Vision: A History of Native Residential Schools*, University of Toronto Press, Toronto.

Monin, Paul (2001), *This Is My Place: Hauraki Contested 1769–1875*, Bridget Williams Books, Wellington.

Moon, Paul (1994), *The Origins of the Treaty of Waitangi*, Birdwood Publishing, Auckland.

Moon, Paul (1998), *Hobson: Governor of New Zealand 1840–1842*, David Ling Publishing, Auckland.

Moon, Paul (2000), *FitzRoy: Governor in Crisis 1843–1845*, David Ling Publishing, Auckland.

Moon, Paul (2002), *Te Ara Ki Te Tiriti, The Path to the Treaty of Waitangi*, David Ling Publishing, Auckland.

Mitchell, Hilary Anne and Maui John Mitchell (1993), *Maori Teachers Who Leave the Classroom*, New Zealand Council for Educational Research, Wellington.

Muldoon, James (1979), *Popes, Lawyers and Infidels*, University of Pennsylvania Press, Philadelphia.

Naumann, Ruth (2002), *Our Treaty: The Treaty of Waitangi 1840 to the Present*, New House Publishers, Auckland.

Naumann, Ruth, Lyn Harrison and Te Kaponga Winiata (1990), *Te Mana o Te Tiriti: The Living Treaty*, New House Publications, Auckland.

Neillands, Robin (1997), *A Fighting Retreat: The British Empire 1947–1997*, Hodder & Stoughton, London.

Nelson-Pallmeyer, Jack (1997), *School of Assassins*, Orbis Books, Maryknoll, New York.

Novick, Peter (2001), *The Holocaust and Collective Memory*, Bloomsbury, London.

Novitz, David and Bill Willmott (eds) (1989), *Culture and Identity in New Zealand*, GP Books, Wellington.

Oberdorfer, Don (1999), *The Two Koreas: A Contemporary History*, Little, Brown, London.

Oddie, Graham and Roy Perrett (eds) (1992), *Justice, Ethics, and New Zealand Society*, Oxford University Press, Auckland.

O'Brien, Maire and Conor Cruise (1994), *Ireland: A Concise History*, Thames & Hudson, London.

O'Donohue, John (1998), *Eternal Echoes: Exploring Our Hunger to Belong*, Bantam Press, London.

O'Malley, Vincent (1998), *Agents of Autonomy: Maori Committees in the Nineteenth Century*, Huia Publishers, Wellington.

Oliver, W. H. (ed.) (1981), *The Oxford History of New Zealand*, Clarendon Press, Oxford/Oxford University Press, Wellington.

Openshaw, Roger (ed.) (1992), *New Zealand Social Studies: Past, Present and Future*, Academic Monograph No. 12, Dunmore Press, Palmerston North.

Orange, Claudia (1987), *The Treaty of Waitangi*, Allen & Unwin, Wellington.

Orange, Claudia (1990), *An Illustrated History of The Treaty of Waitangi*, Allen & Unwin, Wellington.

Palmer, Alison (2000), *Colonial Genocide*, Crawford House Publishing, Hindmarsh, South Australia.

Pattel-Gray, Anne (1991), *Through Aboriginal Eyes: The Cry from the Wilderness*, WCC Publications, Geneva.

Pawson, Eric and Tom Brooking (2002), *Environmental Histories of New Zealand*, Oxford University Press, Auckland.

Peters, Michael (ed.) (1997), *Cultural Politics and the University in Aotearoa/ New Zealand*, Dunmore Press, Palmerston North.

Peters, M. (ed.) (1999), *After the Disciplines: The Emergence of Cultural Studies*, Bergin & Garvey, Westport, Connecticut.

Phayer, Michael (2000), *The Catholic Church and the Holocaust: 1930–1965*, Indiana University Press, Bloomington, Indiana.

Pool, Ian (1991), *Te Iwi Maori: A New Zealand Population*

Past, Present and Projected, Auckland University Press, Auckland.

Price, Richard T. (1991), *Legacy: Indian Treaty Relationships*, Plains Publishing Inc., Edmonton.

Prucha, Francis Paul (1984), *The Great Father: The United States Government and the American Indians*, Vol. 1: Lincoln, University of Nebraska Press, Omaha, Nebraska.

Read, Peter (1999), *A Rape of the Soul So Profound*, Allen & Unwin, St Leonards, New South Wales.

Redmond, Michael L. (1994), *A Nation's Holocaust and Betrayal: Ireland 1172–1992*, Pentland Press, Durham.

Renwick, William (ed.) (1991), *Sovereignty and Indigenous Rights: The Treaty of Waitangi in International Contexts*, Victoria University Press, Wellington.

Reynolds, Henry (1992), *The Law of the Land*, 2nd edn, Penguin Books, Victoria.

Reynolds, Henry (1996), *Frontier: Reports from the Edge of White Settlement*, Allen & Unwin, St Leonards, New South Wales.

Reynolds, Henry (1999), *Why Weren't We Told? A Personal Search for the Truth About Our History*, Viking, Penguin Books, Victoria.

Riseborough, Hazel (1989), *Days of Darkness: Taranaki 1878–1884*, Allen & Unwin, Wellington.

Robinson, Randall N. (2000), *The Debt: What America Owes to Blacks*, Dutton and Plume, New York.

Roesdahl, Else (1992), *The Vikings*, Penguin Books, London.

Rosner, Jorge (1987), *Peeling the Onion: Gestalt Theory and Methodology*, Gestalt Institute of Toronto, Toronto.

Roy, Arundhati (2001), *Power Politics*, South End Press, Cambridge, Massachusetts.

Said, Edward W. (1993), *Culture and Imperialism*, Vintage, London.

Salmond, Anne (1993), *Two Worlds: First Meetings Between Maori and Europeans 1642–1772*, Viking, Auckland.

Salmond, Anne (1997), *Between Worlds: Early Exchanges Between Maori and Europeans 1773–1815*, Viking, Auckland.

Saunders, Frances Stonor (1999), *The Cultural Cold War: The C.I.A. and the World of Arts and Letters*, New Press, New York.

Scott, Dick (1975), *Ask That Mountain: The Story of Parihaka*, Heinemann/ Southern Cross, Auckland.

Shiel, M.J. (ed.) (1986), *A Forgotten Campaign: Aspects of the Heritage of Southeast Galway*, Woodford Heritage Group, Woodford.

Shirres, Michael P. (1997), *Te Tangata: The Human Person*, Accent Publications, Auckland.

Simon, Judith (ed.) (1998), *Nga Kura Maori: The Native Schools System 1867–1969*, Auckland University Press, Auckland.

Simpson, Tony (1997), *The Immigrants: The Great Migration from Britain to New Zealand, 1830–1890*, Godwit Publishing, Auckland.

Sinclair, Keith (1986), *A Destiny Apart: New Zealand's Search for National Identity*, Allen & Unwin in association with Port Nicholson Press, Wellington.

Slack, David (2004), *Bullshit, Backlash and Bleeding Hearts: A Confused Person's Guide to the Great Race Row*, Penguin Books, Auckland.

Smith, Linda Tuhiwai (1999), *Decolonizing Methodologies: Research and Indigenous Peoples*, Zed Books, New York. University of Otago Press, Dunedin.

Soyinka, Wole (1999), *The Burden of Memory: The Muse of Forgiveness*, Oxford University Press, New York.

Spiller, Peter, Jeremy Finn and Richard Boast (1995), *A New Zealand Legal History*, Brookers, Wellington.

Spoonley, Paul and Cluny Macpherson, David Pearson and C. Sedgwick (eds) (1984), *Tauiwi: Racism and Ethnicity in New Zealand*, Dunmore Press, Palmerston North.

Spoonley, Paul and Walter Hirsh (eds) (1990), *Between the Lines: Racism and the New Zealand Media*, Heinemann Reed, Auckland.

Spoonley, Paul, David Pearson and Cluny Macpherson (eds) (1996), *Nga Patai: Racism and Ethnic Relations in Aotearoa/New Zealand*, Dunmore Press, Palmerston North.

Stenson, Marcia and Tu Williams (1991), *The Treaty of Waitangi*, Longman Paul, Auckland.

Stenson, Marcia (2004), *The Treaty: Every New Zealander's Guide to the Treaty of Waitangi*, Random House, Auckland.

Sternberg, Patricia and Antonina Garcia (1989), *Sociodrama: Who's in Your Shoes?*, Praeger Publishers, New York.

Stock Whitaker, Dorothy (1989), *Using Groups to Help People*, Tavistock/ Routledge, London/New York.

Stogre, Michael (1992), *That the World May Believe: The Development of Papal Social Thought on Aboriginal Rights*, Editions Paulines, Quebec.

Sweetman, Rory (1997), *Bishop in the Dock: The Sedition Trial of James Liston*, Auckland University Press, Auckland.

Tatz, Colin (2003), *With Intent to Destroy: Reflecting on Genocide*, Verso, London.

Temm, Paul (1990), *The Waitangi Tribunal: The Conscience of the Nation*, Random Century, Auckland.

Tennant, Paul (1990), *Aboriginal Peoples and Politics: The Indian Land Question in British Columbia 1849–1989*, University of British Columbia Press, Vancouver.

Tinker, George E. (1993), *Missionary Conquest: The Gospel and Native Cultural Genocide*, Fortress Press, Minneapolis.

Trompenaars, Fons (1993), *Riding the Waves of Culture: Understanding Cultural Diversity in Business*, Nicholas Brealey Publishing, London.

Tutu, Desmond (1999), *No Future Without Forgiveness*, Rider, London.

Tyson, Trevor (1989), *Working with Groups*, MacMillian Education Australia, Melbourne.

Vaggioli, Dom Felice (trans. by John Crockett) (2000), *History of New Zealand and Its Inhabitants*, University of Otago Press, Dunedin.

Vaillancourt, Jean-Guy (1980), *Papal Power: A Study of*

Vatican Control over Lay Catholic Elites, University of California Press, Berkeley and Los Angeles.

Walker, Ranginui (1990), *Ka Whawhai Tonu Matou: Struggle Without End*, Penguin Books, Auckland.

Walker, Ranginui (2002), *He Tipua, The Life and Times of Sir Apirana Ngata*, Penguin Books, Auckland.

Ward, Alan (1995), *A Show of Justice: Racial 'Amalgamation' in Nineteenth Century New Zealand*, Auckland University Press, Auckland.

Ward, Alan (1999), *An Unsettled History: Treaty Claims in New Zealand Today*, Bridget Williams Books, Wellington.

Whitcombe's Primary History Series (circa 1929), *Our Nation's Story: A Course of British History*, Whitcombe and Tombs, Wellington.

Wilkinson, Richard and Kate Pickett (2009), *The Spirit Level Why More Equal Societies Almost Always Do Better*, Allen Lane, Penguin Group, England.

Williams, David V. (1999), *'Te Kooti Tango Whenua', The Native Land Court*, 1864–1909, Huia Publishers, Wellington.

Wills, Garry (2000), *Papal Sin: Structures of Deceit*, Doubleday/Random House, New York.

Wilson, Desmond (1997), *Democracy Denied*, Mercier Press, Cork/Dublin.

Woodham-Smith, Cecil (1979), *The Great Hunger*, New English Library, London.

Zucotti, Susan (2000), *Under His Very Windows: The Vatican and the Holocaust in Italy*, Yale University Press, New Haven and London.

【報告書および政府広報】

Australian Bureau of Statistics (2008), *Social Justice Report: A statistical overview of Aboriginal and Torres Strait Islander peoples in Australia*, Sydney, NSW.

Bennion, Tom, Malcolm Birdling and Rebecca Paton (2004), *Making Sense of the Foreshore & Seabed*, Maori Law Review, Wellington.

British Columbia *Treaty Commission, 1995–96 Annual Report*, Vancouver.

British Columbia *Treaty Commission, 2011 Annual Report*, Vancouver.

British Columbia *Treaty Commission (2002), Principals Take Action on Treaty Issues, 1–8*, Vancouver.

British Columbia Treaty Commission (2011), *Support for Treaties Growing Treaty Commission Advises Minister*, Vancouver.

Chen Palmer, Wellington (25 July 2011), *Statement of Claim: a claim by Dr Timoti Karetu, Tina Olsen-Ratana and Dame Iritana Te Rangi Ta Whiwhirangi on behalf of Te Kohanga Reo National Trust Board*, Wellington.

Correspondence Relative to New Zealand, No. 16, *From the Marquis of Normanby to Captain Hobson, R.N.*, Downing Street, August 14th, 1839.

Dave Kennedy Consulting (May 2004), *The British Columbia*

Treaty Process: A Road Map for Further Progress, prepared for the Business Council of British Columbia, Victoria, British Columbia.

Department of Education (1961), *Social Studies in the Primary School*, Primary School Syllabuses, Wellington.

Department of Education (1967), *Suggestions for Teaching Social Studies in the Primary School Index Parts 1, 2, 3, 4*, Wellington.

Department of Education (1977), *Social Studies Syllabus Guidelines Forms 1–4*, Wellington.

Department of Education (1986), *The Curriculum Review: A Draft Report Prepared by the Committee to Review the Curriculum for Schools*, Wellington.

Department of Education (1987), *Report on the Social Studies Subjects Survey 1981–1982*, Wellington.

Department of Internal Affairs–Te Tari Taiwhenua (2003), *Local Authority Election Statistics 2001: Maori in Local Government*, Wellington.

Department of Maori Affairs (1960), *Report on Department of Maori Affairs with Statistical Supplement*, by J. K. Hunn, Wellington.

Department of the Prime Minister and Cabinet (September 2003), *The Foreshore and Seabed of New Zealand, Protecting Public Access and Customary Rights: Government Proposals for Consultation*, Wellington.

Department of Social Welfare (1986), *Puao-Te-Ata-Tu (Daybreak), report of the Ministerial Advisory Committee on a Maori Perspective*, Wellington.

Dunedin Community Law Centre (1995), *An Introduction to the Waitangi Tribunal with Reference to the Ngai Tahu Land Claim.*

Education Act 1877, reprinted 1878, Government Printer, Wellington.

Education Department (1937), *Syllabus of Instruction for Public Schools*, Wellington.

Education Review Office (May 2011), Directions for Learning: The New Zealand Curriculum Principles, and Teaching as Inquiry, Wellington.

Education Review Office (June 2010), *Promoting Success for Maori Students: School's Progress*, Wellington.

First Call: BC Child and Youth Advocacy Coalition (2009), *BC Campaign 2000–2009, Child Poverty Report Card*, Vancouver.

Government Review Team (September 1988), *Government Review of Te Kohanga Reo: Language is the Life Force of the People: Report of the Review of Kohanga Reo*, Wellington.

Human Rights Commission (1979), *Racial Harmony in New Zealand: A Statement of Issues*, Wellington.

Human Rights Commission (1982), *Race Against Time, Race Relations Conciliator*, Wellington.

Human Rights Commission (2010), *'Te Tiriti o Waitangi Treaty of Waitangi', 2010 in Review*, Auckland.

Human Rights and Equal Opportunity Commission,

Commonwealth of Australia (April 1997), *Bringing Them Home: Report of the National Inquiry into the Separation of Aboriginal and Torres Strait Islander Children from Their Families*, Sydney.

Irwin, Kathie Dr (November 2007), 'Report on Briefings', Maori Affairs Select Committee Inquiry into Maori Participation in Early Childhood Education.

Maori Synod of the Presbyterian Church of New Zealand (1961), *A Maori View of the Hunn Report*, Christchurch.

Minister of Maori Affairs (2011), *Annual Report on the Crown's Implementation of Waitangi Tribunal Recommendations for the Period of July 2010–June 2011*.

Ministry of Agriculture and Forestry (August 2003), *Walking Access in the New Zealand Outdoors: A Report by the Land Access Ministerial Reference Group*, Wellington.

Ministry of Education (1991), *Social Studies Forms 3 & 4: A Handbook for Teachers*, Learning Media, Wellington.

Ministry of Education (1993), *Social Studies 14 Years On: An Evaluation of the Handbook for Teachers of Forms 3 & 4 Social Studies*, Report Series No. 1, Wellington.

Ministry of Education (1997), *Social Studies in the New Zealand Curriculum*, Learning Media, Wellington.

Ministry of Education (December 2003), *New Zealand's Tertiary Education Sector Report – Profile and Trends 2002*, Wellington.

Ministry of Education (June 2004), *Review of Regulation of Early Childhood Education, Implementing Pathways to the Future: Nga Huarahi Arataki*, Wellington.

Ministry of Education (2007), *The New Zealand Curriculum*, Learning Media, Wellington.

Ministry of Education and Office of the Race Relations Conciliator (1997), *In Tune: Students' Activities*, Learning Media, Wellington.

Ministry of Health (December 2003), *Health and Independence Report: Director General's Report on the State of Public Health*, Wellington.

Ministry of Health and University of Otago (July 2003), *Decades of Disparity: Ethnic Mortality Trends in New Zealand 1980–1999* by S. Ajwani, T. Blakely, B. Robson, M. Tobias and M. Bonne, Wellington.

Ministry of Health (2011), Whanau Ora: Transforming our Futures, Wellington.

Ministry of Social Development (2010), *The Social Report 2010*, Wellington. National Party/Maori Party (16 November 2008), Relationship and Confidence and Supply Agreement.

New Zealand Education Department (1948), *The Primary School Curriculum Revised Syllabus*, School Publications Branch, Wellington.

New Zealand Educational Institute (1971), *A Teachers' Index of Core Materials for Social Studies*, Wellington.

New Zealand Institute of Economic Research (2000), *Allocating Fisheries Assets: Economic Costs of Delay, Report to Treaty Tribes Coalition*, Wellington. New Zealand Planning Council (1999), *The Economy in Transition, New*

Zealand Planning Council, Wellington.

New Zealand Public Health and Disability Act (2000).

Office of the Parliamentary Commissioner for the Environment Te Kaitiaki a Te Whare Paremata (1994), *Indigenous Claims and the Process of Negotiation and Settlements in Countries with Jurisdictions and Populations Similar to New Zealand's*, by Caren Wickliffe, Wellington.

Office of Treaty Settlements, Te Tari Whakatau Take e pa ana ki te Tiriti o Waitangi (2001), *Deed of Settlement of the Historical Claims of Ngaati Ruanui*, Wellington.

Office of Treaty Settlements, Te Tari Whakatau Take e pa ana ki te Tiriti o Waitangi (2002), Ka tika a muri, ka tika a mua, He Tohutohu Whakamarama I nga Whakataunga Kereme e pa ana ki te Tiriti o Waitangi me nga Whakaritenga ki te Karauna, *Healing the Past, Building a Future: A Guide to Treaty of Waitangi Claims and Negotiations with the Crown*, Wellington.

Office of Treaty Settlements, Te Tari Whakatau Take e pa ana ki te Tiriti o Waitangi (2004), Ka tika a muri, ka tika a mua, He Tohutohu Whakamarama I nga Whakataunga Kereme e pa ana ki te Tiriti o Waitangi me nga Whakaritenga ki te Karauna, *Healing the Past, Building a Future, A Guide to Treaty of Waitangi Claims and Negotiations with the Crown (Summary Edition)*, Wellington.

Office of Treaty Settlements, Te Tari Whakatau Take e pa ana ki te Tiriti o Waitangi (2004), *Quarterly Report to 30 June 2004*, Wellington.

Office of Treaty Settlements Te Tari Whakatau Take e pa ana ki te Tiriti o Waitangi (2010), *Te Kokiri Ngatahi Treaty Settlements Hui October 2010*, Wellington.

Office of Treaty Settlements Te Tari Whakatau Take e pa ana ki te Tiriti o Waitangi (2011), *9 Month Report July 2010–March 2011*, Wellington.

Primary School Bulletin (1958), *Te Tiriti o Waitangi*, by R. M. Ross, Wellington.

Regulations for Inspection and Examination of Schools, supplement to *New Zealand Gazette*, 14 April 1904, Parliamentary Papers, Wellington. Report of The Royal Commission on the Electoral System: *Towards a Better Democracy (1986), A History of Maori Representation in Parliament* by M. P. K. Sorrenson, Wellington.

Royal Commission on Social Policy (1988), *The Treaty of Waitangi and Social Policy*, Discussion Booklet No. 1., Wellington.

Statistics Canada (2003), *2001 Census: Analysis Series, Aboriginal peoples of Canada: A Demographic Profile*, Canada.

Statistics New Zealand, Te Tari Tatau, *2001 Census: Snapshot 4*, Wellington.

Te Puni Kokiri (1999), *Strategic Overview*, post-election brief to incoming Minister of Maori Affairs, Wellington.

Te Puni Kokiri (2001), *He Tirohangao o Kawa Ke te Tiriti o Waitangi: A Guide to the Principles of the Treaty of Waitangi as Expressed by the Courts and the Waitangi*

Tribunal, Wellington.

Tertiary Education Commission, Te Amorangi Matauranga Matua (2003), *Collaborating for Efficiency: Report of the Responsiveness to Maori Sub-group*, Sarah-Jane Tiakiwai and Lani Teddy (eds), Wellington.

The Post-Primary School Curriculum (1944) report of the committee appointed by the Minister of Education in 1942, Wellington.

Treaty of Waitangi Fisheries Commission (August 2002), *Ahu Whakamua: The Treaty of Waitangi Fisheries Settlement, What It Means for You, Summarising the Report for Agreement on the Allocation of Assets and Distribution of Benefits of the Treaty of Waitangi Fisheries Settlement*, Wellington.

Treaty of Waitangi Fisheries Commission (April 2003), *He Kawai Amokura: This report represents the 'Full Particulars' of a model for allocation of the Fisheries Settlement Assets*, Wellington.

Treaty of Waitangi Fisheries Commission (December 2003), *Te Reo o te Tini A Tangaroa*, Issue No. 70, Wellington.

United Nations (March 2008), *United Nations Declaration on the Rights of Indigenous Peoples*.

Waitangi Tribunal (1985), *Wai 8: The Manukau Claim Report*, Department of Justice, Wellington.

Waitangi Tribunal (1986), *Wai 11: Te Reo Maori Report*, Department of Justice, Wellington.

Waitangi Tribunal (1987), *Wai 9: The Orakei Claim Report*, Department of Justice, Wellington.

Waitangi Tribunal (1988), *Wai 22: Muriwhenua Fishing Report*, Department of Justice, Wellington.

Waitangi Tribunal (1991), *Wai 27: The Ngai Tahu Report*, Vol. 1., Department of Justice, Wellington.

Waitangi Tribunal (1991), *Wai 27: The Ngai Tahu Report*, Vol. 2., Brooker and Friend, Wellington.

Waitangi Tribunal (1992), *Wai 307: The Fisheries Settlement Report*, Department of Justice, Wellington.

Waitangi Tribunal (1996), *Maori Land Councils and Maori Land Boards: A Historical Overview, 1900–1952*, Donald M. Loveridge, Rangahaua Whanui National Theme K, Wellington.

Waitangi Tribunal (1997), *The Crown's Engagement with Customary Tenure in the Nineteenth Century*, Hazel Riseborough and John Hutton, Rangahaua Whanui National Theme C, Wellington.

Waitangi Tribunal (1997), *Wai 45: Muriwhenua Land Report*, GP Publications, Wellington.

Waitangi Tribunal (1997), *National Overview* Vol. 1, by Alan Ward, Rangahaua Whanui Series, GP Publications, Wellington.

Waitangi Tribunal (1997), *Public Works Takings of Maori Land, 1840–1981*, Cathy Marr, Rangahaua Whanui National Theme G, Wellington.

Waitangi Tribunal (2001), *Crown Policy Affecting Maori Knowledge Systems and Cultural Practices*, David Williams,

Wellington.

Waitangi Tribunal (2004), *Wai 1071: Report on the Crown's Foreshore and Seabed Policy*, Legislation Direct, Wellington.

Waitangi Tribunal (Haratua/May 2004), *Te Manutukutuku*, Wellington.

Waitangi Tribunal (2011), *Wai 262: Flora and Fauna Report*, Wellington.

Walker, Julian (11 February 2009), *The Indian Residential Schools Truth and Reconciliation Commission*, Legal and Legislative Affairs Division, Parliamentary Information and Research Service, Library of Parliament, Canada.

World Council of Churches (1983), *Racism in Children's and School Textbooks*, Programme to Combat Racism, Office of Education, Geneva.

【雑誌記事】

Annett, Rev. Kevin D. (February–March 2002), 'Hidden from History the Canadian Holocaust', in *Nexus*, 9:2.

Black, Rose (October 2000), 'Political Implications of the Name "Pakeha"', in *Living Justly in Aotearoa*, Justice and Peace Office and the Bicultural Desk of the Auckland Catholic Diocese and Pax Christi Aotearoa.

Boast, Richard (Autumn/Winter 2004), 'Constitutional Crisis Over Foreshore & Seabed in Aotearoa' in *Pacific Ecologist*, double issue 7/8.

Brett, Cate (March 1994), 'Death by Adventure' in *North and South*.

Brooking, Tom (1992), '"Busting Up" the Greatest Estate of All: Liberal Maori Land Policy 1891–1911' in *New Zealand Journal of History*, Vol. 26, No. 1.

Buckland, Susan (7 August 2004), 'Children of the Poor' in *New Zealand Listener*.

Creedon, Jeremiah (April 1999), 'To Hell and Back' in *Utne Reader*, No. 92.

Doherty, Kathleen (December 2000), 'Reporting with Integrity' in *Tui Motu InterIslands*.

Dowrick, Stephanie (April 1999), 'The Art of Letting Go' in *Utne Reader*, No. 92.

Durie, Mason (1995), 'Tino Rangatiratanga: Maori Self-Determination' in *He Pukenga Korero: A Journal of Maori Studies*, Vol. 1, No. 1.

Economist, 19 April 1997.

Elias, Robert (summer 2002/2003), 'Terrorism & American Foreign Policy' in *Pacific Ecologist*, issue 4.

Elias, Dame Sian (19 March 2003), *Sovereignty in the 21st Century*, Institute for Comparative and International Law at the University of Melbourne.

Ferguson, Philip (December/January 1996), 'Ireland: The End of National Liberation' in *New Zealand Monthly Review*, No. 353.

Galbraith, Ross (2002), 'Displacement, Conservation and Customary Use of Native Plants and Animals in New Zealand' in *New Zealand Journal of History*, Vol. 36, No. 1.

Gilling, Bryan D. (1993), 'The Maori Land Court in New Zealand: An Historical Overview' in *The Canadian Journal of Native Studies*, Vol. 13, No.1.

Johnson, Elizabeth A. (19 November 1999), 'Galileo's Daughters' in *Commonweal*.

Jones, Alison (1999), 'The Limits of Cross-cultural Dialogue: Pedagogy, Desire and Absolution in the Classroom' in *Educational Theory*, Summer, Vol. 49, No. 3.

The Journal of the Polynesian Society, Vol. 113, No. 1, March 2004.

Leane, Geoffrey (2006),' Indigenous Rights Wronged: Extinguishing Native Title in New Zealand', in *Dalhousie Law Journal*, Schulich University, School of Law, University Halifax, Nova Scotia, 29:1, Spring 2006.

London Review of Books, 14 October 1999.

Malone, E. P. (1973), 'The New Zealand School Journal and the Imperial Ideology' in *New Zealand Journal of History*, Vol. 7, No. 1.

Mana, issue 56, February/March 2004.

Mana, issue 58, June/July 2004.

Mana, issue 59, August/September 2004.

McGeorge, Colin (1999), 'What Was "Our Nation's Story"? New Zealand Primary School History Textbooks Between the Wars' in *History of Education Review*, Vol. 28, No. 2.

McIntosh, Peggy (1992), 'Unpacking the Invisible Knapsack: White Privilege' in *Creation Spirituality*, Vol. VIII, No. 1.

McIntosh, Peggy (1992), *White Privilege: Unpacking the Invisible Knapsack*, from Working Paper 189, 'White Privilege and Male Privilege: A Personal Account of Coming to See Correspondences through Work in Women's Studies' (1988), Wellesley College Center for Research on Women, Wellesley, Massachusetts.

Moon, Paul (1998), 'The Creation of the Sealord Deal' in *Journal of the Polynesian Society*, Vol. 107, No. 2.

Moon, Paul (1999), 'Three Historical Interpretations of the Treaty of Waitangi (1840)' in *Electronic Journal of Australian and New Zealand History*.

Mutch, Carol (1996), 'New Zealand Social Studies 1961–1995: A View of Curriculum Change' in *Children's Social and Economics Education*, Vol. 1, No. 1.

Mutch, Carol (1998), 'Current Perceptions of the New Social Studies Curriculum in New Zealand' in *Children's Social and Economics Education*, Vol. 3, No. 0.

National Catholic Reporter, 22 October 1993, 2 June 2000, 27 October 2000.

Evening Mail, 27 November 1993.

New York Review, 25 May 2000.

New Zealand Herald, 2 October 1999; 7 March 2000; 8 September 2002; 22 March 2004; 2July 2004; 18 September 2004.

New Zealand Institute of Economic Research (2003), *Maori Economic Development: Te Ohanga Whanaketanga Maori*, Wellington.

New Zealand Listener, 1 May 2004.

O'Toole, Fintan (5 October 2000), 'Are the Troubles Over?' in *New York Review*.

Orange, Claudia (April 1987), 'An Exercise in Maori Autonomy: The Rise and Demise of the Maori War Effort Organization' in *New Zealand Journal of History*, Vol. 22, No. 2.

Owens, J. M. R. (1968), 'Christianity and the Maoris to 1840' in *New Zealand Journal of History*, Vol. 2, No. 1.

Pablo, Richard (19 December 1997), 'Inculturation Defends Human, Cosmic Life' in *National Catholic Reporter*.

Ross, John O. (1980), 'Busby and the Declaration of Independence' in *New Zealand Journal of History*, Vol. 14, No. 1.

Rothman, David J. (30 November 2000), 'The Shame of Medical Research' in *New York Review*.

Sheehan, M. (2011) 'Little is Taught or Learned in Schools'. In Robert Guyver and Tony Taylor (eds.), *History Wars in the Classroom: a global perspective, Information Age Publishing*, Charlotte, North Carolina.

Sheehan, Mark (2010), 'The Place of "New Zealand" in the New Zealand History Curriculum', *Journal of Curriculum Studies*, 42:5, 671–691.

Stenhouse, John (1996), 'A Disappearing Race Before We Came Here: Doctor Alfred Kindome Newman, the Dying Maori, and Victorian Scientific Racism' in *New Zealand Journal of History*, Vol. 30, No. 2.

Stenson, Marcia (1990), 'History in New Zealand Schools' in *New Zealand Journal of History*, Vol. 24, No. 2.

Sykes, Annette (5 November 2010), Bruce Jesson Lecture.

Synod of Catholic Bishops (1971), *Justice in the World*, Typis Polyglottis Vaticanis, Rome.

Taonui, Rawiri (2004), 'Truly People of the Land' in *The Press*, 19 August 2004.

Te Kawariki (1999), *20 Yrs of Protest Action 1979–1999, Te Kawariki*, Box 546, Kaitaia.

The Age, Melbourne, 17 December 1995.

Tremewan, Peter (1992), 'The French Alternative to the Treaty of Waitangi' in *New Zealand Journal of History*, Vol. 26, No. 1.

Waters, Hazel (1995), 'The Great Famine and the Rise of Anti-Irish Racism' in *Journal of Race and Class*.

Whitaker, Raymond and Justin Huggler (23 May 2004), *The Independent*.

Yarwood, A.T. (1970), 'The Missionary Marsden—An Australian View' in *New Zealand Journal of History*, Vol. 4, No. 1.

【会議資料】

Black, Titoki, Philip Marshall and Kathie Irwin (2003), *Maori Language Nests in NZ: Te Kohanga Reo, 1982–2003*, United Nations Permanent Forum on Indigenous Issues, 12–22 May 2003, New York.

Consedine, Robert (1997), 'Keynote address: Journeying

Together: The Contemporary New Zealand Treaty Experience. A Pakeha/European Perspective'. Aboriginal Education Conference, Gathering of Nations. 5–8 February, Victoria, British Columbia.

Dalziel, Paul (2000), *Changing Economic Realities*, Conference of the New Zealand Association of Counsellors, Christchurch.

Durie, E. Taihakurei (1990), *Treaties and Common Law Rights as Sources of Indigenous Rights*, Commonwealth Law Conference, Auckland.

Durie, Mason, *Nga Matatini Maori: Diverse Maori Realities* (1995), Wananga Purongo Korerorero Ngaruawahia—Maori Health Framework Seminar, 14–17 February, Turangawaewae Marae.

Durie, Mason (24 February 2001), *A Framework for Considering Maori Educational Advancement*, Hui Taumata Matauranga, Turangi, Taupo.

Grace, Patricia (2000), *The Treaty of Waitangi and the Expression of Culture in Aotearoa* in Proceedings of the Treaty Conference 2000, Auckland.

Hokowhitu, Brendan (2001), *Maori as the Savage Other: Icons of Racial Representation*, paper accepted for presentation at the Tokyo Foundation International Forum on Social Inequality, 31 October to 2 November, Howard University, Washington DC.

Philips, Jock (2000), *The Constitution and Independent Nationhood*, Building the Constitution Conference, 7–8 April, Wellington.

Ross, Ruth (1972), *The Treaty on the Ground in The Treaty of Waitangi: Its Origins and Significance*, papers presented at a seminar at Victoria University, Wellington.

Sanders, Douglas (1993), *State Practice and the United Nations Draft Declaration on the Rights of Indigenous Peoples*, Conference on Becoming Visible: Indigenous Politics and Self-government, Tromso, Norway.

Wootten, Hal (1994), *Eddie Mabo's Case and its Implications for Australia*, Native Title and Trans Tasman Experience Conference (Mabo) Papers, Trans Tasman Consultants, Christchurch.

【放送媒体および音楽】

Bastion Point: The Untold Story, Television New Zealand, 23 June 1999.

Breakfast, Television One, 10 July 2003.

Face the Nation, Television New Zealand, 27 July 2000.

Globalisation and Maori (1998), documentary video, TKM Productions, Auckland.

Holmes, Television New Zealand, 29 May 1997.

Hughes, Robert (2000), *Beyond the Fatal Shore*, BBC Television.

Insight, Radio New Zealand, Sir Tipene O'Regan, Treaty of Waitangi Settlements, 2 February 2003.

Mana News, Radio New Zealand, 31 July 2000.

O'Connor, Sinead (1994), 'Famine', Universal Mother, Ensign

Records, Ireland. Radio New Zealand, Brian Gaynor interview with John Campbell, 7 October 2000.

Television One News, Maori Access to Health Questioned, 17 August 2001.

Television One News, report by Mihingarangi Forbes (source: Ministry of Education/Wellington East Girls' College), 31 August 2000.

Television One News, Study Shows Ethnic Wage Gaps, 9 October 2000.

Te Matakite o Aotearoa: The Maori Land March (1975), co-ordinated by New Perspectives on Race, Seehear Productions Ltd in co-production with Television Two, Auckland.

Wai Kapohe, Deborah (Waitangi Day 2004), *Borderless*, at The World Premiere of Timeless Land, Dunedin.

【未発表資料】

Consedine, Robert (1992), 'Diary of Churchill Fellowship Study Tour'.

Consedine, Robert (1992), 'Exiled in the Land of the Free: A journey through North America, England and Ireland to study anti-racism programmes and treaties on a Churchill Fellowship'.

Consedine, Robert (1995), 'Parallel Treaty Workshops'. (This paper was prepared in consultation with Irihapeti Ramsden, Ngai Tahu/Rangitane.)

Consedine, Robert (1997), Canada/Scotland Diary.

【論文およびその他出版物】

Court of Appeal of New Zealand (2003), *Ngati Apa, Ngati Koata, & Ors v. Ki Te Tau Ihu Trust & Ors [2003] NZCA 117 (19 June 2003) CA 173/01*.

Cowie, Dean (1994), *To Do All The Good I Can: Robert FitzRoy, Governor of New Zealand 1843–1845*, Auckland University.

Department of Maori Studies, Massey University (1997), *Te Kawenata o Waitangi: The Treaty of Waitangi in New Zealand Society*, Study Guide One, Palmerston North.

Durie, E.T. (1996), *Will the Settlers Settle? Cultural Conciliation and Law*, F W Guest Memorial Lecture, Otago Law Review, Dunedin.

Jones, Alison (1999), *Difference and Desire: Dividing Classrooms by Ethnicity*, Auckland University.

Millar, Ruth (1995), *An Investigation into Students' Perceptions of the Successful Aspects of 'Waitangi Workshops'*, Christchurch College of Education, Christchurch.

Murphy, Nigel (2002), *The Poll-tax in New Zealand*, A Research Paper Commissioned by the New Zealand Chinese Association, Office of Ethnic Affairs, Wellington.

Ramsden, Irihapeti Merenia (2002), *Cultural Safety and Nursing Education in Aotearoa and Te Waipounamu*, Victoria University of Wellington.

Tomas, Nin and Kerensa Johnston (2003), *Ask That Taniwha,*

Who Owns the Foreshore and Seabed of Aotearoa?, Faculty of Law, University of Auckland.

【ウェブサイト】

www.aaf.gov.bc.ca/aaf/treaty/treaty Ministry of Aboriginal Affairs, Province of British Columbia: *Treaty Negotiations in British Columbia* and *The Nisga'a Final Agreement in Brief* (1998).

www.aboriginalcanaca.com/firstnation/dirfunb.htm Lee Cohen *Miingignoti- Keteaoag Legal Issues* (1997).

www.aiatsis.gov.au/research/dp8/genocide.htm Colin Tatz, *Genocide in Australia*, AIATSIS Research Discussion Paper No. 8, Australian Institute of Aboriginal and Torres Strait Islander Studies, GPO Box 553, Canberra (2000).

www.alternet.org/module/printversion/54407 'Pope Benedict Argues Catholic Church "Purified" Indigenous Peoples' by David A. Love. Accessed on 17 August 2011.

www.armenian-genocide.org/genocide.html Rouben Paul Adalian, Armenian Genocide, Armenian National Institute, Washington DC, (1999).

www.atsic.gov.au Aboriginal and Torres Strait Islander Commission (ATSIC) Council for Aboriginal Reconciliation, Australia (2000).

www.atsic.gov.ac Aboriginal and Torres Strait Islander Commission (ATSIC) Council for Aboriginal Reconciliation, *Delgamuukw v. British Columbia* (1997).

www.austlii.edu.au/au/spec *Bringing Them Home: Report of the National Inquiry into the Separation of Aboriginal and Torres Strait Islander Children from Their Families* (1997).

www.bctreaty.net *Negotiation Update*, BC Treaty Commission, Vancouver.

www.bctreaty.net/miscellany/trbk=issues.html (Aboriginal Rights and Title/Self-government 2000).

www.bctreaty.net/unfinishedbusiness/index.php BC Treaty Commission. Accessed on 22 October 2011.

www.bigcities.govt.nz/2001report A. C. Neilson, *Quality of Life Project – 2001 Report*. Accessed 5 October 2004.

http://bullsburning.itgo.com/essays/NCPCR2001.htm Tony Castanha, *Address on the Revocation of the Papal Bull "Inter Cetera"*, National Conference on Peacemaking and Conflict Resolution 2001, George Mason University, Fairfax, Virginia (2001). Accessed 8 August 2004.

www.closertogether.org.nz Closer Together, Whakatata Mai. Accessed on 27 October 2011.

www.cstc.bc.ca/treaty/delgmkwsmry.html *Delgamuukw v. British Columbia* (2000).

http://dogwoodinitiative.org/in_the_news/archives/00540.html Will Horter, Paper, *Native Anger about to Catch Fire*, 18 June 2004. Accessed 25 August 2004.

www.emigratenz.org/unemployment-june-2004.html *Employment New Zealand*, Statistics New Zealand, June 2004. Accessed 4 October 2004.

www.ero.govt.nz/Publications/pubs2002/Kura.htm Education

Review Office, Te Tari Arotake Matauranga, *The Performance of Kura Kaupapa Maori*, June 2002, Wellington.

www.ethnicaffairs.govt.nz Rt Hon Helen Clark Prime Minister, *Address to Chinese New Year Celebration*, 12 February 2002. Accessed 27 September 2004.

www.executive.govt.nz/budget2000/gaps-table NZ Government Executive, Closing the Gaps, Budget 2000. Accessed 7 November 2000.

www.freerepublic.com/focus/f-news/1211696/posts Francis Till, *New Zealand: Easiest Place in the World to do Business*, National Business Review (10 September 2004). Accessed 4 October 2004.

www.greens.org.nz/searchdocs/PR7414.html (4 May 2004), Jeanette Fitzsimons MP, *Green MPs to greet Hikoi at Parliament*. Accessed 10 August 2004.

http://ili.nativeweb.org/dovision.html *Declaration of Vision: Toward The Next 500 Years*, From The Gathering of the 1003 United Indigenous Peoples at the Parliament of the World's Religions, Chicago, Illinois (1994). Accessed 22 March 2004.

http://ili.nativeweb.org/ricb.html Valerie Taliman, Revoke the Inter Cetera Bull, (1994). Accessed 7 March 2004.

www.justice.govt.nz/courts/maori-land-court/documents/judges-corner/july- 2011 'Maori Land Today', Chief Judge W.W. Isaac. Accessed in July 2011.

www.kohanga.ac.nz Te Kohanga Reo National Trust website.

www.labour.org.nz He Putahitanga Hou—Labour on Maori Development (1999).

www.labour.org.nz/labour_team/mps/mps/trevor_mallard/speeches Trevor Mallard, speech, *We Are All New Zealanders*, Stout Research Centre, Victoria University, 28 July 2004. Accessed 30 September 2004.

www.maoritelevision.co.nz 'Maori television Rocks the Ratings—Again!' Accessed on 28 August 2011.

www.minedu.govt.nz/web/document/document_page.cfm Briefing for the incoming Minister of Education (1999).

www.minedu.govt.nz/index Ministry of Education, Kohanga Reo Statistics, 1 July 2003.

www.minedu.govt.nz/goto/tertiaryanalysis Ministry of Education, *Maori in Tertiary Education*, April 2004.

www.minpac.govt.nz/publications/newsletters Rt Hon Helen Clark Prime Minister, *Speech at Samoa's 40th Anniversary of Independence*, 3 June 2002. Accessed 2 October 2004.

www.mtholyoke.edu/org/wsar/intro.htm James Baldwin, *What is White Privilege?*, 2002. Accessed 15 March 2004.

www.national.org.nz/speech Don Brash, *Nationhood – Don Brash Speech Orewa Rotary Club* (27 January 2004). Accessed 30 January 2004.

www.nationalcatholicreporter.org, *National Catholic Reporter*, 19 December 1997, 2 June 2000, 27 October 2000.

www.ngaitahu.iwi.nz/office-claims-settlement.html Te Runanga o Ngai Tahu, The Deed of Settlement. Accessed 15 August 2004.

www.ngaitahuproperty.co.nz Ngai Tahu Property Ltd website.

www.nzherald.co.nz Rt Hon Helen Clark Prime Minister, *Clark Says Sorry to Gays* 6June 2002. Accessed 2October 2004. Waitangi Day: Next Year will be different, 7February 2004.

www.nzherald.co.nz/news/print.cfm?objectid=10663343&pnum=1, 'A question of balance' by Sue Abel. Accessed on 28 October 2010.

www.ots.govt.nz Office of Treaty Settlements, NZ Government, Wellington.

www.regdev.govt.nz/conferences/2003/solomon/ Mark Solomon, *Collaboration for Economic Growth*, Speech to Regional Development Conference 24-26 September 2003. Accessed 25 August 2004.

http://www.scoop.co.nz/stories/PO1102/S00201/mass-maori- imprisonment-a-major-issue.htm 'Mass Maori Imprisonment a Major Issue' by Kim Workman. Accessed on 28 October 2011.

www.sgc.gc.ca/epub/abocor/e199214/e199614.htm Carol LaPrairie, *Examining Aboriginal Corrections in Canada* (1999).

www.thetyee.ca/thindex.htm The Tyee website.

www.tokm.co.nz/allocation/history-timeline.htm Timeline, Te Ohu Kai Moana. Accessed 27 September 2004.

www.tokm.co.nz Te Ohu Kai Moana, Treaty of Waitangi Fisheries Commission, Wellington.

www.tpk.govt.nz/publications/subject/default.asp#gov Te Puni Kokiri, New Zealand Government, Wellington.

www.transalliancesociety.org/advocacy/individual.html *Aboriginal Poverty Law Manual* (2002). Accessed 29 September 2004.

www.treatyofwaitangi.govt.nz *The Treaty of Waitangi* (2004). Accessed on 13 September 2004.

http://twm.co.nz/nzprivn.htm Brian Gaynor, *We Now Know Who Owns New Zealand*, 2 October 1999. Accessed on 4 October 2004.

http://twm.co.nz/Msoln_Win.html Professor Whatarangi Winiata, *Reducing the Socio-Economic Disparities in Housing, Employment, Health & Education*, 8 December 1998. Accessed on 4 October 2004.

www.vuw.ac.nz/inst-policy-studies Building the Constitution Conference, Wellington (2000).

www.waitangi-tribunal.govt.nz/news/temanutukutuku Waitangi Tribunal, *Te Manutukutuku* newsletters, Wellington.

www.ualberta.ca/~pimohte/suicide.html Glen Coulthard, *Colonization, Indian Policy, Suicide, and Aboriginal Peoples* (1999). Accessed 29 September 2004.

www.vatican.va/roman_curia/congregations/cfaith/documents/rc_con_cfaith_doc_20000307_memory-reconc-itc-en.html Joseph Cardinal Ratzinger, International Theological Association, Vatican (1999).

訳者あとがき

先々週、著者であるロバートさんが亡くなられた。79歳だった。約2年前に、初めて彼の自宅を訪ねた際、見た目にはとてもお元気そうだった。そのとき、小さな踏み台を人の胸に見立て、その上に足を載せて、権力が人の自由を奪うとはどういうことかを目の前で再現してくれた。長年、権力の「足」によって踏みつけられてきた人間が、ある日突然その足を取り払われ、さあ「どうぞご自由に」と言われても起き上がることはできない。起き上がるだけの存在基盤、アイデンティティをすでに剝奪されてしまっているからだ。一度破壊されてしまった存在基盤をどのように回復していくのかということは、本書の重要なテーマのひとつである。彼はこのテーマに対して「自らのストーリーを語る」という手法を提唱する。本書は、膨大な参考文献によって支えられた学術的にも価値のある書物だが、本書の魅力はそこに留まらない。各章に挿入された作者自身のエピソードは、「自らのストーリーを語る」ということのテーマを体現したものである。

マオリとパケハの間に横たわる軋轢を解決しようと彼が立ち上がったとき、最初にぶち当たった壁は、それぞれが相手方に対して根強い不満を抱いており、両グループが話し合う場を与えられても、まったく前向きな解決策を見出せないという点であった。そこで彼は、パラレルアプローチという手法を考案する。あえて両者間での話し合いを行なわず、最初はそれぞれのグループに分かれて話し合うというものだ。グループ内ミーティングでは、どんな不満も安心して吐露できるような環境が用意された。そして、相手の話ではなく、あえて自分の「ストーリー」を語るよう奨励された。自分はどのような両親のもとでどのように育てられたのか、どのような学校教育を受け、職場ではどのように扱われているのか、さらには自分を育ててくれた両親、そのまた両親はどのような人生を送ったのかといったことについて語るのだ。そのようにして自分を中心に時代を遡っていくと、先祖の話に辿り着く。先祖の話は、他人ごとではない。それはまさに「私」と関係のある「歴史」である。これこそが、作者が現代社会に取り戻したい考え方、問題へのアプローチであった。

彼の問題解決手法には、この「パラレルアプローチ」以外にも、もう一つ仕掛けがある。それは「ソシオドラマ（社会劇）」だろう。人の気持ちを想像するために、アドリブ劇を演じるのである。人々がニュージーランドの歴史について学ぶ際、このソシオドラマの手法が取り入れられた。ある人は、キャプテンクックの役を演じ、ある人はマオリの役を演じ、またある人は、英語からマオリ語への翻訳者の役を演じるのだ。そのような劇を演じるうちに、人々は何に気づくのか。それは、そのとき、その場面に居合わせた自分ではない「他人」の「感情」である。人にはそれぞれ異なった体験があり、生まれてこの方ずっと誰かとまったく同じ体験をしてきたという人はこの世に一人もいないだろう。ましてや民族が異なればなおさらだ。それに比べ、「感情」は共有できる可能性がある。たとえ体験は違っても、その人がそのときに味わった「悔しい思い」「つらい思い」「悲しい気持ち」「うれしい気持ち」はすべてとまではいかなくても、一部共有できる可能性がある。その際、鍵を握るのが、自らの体験や歴史を深く味わったことがあるかどうかである。自らの体験を心の中で反芻し、深く味わい、自分の中で統合することができていれば、「私はあのとき、あのような体験をして本当に悔しかった。死にたくなるほどつらかった。そうか。この人の体験は私とは違うけれど、すごく悔しい思いをしたのだろうな」と少なくとも他人の気持ちを想像することはできる。どんなに大きな社会問題でも、解決の糸口は「感情の共有」という部分にあるのではないだろうか。「私は救済する側」、「あなたは救済される側」というスタンスに立っていたのでは、真の解決にはつながらない。少なくとも似たような感情を共有する人間として、他人ごとではなく自らの問題としてしっかりと引き受けたとき、初めて問題解決のスタートラインに立つことができるように思う。

日本にも、特に隣国との関係において解決すべき歴史問題は山積している。国内でも、拡大が懸念される経済格差の問題、移民問題、学校や職場でのいじめ問題など、解決すべき課題は多い。これらの問題はあまりにも大きすぎて、一見、一般人である私たちにはとても手に負えない問題のように見える。しかし、どうかそんな風に考えないで勇気を持って一歩を踏み出してほしい、というのが作者、ロバートの願いである。いきなり社会問題に足を突っ込む必要はない。嫁姑問題、夫婦問題、恋愛問題、親子問題、職場での人間関係など、世間的にどんなに小さく見える個人的な問題でもかまわない。まずは、自らのストーリーを語り、自らの体験を通じてわき起こった感情を深く味わうところから初めてほしい。そうすることで、対立していた相手の感情の一部を共有する糸口がみつかるかもしれない。この際、ロバートが提唱したパラレルアプローチとソシオドラマによる「自らのストーリーを語り」、「感情を共有する」という手法が必ず役立つだろう。ロバートがなぜ、蒸し返すことさえつらいはずの娘の死という個人的な話を、大きな社会問題を扱った本書に持ち込んだのか。その意味について考えてほしい。ロバートは皆に「自らのストーリー」を語り始めてほしいのだ。大きな社会問題からすれば、一見取るに足らない個人的な問題も、その人にとっては大きな問題なのだから、決して引け目に感じる必要はない。自らのストーリーを大いに語ってほしい。そして、できれば、身近な人の物語に耳を傾けてほしい。そこから、私たちの歴史を癒す旅が始まる。本書の原題は『Healing Our History』だ。この「our」は決して「ニュージーランドの」と訳すべきところではない。癒すべきは、どこか知らない国の知らない人々の歴史ではない。「私」、「私の親」、「私の祖先」、「私と関係のある人たち」、「私たち人類」の歴史なのだ。

＊

本書の翻訳にあたっては、多くの方々にたいへんお世話になった。原書の著者であるロバートさん、ジョアナさん、そのご家族のトリッシュさん、バーナデットさんは、皆で協力して、私の質問に辛抱強く答えてくださった。カトリックに関する一部の記述については九州大学名誉教授の関一敏先生に、英語の解釈に関しては、関西在住の David Gunston 先生にお世話になった。また、私がニュージーランドで暮らすようになって以来、ずっと影になり日向になり助けてくださったマオリ出身のバーンサイド小学校校長、マット・ベイトマンさんには、マオリ語の発音を教わり、ロバートさんの葬儀にも参列していただいた。影書房の松浦氏はたいへん丁寧なご指導と誠意のある編集で支えてくださった。そして、最後に夫、好伸が実務作業を手伝ってくれた。これらすべての方々に、心から感謝の意を表したい。

２０２２年９月26日　――著者（故）ロバート・コンセダインの80歳の誕生日を祝して――

中村　聡子

解説　歴史を正すことに格闘する——その重要性と難しさ

上村英明

1. はじめに

影書房の松浦弘幸氏から、本書の「解説」を依頼された時、気分はピリッとしていなかった。著者は、アオテアロア（ニュージーランド）の「パケハ」でマオリ民族の権利問題の専門家である。「パケハ」とは、アオテアロアに入植したヨーロッパ人の子孫を指し、私と同じ多数者であり、植民地化に責任を負わなければならない人々である。本書の基本データを読んで、これは多数者側の専門家が書いた、マオリ民族の権利回復運動に関する書籍だろうと考えた。もしそうなら、マオリ民族の専門家は日本にもそれなりにいる。私が「解説」の適任者とは思えなかった。

しかし、他方、以下の2点が気になった。第1に、「歴史を癒す」というタイトルに引っかかった。先住民族と歴史の関係に、長く関心のあった私にとって、主たる著者のロバート・コンセダイン氏がどう向き合うのか読んでみたかった。第2に、「解説」を依頼した松浦氏から、拙著『新・先住民族の

『近代史』――植民地主義と新自由主義の起源を問う』（法律文化社、２０１５年）の以下の一節が引用され、「解説」はこれにつなげて欲しいと要望された。

「本稿が指摘したい最大のポイントは、先住民族の権利の視点がなかったために、日本の歴史学をはじめとする社会科学が、この大日本帝国の詭弁に１５０年にもわたって誤魔化されて、『北海道』と『沖縄』を植民地問題のスコープからはずしてきてしまったことである。そして、その結果、依然として『植民地政策』や『同化政策』が続行中であるという事実に向き合うことも忘れ去られている。」

もし、私のこの問題意識の上で、「解説」を依頼されたとすれば、本書も同じ問題意識を共有しているのではないかと期待した。早速、送っていただいた原稿を一読したが、期待は決して外れていなかった。正直に言えば、予想以上の出会いであった。

本書は先住民族・マオリ民族の権利回復に関する専門書としても読める。その点での本書の価値にも極めて高いものがある。と同時に、本書は、先住民族の権利の土台ともなる、誤謬に満ち、歪曲され、捏造された「近代史」という歴史の「癒し」を行なってきた著者の格闘の記録である。本書の原題が、“Healing Our History”であるため「癒し」という穏やかな日本語が用いられているが、著者が取り組んできたことは、百年を悠に超える「近代」という傷ついた時間の流れを修復する壮大な作業といえる。その作業を、アオテアロアという場所で、マオリ民族との協力の下、１８４０年のワイタンギ条約を手がかりに行なってきた彼の体験は、「近代」という歴史と向き合うという意味で、日本を含めて世界各地の先住民族問題につながり、むしろ共有されるべきものだ。私は「解説」を書く意味を納得させられるに至った。

2. 歴史を正しく修復するとはどういうことか

歴史は、過去の時代の事実を記録し、歴史家の評価を下すことで、ヘロドトスの『歴史』（紀元前5世紀）やイブン・ハルドゥーンの『歴史序説』（1377年）などから続く活動である。やがて、19世紀に登場したL・V・ランケによって、文献史料を批判的に使用する実証主義が歴史学に導入され、科学的ともいえる「近代歴史学」が確立した。さらに、20世紀にこれを集大成した歴史学者をE・H・カーと考えてよいだろう。彼は、1961年に『歴史とは何か』を刊行するが、1980年の彼の死後も同書は注目を集め、2001年に第2版が出版され、2022年には日本でも『歴史とは何か 新版』（岩波書店）が上梓された。カーの主張は、歴史において重要なことは歴史家の責務で、これを注視すべきだと要約できる。なぜなら、時間軸の中にあまた存在する事実の中から「歴史的事実」を拾い上げ、またこれを自らの視点で整理し、評価を下すのも歴史家だからである。カーは、歴史家の歴史的・社会的環境を考察すべきだとし、その理由は、歴史家も個人として、歴史や社会の産物に他ならないからだと指摘している（同書、67頁）。その上で、現代の「制御力」ともなる、有名な「歴史学の二重の働き」を提唱した。

「過去は現在の光に照らされて初めて知覚できるようになり、現在は過去の光に照らされて初めて十分に理解できるようになるのです。」（同書、86頁）

歴史が過去を整理するだけの活動ではないとするカーの主張に賛同しつつ、歴史的事実と歴史家の相互作用の中に歴史が成立するという彼の論理には、弱点があることも指摘しなければならない。ヘロドトスやイブン・ハルドゥーンの時代とは違い、18世紀～19世紀に「国民国家」が西欧で成立すると、政府により「国民の歴史」が書かれ、統合を目指して、「国民教育」が始められた。それ以降、歴史家は、この大きな背景の中で、歴史の歪曲や捏造に、最悪の場合無自覚に加担することになる。

具体的にいえば、国家は、その成立の歴史を常に正当化しようとし、権力の側からみた国家の成立や発展に貢献した出来事や人物に光を当て、矛盾や問題を闇に葬る。都合のいい歪曲で、ある事件や人物、集団の存在そのものが抹殺されることもある。とくに多くの政府は進歩史観や社会進化論を依然として捨てていない。

本書の「第1部　歴史」とくに、第3章「宣教師による征服」以降、そして上述の拙著の問題提起はまさに同じ認識である。

3．歴史を正しく修復する試み（1）：多数者の歴史観のチェック

著者がいう、なぜニュージーランド人は、マオリ民族の土地にニュージーランドが建国された歴史を知らないのかという問いは、なぜ日本人は、アイヌ民族や琉球民族の土地が「北海道」や「沖縄県」という名称で日本の一部になったかを知らないのかという問題に通じる。歴史を修正する試みを、アイヌ民族や琉球民族を事例に少し紹介しておきたい。

日本史の歴史教科書では、アイヌ民族とヤマト民族（和人）の間に大きな戦いがあったと記録されている。コシャマインの戦い（1457年）、シャクシャインの戦い（1669年）、クナシリ・メナシの戦い（1789年）である。しかし、1980年代の教科書までは、それぞれの事件には「乱」という表記が使われていた。この「乱」を「戦い」という言葉に転換することが、その時期アイヌ民族の課題であった。「乱」という日本語は、一般に国内において政府や政権への謀反というイメージを想起させる。

平将門と藤原純友が起こした「承平天慶の乱」、「島原の乱」、「大塩平八郎の乱」などが典型である。そして、「乱」は「ヤウンモシリ（北海道）」が日本の一部であったという前提である。しかし、鎖国政策を取った江戸時代には、北の国境は松前藩であり、「松前口」とも呼ばれた。松前以北では、実効支配を意味する日本の国内行政制度も住民登録も行なわれなかった。日本の行政制度が「ヤウンモシリ」に適用されたのは1869年の開拓使の設置、そして同年行なわれた外国を意味する「蝦夷地」から「北海道」への改称以降であった。であれば、これらの「乱」は、アイヌ民族とヤマト民族の間の「戦い」と呼ばれるべきである。アイヌ民族のこうした主張が、1992年野村義一北海道ウタリ協会理事長（当時）の国連総会演説を経て、1996年には講談社の『日本語大辞典』のアイヌ民族関連項目の大改訂に結び付き、アイヌ史に関わる「乱」という表記は消滅することになった。

他方、江戸時代の南の国境は薩摩藩で「薩摩口」と呼ばれ、その向こうに「琉球国」があった。しかし、「琉球国」が「沖縄県」になり、この事件が「琉球処分」と日本史に書かれた事情も、ヤマト民族は知らない。日本政府は、明治維新後の1872年、東京を訪れた琉球使節に、「琉球王国」を「琉球藩」とし、「国王」を「藩王」とする布令を伝える。「琉球国」を日本に統合するため、国内と同じ段階を踏むための要求であった。国内では、江戸時代の封建諸藩は、1869年に版籍奉還を行ない、天皇に土地（版）と人民（籍）の返還を行ない、天皇制国家としての枠組みが作られた。さらに、1871年までに廃藩置県によって、中央集権型の国内制度として「3府302県」に整理された。しかし、廃藩置県完了後の「琉球藩」の設置や、国内制度にない「藩王」の任命は、琉球政府にとっては、当然強制統合にしか見えなかった。長い琉球王国の歴史の中で、天皇から土地や人民を預かったこともなく、当然「返却」する必要や義務もなかった。こうして抵抗を繰り返す琉球政府に対し、業を煮やした日本政府は、陸軍部隊と警視庁の武装警官隊を派遣し、1879年、首里城を包囲する中で、「琉球藩」の廃止と「沖縄県」の設置を命じる布令を琉球国王に手渡した。日本政府に抵抗姿勢を見せたことから、軍事力による「廃藩置県」は、琉球国を処罰するという意味で「琉球処分」と呼ばれたのである。現在、琉球における歴史の見直しでは、琉球に瑕疵や非礼があったとする「琉球処分」ではなく、外国であった琉球国に対する植民地支配の開始として「琉球併合」という表現が広がりつつある。

本書の「第4章　神話を打ち砕く」、「第5章　神話との闘い」、「第6章　なぜ私たちは歴史を知らないのか?」が指摘する点と同様の日本での事例を紹介すれば、上記が「近代日本」に関わる神話の一例であることは理解されるだろう。

歴史用語の転換を「点の動き」だとすれば、日本でも、こうした動きに応じて、歴史教科書におけるアイヌ民族や琉球民族（あるいは沖縄）に関する執筆量は増えつつある。1行だった表記が10行に、10行だった表記が半ページや1ページへという動きである。これを「線の動き」としよう。しかし、先住民族の権利回復へ向けた社会への前進はわずかである。それは、先住民族の歴史、文化、権利、そして現状の問題を体系的また本質的に学ぶ機会が日本にはないからだ。1993年に拙著『知っていますか?　アイヌ民族一問一答』（解放出版社：現在は2008年の新版）が入門書として上梓された時、アイヌ民族で初めて国会議員を務めた萱野茂氏が以下の文言を含む推薦の言葉を寄せてくれた。

「終始一貫アイヌとのかかわりの仕事、その中で最も多く質問を受けたのが、この本に書かれていることばかりでした。

観光地にいた時、今もそうだが、食べ物は、着る物は、言葉は、それらの問いに対して壊れたレコードが同じ所をぐるぐる回るかのように、同じ質問に同じ答えをしてきました。」（新版：1～2頁）

アイヌ民族に関しては、1997年に「アイヌ文化振興法」、2019年には「アイヌ施策推進法」が制定されたが、2015年~2016年に、内閣府政府広報室と内閣官房アイヌ総合政策室で「国民のアイヌに対する理解度意識調査」を実施した。そのHPによれば、以下のような結果が見える。

＊差別や偏見の有無
「あると思う」・国民全体：18%、アイヌ民族：72%
＊差別や偏見をなくすために必要な取組
「アイヌの歴史・文化の知識を深めるための学校教育」・国民全体：73%、アイヌ民族：道内80%、道外85%
（「第8回アイヌ政策推進会議」2016年5月13日資料）

差別・偏見に関しては、アイヌ民族の72%が「ある」と回答したのに対し、日本国民は82%が「ない」と答えていることになる。この回答の差が、多数派であるヤマト民族がアイヌ民族の存在に対して、表層的な理解しかない証左で、差別の背景だろう。萱野茂氏が「壊れたレコード」にならなければならなかった理由でもある。そして、国民全体もアイヌ民族も、歴史・文化教育が不十分であることには少なからず気づいているようだ。

こうした点や線でしかない教育を面にするには、どうすればよいのか。例えば、アイヌ民族の場合であれば、アイヌ民族の視点からみた歴史の体系化が必要である。まだ成功したとは言えないが、小野有五氏が、2013年に作成した「最終氷期から現在までの日本列島とその周辺の歴史・文化年表」（小野有五『「新しいアイヌ学」のすすめ』藤原書店、2022年）が参考になる。この年表によれば、従来狭い意味での「アイヌ文化」の成立期を鎌倉期1200年代とする歴史観から遡って、「アイヌ集団」の成立期を紀元前2000年とする。そこから体系的にアイヌ史を構成しようという試みは貴重である。

4．歴史を正しく修正する試み（2）：「多数者の特権」とパラレルアプローチ

先住民族の存在に関心が高まり、学ぶ機会が拡大してきたとしても、多数者の側には、自分たちが何をし、どうしてこの地点にいるのかの認識が欠ける。その状況下で、先住民族の歴史や文化を知りたいという気持ちはあり、機会が設けられても、「共生への道」、本書でいう「歴史の癒し」は遥かに遠い。この本質的な問題に対するコンセダイン氏の回答が「第2部　癒し」である。ここでは彼の「ワイタンギ条約教育ワークショップ」の実践が学びの場として紹介される。キーワードに第10章「白人特権」、日本的にいえば、「多数者の特権」への理解教育があり、その基本構造に「パラレルアプローチ」がある。

いわゆる「多数者の特権」の教育では、米国の「社会的公正教育」の成果が、近年日本でも、出口真紀子氏などによって紹介されるようになった（ダイアン・J・グッドマン『真のダイバーシティをめざして――特権に無自覚なマジョリティのための社会的公正教育』上智大学出版、2017年）。例えば、アイヌ民族政策に予算が付くようになると、中途半端な歴史理解しかない人たちから「アイヌ特権」が叫ばれ、ヘイトスピーチが広がるようになる。琉球の状態も同じである。この点、むしろ「多数者の特権」に気づかせる教育は重要だが、それだけでは先住民族やマイノリティの苦悩や権利を理解したことにはならない。これらをどう統合できるのだろうか。

学びの場に関する、私個人の試みは、2020年に友人たちと始めたオンラインの市民講座「新時代

アジアピースアカデミー（NPA）」に、先住民族が「多数者」となる先住民族コース（コース15）を作ることだった。1期は6回の講義で構成されるが、講師6名の構成は基本アイヌ民族2名、琉球民族2名、その他の専門家2名で、プログラムを企画するコーディネーターの構成も現在講師のそれと同じである。質疑応答の時間には、先住民族自身の話し合いや意見交換を「尊重」してもらうよう運営し、2年7期を過ぎたが、先住民族自身を中心に討論も深みをもって活発に行なわれている。

これに対し、著者の試みは、ワークショップのパラレルアプローチである。最初の段階のワークショップを「パケハ」と「マオリ」を分離して学びの場を確保し、その後それを統合するという手法だ。マオリにとっては、「パケハ」がいない方が自由に発言できる。また、「パケハ」の参加者からは、当初分離方式に不満が出るが、本書にあるコンセダイン氏本人の個人史にもみえるように、「パケハ」は入植者としての祖先の歴史・入植の背景なども共有できる。

パラレルアプローチによる、すべての参加者のアイデンティティの尊重という考え方が、日本社会にいる私にも、希望の見える道に思える。もちろん、容易でないことは明らかだが、その葛藤自体が、本書のもう一つの魅力である。

●著者　ロバート・コンセダイン（Robert Consedine）

ニュージーランド・クライストチャーチ郊外の労働者階級が暮らす町アディントンのアイルランド系カトリックの「コミュニティ」で育つ。アメリカの公民権運動や開発途上国への国際救援活動に関わるなかで、世界で最も疎外された環境における人間の尊厳のための闘いを目の当たりにしてきた。1981年のスプリングボックスツアー反対運動に参加したことで２週間投獄された際、獄中で先住民族マオリの囚人たちから聞いた、あらゆる種類の収奪を反映した物語――家族との別離、土地、言語、文化、失業、虐待、暴力、自尊心の低下、個人的・組織的な人種差別など――に衝撃を受けた。その後、トリッシュ・コンセダインと共に、マオリとパケハのネットワークの支援を受けてワイタンギ・アソシエイツを設立、ニュージーランドの人々が植民地の歴史について学び、創造的に立ち向かえるよう、革新的な教育戦略を組み合わせた支援を行なってきた。200以上のニュージーランドの団体でワイタンギ条約に関する教育ワークショップを開催し、このワークショップのモデルをカナダとオーストラリアにも拡大させた。

●著者　ジョアナ・コンセダイン（Joanna Consedine）

幼い頃から世の中の公正さや正義とは何かを意識する環境で育った。このような背景から、大学ではこれらの価値観を深めるようなコースを選択。学士号を優等で取得（専攻：教育学）した後、職業訓練プログラムの指導員として、正規の資格を持たない失業者や学校離脱者にさらなる訓練と雇用の機会を提供する仕事に従事した。ニュージーランドに帰国後は、ワイタンギ・アソシエイツで契約社員として働き、現在はキャリア開発に携わっている。

●訳者　中村 聡子（なかむら さとこ）

筑波大学（人文学類 民俗学・民族学コース）卒業。University of Canterbury修士課程修了（Master of Business Management）。都市銀行国際資本市場部門、財閥系コンサルティングファームで通算14年勤務後、翻訳・教育を中心とした自社経営。2013年にニュージーランドに移住。翻訳業務を続ける傍ら、クライストチャーチ市の留学エージェントで事業開発部長を務めた後、公立小学校（Burnside Primary School）に勤務。同校にて文化的催物のコーディネート、ピアノ伴奏、日本文化の紹介などに携わる。また、市内の留学生のケアや日本の大学への進学指導なども行なっている。

●解説　上村 英明（うえむら ひであき）

熊本市生まれ。恵泉女学園大学名誉教授。1982年市民団体「市民外交センター」を設立、現在共同代表を務める。先住民族の権利に早い段階から着目し、日本国内のみならず国際機関を通してその回復運動に広い視野から取り組む。著書に、『新・先住民族の「近代史」：植民地主義と新自由主義の起源を問う』（法律文化社）、『知っていますか？　アイヌ民族　一問一答　新版』（解放出版社）、『世界と日本の先住民族』（岩波書店）ほか。

著者のロバート・コンセダイン（右）と
ジョアナ・コンセダイン（略歴は右頁参照）

私たちの歴史を癒すということ
——ワイタンギ条約の課題

2022年11月15日　初版第1刷

著者　ロバート・コンセダイン（Robert Consedine）
　　　ジョアナ・コンセダイン（Joanna Consedine）

訳者　中村 聡子

発行所　株式会社 影書房

〒170-0003　東京都豊島区駒込1-3-15
電　話　03-6902-2645
FAX　03-6902-2646
Eメール　kageshobo@ac.auone-net.jp
URL　http://www.kageshobo.com

印刷／製本　モリモト印刷

定価 3,200円＋税

ISBN978-4-87714-493-7